巴渝文献总目
民国卷·著作文献（下）

任竞　王志昆　○主编

重庆出版集团
重庆出版社

编撰委员会

顾　　　问	傅璇琮
总 策 划 人	杨恩芳　周　勇
学术牵头人	蓝锡麟　黎小龙
主　　　编	任　竞　王志昆
副 主 编	袁佳红
编 撰 人	袁志鹏　张海艳　谭小华　曾　妍　陈桂香　刘　威
	谭　翠　国　晖　李腾达　张　丁　周兴伟　张保强
学术审稿	刘明华　杨恩芳　张荣祥　黎小龙　周　勇　周晓风
	段　渝　韩云波　傅德岷　舒大刚　蓝锡麟　熊宪光
	曾代伟　唐润明　李茂康　潘　洵　何　兵　曹文富
	马　强　徐　立

◎H 语言、文字

1913 年

涪州石鱼文字所见录二卷/（清）姚觐元，（清）钱保塘合编．——上海：国粹学报社，1913，铅印本．——作者简介：姚觐元（约 1832—1902），字彦侍、彦诗，晚号复丁老人，浙江归安（今吴兴）人，目录学家。钱保塘（约 1832—1912），字铁江，号兰伯，浙江海宁人，清咸丰九年（1859 年）举人，后任四川尊经书院教授．——书目来源：北京大学图书馆、四川大学图书馆、武汉大学图书馆

1919 年

蜀方言二卷/（清）张慎仪撰．——［出版地不详］：张氏，1919，刻本．——一册．——作者简介：张慎仪（1846—1921），字淑威，号蔎园、芋圃，晚年又号厥叟，四川成都人．——书目来源：北京大学图书馆

语体文范/钱基博编著．——［出版地不详］：［出版者不详］，1920.7．——收录有任鸿隽撰：五十年来的科学．——书目来源：复旦大学图书馆、浙江工商大学图书馆、嘉兴学院图书馆

1926 年

蜀石经四种/刘体乾影印．——卢江：刘体乾蜀石经斋，1926．——据藏宋拓

影印本，刘体乾，湖南省善化县人，四川总督刘秉钧之子．——书目来源：重庆中国三峡博物馆

1931 年

国语文选（第 3 集　第 7 版）／沈镕纂．——［出版地不详］：大东书局，1931.8．——收录有《科学方法讲义》（任鸿隽）．——书目来源：浙江工商大学图书馆、嘉兴学院图书馆

1937 年

金文研究／李亚农著．——［出版地不详］：［出版者不详］，1937．——作者简介：李亚农（1906—1962），原名祚贞、旦丘。江津人．——书目来源：《江津文史资料选辑》第 5 辑第 23 页

／李亚农著．——北平：北平孔德研究所，1941，铅印本．——孔德研究所丛刊之四．——书目来源：《四川省志　人物志》第 554 页、国家图书馆、南京图书馆

／李亚农著．——［出版地不详］：来薰阁书店，1941.7．——书目来源：陕西师范大学图书馆

／李旦丘．——［出版地不详］：来熏阁书店，1941．——十九则，孔德研究所丛刊之四．——书目来源：南京图书馆

现代外国语教授法刍议／徐仲年译著．——南京：正中书局，1937.2．——书目来源：重庆图书馆、吉林省图书馆、国家图书馆、首都图书馆

殷契摭拾续篇／李亚农编．——［出版地不详］：［出版者不详］，1937．——书目来源：《江津文史资料选辑》第 5 辑第 23 页

／李亚农著；孔德图书馆藏并编．——上海：孔德图书馆，［出版时间不详］．——书目来源：《四川省志　人物志》第 554 页

1938 年

初级中学国文／叶楚伧主编．——重庆：正中书局，1938.104 版．——第 1 册．——书目来源：重庆图书馆

／叶楚伧主编．——金华：正中书局，1942．——第 1 册．——书目来源：重

庆图书馆

　　/ 叶楚伧主编．——重庆：正中书局，1942，258 版．——第 2 册．——书目来源：重庆图书馆

　　/ 叶楚伧主编．——重庆：正中书局，1943．——书目来源：重庆图书馆、国家图书馆

　　/ 叶楚伧主编．——金华：正中书局，1943．——封面印：遵照二十九年修正课程标准编著．新中国教科书第三学年第一学期用．——书目来源：国家图书馆

　　/ 叶楚伧主编．——重庆：正中书局，1943，355 版．——第 1 册．——书目来源：重庆图书馆

　　中山大辞典"一"字长编 / 王云五．——上海：商务印书馆，1938．——书目来源：南京图书馆

　　/ 王云五．——长沙：商务印书馆，1939．——书目来源：重庆图书馆、国家图书馆、南京图书馆

1939 年

　　简师简乡师国文 / 叶楚伧，苏渊雷．——重庆：正中书局，1939.11．——书目来源：南京图书馆

　　铁云藏龟零拾 / 李旦丘释文；孔德图书馆编．——上海：孔德图书馆，1939，影印暨铅印本．——第 4 册．——书目来源：《四川省志　人物志》第 554 页、国家图书馆

　　/ 李亚农著．——上海：孔德图书馆藏，1941．——书目来源：《江津文史资料选辑》第 5 辑第 23 页

　　铁云藏龟零拾　一卷 / 李亚农著．——上海：中法文化出版委员会，1939，石印本．——上海孔德图书馆丛书第二种．——书目来源：南京图书馆

　　/ 李旦丘．——[出版地不详]：中法文化出版委员会，1939．——书目来源：南京图书馆

　　铁云藏龟零拾附考释不分卷 / 李旦丘．——[出版地不详]：孔德图书馆，

1939.——书目来源：四川省图书馆

铁云藏龟拾零／李旦丘.——［出版地不详］：中法文化出版委员会，1939.——书目来源：南京图书馆

／李旦丘.——［出版地不详］：中法文化出版委员会，1939.5.——书目来源：四川省图书馆

小学识字课本／陈独秀著.——［出版地不详］：国立编译馆，1939.——在江津整理编译出版.——书目来源：《江津文史资料选辑》第20辑第227页

殷契摭佚／李旦丘.——［出版地不详］：中法文化出版委员会，1939.——不分卷，孔德图书馆丛书第三种.——书目来源：南京图书馆

／李旦丘.——北平：来熏阁分店，1941.——书目来源：南京图书馆

／李旦丘释文.——上海：孔德图书馆，1941，影印暨铅印.——第5册.——书目来源：《四川省志 人物志》第554页、国家图书馆

中正学校概况／中央各军事学校毕业生调查处编.——［出版地不详］：中央各军事学校毕业生调查处，1939.——书目来源：重庆图书馆

综合英语课本／王云五.——上海：商务印书馆，1939.8.——初级中学第一学年第一学期使用，依照教育部修正课程标准编辑.——书目来源：南京图书馆

1940 年

法文动词论／徐仲年著.——［出版地不详］：商务印书馆，1940.——书目来源：四川省图书馆

／徐仲年著.——上海：商务印书馆，1944.——书目来源：南京图书馆、四川大学图书馆、四川省图书馆

王云五小字汇／王云五著.——［出版地不详］：商务印书馆，1940.——书目来源：四川省图书馆

1941 年

英译四川谚语／卜允新编.——［四川］：川康英文报社出版部，1941.

——书目来源：重庆图书馆

中华新韵/ 教育部国语推行委员会编. —— ［成都］：茹古书局，1941. ——1940年，"国语统一筹备会"改名为"国语推行委员会"。魏建功到四川白沙，他在国立西南女子师范学院创办了"国语专修科"。这是国语推行委员会在全国设立的三个"国语专修科"之一。他参与编订的《中华新韵》由当时的国民政府明令颁行，成为国家韵书。1944年前后，"国语推行委员会"分别在西北地区和重庆地区设置了两个推行国语的据点，西北地区由黎锦熙负责，重庆地区由魏建功负责. ——书目来源：温州大学图书馆、湖州师范学院图书馆、北京大学图书馆

/ 教育部国语推行委员会编. ——［出版地不详］：国语书报流通社，1946. ——书目来源：陕西师范大学图书馆

/［作者不详］. ——［出版地不详］：正中书局，1947.12. ——书目来源：美国斯坦福大学（Stanford University）图书馆、兰州大学图书馆、浙江大学图书馆、广东省立中山图书馆

/ 教育部国语推行委员会编. ——［成都］：茹古书局，［出版时间不详］. ——题名：中华新韵 不分卷. ——书目来源：重庆数字图书馆

1942年

重庆方言/ 唐幼峰著. ——重庆：重庆旅行出版社，1942. ——《重庆旅行指南》的附刊。书中广辑重庆方言，按方言首字笔画编排。可由重庆方言检查普通话. ——书目来源：重庆图书馆、国家图书馆（缩微）、南京图书馆

词品乙 一卷/ 欧阳渐. ——［江津］：支那内学院，1942. ——1939年3月叙于江津支那内学院蜀院. ——书目来源：南京图书馆

四川谚语/（清）周敬承编. ——永川：周敬承［发行者］，1942. ——作者简介：周敬承（1901—1944），名继禹，重庆江津人. ——书目来源：国家图书馆

王云五小辞典/ 王云五. ——长沙：商务印书馆，1942. ——书目来源：南京图书馆

言子选辑，一名，幽默话谜/ 杨世才，文德铭编著. ——重庆：重庆指南

编辑社，1942.——第一集。收民间流行的歇后语 360 条。"言子"即四川话的歇后语或俏皮话.——书目来源：国家图书馆

1943 年

大学基本法文文法／徐仲年著.——长沙：中西文化印书馆，1943.——书目来源：国家图书馆

儿童声韵通／钱少华.——重庆：正中书局，1943.——编者三十一年十二月十二日跋于重庆南厂.——书目来源：重庆图书馆

临标准草书千字文／于右任手临.——［出版地不详］：正中书局，1943.——作者简介：于右任（1879—1964），原名伯循，字诱人，后以"诱人"谐音"右任"为名；别署"骚心"、"髯翁"，晚号"太平老人"。陕西三原人，祖籍泾阳。1938 至 1946 年随政府在重庆.——书目来源：重庆数字图书馆

／于右任手临.——［出版地不详］：［出版者不详］，1945.——书目来源：四川大学锦城学院图书馆、宁波市图书馆

南开英文选读／南开中学编.——重庆：时与潮书店，1943.——书目来源：北碚区图书馆

书学／中国书学研究会编；商承祚等主编.——［出版地不详］：文信书局，1943.——第 1 期。收 100 余篇理论文章。作者有于右任、欧阳竟无、胡小石、龚秋畦、商承祚、张宗祥、戴季陶、沈子善、朱锦江、靳志、马衡、宗白华、刘国钧、王东培等。书末附：中国书学研究会计划大纲、中国书学论文索引、小学写字教材教法实验研究计划草案。1945 年 9 月，《书学》出版第 5 期后停刊.——书目来源：重庆数字图书馆

／中国书学研究会编；商承祚等主编.——［出版地不详］：文信书局，［出版时间不详］.——第 2 期.——书目来源：《沙公墨妙 胡小石书法精品集》（南京博物院编）

／中国书学研究会编；商承祚等主编.——［出版地不详］：文信书局，1944.——第 3 期.——书目来源：重庆数字图书馆

／中国书学研究会编；商承祚等主编.——［出版地不详］：文信书局，

1945.——第 4 期.——书目来源：南京师范大学图书馆

／中国书学研究会编；商承祚等主编.——［出版地不详］：文信书局，1945.——第 5 期.——书目来源：《沙公墨妙 胡小石书法精品集》（南京博物院编）

王云五新词典／王云五.——重庆：商务印书馆，1943.——书目来源：《中国工具书大辞典（社会科学卷）》

／王云五.——重庆：商务印书馆，1944.——书目来源：《中国工具书大辞典（社会科学卷）》

／王云五.——上海：商务印书馆，1945，上海初版.——书目来源：复旦大学图书馆、上海社会科学院图书馆、广东省立中山图书馆

文章学十讲初稿／刘启瑞.——重庆：印刷生产合作社，1943.——民国三十二年四月廿五日夜半自序于重庆.——书目来源：重庆图书馆、北碚区图书馆

新中国教科书初级中学国文 甲篇／叶楚伧主编.——金华：正中书局，1943.——书目来源：重庆图书馆

／叶楚伧主编.——重庆：正中书局，1943.1.——书目来源：重庆图书馆

／叶楚伧主编.——金华：正中书局，1943.8.——书目来源：重庆图书馆

／叶楚伧主编.——重庆：正中书局，1943.11.——书目来源：重庆图书馆

言子选辑／杨世才编著.——重庆：重庆指南编辑社，1943.——"言子"即四川话的歇后语或俏皮话。选收 615 条，补遗 18 条.——书目来源：重庆图书馆、上海图书馆、南京图书馆、国家图书馆

中国文法革新论丛／陈望道编著.——重庆：文聿出版社，1943.——书目来源：南京图书馆、重庆图书馆

／陈望道编著.——［出版地不详］：文聿出版社，1943.8.——书目来源：四川省图书馆

注音符号概说／王敦行著.——［出版地不详］：三友书店，1943.——共 8 章。后附：注音符号基本的笔画结构正讹一览及《矫正方音》（赵元任）、《注音符号小史》（隋树森）.——书目来源：复旦大学图书馆、苏州大学图书馆、

四川音乐学院图书馆、上海师范大学图书馆、南京师范大学图书馆

1944 年

标准草书范本千字文/ 于右任著. ——北京：大众出版社，1944. ——书目来源：复旦大学图书馆、中卫市图书馆

高级英文军语会话/ 田世英. ——重庆：中华书局，1944. ——一九四四年五月二十二日田世英序于重庆. ——书目来源：北碚区图书馆

国语标准音注读简捷法/ 吴稚晖著. ——重庆：教育部国语推行委员会，1944. ——书目来源：南京图书馆

南开英文选读（第二册）/ 南开中学编. ——重庆：时与潮书店，1944. ——书目来源：国家图书馆、南京图书馆

上古音韵表稿/ 董同和编著. ——重庆：国立中央研究院历史语言研究所，1944，石印本. ——书目来源：国家图书馆

世界语中文大辞典：下册/ 冯文洛. ——重庆：世界语函授学校，1944. ——书目来源：重庆图书馆、西南政法大学图书馆

西南联大语体文示范/西南联大文学院编. ——重庆：作家书屋，1944. ——书目来源：重庆图书馆

注音符号歌/ 吴稚晖编著. ——重庆：中央组织部，1944. ——书目来源：重庆图书馆、南京图书馆、四川省图书馆

注音符号作用之辩正/ 吴稚晖著. ——重庆：教育部国语推行委员会，1944. ——书目来源：南京图书馆、四川省图书馆

1945 年

标准草书/ 于右任编著. ——[出版地不详]：说文社出版部，1945. ——选历代草书名家千字文，用释例详加说明。书前有自序及由楷体字检草书的检字表，按笔画排列. ——书目来源：广东中山大学图书馆、暨南大学图书馆、贵阳市图书馆、吉林省图书馆

/ 于右任著. ——[出版项不详]. ——在重庆歌乐山小园写成并出版. ——书目来源：《巍巍歌乐山 沙坪坝文史资料》第十八辑第 71 页

1946 年

中华新韵不分卷/ 黎锦熙，卢前，魏建功编订．——成都：茹古书局，1946．——作者简介：魏建功（1901—1980），字天行，别号山鬼，江苏省如皋市人。曾任重庆江津白沙女子师范学院教授、教务主任、国语专修科主任．——书目来源：重庆数字图书馆

1948 年

经典释文考/ 王利器著．——北京：北京大学出版社，1948.12．——作者简介：王利器（1911—1998），字藏用，号晓传，江津人．——书目来源：中央美术学院图书馆、浙江工商大学图书馆、中国社会科学院图书馆、天津图书馆、北京大学图书馆

出版时间不详

巴语雅训/ 梅际郁著．——［出版项不详］．——书目来源：《四川省志 人物志》第 784 页

叠韵释例/ 李植．——［出版项不详］．——作者简介：李植（1885—1975），字培甫，重庆垫江县人．——书目来源：《成都大词典》

尔雅旧注考证/ 李滋然．——［出版项不详］．——作者简介：李滋然（1851—1912），字命三，号树斋，采薇僧，长寿县凤岭街人．——书目来源：《巴蜀人物库》

法文文法 / 吴宓．——［出版项不详］．——书目来源：《北碚地方志》第 545 页

古今声类损益说/ 李植．——［出版项不详］．——书目来源：《成都大词典》

古篆集文/ 郑紫曜．——手抄本．——作者简介：郑紫曜（1894—1953），字才智，重庆合川人．——书目来源：《合川县志》第 771 页

国故论衡疏证/ 庞石帚著．——成都：川大排印本，［出版时间不详］．——作者简介：庞石帚（1895—1964），綦江人．——书目来源：《四川省志 人物志》第 564 页

寄斋杂录/ 张华庭．——民国手抄本．——作者简介：张华庭（1839—1922），字济辉，别号星楣，重庆綦江县人。清同治九年（1870 年）以优生资格贡献于京．——书目来源：綦江张集新（张华庭之孙）家藏

江津县方言志/［胡小石］．——［出版项不详］．——抗战时期著于重庆．——作者简介：胡小石（1888—1962），名光炜，以字行。号倩尹、夏庐、子夏、沙公。浙江嘉兴人。1938 年—1939 年 8 月、1940 年正月—1940 年 8 月、1941 年 1 月到重庆中央大学任教，1946 年离渝．——书目来源：《楚辞学通典》（周建忠，汤漳平主编）第 447 页

拉丁文文法 / 吴宓．——［出版项不详］．——书目来源：《北碚地方志》第 545 页

离骚正义/ 佘雪曼．——［出版项不详］．——书目来源：《重庆文史馆》第 318 页

六书评议 / 刘孟伉著．——［出版项不详］．——抗日战争中后期，今佚．——作者简介：刘孟伉（1894—1969），名贞健，号艺叟，后改呓叟，又作瘝叟。重庆云阳县人．——书目来源：《云阳县志》第 1102 页、《四川省志 人物志》第 597 页

三圣经/ 张华庭．——［出版项不详］．——早年刊行，字帖．——书目来源：《綦江县志》第 672 页

声韵学/ 李植著．——［出版项不详］．——书目来源：《四川省志 人物志》第 909 页

诗经说文解字/ 张鹿秋著．——仿宋体字手抄本．——作者简介：张鹿秋，重庆江津人．——书目来源：《江津文史资料选辑》第 12 辑第 121 页

书法概论/ 蒋少煦．——［出版项不详］．——作者简介：蒋少煦（1911—1984），字荣封，丰都县保合乡人．——书目来源：《丰都县志》第 689 页

书学史/［胡小石］．——［出版项不详］．——书目来源：《沙公墨妙 胡小石书法精品集》（南京博物院编）

说文部首集解十五篇/ 龚秉枢撰集．——重庆：启渝石铅印刷公司，民国初年，石印本．——二册．——作者简介：龚秉枢（1865—1917），字鲁生，又

字星垣，巴县（今重庆主城区）人。清光绪二十三年（1897年）举人. ——书目来源：北京大学图书馆、吉林大学图书馆

说文古籀补/ 邹济. ——［出版地不详］：［出版者不详］，民国初年. ——作者简介：邹济（1879—1940），字活渠，名远洋，又名大曲，重庆巫溪人. ——书目来源：《巫溪县志》第692页

说文解字笺/ 刘孟伉著. ——［出版项不详］. ——抗日战争中后期，今佚. ——书目来源：《云阳县志》第1102页、《四川省志 人物志》第597页

说苑校注一卷/ 向宗鲁著. ——［出版项不详］. ——书目来源：重庆数字图书馆

训诂学要略/ 钟稚琚. ——［出版项不详］. ——作者简介：钟稚琚（1886—1963），名正懋，字子琚，重庆永川人. ——书目来源：《永川县志》第914页

异平同入考/ 李植著. ——［出版项不详］. ——书目来源：《四川省志 人物志》第909页

中国文字的溯源及其改革的方案/ 张锡畴著. ——［出版项不详］. ——书目来源：《涪陵文史资料》第十四辑 第88页

中国新文字的新文法/ 张锡畴著. ——［出版项不详］. ——书目来源：《涪陵文史资料》第十四辑 第88页

中华大辞典/ 杨家骆编. ——［出版项不详］. ——在北碚时编. ——书目来源：《北碚文史资料》第4辑"抗日战争时期的北碚"第411页

篆隶决嫌录/ 梅际郇著. ——［出版项不详］. ——书目来源：《四川省志 人物志》第784页

◎I 文学

1912年

华岳日记/ 江庸撰. ——［出版地不详］：［出版者不详］，1912. ——［普通古籍］. ——书目来源：《新中国名人录》

世本堂诗集二卷/（清）潘清荫撰. ——重庆：重庆长安寺启渝公司，1912，铅印本. ——作者简介：潘清荫，巴县（今重庆主城区）人，清同治十二年（1873年）举人，曾任忠州（今忠县）白鹿书院山长. ——书目来源：《巴蜀近代诗词选》，薛新力，蒲健夫主编，重庆出版社，2003年7月，第431页

香宋师赐和及见赠诗/ 江庸辑. ——［出版地不详］：［出版者不详］，1912. ——［普通古籍］. ——书目来源：《新中国名人录》

1913 年

叠岫楼诗草/ 陈景星. ——［出版地不详］：［出版者不详］，1913. ——清宣统二年在天津重刊发行。总集。总集之下主要有《壮游集》《磨铁集》《田居集》《尘英集》《拾余集》《感旧集》《津门集》《耄游集》《滨沪集》等篇章。其中《壮游集》《悬岩积卷》《山房诗草》等，于光绪二年由冯壶川收入《二酉英华集》，后经删定，载入《蜀诗所见集》. ——作者简介：陈景星（1839—1916），名其楠，字云五，号笑山，榜名景星，重庆黔江县人。土家族诗人. ——书目来源：复旦大学图书馆、四川省图书馆

1914 年

全蜀艺文志六十四卷首一卷/（明）杨慎撰；（清）朱云焕，（清）张鹏翼校. ——成都：昌福公司，1914，铅印本. ——二十册. ——书目来源：北京师范大学图书馆、华东师范大学图书馆、苏州大学图书馆、郑州大学图书馆

1915 年

缙云集钞一卷/（宋）冯时行撰. ——上海：商务印书馆，1915. ——一册. ——作者简介：冯时行（1100—1163），字当可，号缙云，恭州巴县乐碛（今属重庆渝北区洛碛镇）人。少时读书巴县之缙云山寺，故号缙云。其籍或作巴县，或作璧山，盖因二县境界邻比. ——书目来源：国家图书馆

四本堂文集二卷外集二卷附录一卷诗集二卷/（清）潘清荫著. ——重庆：启渝印刷公司，1915，铅印本. ——二册. ——书目来源：国家图书馆、北京大学图书馆、四川大学图书馆

1917 年

采薇僧集一卷　诗草一卷　附赠和诗草一卷/ 李滋然，戴锡畴等．——［出版地不详］：［出版者不详］，1917，刻本．——书目来源：南京图书馆

1918 年

圣教入川记/（法）古洛东（OourcIon）撰．——重庆：曾家岩圣家书局，1918，铅印本．——一册．——作者简介：古洛东（OourcIon，1840—1930），法国传教士，清末来华．——书目来源：北京大学图书馆

/（法）古洛东（OourcIon）撰．——重庆：曾家岩圣家书局，1934，铅印本．——一册．——书目来源：北京大学图书馆

西沤全集十卷外集八卷/（清）李惺撰；（清）章梿等编辑．——清同治七年（1868年）垫江李氏刻民国七年（1918年）增修本．——十六册．——作者简介：李惺（1787—1864），字伯子，号西沤，重庆垫江县人。清嘉庆二十二年（1817年）进士，授翰林院检讨．——书目来源：国家图书馆

1919 年

旅欧日记/ 颜实甫著．——［出版地不详］：［出版者不详］，1919．——书目来源：《江津文史资料选辑》第5辑45页

1920 年

巴比塞评传/ 沈起予著．——［出版地不详］：良友图书印刷公司，1920.4．——作者简介：沈起予（1903—1970），又名沈绮雨，重庆巴县人．——书目来源：复旦大学图书馆、长沙理工大学图书馆、浙江财经大学图书馆、浙江大学图书馆

/ 沈起予著．——上海：良友图书印刷公司，1933.4.17．——书目来源：上海图书馆

/ 沈起予著．——上海：良友图书印刷公司，［出版时间不详］．——书目来源：南京图书馆

后正气歌/ 张森楷．——［出版地不详］：［出版者不详］，1920．——作者简介：张森楷（1858—1928），原名家楷，字元翰，号式卿，晚号端叟，别号石亲，重庆合川人．——书目来源：《合川县志》第728页

/江庸撰．——［出版地不详］：文岚簃书局，1932．——书目来源：重庆数字图书馆

雪堂诗四卷/（清）傅作楫撰．——［出版地不详］：守墨斋，1920，刻本．—— 一册．——作者简介：傅作楫，生年不详。号圣泉，字济庵，又名傅恒。祖籍巫山，后入奉节县籍。清康熙二十六年（1687年）举人．——书目来源：国家图书馆

/（清）傅作楫．——［出版项不详］．——辛亥革命后，侯昌镇荐唐鸿儒任奉节县劝学所视学，此书由侯与唐筹资刻印，侯、唐亲为该书跋序．——书目来源：《奉节县志》第825页

1922年

四川儒林文苑传□□卷/（清）戴纶喆撰．——［出版地不详］：［出版者不详］，1922，刻本．——作者简介：戴纶喆，字吉双，重庆綦江人。清末举人，后任四川邛州训导．——书目来源：四川省图书馆

一庐梅花百咏不分卷/陈泽霈著．——成都：［出版者不详］，1922，石印本．——作者简介：陈泽霈（1885—?），字一禅，重庆巴县人。善画，晚年寓居上海．——书目来源：四川省图书馆

/陈泽霈著．——［出版地不详］：［出版者不详］，1922，铅印本．——书目来源：上海图书馆

1924年

火线内/沈起予著．——［出版地不详］：良友图书印刷公司，1924．——书目来源：南京图书馆

/沈起予著．——上海：良友图书印刷公司，1935．——本书收《火线内》《火线外》《消夏录》《妻的一周间》《虚脚楼》《王牧师的悲喜剧》《蓬莱夜话》《难民船》八篇小说．——书目来源：重庆图书馆、国家图书馆、上海图书馆、南京图书馆、四川省图书馆

/沈起予著．——上海：良友图书印刷公司，1935.4．——书目来源：上海图书馆

欧美名著节本 上、下/王昌谟，孔祥鹅，朱厚锟编译；任鸿隽，沈奎，

周鲤生校订.——［出版地不详］：商务印书馆，1924.6.——上下册，分26卷。上册包括希腊罗马名著、乔塞的肯脱白来故事、史本沙的仙后故事、莎士比亚的戏剧、狄更斯的小说等12卷；下册包括萨克利小说集、嘉尔金士立的小说、嚣俄的小说、都德的滑稽杰作等14卷.——书目来源：苏州图书馆

／王昌谟，孔祥鹅，朱厚锟编译；任鸿隽，沈奎，周鲤生校订.——上海：商务印书馆，1924.——书目来源：重庆图书馆、南京图书馆

／王昌谟，孔祥鹅，朱厚锟编译；任鸿隽，沈奎，周鲤生校订.——上海：商务印书馆，［出版时间不详］.——书目来源：重庆图书馆

诗论／潘大道著.——上海：中华学艺社，1924.——作者简介：潘大道（1888—1927），字立三，又作力山，开县人.——书目来源：广西壮族自治区图书馆

／潘大道著.——上海：商务印书馆，1927.——书目来源：重庆图书馆

／潘大道著.——［出版地不详］：商务印书馆，1927.2.——书目来源：上海图书馆

／潘大道著.——上海：中华学艺社，1933.——书目来源：南京图书馆

／潘大道著.——上海：商务印书馆，1935.——书目来源：重庆图书馆

1925 年

农民歌／戴易东.——［出版地不详］：省党部印刷，［1925］.——作者简介：戴易东（1876—1962），又名显图、璧辉、必光，重庆綦江县人.——书目来源：《綦江县志》第699页

显微镜下之醒狮派／萧楚女著.——［出版地不详］：中国青年社，1925.——书目来源：重庆图书馆、四川省图书馆

1926 年

长短句 中国文学流变史稿／郑宾于著.——北京：海音书局，1926.——作者简介：郑宾于（1898—1986），重庆酉阳人.——书目来源：重庆图书馆、浙江图书馆

罋盒诗录四卷／李稷勋撰.——秀山：李氏，1926，刻本.——二册.——作者简介：李稷勋（1957—1918），字伯梁，一字伯子，号姚琴、尧琴、瑶琴，

又作李稷云，秀山县（今重庆秀山土家族苗族自治县）人。清光绪二十四年（1898年）进士. ——书目来源：清华大学图书馆（不全）、重庆市秀山土家族苗族自治县政协文史委

杂感录/ 孔乐三著. ——［出版地不详］：［出版者不详］，1926. ——作者简介：孔乐三（1909—1931），涪陵人. ——书目来源：《涪陵文史资料选辑》第1辑第46页

1927年

不安定的灵魂/ 陈翔鹤著. ——上海：北新书局，1927. ——收《悼一》《西风吹到了枕边》《莹子》《姑母》《不安定的灵魂》《他》等七篇小说. ——作者简介：陈翔鹤（1901—1969），重庆人. ——书目来源：重庆图书馆、南京图书馆

缙云乐府一卷/ （宋）冯时行撰. ——［出版地不详］：［出版者不详］，1927，铅印本. ——一册. ——书目来源：国家图书馆

南游杂诗/ 江庸撰. ——［出版地不详］：［出版者不详］，1927. ——［普通古籍］. ——书目来源：《新中国名人录》

绣馀草/ 陶香九. ——［出版地不详］：［出版者不详］，［1927］. ——诗集。民国十六年，诗作精选60题，共194首。由当时社会名流胡适、江翰、江庸作序，吴敬恒、张一麐、陈三立、吴梅等题词、作跋，交上海商务印书馆出版发行. ——作者简介：陶香九（1867—1939），号先晼，潼南县双江镇人. ——书目来源：《潼南县志》第880页

在阪道上/ 陈翔鹤著. ——［出版地不详］：北新书局，1927. ——书目来源：《四川省志 人物志》第600页

招隐居传奇二卷 附火坑莲一卷/ （清）钟云舫著. ——［出版地不详］：［出版者不详］，1927，刻本. ——二册. ——作者简介：钟云舫（1847—1911），名祖棻，号铁汉，又号铮铮居士，重庆江津人。中国近代著名楹联学家. ——书目来源：北京师范大学图书馆

振振堂四种八卷（文稿二卷诗稿二卷联稿二卷联稿续二卷）/ （清）钟云舫撰. ——江津：翕合成木活字印本，1927. ——书目来源：国家图书馆、四川

大学图书馆

/（清）钟云舫撰．——江津：江津县城板桥宝昌，1937，石印本．——书目来源：国家图书馆、四川大学图书馆

1928 年

飞露/ 沈起予著．——上海：世纪书局，1928．——书目来源：重庆图书馆、国家图书馆、上海图书馆、南京图书馆、四川省图书馆

/ 沈起予著．——上海：世纪书局，1928.9.1．——书目来源：上海图书馆

还黑石山作/ 吴芳吉著．——［出版地不详］：［出版者不详］，［1928］．——1928 年作，写有歌诗共 31 首．——书目来源：《江津文史资料选辑》第 1 辑第 118 页

角力/ 徐活萤著．——上海：现代书局，1928.8．——万县第一部中篇小说．——作者简介：徐活萤，重庆万县人．——书目来源：四川大学图书馆、四川省图书馆

/ 徐活萤著．——上海：现代书局，1929．——书目来源：重庆图书馆、上海图书馆、四川省图书馆

小雨点/ 陈衡哲著．——上海：上海书店，1928.4．——收任鸿隽序．——作者简介：陈衡哲（1891—1976），笔名莎菲。原籍湖南衡山，因从小生长在江苏武进，常自称武进人。任鸿隽夫人。1942 年到重庆，断断续续住了 5 年．——书目来源：重庆工商大学图书馆、重庆第二师范学院图书馆

/ 陈衡哲著．——［出版地不详］：新月书店，1933.3．——书目来源：长江师范学院图书馆

/ 陈衡哲著．——北京：商务印书馆，［出版时间不详］．——书目来源：西南大学图书馆

庄稼佬歌/ 李光华．——［出版地不详］：［出版者不详］，1928．——书目来源：《梁平县志》第 693 页

1929 年

白屋吴生诗稿/ 吴芳吉著．——［出版地不详］：江津聚奎小学，1929．——书名据目录 聚奎小学丛刊之一。不分卷．——书目来源：南京图书

馆、四川省图书馆

／吴芳吉撰. ——［出版地不详］：［美利利印刷公司印］，［1929］. ——书目来源：《近代著名图书馆馆刊荟萃》（国家图书馆编）第 436 页

／吴芳吉撰. ——［出版地不详］：［出版者不详］，1929. ——2 卷. ——书目来源：四川省图书馆

白屋吴生诗稿后卷　1 卷／吴芳吉撰. ——［出版地不详］：［出版者不详］，1929. ——书目来源：四川省图书馆

黛玉归天／李大中. ——［出版地不详］：［出版者不详］，1929—1935. ——作者简介：李大中（1899—1975），名西镛，永川县王坪乡人. ——书目来源：《永川县志》第 928 页

黛玉葬花／李大中. ——［出版地不详］：［出版者不详］，1929—1935. ——书目来源：《永川县志》第 928 页

抚琴悲秋／李大中. ——［出版地不详］：［出版者不详］，1929—1935. ——川剧剧本，红楼戏. ——书目来源：《永川县志》第 928 页

积翠湖滨／周开庆著. ——上海：真美善书店，1929. ——书目来源：吉林省图书馆、江西省图书馆

／周开庆著. ——［出版地不详］：真美善书店，1929. ——书目来源：四川大学图书馆

／周开庆著. ——上海：真美善书店，1929.3.3. ——书目来源：复旦大学图书馆、深圳之城纸书图书馆、深圳大学城图书馆、浙江工商大学图书馆、北京语言大学图书馆、嘉兴学院图书馆、上海图书馆

吕四娘刺雍正／李大中. ——［出版地不详］：［出版者不详］，1929—1935. ——川剧剧本，连台 12 本清代历史剧. ——书目来源：《永川县志》第 928 页

生日游百花山诗　一卷／江庸撰. ——［出版地不详］：［出版者不详］，1929. ——［普通古籍］. ——书目来源：《新中国名人录》

蜀游心影／舒新城. ——上海：开明书局，1929. ——作者旅蜀的记游散文集，是从作者的家信中选出并加以改编的。书中有风景照片插图数十幅。有《入川》《巫山与巫山十二峰》《滟滪堆》《夔州一宿》《万县一瞥》《天子庙》

《石家沱》《重庆登岸》《试骡南山》等文. ——作者简介：舒新城（1893—1960），原名玉山，学名维周，字心怡，号畅吾，曾用名舒建勋，湖南溆浦人. ——书目来源：上海图书馆、南京图书馆

／舒新城. ——上海：中华书局，1934. ——书目来源：上海图书馆、广西壮族自治区图书馆

／舒新城著. ——上海：中华书局，1936. ——书目来源：重庆图书馆

／舒新城. ——上海：中华书局，1939. ——书目来源：上海图书馆、南京图书馆

水晶戒方／李大中. ——[出版地不详]：[出版者不详]，1929—1935. ——川剧剧本，聊斋戏. ——书目来源：《永川县志》第928页

西游记／李大中. ——[出版地不详]：[出版者不详]，1929—1935. ——川剧剧本，连台神话剧. ——书目来源：《永川县志》第928页

扬州恨／李大中. ——[出版地不详]：[出版者不详]，1929—1935. ——川剧剧本，大型历史剧. ——书目来源：《永川县志》第928页

尤三姐剑会／李大中. ——[出版地不详]：[出版者不详]，1929—1935. ——川剧剧本，红楼戏. ——书目来源：《永川县志》第928页

1930年

滴翠轩诗草 四卷／秦淮月. ——[出版地不详]：[出版者不详]，[1930]. ——民国十九年（1930年）由县长杨乃斌监订付印。其诗集现仅发现一、二、四卷残本，共存诗489首. ——作者简介：秦淮月（1834—1932），原名秦光升，字印潭，号印川，重庆彭水县人. ——书目来源：《石柱县志》第606页

虹／茅盾. ——上海：开明书店，1930. ——作者简介：茅盾（1896—1981），本名沈德鸿，字雁冰，浙江桐乡县乌镇人。1939年10月—1941年1月，1942年底—1946年3月在重庆生活。小说以重庆两路口和江北为主要背景. ——书目来源：《陪都人物纪事》第194页、南京图书馆

／茅盾. ——[出版地不详]：开明书店，1946. ——书目来源：重庆图书馆

／茅盾. ——[出版地不详]：开明书店，1949. ——书目来源：南京图

书馆

/ 茅盾. —— [出版地不详]：开明书店，[出版时间不详]. ——书目来源：重庆图书馆

两个野蛮人的恋爱/ 沙沱布里昂著；沈起予译. —— [出版地不详]：红叶书店，1930. ——书目来源：广西师范大学图书馆、中国社会科学院图书馆、吉林省图书馆

/ 夏多布里昂著；沈起予译. ——上海：红叶书店，1930. ——书目来源：重庆图书馆

如此江州（第一集）/ 王秉诚著. ——上海：上海印书局，1930. ——长篇警世小说，1926 年在《重庆晚报》连载，作者笔名"然然". —— 作者简介：王秉诚（1900—1953），原名刘玉声，曾用笔名阿顺、琅琅。重庆人，评书演员. ——书目来源：重庆图书馆

香湖诗草/ 刘扬. —— [出版地不详]：石青阳刻，1930. ——作者简介：刘扬（1874—1953），字香浦，重庆酉阳人. ——书目来源：重庆数字图书馆

在黑暗中/ 海胥倍因等著；赵铭彝译. —— [出版地不详]：现代书局，1930. ——本书收入海胥倍因的《在黑暗中》、阿胥的《夜》和《冬》、宾斯奇的《被遗忘的灵魂》等四个短剧. ——作者简介：赵铭彝（1907—1999），重庆江津人. ——书目来源：广东省立中山图书馆、山东师范大学图书馆、西藏民族大学图书馆、宁波市图书馆、浙江省图书馆、四川外国语大学图书馆

怎样建设革命文学 / 李初梨著. —— [出版地不详]：江南书店，1930. ——作者简介：李初梨（1900—1994），原名李祚利，曾用名李初黎。重庆江津县人. ——书目来源：Stanford University（斯坦福大学）图书馆、复旦大学图书馆、长沙理工大学图书馆、浙江财经大学图书馆

中国文学流变史/ 郑宾于著. ——上海：北新书局，1930. ——上册. ——书目来源：重庆图书馆、国家图书馆、首都图书馆

/ 郑宾于著. ——上海：北新书局，1931. ——上册、中册. ——书目来源：重庆图书馆、国家图书馆、首都图书馆

/ 郑宾于著. ——上海：北新书局，1933. ——卷三. ——书目来源：重庆

图书馆、国家图书馆、首都图书馆

　　/郑宾于著. ——上海：北新书局,1933. ——下. ——书目来源：首都图书馆

　　/郑宾于著. ——上海：北新书局,1936,3版. ——上册. ——书目来源：国家图书馆、首都图书馆

　　/郑宾于著. ——上海：北新书局,1936,再版. ——中册. ——书目来源：国家图书馆、首都图书馆、湖南图书馆

　　/郑宾于著. ——上海：北新书局,1936,再版. ——下册. ——书目来源：南京图书馆、首都图书馆

　　/郑宾于著. ——上海：北新书局,1936,2版. ——卷三. ——书目来源：国家图书馆

　　中国文学体例谈/杨启高著. ——南京：南京书店,1930. ——分文学、中国文学、中国文学体例三部分,并附有中国文学纵横演化系统图、中国诗歌词曲异同简明表等. ——书目来源：重庆图书馆

1931 年

　　峨眉吟卷/陶闿士著. ——[出版地不详]：[出版者不详],1931. ——作者简介：陶闿士（1886—1940），名闿,一字开士,号天研,别署天倪阁居士,重庆巴县人. ——书目来源：《四川省志 人物志》第800页

　　还乡集/海涅著；范纪曼译. ——[出版地不详]：[出版者不详],1931—1937年间,正式出版. ——作者简介：范纪曼（1906—1990），又名范贤才、范幼文、范行、江太洁、范贤本、范纪美,梁平县和林乡人. ——书目来源：《梁平县志》第710页

　　汐之螺/范纪曼. ——[出版地不详]：[出版者不详],[1931—1937]. ——诗歌集. ——书目来源：《梁平县志》第710页

　　/范纪曼. ——上海：中外文艺书店,1946.1.1. ——书目来源：上海图书馆

　　熊家婆/唐幼峰. ——重庆：重庆书店,1931. ——书目来源：重庆图书馆

　　薛涛诗/傅润华编校. ——上海：光华书局,1931. ——书目来源：上海图

书馆

　　/ 傅润华编校．——上海：光华书局，1931.10.——书目来源：南京图书馆

　　/ 傅润华编校．——上海：大光书局，1935.11.——书目来源：上海图书馆

　　艺术科学论/ 伊科微支著（Ickowicz）；沈起予译．——上海：现代书局，1931.——本书与樊仲云译的《唯物史观的文学论》为同种书的不同译本。分到艺术科学之路、文学上之史的唯物论的应用两部分．——书目来源：重庆图书馆、国家图书馆

　　/ 沈起予译．——上海：现代书局，1931.4.——书目来源：上海图书馆、中国社会科学院图书馆、中国音乐学院图书馆、福建师范大学图书馆、广东省立中山图书馆

　　/ 沈起予译．——上海：现代书局，[出版时间不详]．——书目来源：南京图书馆

1932 年

　　力山遗集/ 潘力山著；潘大逵编．——上海：大东书局，1932.——附录：潘前副校长力长先生追悼会记录，潘力山先生蒙难一周纪念　附亲友纪念作者的诗文。书前有作者像及褚辅成、沈钧儒、潘逵等人的序文数篇。章炳麟题署封面。著者曾任上海法科大学副校长，于 1927 年 10 月 14 日被暗杀。本书是他的遗集，由他的弟弟编校。全书分政治、法律、社会、文学、杂文 5 编，辑收各类论文、杂文和诗歌等。文言体．——书目来源：《四川省志　人物志》第 763 页、上海图书馆、南京图书馆

　　欧洲文学发达史/ 弗里切著；外村史郎译，沈起予重译．——上海：开明书局，1932.——书目来源：重庆图书馆、南京图书馆

1933 年

　　巴比塞传/ 沈起予著．——上海：良友图书印刷公司，1933.——书目来源：国家图书馆

　　/ 沈起予著．——上海：良友图书印刷公司，[出版时间不详]．——书目来源：四川省图书馆

　　创作的经验/ 周树人，沈起予著．——上海：天马书店，1933.6.——书目

来源：上海图书馆

／周树人，沈起予著．——上海：天马书店，1935.5．——书目来源：上海图书馆

答媛诗草／（清）陈汝燮撰；陈驷光辑．——［出版地不详］：［出版者不详］，1933，铅印本．——燮诗遗稿，民国时由其子驷光收集整理共得诗集八卷，楹联一卷，从侄值光赞资付梓出刊传世，现尚有幸存者。收入《酉阳直隶州总志 酉阳州志》木刻本（酉阳县档案局存）。——作者简介：陈汝燮（约1830—1902），又名序初，字答泉，别号答媛，酉阳直隶州（今重庆酉阳土家族苗族自治县）人。陈驷光，酉阳直隶州（今重庆酉阳土家族苗族自治县）人，清末秀才．——书目来源：现藏重庆酉阳中学教师陈林昭家中

怒吼罢，中国！／特列恰可夫著；沈起予译．——［出版地不详］：师专剧团，1933．——书目来源：浙江省图书馆

赈籴刍荛／危雨皋．——［出版地不详］：［出版者不详］，约在1933—1936年间．——作者简介：危雨皋（1864—1947），又名震、鸿祜、道培，重庆綦江县人．——书目来源：《綦江县志》第687页

1934 年

红豆山庄吟草初编／沙鸥著．——［出版地不详］：［出版者不详］，1934．——诗词集，收117首．——作者简介：沙鸥（1922—1994）原名王世达，重庆人．——书目来源：《诗学大辞典 中国诗歌卷》（罗洛主编，1995）

蛮荒侠隐／还珠楼主著．——［出版地不详］：大陆书局，1934.6．——1．——作者简介：李善基（1902—1961），又名还珠楼主、李寿民、李红，重庆长寿人．——书目来源：重庆数字图书馆

／还珠楼主著．——［出版地不详］：［出版者不详］，1937.2．——2．——书目来源：重庆数字图书馆

／李寿民．——［出版地不详］：励力出版社，1940—1941．——4、5．——民国时期武侠小说，共5集25回。出版时间：第4集1941.7，第5集1940.6．——书目来源：重庆数字图书馆

／李寿民．——上海：正气书局，1946—1948．——1、2、5．——民国时期

武侠小说，共 5 集 25 回。出版时间：第 1 集 1946.10，第 2 集 1946.10，第 5 集 1948.7.——书目来源：重庆图书馆、南京图书馆

／李寿民．——［上海］：两利书局，1946.1.——3.——民国时期武侠小说，共 5 集 25 回．——书目来源：重庆图书馆

／李寿民．——［上海］：两利书局，1946—1947.——2、4、5.——民国时期武侠小说，共 5 集 25 回。出版时间：第二卷、第四卷 1946.10，第五卷 1947.9.——书目来源：重庆图书馆

蛮荒侠隐记／还珠楼主著．——天津：大陆书局，1934.——书目来源：国家图书馆

模范散文选注／何光霁编．——［出版地不详］：光明书局，1934.9.——收录有任鸿隽撰：《说合理的意思》《何谓科学家》．——书目来源：西南大学图书馆、北京大学图书馆、中国社会科学院图书馆

趋庭随笔／江庸撰．——［出版地不详］：朝阳学院出版部，1934.——［普通古籍］．——书目来源：南京图书馆

／江庸撰．——［出版地不详］：［出版者不详］，1934.——书目来源：南京图书馆

吴白屋先生遗书／吴芳吉撰；吴宓编订；周光午辑附录．——长沙：［段文益堂承刊印］，1934.——十卷。钤印：蟬厂、许伯建印（6 册）．——书目来源：博宝拍卖网

／吴芳吉．——长沙：［出版者不详］，1934.——二十卷．——书目来源：南京图书馆

／吴芳吉撰；吴宓编订；周光午辑附录．——长沙：［出版者不详］，1934.——二十卷　附录一卷。诗集八卷，诗续集四卷，歌剧一卷，书札三卷，书丸补遗一卷，家书一卷，杂稿二卷，附录一卷．——书目来源：南京图书馆

／吴芳吉著．——长沙：［出版者不详］，1934.——二十卷、一卷，图六幅，共六册．——书目来源：南京图书馆

／吴芳吉著；吴宓编订；周光午参校．——［出版地不详］：［出版者不详］，1934.——21 卷　附录 1 卷．——书目来源：四川省图书馆

中国大学生日记/ 万迪鹤．——［出版地不详］：生活出版社，1934.12，初版；1937.4，再版．——作者简介：万迪鹤（1906—1943），抗战期间居于重庆乡间．——书目来源：贵州省图书馆

1935 年

白屋嘉言 三卷/ 吴芳吉著．——广州：编辑者自刊，1935.——书前有《吴白屋先生事略》一文．——书目来源：南京图书馆、四川省图书馆

/ 吴芳吉著．——［出版项不详］．——书前有《吴白屋先生事略》一文．——书目来源：重庆图书馆

残碑/ 沈起予著．——上海：良友图书公司，1935.——书目来源：国家图书馆、上海图书馆、南京图书馆、贵州省图书馆

/ 沈起予著．——上海：良友图书印刷公司，1935.12.1.——书目来源：上海图书馆

/ 沈起予著．——上海：良友图书公司，1941.——书目来源：重庆图书馆、南京图书馆、四川省图书馆

/ 沈起予著．——上海：良友图书公司，1945.7.——书目来源：上海图书馆

/ 沈起予著．——上海：良友图书公司，［出版时间不详］．——书目来源：重庆图书馆

劫后缘/ 李大中．——［出版地不详］：［出版者不详］，1935—1939.——川剧剧本．——书目来源：《永川县志》第928页

缙云文集四卷/（宋）冯时行撰．——上海：商务印书馆，1935.——影印四库全书珍本初集本，四册．——书目来源：国家图书馆、北京大学图书馆、澳门大学

美人心/ 李大中．——［出版地不详］：［出版者不详］，1935—1939.——川剧剧本．——书目来源：《永川县志》第928页

欧洲文学发达史/ 弗里契著；沈起予译．——上海：开明书店，1935.——书目来源：重庆图书馆、国家图书馆、南京图书馆、四川省图书馆

奇冤录/ 李大中．——［出版地不详］：［出版者不详］，1935—1939.——

川剧剧本. ——书目来源：《永川县志》第928页

唐代诗学/ 杨启高编著. ——南京：正中书局，1935. ——论述唐诗的背景、渊源、流派、特质和体例，初唐、盛唐、中唐、晚唐四个时期的代表诗人及其作品，以及唐诗对后世诗歌的影响. ——书目来源：国家图书馆、南京图书馆

/ 杨启高编著. ——重庆：正中书局，1943. ——书目来源：重庆图书馆

/ 杨启高著. ——上海：正中书局，1947. ——书目来源：南京图书馆

唐诗研究/ 杨启高著. ——上海：上海书店，1935. ——民国籍粹. ——书目来源：四川省图书馆

铁血鸳鸯/ 李大中. ——［出版地不详］：［出版者不详］，1935—1939. ——川剧剧本. ——书目来源：《永川县志》第928页

性的故事/ 沙沱布里昂著；沈起予译. ——［出版地不详］：新新书店，1935. ——书目来源：天津图书馆

埙篪前集□□卷　埙篪后集□□卷/ 陈宸，陈宽撰. ——［成都］：成都图书馆福民公司，1935，铅印本. ——二册。陈宽与其兄子骏诗作合刊. ——作者简介：陈宸，字子骏，酉阳直隶州（今重庆酉阳）人，清末廪生。陈宽，字子驭，酉阳直隶州（今重庆酉阳）人，清宣统三年（1911年）主《西顾报》笔政. ——书目来源：四川大学图书馆

研悦斋甲戌诗存一卷附录乙亥诗稿春夏吟草十二首/陈国常著. ——荣昌：陈氏，1935，铅印本. ——一册. ——作者简介：陈国常（1864—1934），字惺吾，重庆荣昌县人. ——书目来源：南京大学图书馆、四川大学图书馆

战争小说集/ 沈起予等著. ——北京：中华书局，1935. ——收《火线内》（沈起予）、《十三个》（迅鸠）、《奇迹》（杜兰谛著；张梦麟译）、《舞女》（高尔斯华绥著；钱哥川译）、《国与国之间》（蒙塔格著；伯符译）、《战争的终局》（克伦著；章石承译）、《一只猫的死》（爱格勃来赫特著；张梦麟译）等九篇小说. ——书目来源：浙江省图书馆、天津图书馆、北京大学图书馆、黑龙江省图书馆、中国社会科学院图书馆

/ 沈起予作. ——上海：中华书局，1935. —— 新中华丛书 文艺汇刊. ——书目来源：南京图书馆

字溪集十一卷附录一卷/（宋）阳枋撰．——上海：商务印书馆，1935．——影印四库全书珍本初集本．——作者简介：阳枋（1187—1267），初名昌朝，字宗骥（一说正父），号字溪先生，巴川（今重庆铜梁）人．——书目来源：国家图书馆、北京大学图书馆、上海图书馆、南京图书馆、台湾"国家图书馆"

1936 年

爱乡记/ 王缵绪编著．——南京：正中书局，1936.4．——作者简介：王缵绪（1886—1960），字治易，号窟园居士，1932—1938 年在重庆生活，职业军人，创立巴蜀学校．——书目来源：重庆图书馆、南京图书馆、四川省图书馆

慈香小集/ 赵熙．——［出版地不详］：［出版者不详］，1936．——1936 年，向楚请赵熙赴重庆过七十大寿，9 月 12 日由陶元用陪同抵渝，住通远门慈香阁，师友唱和，辑印为之．——作者简介：赵熙（1867—1948），字尧生，号香宋，晚号天山渔民、香宋老人、香宋词人，别名赵㷱。四川荣县人，辛亥革命时期曾在重庆居住．——书目来源：《四川省志 人物志》第 488 页

独身者/ 陈翔鹤著．——［出版地不详］：中华书局，1936．——书目来源：《四川省志 人物志》第 600 页

/ 陈翔鹤著．——上海：中华书局，1937．——书目来源：南京图书馆

/ 陈翔鹤著．——上海：中华书局，1940．——收《洛迦法师》《家庭》《转变》《独身者》《大姐及大姐圣经的故事》《早秋》六篇小说．——书目来源：重庆图书馆

国粹文选/ 程昌祺撰．——［出版地不详］：华西协和大学哈佛燕京大学，1936．——书目来源：四川省图书馆

骇痴谰谈二卷/（明）陈骧瀚撰；胡协寅校．——上海：大达图书供应社，1936，铅印本．——一册．——作者简介：陈骧瀚，字嵩泉，号海螭、古芎子，涪州（今重庆涪陵区）人。清光绪年间廪生．——书目来源：上海图书馆、国家图书馆（胶卷）

汉园记/ 何其芳，卞之琳，李广田合著．——上海：商务印书馆，1936．——收何其芳的《燕泥集》诗作 17 首．——书目来源：《四川省志 人物

志》第655页、兰州大学图书馆

化雪夜 / 沙鸥著 . —— 上海：春草社，1936. ——春草诗丛二辑之一，本书是作者习作的方言诗。包括《是谁逼死了他们》《化雪夜》《这里的日子莫有亮》《他自己宰错了手》《一个老故事》《寒夜》《一难挨的日子》等6首。书末附：《日记—关于〈化雪夜〉》. ——书目来源：南京图书馆

画梦录 / 何其芳著 . —— 上海：文化生活出版社，1936. ——作者简介：何其芳（1912—1977），重庆万县人 . ——书目来源：重庆图书馆、南京图书馆、广西壮族自治区图书馆

/ 何其芳著 . —— 上海：文化生活出版社，1937. ——收《墓》《秋海棠》《雨前》《黄昏》《独语》《画梦录》等16篇散文。书前以《扇上的烟云》一文代序 . ——书目来源：重庆图书馆

/ 何其芳著 . —— 上海：文化生活出版社，1940. ——书目来源：南京图书馆

/ 何其芳著 . —— 上海：文化生活出版社，1946. ——书目来源：重庆图书馆

/ 何其芳著 . —— 上海：文化生活出版社，1947.3. ——书目来源：上海图书馆

集《泰山经石峪》联 / 曾吉芝辑 . ——［出版地不详］：［出版者不详］，1936. ——书目来源：雅昌拍卖网

酒场 /（法）左拉著；沈起予译 . —— 北京：中华书局，1936.2. ——书目来源：四川外国语大学图书馆、北京大学图书馆、中国社会科学院图书馆、贵州省图书馆、黑龙江省图书馆

/（法）左拉著；沈起予译 . —— 上海：中华书局，1936. ——书目来源：重庆图书馆、贵州省图书馆

念石斋诗 / 梅际郇著 . ——［出版地不详］：[出版者不详]，1936，铅印本 . ——五卷 . ——书目来源：《四川省志 人物志》第784页、国家图书馆、重庆市档案馆

/ 梅际郇著 . —— 任师尚校刊，1936，铅印本 . ——诗五卷附古乐府一卷诗

余一卷．二册．——书目来源：复旦大学图书馆、吉林大学图书馆、南京大学图书馆、四川大学图书馆、华东师范大学图书馆、苏州大学图书馆

农村的歌／沙鸥著．——上海：春草社，1936．——书目来源：南京图书馆

／沙鸥著．——上海：春草社，1945．——春草诗丛二辑之二．——书目来源：重庆图书馆

青城十九侠／李寿民．——上海：正气书局，1936.9．——2、3．——书目来源：重庆图书馆

／李寿民．——上海：正气书局，1938.3．——3．——书目来源：重庆图书馆

／李寿民．——天津：励力书局，1941．——1．——书目来源：南京图书馆

／李寿民．——上海：励力书局，1941.4．——9．——书目来源：重庆图书馆

／李寿民．——上海：励力书局，1941.5．——8．——书目来源：重庆图书馆

／李寿民．——天津：励力书局，1942．——书目来源：国家图书馆

／李寿民．——上海：正气书局，1943.8．——23．——书目来源：重庆图书馆

／李寿民．——天津：励力书局，1943.10．——12、24．——书目来源：重庆图书馆

／李寿民．——上海：正气书局，1943.11．——22．——书目来源：重庆图书馆

／李寿民．——上海：励力书局，1943.12．——9．——书目来源：重庆图书馆

／李寿民．——上海：正气书局，1946.9．——4、7、9、20．——书目来源：重庆图书馆

／李寿民．——上海：正气书局，1946.10．——8、10、17、19、21．——书目来源：重庆图书馆

／李寿民．——上海：正气书局，1947.3．——5、15、16．——书目来源：

重庆图书馆

／李寿民．——上海：正气书局，1947.5.——23.——书目来源：重庆图书馆

／李寿民．——上海：正气书局，1947.6.——1、2、3、5、6、7、11、14、15、18 、20.——书目来源：重庆图书馆

／李寿民．——上海：正气书局，1947.8.——2、4、8、10、12 、13、16、17、22.——书目来源：重庆图书馆

／李寿民．——上海：正气书局，1947.9.——9、19.——书目来源：重庆图书馆

／李寿民．——上海：正气书局，1947.11.——25.——书目来源：重庆图书馆

／李寿民．——上海：正气书局，1948.3.——1、3、4、5、6、7、11、12、14、15、16、17、20、21、22.——书目来源：《长寿县志》第 1155 页、《四川省志 人物志》第 544 页、重庆图书馆

／李寿民．——上海：正气书局，1948.4.——6、16、18.——书目来源：重庆图书馆

／李寿民．——上海：正气书局，1948.5.——2、8、24.——书目来源：重庆图书馆

／李寿民．——上海：正气书局，1948.6.——8、17.——书目来源：重庆图书馆

／李寿民．——上海：正气书局，1948.7.——8、10、19.——书目来源：重庆图书馆

／李寿民．——上海：正气书局，1948.8.——13、23.——书目来源：重庆图书馆

／李寿民．——上海：正气书局，1948.9.——9.——书目来源：重庆图书馆

／李寿民．——上海：正气书局，1948.12.——22.——书目来源：重庆图书馆

／李寿民．——天津：励力书局，[194？]．——书目来源：国家图书馆

／李寿民．——上海：正气书局，[出版时间不详]．——书目来源：重庆图书馆

怎样阅读文艺作品／沈起予著．——上海：三联书店，1936．——书目来源：南京图书馆

／沈起予著．——上海：生活书店，1936．——青年自学丛书．——书目来源：重庆图书馆、国家图书馆、南京图书馆、四川省图书馆

／沈起予著．——上海：生活书店，1936．6．——书目来源：重庆图书馆

／沈起予著．——上海：生活书店，1936．7．——书目来源：重庆图书馆

／沈起予著．——上海：生活书店，1938．——书目来源：重庆图书馆、国家图书馆

／沈起予著．——重庆：生活书店，1939．——书目来源：重庆图书馆

／沈起予著．——上海：生活书店，1939．——书目来源：重庆图书馆

／沈起予著．——上海：生活书店，1940．——书目来源：重庆图书馆、南京图书馆

／沈起予著．——[出版地不详]：生活书店，1940．——书目来源：重庆图书馆

／沈起予著．——上海：生活书店，1947．10．——书目来源：上海图书馆

／沈起予著．——上海：生活书店，1948．——书目来源：重庆图书馆

／沈起予著．——北京：三联书店，1949．——书目来源：四川大学图书馆

1937 年

1937 年春云短篇小说选集／春云月刊编辑部编．——[重庆]：春云社，1937．——收兰菲《浮尸》、李华飞《博士的悲哀》、李辉英《变故》等短篇小说10篇。从不同层面展示战争风暴来临之际，重庆社会的种种现状，特别是刻画出重庆人的精神面貌．——春云月刊是抗战前重庆唯一的地方性大型文学杂志社。编辑部成员均系重庆银行的青年职员．——书目来源：吉林省图书馆

范文澜文心雕龙注举正／杨明照．——北平：燕京大学哈佛燕京学社，1937．——《燕京大学文学年报》第3期抽印本：本书对范文澜所注《文心雕

龙》提出了不同意见及指出了若干引文上的失误.——书目来源：北京大学图书馆

／杨明照著.——北平：燕京大学，1937.——封面印有：《燕京大学文学年报》第3期单行本.——书目来源：国家图书馆

风尘集／方敬著.——上海：良友复兴图书印刷公司，1937.4.20.——作者简介：方敬（1914—1996），重庆万县人。曾与何其芳、卞之琳合编《工作》半月刊。1941年春转徙到桂林，创办"工作社"，1944年到贵阳，历任贵州大学讲师、副教授，1947年春转到重庆，任国立女子师范学院、重庆大学教授、相辉学院外语系主任.——书目来源：北碚区图书馆、上海图书馆、南京图书馆

涵泳集／甘祠森著.——［出版地不详］：今代文化刊行社，1937.7.——书名页作者名甘永柏.——书目来源：西南大学图书馆

还我河山／李大中著.——［出版地不详］：［出版者不详］，1937.——川剧剧本，20本连台戏.——书目来源：《永川县志》第928页

抗日诗刊／万从木.——［出版地不详］：［出版者不详］，［1937］.——作者简介：万从木（1899—1971），别署竹山山人，停云阁主，因画松树神似，人们称他为"万松木"。重庆永川人。先后在重庆中法大学、川东师范学校、重庆第二女子师范学校、陶业专科学校及十多所中学做美术教师，创办《世界美术画报》。1925年，与杨公度、何聘九、黄伯康等在重庆铁板街创办西南美术专门学校.——书目来源：《四川近现代人物传》

欧航琐记／江庸撰.——［出版地不详］：［出版者不详］，1937.——［普通古籍］.——书目来源：《新中国名人录》

文学修养的基础／伊佐托夫著；沈起予，李兰译.——重庆：生活书店，1937.——书目来源：重庆图书馆

／沈起予著.——［出版地不详］：生活书店，1937.1.——书目来源：复旦大学图书馆、西南民族大学图书馆、广西师范大学图书馆、天津图书馆、广东省立中山图书馆

/伊佐托夫著；沈起予，李兰译. ——重庆：生活书店，1939. ——书目来源：重庆图书馆

/伊佐托夫著；沈起予，李兰译. ——重庆：生活书店，1940. ——书目来源：南京图书馆

/伊佐托夫著；沈起予，李兰译. ——桂林：文学出版社，1943. ——书目来源：重庆图书馆

西南旅行杂写/向尚等著. ——上海：中华书局，1937. ——本书为中华职业教育社农学团国内农村考察团所著. ——书目来源：上海图书馆、四川大学图书馆、四川省图书馆

1938 年

半隐园诗草（不分卷）/王用宾撰. ——重庆：[出版者不详]，1938，油印本. ——卷首题崔顿王用宾未定草. ——作者简介：王用宾（1881—1944），字太蕤，曾用利臣、理成、君实等名，号鹤村，山西猗氏县（今临猗县）黄斗景村人。1937年8月至1944年4月在重庆。病逝于重庆. ——书目来源：北碚区图书馆

第五战区巡礼/谢冰莹，黄维特著. ——[出版地不详]：生路书店，1938. ——作者简介：谢冰莹（1906— ），原名鸣冈，字凤宝，更名彬，幼名小凤，笔名林三、南芷、英子、秋萍、芙英、兰如、无畏、谢彬、间事、紫英、忆萍、阿木森、纪佬、冰莹女士等。湖南新化人。1938年2月、8—9月、10月，1943年4月8日至14日，1945年9月曾在重庆. ——书目来源：吉林省图书馆

东线血战记/曹聚仁著. ——汉口：战时出版社，1938. ——书目来源：重庆图书馆、北碚区图书馆

/曹聚仁著. ——[出版地不详]：战时出版社，[出版时间不详]. ——书目来源：西南师范大学图书馆

东战场上的杨家将：杨森部血战记/杨昌溪. ——[出版地不详]：金汤书店，1938. ——书目来源：重庆图书馆

冯玉祥抗战诗歌选/[作者不详]. ——上海：怒吼出版社，1938. ——书目

来源：四川省图书馆

国旗飘扬/ 罗烽著．——［出版地不详］：战时戏剧丛书社，1938.6.——中华全国剧协重庆分会演出．——书目来源：贵州省图书馆、吉林省图书馆、苏州图书馆、西南大学图书馆

轰炸下的南中国/ 曹聚仁著．——汉口：战时出版社，［1938］．——书目来源：重庆图书馆、北碚区图书馆、西南师范大学图书馆

后方/ 刘念渠．——重庆：艺文研究会，1938.——书目来源：重庆图书馆、西南大学图书馆

救亡儿童剧集/ 萧崇素．——重庆：新蜀报社，1938.——书目来源：重庆图书馆、北碚区图书馆

晋察冀边区印象记/ 立波著．——［出版地不详］：读书生活出版社，1938.——收《聂荣臻先生》等26篇文章，记述著者抗战初期在晋察冀边区的见闻．——书目来源：西南大学图书馆、重庆文理学院图书馆

抗敌将领印象记/ 陈文杰编．——［出版地不详］：战时读物编译社，1938.2.——报告文学特写集，收录有：《刘伯承的奋斗史》．——书目来源：云南大学图书馆、复旦大学图书馆、广东省立中山图书馆、吉林省图书馆

抗战文选 5/ 向愚编．——［出版地不详］：战时出版社，1938.——收有：刘伯承的《我们怎样打退了正太路南进的敌人》．——书目来源：天津图书馆

旷野的呼喊/ 萧红著．——重庆：上海杂志公司，1938.——作者简介：萧红（1911—1942），原名张乃莹，另有笔名悄吟，黑龙江呼兰人，1938—1939年在重庆生活．——书目来源：重庆图书馆

李长胜重上前线/ 刘念渠著．——汉口：汉口生活书店，1938.9，初版．——书目来源：北碚区图书馆

寥寥集/ 沈钧儒著．——［出版地不详］：生活书店，1938.6，初版；1944.10，二版；1946.5，三版．——诗集有多首有关重庆及在重庆所作之诗．——书目来源：Stanford University（斯坦福大学）图书馆、复旦大学图书馆、广东省立中山图书馆、贵州师范大学图书馆

／沈钧儒著．——峨嵋：峨嵋出版社，1944．——书目来源：重庆数字图书馆

民族诗坛．第一辑／卢冀野主编．——重庆：正中书局，1938．——书目来源：西南大学图书馆

民族诗坛　第二卷第二辑／汪精卫等著；卢冀野主编．——重庆：独立出版社，1938.12．——书目来源：北碚区图书馆

炮火中流亡记／卢冀野著．——重庆：重庆艺文研究会，1938．——书目来源：重庆图书馆、北碚区图书馆

／卢冀野著．——重庆：独立出版社，1938.9．——书目来源：西南大学图书馆

／卢冀野．——重庆：重庆艺文研究会，1940．——书目来源：重庆图书馆、北碚区图书馆

／卢冀野著．——［出版项不详］．——书目来源：重庆图书馆

全面抗战：街头宣传剧／刘念渠著．——武昌：战争丛刊社，1938．——书目来源：重庆图书馆、北碚区图书馆

入蜀杂咏一卷／薛正清撰．——［出版地不详］：［出版者不详］，1938，油印本．——一册．——书目来源：云南省图书馆

三四一／老舍．——重庆：独立出版社，1938．——书目来源：南京图书馆、广西壮族自治区图书馆

／老舍．——重庆：艺术研究会，1938．——书目来源：重庆图书馆

／老舍．——［出版地不详］：艺术研究会；独立出版社，1938.8．——书目来源：上海图书馆

生死场／萧红著．——上海：容光书局，1938．——书目来源：重庆图书馆

／萧红著．——上海：商美华盛顿印刷出版公司，1939.4．——书目来源：南京图书馆

收获期／常任侠著．——［出版地不详］：独立出版社，1938.7．——诗，在北碚作．——书目来源：北碚区图书馆

／常任侠著．——重庆：独立出版社，1939．——书目来源：重庆图书馆、

北碚区图书馆

铁血诗词社社刊　渝字第 1 号/周铁汉编．——［重庆］：铁血诗词社，1938．——诗词集。收刘一真、杜元贞、李修甫、朱叔涵、谭镇、李星楼、王笃、白君锡等 47 人的诗、词 170 余首．——书目来源：上海图书馆

新从军日记/谢冰莹著．——［出版地不详］：天马书店，1938．——书目来源：重庆数字图书馆

再厉集/韬奋著．——［重庆］：生活书店，1938.12．——书目来源：西南大学图书馆、北京大学图书馆、中国社会科学院图书馆、广东省立中山图书馆、复旦大学图书馆

战尘集/陈树人著．——［出版地不详］：［出版者不详］，1938．——抗战诗集。所收诗篇逐版增加，由 200 余首增至 500 余首。书前有陈曙风的序．——作者简介：陈树人（1884—1948），又名陈曙风，树仁、韶、哲，号葭外渔子、二山山樵、得安老人，广州番禺人，1937—1945 年在重庆生活．——书目来源：西南大学图书馆

／陈树人著．——重庆：三民印刷所，1942．——书目来源：重庆图书馆、南京图书馆

／陈树人著．——重庆：商务印书馆，1946.7．——序言：二十九年初夏陈曙风谨序于重庆。再序：三十一年二月陈曙风谨再序于陪都。三序：中华民国三十四年十二月二日陈曙风谨序于山洞（重庆）．——书目来源：Stanford University（斯坦福大学）图书馆、复旦大学图书馆、广东省立中山图书馆、嘉兴学院图书馆、天津图书馆、中国社会科学院图书馆

赵母买枪打游记/刘念渠著．——汉口：生活书店，1938．——书目来源：重庆图书馆

／刘念渠著．——重庆：生活书店，1940．——书目来源：重庆图书馆

征途/张恨水著．——［出版项不详］．——1938 年写于重庆．——书目来源：《百年小说大师张恨水》（孔庆东，2015 年 2 月 6 日）

中国文学概说/（日）青木正儿著；隋树森译．——［出版地不详］：开明书店，1938.11．——作者简介：隋树森（1906— ），字育楠，原籍山东招远。

抗战爆发后抵达四川重庆，担任教育部辖下国立编译馆的编审工作．——书目来源：西南大学图书馆

中兴鼓吹选/ 卢前著．——重庆：独立出版社，1938.——三卷。在重庆白沙时期写成，内收有关白沙的诗词．——作者简介：卢前（1905—1951），原名正绅，字冀野，自号饮虹、小疏，江苏南京人。曾在重庆任职．——书目来源：国家图书馆

／卢前著．——重庆：独立出版社，1939.——书目来源：重庆图书馆

／卢前著．——重庆：独立出版社，1942.——书目来源：重庆图书馆

／卢前著．——贵阳：文通书局，1942.——书目来源：国家图书馆

／卢前著．——［出版地不详］：文通书局，1942.——书目来源：《江津文史资料选辑》第12辑第146页

／卢前著．——上海：独立出版社，［出版时间不详］．——书目来源：上海社会科学院图书馆、贵州省图书馆

／卢前著．——成都：成都黄氏茹古堂，［出版时间不详］．——二卷．——书目来源：国家图书馆

1939 年

包得行／ 洪深著．——重庆：上海杂志公司，1939.——作者简介：洪深（1894—1955），学名洪达，字伯骏，号潜斋，别号浅哉，江苏武进人。1939—1946年在重庆生活．——书目来源：重庆图书馆、南京图书馆

／洪深著．——重庆：上海杂志公司，1940.——书目来源：重庆图书馆

／洪深著．——上海：上海杂志公司，1940.1.——书目来源：上海图书馆

春雷／ 陈瘦竹．——［出版地不详］：华中图书公司，1939.——在重庆江津白沙写成的一部关于江南人民抗日的长篇小说．——作者简介：陈瘦竹（1909—1990），原名陈定节，又名陈泰来，江苏无锡人，曾在重庆生活．——书目来源：《作家在重庆》第70页

／陈瘦竹著．——重庆：华中图书公司，1942.——书目来源：重庆图书馆

／陈瘦竹著．——［出版项不详］．——书目来源：重庆图书馆

／陈瘦竹著．——重庆：华中图书公司，1941.——书目来源：《江津文史资

料选辑》第 20 辑第 231 页、四川省图书馆

东方的坦伦堡 / 王平陵著 . ——重庆：独立出版社，1939. ——短篇小说集。收《委任状》《东方的坦伦堡》《国贼的母亲》《血祭》《母与子》《荒野的号哭》. ——作者简介：王平陵（1898—1964），原名王仰嵩，笔名西泠、史痕、秋涛、草莱、疾风。江苏省溧阳县樊川镇人。1938—1949 年在重庆。1945 年后在重庆任巴蜀中学教师 . ——书目来源：重庆图书馆

二马 / 老舍 . ——长沙：商务印书馆，1939. ——书目来源：南京图书馆

/ 老舍著 . ——［出版地不详］：作家书屋［发行］，1939. ——书目来源：广西师范大学图书馆、上海社会科学院图书馆、太原理工大学图书馆、广东省立中山图书馆、中山大学图书馆

/ 老舍 . ——成都：商务印书馆，1943. ——书目来源：重庆图书馆

/ 老舍 . ——成都：商务印书馆，1945. ——书目来源：重庆图书馆

赶集 / 老舍 . ——上海：良友图书印刷公司，1939.9. ——书目来源：上海图书馆

/ 老舍 . ——成都：群益出版社，1943. ——书目来源：重庆图书馆

古城烽火：三幕剧 / 顾一樵编著 . ——上海：正中书局，1939.3. ——其戏剧作品《古城烽火》和《岳飞》分别于 1938 年和 1940 年在重庆公演 . ——书目来源：西南大学图书馆

/ 顾一樵编著 . ——金华：正中书局，1942. ——书目来源：重庆图书馆

/ 顾一樵编著 . ——上海：正中书局，1943，5 版 . ——书目来源：北碚区图书馆

/ 顾一樵编著 . ——上海：正中书局，1945. ——书目来源：重庆图书馆

/ 顾毓琇 . ——上海：正中书局，1947. ——三幕剧 . ——书目来源：国家图书馆

黑暗的笑声 / 章泯 . ——上海杂志社，1939.9. ——四幕剧，在重庆创作 . ——作者简介：章泯（1906—1975），原名谢兴、谢韵心，笔名杜山、陆擎。四川峨眉县人。1939 年至重庆，1941 年赴香港，1943 年在重庆 . ——书目来源：云南大学图书馆、广东省立中山图书馆

华北的秋／赵清阁．——重庆：独立出版社，1939.4．——国立中央图书馆藏印．——作者简介：赵清阁（1914—1999），笔名清谷、铁公、赵天，河南信阳人，1939—1943年在重庆北碚生活．——书目来源：南京图书馆

／赵清阁著．——重庆：独立出版社，1939．——收《华北的秋》《血耻》2篇小说．——书目来源：重庆图书馆

活报 争取抗战胜利 献给抗战二周年／李伯钊著；有逸，海啸记谱．——[出版地不详]：太行文化教育出版社，1939.7．——书目来源：重庆数字图书馆

火车集／老舍著．——上海：上海杂志公司，1939.8．——书目来源：上海图书馆

／老舍著．——重庆：上海杂志公司，1943．——短篇小说集．——此时作者生活于重庆，属文工会．——书目来源：《重庆文史资料丛刊·重庆抗战纪事》第255页、贵州省图书馆

／老舍著．——桂林：上海杂志公司，1943．——书目来源：南京图书馆

／老舍著．——重庆：文聿出版社，1945．——书目来源：重庆图书馆

疾风集（附欧云集，笳声集）／罗家伦．——重庆：[出版者不详]，1939．——书目来源：北碚区图书馆

建国文选 第1集／巴人，茅盾等著．——[出版地不详]：黎明出版社，1939．——论说、小说、戏剧、诗歌等合集。收巴人的《青年的任务》，茅盾的《抗战文艺一年的回顾》，丁玲的《略谈改良平剧》，张天翼的《华威先生》，姚雪垠的《差半车麦秸》，郭沫若的《由日本回来了》，老舍的《王小赶驴》，田汉的《最后的胜利》，郑振铎的《回击》，任钧的《起来黄帝的子孙》，穆木天的《全民族总动员》，靳以的《他们是五百个》，巴金的《给死者》，王统照的《伙伴你应该闻这一阵腥风》，胡风的《同志》，等．——书目来源：重庆数字图书馆

近二十年中国文艺思潮论／李何林编著．——重庆：生活书店，1939.3，初版．——1939年7月李何林于四川江津白沙镇．——书目来源：北碚区图书馆

抗战长歌／冯玉祥．——重庆：抗战画刊社，[1939.2]．——书目来源：国家图书馆

/冯玉祥. ——［出版地不详］：抗战画刊社，1939. ——书目来源：上海图书馆

抗战诗歌集/冯玉祥. ——桂林：三户图书印刷社，［1939］. ——书目来源：上海图书馆、贵州省图书馆、广西省图书馆

/冯玉祥. ——桂林：三户图书印刷社，1941.6. ——书目来源：南京图书馆、广西省图书馆

/冯玉祥. ——［出版地不详］：三户图书印刷社，1945. ——书目来源：重庆图书馆

/冯玉祥. ——［出版地不详］：三户图书社，［1945.5］. ——书目来源：上海图书馆

抗战文艺概论/赵清阁著. ——重庆：中山文化教育馆，1939. ——简述战时文艺政策、抗战文艺的形式、通俗化、朗诵诗、军歌、报告文学、批评和介绍等问题. ——书目来源：重庆图书馆、南京图书馆

/赵清阁著. ——［出版地不详］：中山文化教育馆，1939. ——书目来源：广东省立中山图书馆、吉林省图书馆

/赵清阁著. ——北碚：中山文化教育馆，1939.7，渝版. ——书目来源：北碚区图书馆

抗战戏剧概论/赵清阁著. ——重庆：中山文化教育馆，1939. ——论述什么是戏剧，抗战戏剧的功能、使命、大众化及演剧的方式，剧本的作法等问题。后附《介绍抗战剧本五十种》. ——书目来源：重庆图书馆、南京图书馆

/赵清阁著. ——［出版地不详］：中山文化教育馆，1939. ——书目来源：中国社会科学院图书馆

抗战戏曲集 第1辑/胡绍轩等著；郭莽西编选. ——杭州：正中书局，1939. ——收一群作家的《放下你的鞭子》，胡绍轩的《我们不做亡国奴》，赵明的《同心合力打东洋》，尹克灵的《出路》，许幸之的《小英雄》，欧阳予倩的《木兰从军》，任钧的《出发之前》，谢冰莹的《野战医院》，共8个剧本. ——书目来源：广东省立中山图书馆

抗战与戏剧/田汉等著. ——重庆：独立出版社，1939. ——作者简介：田

汉（1898—1968），原名寿昌，湖南长沙人，1940—1946 年在重庆生活，戏剧活动家、剧作家. ——书目来源：重庆图书馆、国家图书馆、南京图书馆

抗战与艺术 / 老舍等执笔. ——重庆：独立出版社，1939. ——书目来源：重庆图书馆、国家图书馆、江西省图书馆

　　/ 老舍等执笔. ——重庆：独立出版社，1939.1. ——书目来源：南京图书馆

　　/ 老舍等执笔. ——［出版地不详］：独立出版社，1939.1. ——书目来源：上海图书馆

　　/ 老舍等执笔. ——重庆：独立出版社，1939.3. ——书目来源：重庆图书馆

刻意集 / 何其芳著. ——上海：文化生活出版社，1939.11. ——书目来源：南京图书馆

　　/ 何其芳著. ——上海：文化生活出版社，1946. ——书目来源：南京图书馆

　　/ 何其芳著. ——上海：文化生活出版社，1948.8. ——书目来源：《四川省志 人物志》第 655 页、上海图书馆

　　/ 何其芳著. ——重庆：文化生活出版社，1948.8. ——书目来源：上海图书馆

老张的哲学 / 老舍著. ——重庆：商务印书馆，1939. ——书目来源：贵州省图书馆

　　/ 老舍著. ——重庆：商务印书馆，1943. ——书目来源：重庆图书馆

　　/ 老舍著. ——重庆：商务印书馆，1943.10. ——书目来源：南京图书馆

　　/ 老舍著. ——上海：商务印书馆，1947.2. ——书目来源：上海图书馆

　　/ 老舍著. ——上海：晨光出版公司，1948. ——书目来源：重庆图书馆、南京图书馆

　　/ 老舍著. ——上海：晨光出版公司，1948.1. ——书目来源：上海图书馆

　　/ 老舍著. ——上海：晨光出版公司，1948.9. ——书目来源：上海图书馆

流离集 / 徐仲年著. ——重庆：正中书局，1939. ——书目来源：重庆图书

馆、南京图书馆、四川省图书馆

／徐仲年著．——重庆：正中书局，1942，再版．——书目来源：重庆图书馆

／徐仲年著．——重庆：正中书局，1943，6版．——书目来源：重庆图书馆

秦良玉／杨村彬著．——［出版地不详］：四川省立教育实验学校，1939．——作者简介：杨村彬（1912—1989），北京人，抗战时期在重庆北碚创作．——书目来源：重庆图书馆、北碚区图书馆、成都图书馆、台湾大学图书馆

／杨村彬著．——重庆：中央青年剧社，1941．——四幕历史剧剧本，书前有改编的话和登场人物名单．——书目来源：重庆图书馆、北碚区图书馆、西南大学图书馆

／杨村彬著．——重庆：中国文化服务社，1941.2．——书目来源：南京图书馆

／杨村彬著．——四川：四川省立戏剧教育实验学校，［出版时间不详］．——四幕历史剧剧本，书前有登场人物名单，书后附插曲两首．——书目来源：南京图书馆

日本兵上吊／刘念渠著．——桂林：生活书店，1939.3．——书目来源：北碚区图书馆

日本间谍／阳翰笙创作．——［出版地不详］：［出版者不详］，1939．——在北碚疗养时期改编成的电影剧本．——作者简介：阳翰笙（1902—1993），原名欧阳本义，四川高县人，1939年到重庆．——书目来源：《北碚文史资料》第4辑"抗日战争时期的北碚"第220页

塞上风云／阳翰笙创作．——［出版地不详］：［出版者不详］，1939．——在北碚疗养时期改编成的电影剧本．——书目来源：《北碚文史资料》第4辑"抗日战争时期的北碚"第220页

／阳翰笙著．——汉口：华中图书公司，1941．——书目来源：重庆图书馆

／阳翰笙著．——重庆：华中图书公司，1943．——书目来源：重庆图书馆

沙坪集，又名，**抗战文钞**／徐仲年著．——重庆：正中书局，1939．——本

书分论著、创作、抗战文学三部分.——作者简介:徐仲年(1904—1981),原名徐颂年,笔名丹哥、丹歌、徐家鹤、Sung – nienHsu,江苏无锡人,抗战时期在重庆居住,著名法国文学研究家、翻译家,现代作家.——书目来源:重庆图书馆、北碚区图书馆、南京图书馆、四川省图书馆

沙坪集:戏本/ 徐仲年著.——重庆:正中书局,1939.——书目来源:北碚区图书馆

双尾蝎/ 徐仲年著.——重庆:独立出版社,1939.5.——书目来源:北碚区图书馆

水云诗社吟草(第一集)/ 徐汝梅等编.——重庆:四川綦江导淮委员会水云诗社,1939.9.——书目来源:北碚区图书馆

苏联儿童戏剧/ 葛一虹著.——[出版地不详]:上海杂志公司,1939.——书目来源:雅安市图书馆、成都图书馆、北京大学图书馆

通俗文艺五讲 / 老舍,何容编.——重庆:中华文艺界抗敌协会,1939.——书目来源:重庆图书馆、南京图书馆、贵州省图书馆

西北远征记/ 林焕平著.——[出版地不详]:民革出版社,1939.——民族革命通讯社丛书作者在抗战期间从重庆经成都、汉中、宝鸡、西安到陕北的一路见闻散记。收《成都开始怒吼了》《敌机狂袭下的西安》《与路透社记者对谈》《晋察冀边区的现状》《阎锡山将军访问记》《五四重庆被炸记》《河内漫游记》等17篇。书末附《西北远征的感想》一文.——作者简介:林焕平(1911—2000),原名林灿桓,曾用名方东旭、石仲子,广东台山市人,抗战时曾在重庆.——书目来源:中国社会科学院图书馆

新型街头剧集/ 沈蔚德编.——[出版地不详]:正中书局,1939.——收《最后胜利》《流亡三部曲》《重整战袍》《募寒衣》等6个可供街头演出的短剧。其表演形式有话剧、方言剧、歌曲剧等。书中附有插曲近20首。书前编者"小引"(1939年2月).——作者简介:沈蔚德(1911—),笔名维特、沈维特,湖北孝感人。1938年开始在国立戏剧学校任教.——书目来源:四川音乐学院图书馆、广东省立中山图书馆

/ 沈蔚德编.——[重庆]:正中书局,1940.——书目来源:重庆图书馆、

广东省立中山图书馆、浙江图书馆

夜/ 章泯著.——[上海]：大东书局，1941.——五幕剧。写于1939年.——书目来源：黑龙江省图书馆、吉林大学图书馆、天津图书馆、吉林省图书馆

在特鲁厄尔前/（苏）爱伦堡等著；铁弦译.——[出版地不详]：战斗社，1939.——书目来源：西南大学图书馆

中国文艺思想/（日）竹田复著；隋树森译.——贵阳：文通书局，1939.8.——在江津白沙工作期间译.——书目来源：重庆数字图书馆

/（日）竹田复著；隋树森译.——贵阳：文通书局，1944.——书目来源：重庆图书馆、北碚区图书馆、复旦大学图书馆、中国社会科学院图书馆、吉林省图书馆

自卫队，又名，民族光荣/ 宋之的著.——重庆：上海杂志公司，1939.——书目来源：国家图书馆

/ 宋之的著.——重庆：上海杂志公司，1939.6.——书目来源：重庆图书馆、浙江图书馆

/ 宋之的著.——重庆：上海杂志公司，1939.9.——书目来源：重庆图书馆、上海图书馆

1940年

半隐园侨蜀诗草/ 王用宾撰.——重庆：[出版者不详]，1940—1941，油印本.——第一辑、第二辑.——书目来源：孔夫子旧书网

/ 王用宾撰.——重庆：[出版者不详]，1940—1941，油印本.——第二辑（附《劫后尘屑集》）、第三辑.——书目来源：北碚区图书馆

苞桑集/ 黄炎培.——[出版地不详]：久康印刷社，1940.12.——书目来源：国家图书馆

/ 黄炎培.——重庆：国讯书店，1942.——书目来源：重庆图书馆

/ 黄炎培.——[上海]：开明书店，1946.——书目来源：南京图书馆、四川省图书馆、广西壮族自治区图书馆

/ 黄炎培.——[出版地不详]：开明书店，1946.——书目来源：南京图

书馆

／黄炎培．——上海：开明书店，1946．——书目来源：南京图书馆

北地狼烟：剧本创作选／刘念渠，宗由著．——［出版地不详］：华中图书公司，1940．——书目来源：西南大学图书馆

／刘念渠，宗由著．——重庆：中央青年剧社，1940．——书目来源：重庆图书馆

北地狼烟：四幕抗战剧／刘念渠，宗由著．——［出版地不详］：中央青年剧社，1940．——书目来源：重庆图书馆、北碚区图书馆

鞭／宋之的著．——重庆：生活书店，1940．——又名《雾重庆》，五幕剧．——书目来源：国家图书馆、南京图书馆、重庆图书馆、贵州省图书馆

／宋之的著．——重庆：生活书店，1940.12．——书目来源：浙江图书馆、首都图书馆、重庆图书馆

冰心著作集／冰心著．——［出版项不详］．——1940 年在重庆歌乐山居住期间创作的小说．——书目来源：《叶氏父子图书广告集》第 14 页

重慶の大空襲：詩集／（日）前田林外著．——東京：若桜会，1940．——书目来源：日本国立国会图书馆

出发之前／任钧编著．——［出版地不详］：剧艺出版社，1940．——独幕剧。收《血祭九一八》（崔嵬，王震之）、《游击队的开始》（张客）等 7 个剧本。卷首有石屏的《游击区中的剧运》一文代序．——书目来源：重庆数字图书馆

大别山荒僻的一角／田涛．——长沙：商务印书馆，1940．——作者简介：田涛，原名德裕，直隶（今河北）望都人，抗战时期在重庆生活．——书目来源：国家图书馆、南京图书馆

／田涛．——［出版地不详］：商务印书馆，1942.9．——书目来源：四川省图书馆

／田涛．——重庆：商务印书馆，1944．——书目来源：重庆图书馆、上海图书馆

／田涛．——重庆：商务印书馆，1945，2 版．——书目来源：重庆图书馆、

四川大学图书馆

大地龙蛇 / 老舍. ——重庆：国民图书出版社，1940. ——三幕话剧，歌舞混合剧。第一幕第一节、第二幕以抗战第四年之秋的重庆为话剧的时间和地点. ——书目来源：南京图书馆

／老舍. ——重庆：国民图书出版社，1941. ——书目来源：重庆图书馆、广西壮族自治区图书馆

／老舍. ——［重庆］：国民图书出版社，1941.11. ——书目来源：上海图书馆

／老舍. ——重庆：国民图书出版社，1943，蓉1版. ——书目来源：重庆数字图书馆

大时代的小故事 / 老舍等著. ——重庆：文摘出版社，1940. ——书目来源：南京图书馆、广西壮族自治区图书馆

／老舍等著. ——重庆：文摘出版社，1942. ——书目来源：重庆图书馆

／老舍等著. ——桂林：文摘出版社，1943. ——书目来源：重庆图书馆

悼张自忠将军诗 / 徐佐夏撰并书. ——［出版地不详］：［出版者不详］，1940.5. ——宣纸端楷写本一册. ——书目来源：北碚区图书馆

各国首都战时风景线 / 林英编. ——［出版地不详］：言行社，1940. ——关于第二次世界大战爆发后重庆、东京、伦敦、巴黎、柏林、莫斯科、华沙及波罗的海各国首都战时动态的新闻报道. ——书目来源：Stanford University（斯坦福大学）图书馆、复旦大学图书馆、浙江大学图书馆、台湾大学图书馆、广东省立中山图书馆

国家至上 / 老舍. ——重庆：上海杂志公司，1940. ——抗战时期与宋之的合写的四幕话剧。此话剧曾在重庆、成都、昆明、兰州、恩施等地广泛演出. ——书目来源：南京图书馆

／老舍. ——重庆：南方印书馆，1943. ——书目来源：重庆图书馆、南京图书馆

／老舍. ——上海：新丰出版社，1945. ——书目来源：重庆图书馆

／老舍. ——上海：新丰出版社，1945.12. ——书目来源：上海图书馆

／老舍. ——上海：新丰出版社，［出版时间不详］. ——书目来源：南京图书馆

横渡/ 罗烽著. —— [出版地不详]：商务印书馆，1940. ——本书收《五分钟》《横渡》《天灵盖及其他》《重逢》《左医生之死》《三百零七个和一个》《慌村》《绝命书》《梦和外套》《没有遗嘱的人》《一条军裤》等 15 篇小说. ——作者简介：罗烽（1910—1991），曾用名傅玉溶、傅乃琦、彭勃、洛虹、罗迅、克宁等。辽宁省沈阳市人。1938 年夏—1941 年 1 月在重庆. ——书目来源：Stanford University（斯坦福大学）图书馆、复旦大学图书馆、黑龙江省图书馆、台湾大学图书馆

红蔷薇/ 王亚平著. ——长沙：商务印书馆，1940. ——本书收《红蔷薇》《呐喊》《火焰曲》《棕色的马》《血战亭子山》《五月的中国》等 13 首. ——书目来源：西南大学图书馆、广东省立中山图书馆、黑龙江省图书馆

/ 王亚平著. —— [出版地不详]：商务印书馆，1945.5. ——大时代文艺丛书. ——书目来源：重庆数字图书馆

红缨枪/ 葛一虹著. —— [出版地不详]：中国文化服务社，1940. ——四幕剧. ——书目来源：吉林省图书馆

呼兰河传/ 萧红著. ——桂林：河山出版社，1940. ——本书前三章是在重庆北碚写的. ——书目来源：重庆图书馆

/ 萧红著. ——重庆：上海杂志公司，1941. ——书目来源：吉林省图书馆、重庆图书馆、湖南图书馆、国家图书馆

/ 萧红著. ——桂林：河山出版社，1943. ——书目来源：南京图书馆、吉林省图书馆、重庆图书馆、黑龙江省图书馆、国家图书馆、江西省图书馆、上海图书馆，首都图书馆

/ 萧红著. ——上海：寰星书店，1947. ——书目来源：南京图书馆、吉林省图书馆、辽宁省图书馆、天津图书馆、山西省图书馆、国家图书馆、浙江图书馆、上海图书馆、首都图书馆

狐群狗党/ 王平陵著. ——重庆：中国戏曲编刊社，1940.3. ——一九四〇年一月九日于重庆. ——书目来源：复旦大学图书馆、嘉兴学院图书馆、贵州省图书馆、吉林省图书馆

还乡日记/ 何其芳著. ——上海：良友复兴图书印刷公司，1940. ——书目

来源：南京图书馆

／何其芳著．——上海：良友复兴图书印刷公司，1940.4.1．——书目来源：上海图书馆

荒／田涛．——上海：文化生活出版社，1940．——书目来源：上海图书馆、南京图书馆、四川省图书馆

／田涛．——上海：文化生活出版社，1948，再版．——书目来源：重庆图书馆、南京图书馆、四川省图书馆

活捉日本鬼：独幕儿童话剧／舒强．——重庆：生活书店，1940.12，初版．——1940年9月6日在育才学校．——书目来源：重庆图书馆、北碚区图书馆

火／巴金著．——上海：开明书店，1940．——第1部．——书目来源：重庆图书馆、北碚区图书馆

／巴金著．——重庆：开明书店，1941．——第1部、第2部。1941年3月29日至5月23日，他在重庆创作完成了第二部，又名《冯文淑》．——书目来源：重庆图书馆

／巴金著．——成都：开明书店，1942．——书目来源：重庆图书馆、南京图书馆

／巴金著．——［重庆］：开明书店，［1942］．——第2部．——书目来源：重庆图书馆

／巴金著．——北京：开明书店，1943．——书目来源：贵州省图书馆

／巴金著．——［出版地不详］：开明书店，1943．——第1部、第2部．——书目来源：重庆图书馆

／巴金著．——重庆：开明书店，1945．——第3部，一名田惠世．——书目来源：重庆图书馆

／巴金著．——上海：开明书店，1946．——书目来源：重庆图书馆、贵州省图书馆

／巴金著．——上海：开明书店，1946.6．——书目来源：重庆图书馆

／巴金著．——上海：开明书店，1947.4．——书目来源：重庆图书馆

／巴金著．——重庆：开明书店，1949．——书目来源：贵州省图书馆

／巴金著 . —— 上海：开明书店，1949.1. —— 书目来源：重庆图书馆

　　／巴金著 . ——［出版项不详］. —— 书目来源：南京图书馆

火花／靳以著 . —— 重庆：烽火社，1940. —— 作者简介：靳以（1909—1959），原名章方叙，作家，天津人，1938年10月—1941年夏，1944—1946年生活在重庆 . —— 书目来源：南京图书馆、国家图书馆

激流中的水花／邹韬奋著 . ——［出版地不详］：［出版者不详］，1940. —— 作者简介：邹韬奋（1895—1944），原名邹恩润，福建长乐人，1938—1941年在重庆生活 . —— 书目来源：《陪都人物纪事》第302页

寄生草／H. H. Davis 著；洪深改编 . —— 重庆：上海杂志公司，1940. —— 书目来源：重庆图书馆

　　／H. H. Davis 著；洪深改编 . —— 重庆：上海杂志公司，1940.1. —— 书目来源：重庆图书馆、南京图书馆

　　／H. H. Davis 著；洪深改编 . —— 上海：上海杂志公司，1940.1. —— 书目来源：上海图书馆

　　／H. H. Davis 著；洪深改编 . —— 重庆：上海杂志公司，1945. —— 书目来源：重庆图书馆

　　／H. H. Davis 著；洪深改编 . —— 上海：上海杂志公司，1945.6. —— 书目来源：上海图书馆

　　／H. H. Davis 著；洪深改编 . —— 重庆：上海杂志公司，1946. —— 书目来源：国家图书馆、广西壮族自治区图书馆

　　／H. H. Davis 著；洪深改编 . —— 上海：上海杂志社，1946. —— 书目来源：重庆图书馆

　　／H. H. Davis 著；洪深改编 . —— 上海：上海杂志社，1948. —— 书目来源：重庆图书馆、上海图书馆

寄生草：三幕喜剧／洪深 . —— 重庆：上海杂志公司，1940. —— 书目来源：重庆图书馆

　　／洪深 . —— 重庆：上海杂志公司，1940.1. —— 书目来源：重庆图书馆、上海图书馆、南京图书馆

／洪深. ——重庆：上海杂志公司，1945. ——书目来源：重庆图书馆

／洪深. ——上海：上海杂志公司，1945.6. ——书目来源：上海图书馆

／洪深. ——重庆：上海杂志公司，1946. ——书目来源：广西壮族自治区图书馆

江西的月／苏灿瑶著. ——［出版地不详］：［出版者不详］，1940. ——收有二十余首诗. ——作者简介：苏灿瑶（1909—1979），重庆江津县人. ——书目来源：《江津文史资料选辑》第 10 辑第 22 页

荆轲／顾毓琇. ——［长沙］：商务印书馆，1940.9，初版. ——四幕剧。1924 年 12 月 23 日剑桥初稿，1939 年 11 月 15 日重庆再稿. ——书目来源：黑龙江省图书馆、首都图书馆、广东省立中山图书馆

／顾毓琇. ——重庆：商务印书馆，1943. ——书目来源：吉林省图书馆、浙江图书馆、国家图书馆

／顾毓琇. ——北京：商务印书馆，1945. ——书目来源：北京大学图书馆、中国社会科学院图书馆

／顾毓琇. ——北京：商务印书馆，［出版时间不详］. ——书目来源：西南大学图书馆、重庆数字图书馆

抗战剧本批评集／刘念渠. ——［汉口］：华中图书公司，1940. ——收多篇 1939 年 11 月至 12 月在重庆写作的文章. ——书目来源：重庆图书馆、复旦大学图书馆、四川音乐学院图书馆、广东省立中山图书馆、中国社会科学院图书馆

控诉／宋之的著. ——上海：一般书店，1940. ——书目来源：国家图书馆

旷野／艾青著. ——［出版地不详］：［出版者不详］，1940. ——作者简介：艾青（1910—1996），曾用名莪加、克阿、林壁等，浙江金华人，1940—1941 在重庆生活。写于重庆. ——书目来源：《重庆晚报》2015 年 8 月 31 日

蓝蚨蝶／陈铨著. ——［长沙］：商务印书馆，1940. ——四幕浪漫悲剧. ——书目来源：国家图书馆

／陈铨著. ——［上海］：商务印书馆，1940. ——书目来源：南京图书馆

／陈铨著. ——［出版地不详］：商务印书馆，1940. ——书目来源：四川省

图书馆

　　/ 陈铨 . ——重庆：青年书店，1943. ——书目来源：吉林省图书馆、国家图书馆

　　/ 陈铨著 . ——长沙：商务印书馆，1943.7. ——书目来源：上海图书馆

　　/ 陈铨著 . ——重庆：商务印书馆，1943. ——书目来源：北碚区图书馆

老牛破车：创作的经验 / 老舍 . ——上海：人间书屋，1940. ——书目来源：广西壮族自治区图书馆

　　/ 老舍 . ——上海：人间书屋，1941. ——书目来源：重庆图书馆、首都图书馆

　　/ 老舍著 . ——成都：群益出版社，［1942］. ——书目来源：重庆图书馆、国家图书馆、南京图书馆、天津图书馆

粮食 / 罗烽著 . ——重庆：中国文化服务社，1940. ——本书收中篇小说《粮食》，以及短篇小说《遇崇汉》《专员夫人》《荣誉药箱》《临危的时候》，共5篇 . ——书目来源：中国社会科学院图书馆、吉林省图书馆

骆驼祥子 / 老舍著 . ——上海：人间书屋，1940. ——作者简介：老舍（1899—1966），原名舒庆春，另有笔名絜青、鸿来、非我等，字舍予，北京人。1938—1945年在重庆生活 . ——书目来源：辽宁省图书馆、天津图书馆

　　/ 老舍著 . ——长春：启智书店出版部，［1941］. ——书目来源：天津图书馆、首都图书馆

　　/ 老舍著 . ——新京：启智书店出版部，［1941］. ——书目来源：上海图书馆

　　/ 老舍著 . ——重庆：文化生活出版社，1941. ——书目来源：重庆图书馆

　　/ 老舍著 . ——重庆：文化生活出版社，1943. ——书目来源：重庆图书馆

　　/ 老舍著 . ——重庆：文化生活出版社，1946.1. ——书目来源：浙江省图书馆

　　/ 老舍著 . ——上海：文化生活出版社，1947. ——书目来源：重庆图书馆

　　/ 老舍著 . ——上海：中华文化事业社，1948. ——书目来源：重庆图书馆

　　/ 老舍著 . ——上海：文化生活出版社，1948.3. ——书目来源：上海图

书馆

/老舍著. ——上海：中华文化事业社，1948.11. ——书目来源：南京图书馆

民族诗选/卢冀野著. ——重庆：黄埔出版社，1940. ——书目来源：重庆图书馆、北碚区图书馆、西南大学图书馆

"民族形式"商兑/郭沫若著. ——桂林：南方出版社，1940. ——收《"民族形式"商兑》《关于戚继光斩子的传说》《文化与战争》《关于发现汉墓的经过》《关于屈原》《革命诗人屈原》《中苏文艺交流之促进》《三年来的文化战》8篇随笔和文艺短论. ——书目来源：云南大学图书馆、复旦大学图书馆、中国社会科学院图书馆、吉林省图书馆

某傻子的一生/（日）芥川龙之介著；冯子韬等译. ——［出版地不详］：三通书局，1940. ——短篇小说集。收入《某傻子的一生》（冯子韬译）、《将军》（冯子韬译）、《猴子》（丘晓沧译）3篇. ——书目来源：四川外国语大学图书馆

难民船/沈起予等著. ——［出版地不详］：新流书店，1940. ——书目来源：西南大学图书馆、北京电影学院图书馆、广东省立中山图书馆、陕西师范大学图书馆

/沈起予著. ——上海：启明书局，1945. ——书目来源：南京图书馆

/沈起予著. ——上海：新流书店，1945. ——八十家佳作集 2. ——书目来源：南京图书馆、四川省图书馆

/沈起予著. ——［出版地不详］：新流书店，1945. ——书目来源：四川省图书馆

/沈起予等著. ——［出版地不详］：启明书局，1945.11. ——书目来源：广东省立中山图书馆、浙江工商大学图书馆、苏州图书馆

前夜/阳翰笙著. ——汉口：华中图书公司，1940，3版. ——书目来源：重庆图书馆

/阳翰笙著. ——重庆：华中图书公司，1941，4版. ——书目来源：重庆图书馆

秦良玉／郑慧贞编．——上海：大方书局，1940，2 版．——书目来源：北碚区图书馆、吉林省图书馆

青年中国／阳翰笙编剧．——［出版地不详］：［出版者不详］，1940．——书目来源：《中国文化报》2015 年 8 月 4 日

全民总动员，又名，黑字二十八／宋之的，曹禺．——重庆：正中书局，1940．——书目来源：重庆图书馆、上海图书馆

　　／宋之的，曹禺．——金华：正中书局，1942．——书目来源：重庆图书馆

　　／宋之的，曹禺．——上海：正中书局，1945．——书目来源：重庆图书馆、上海图书馆

三兄弟／（日）鹿地亘编导；夏衍译．——桂林：南方出版社，1940．——三幕剧．——书目来源：重庆图书馆

山城诗帖／［作者不详］．——重庆：山城诗帖社，1940．——书目来源：国家图书馆

生长在战斗中／叶以群著．——重庆：中国文化服务社，1940．——收《踏进斗争中》《红枪会底英雄》《未成年者底进展》《横渡浊漳河》《记松井英男》等 9 篇。记述抗日战争中的英雄事迹及被俘日军士兵情况．——书目来源：重庆图书馆

苏俄文学理论／（日）冈泽秀虎著；陈望道译．——上海：开明书店，［1940］．——作者简介：陈望道（1891—1977），原名参一，浙江义乌人。1940—1945 年在重庆生活．——书目来源：重庆图书馆、南京图书馆

　　／（日）冈泽秀虎著；陈望道译．——上海：开明书店，［1940.3］．——书目来源：上海图书馆

蜕变／曹禺著．——［出版地不详］：商务印书馆，1940．——该剧由袁俊导演，在渝演出．——书目来源：中国社会科学院图书馆、广东工业大学图书馆、Berlin State Library（德国柏林国家图书馆）、华北电力大学（保定）图书馆、吉林省图书馆

　　／曹禺著．——［出版地不详］：文化生活出版社，1941.1．——四幕剧．——书目来源：三峡大学图书馆、河北师范大学图书馆、广西师范大学图书馆、

北京大学图书馆

／曹禺著．——上海：文化生活出版社，1946．——书目来源：重庆大学图书馆、重庆电子工程职业学院图书馆、重庆理工大学图书馆

／曹禺撰．——上海：文化生活出版社，1949.1．——书目来源：西南大学图书馆、复旦大学图书馆、台湾大学图书馆、天津图书馆

汪精卫现行记／陈白尘．——［出版地不详］：中国戏曲编刊社，1940．——书目来源：重庆图书馆、北碚区图书馆

往事／冰心著．——上海：开明书店，1940．——1940年在重庆歌乐山居住期间创作的小说．——书目来源：四川省图书馆

／冰心著．——成都：开明书店，1941．——书目来源：重庆图书馆

／冰心著．——江西：开明书店，1942．——书目来源：重庆图书馆

／冰心著．——上海：开明书店，1942.8．——书目来源：上海图书馆

／冰心著．——上海：开明书店，［出版时间不详］．——书目来源：重庆图书馆

蜗牛居士全集　艺人小志／黄鸿初主编；丁翔熊编．——上海丁寿世草堂，1940.7．——收有竹禅和尚。竹禅（1825—1901），号熹公，俗姓王，自称王子。梁平县人．——书目来源：浙江工商大学图书馆、嘉兴学院图书馆

吴芳吉婉容词笺证／周光午编著．——重庆：独立出版社，1940．——近人吴芳吉所著新体长篇叙事诗《婉容词》共17节，编著者加以笺证．——作者简介：周光午，湖南长沙人，抗战时期在重庆北碚生活．——书目来源：重庆图书馆

戏剧本质论／约莱士等著；章泯译述．——［出版地不详］：上海杂志公司，1940．——《斗争说》（F. brunetiere）、《危机说》（W. Archer）、（论斗争与危机）（H. A. Jones 约莱士）等3篇戏剧论文．——书目来源：北京电影学院图书馆、吉林大学图书馆

详注中学民族文选／佘雪曼选注．——重庆：正中书局，1940．——其他题名：中学民族文选．——作者简介：佘雪曼（1907—1993），原名仁杰，字莲斋，号莲斋，重庆巴县人．——书目来源：重庆图书馆

／佘雪曼选注．——重庆：正中书局，1942．——其他题名：中学民族文选．——书目来源：上海图书馆、南京图书馆

／佘雪曼选注．——重庆：正中书局，1943．——书目来源：重庆图书馆

萧红散文／萧红著．——重庆：大时代书局，1940．——本书收藏了描述重庆大轰炸的散文《轰炸前后》．——书目来源：绍兴市图书馆、国家图书馆、江西省图书馆

／萧红著．——重庆：大时代书局，1941．——书目来源：重庆图书馆、国家图书馆、湖南图书馆、浙江图书馆

／萧红著．——重庆：大时代书局，1943．——书目来源：国家图书馆、南京图书馆

新型文艺教程／田仲济．——重庆：华中图书公司，1940．——1940年4月25日李何林写于四川白沙镇．——书目来源：重庆图书馆、北碚区图书馆、西南大学图书馆

刑／宋之的著．——重庆：大东书局，1940．——书目来源：国家图书馆、南京图书馆、重庆图书馆、天津图书馆

／宋之的著．——重庆：大东书局，1943．——书目来源：国家图书馆、贵州省图书馆

／宋之的著．——重庆：大东书局，1946．——书目来源：国家图书馆

雪／巴金著．——[出版地不详]：文化生活出版社，1940．——书目来源：重庆数字图书馆

／巴金著．——上海：文化生活出版社，1946．——书目来源：重庆图书馆

／巴金著．——[出版地不详]：大雅堂，1949．——书目来源：国家图书馆

／巴金著．——上海：文化生活出版社，[出版时间不详]．——书目来源：国家图书馆

延安归来／黄炎培．——[出版地不详]：[出版者不详]，1940．——作者简介：黄炎培（1878—1965），号楚南，字任之，笔名抱一，江苏川沙县（今属上海市）人。1938—1946年在重庆生活．——书目来源：《陪都人物纪事》

第 98 页

／黄炎培著．——［出版地不详］：商务日报社，1944.9.——书目来源：南京图书馆

／黄炎培．——［出版地不详］：东北书店，1945.3.——书目来源：南京图书馆

／黄炎培．——重庆：国讯书店，1945.——书目来源：重庆图书馆、南京图书馆

／黄炎培．——重庆：国讯书店，1945.10.——书目来源：上海图书馆

／黄炎培．——上海：国讯书店，1945.10.——书目来源：南京图书馆

／黄炎培著．——［出版地不详］：冀南书店，1945．——书目来源：国家图书馆（存目）

／黄炎培著．——［出版地不详］：建国书店，1945．——书目来源：国家图书馆

／黄炎培著．——［山西］：韬奋书店，1945．——书目来源：国家图书馆

／黄炎培著．——山东：新华书店，1945.12.——书目来源：南京图书馆

／黄炎培著．——［大连］：大连中苏友好协会，1946.——书目来源：天津图书馆、国家图书馆、江西省图书馆

／黄炎培著．——［出版地不详］：东北书店，［1946］．——书目来源：南京图书馆、国家图书馆、江西省图书馆

／黄炎培著．——［出版地不详］：东北书店，1946.3.——书目来源：南京图书馆

／黄炎培著．——重庆：国讯书店，［出版时间不详］．——书目来源：上海图书馆

／黄炎培著．——［出版地不详］：韬奋书店，［出版时间不详］．——书目来源：国家图书馆

一个家庭的戏剧／赫尔岑著；巴金译．——上海：文化生活出版社，1940.——书目来源：重庆图书馆

／赫尔岑；巴金译．——上海：文化生活出版社，1943.——书目来源：重

庆图书馆

樱花晚宴／洪深创作．——［出版地不详］：［出版者不详］，1940．——在北碚复旦大学创作的独幕话剧．——书目来源：《北碚文史资料》第4辑"抗日战争时期的北碚"第220页

岳飞／顾毓琇．——长沙：商务印书馆，1940．——《岳飞》（1940年在重庆公演。另有改编的京剧本，汉剧团在北碚公演），单行本（南京）．——书目来源：重庆图书馆、国家图书馆

／顾一樵著．——重庆：商务印书馆，1940．——书目来源：重庆图书馆、北碚区图书馆

／顾一樵著．——重庆：商务印书馆，1943．——书目来源：重庆图书馆

／顾一樵著．——重庆：商务印书馆，1945，3版．——书目来源：重庆图书馆、北碚区图书馆

战时旧型戏剧论／刘念渠．——重庆：独立出版社，1940．——书目来源：重庆图书馆、北碚区图书馆

／刘念渠．——上海：独立出版社，［出版时间不详］．——书目来源：云南大学图书馆、苏州大学图书馆、吉林省图书馆

《张自忠》话剧／老舍著．——［出版地不详］：华中图书公司，1940．——作者简介：老舍（1899—1966），原名舒庆春，另有笔名絜青、鸿来、非我等，字舍予，北京人。1938—1945年在重庆生活．——书目来源：《北碚文史资料》第4辑"抗日战争时期的北碚"第219页

张巡／隋树森．——长沙：商务印书馆，1940．——书目来源：重庆图书馆、北碚区图书馆

子午线／田涛．——［出版地不详］：［出版者不详］，1940．——书目来源：上海图书馆、四川省图书馆

／田涛．——重庆：南方印书馆，1943．——书目来源：重庆图书馆、上海图书馆、四川省图书馆

醉梦图／洪深创作．——［出版地不详］：［出版者不详］，1940．——在北碚复旦大学创作的独幕话剧．——书目来源：《北碚文史资料》第4辑"抗日战

争时期的北碚"第 220 页

1941 年

巴金短篇小说选：汉英对照/ 巴金. ——[出版地不详]：中英出版社，1941.6. ——书目来源：重庆数字图书馆

白屋书牍/ 吴芳吉著. ——重庆：清华中学，1941. ——封面题"新中学丛书"。分"书札"（与友人书札）及"家书"（家禀、家书、家训）两卷。书前有任中敏的《白屋先生事略》（节录）一文. ——书目来源：重庆图书馆、四川省图书馆

暴风雨中的细雨/（日）绿川英子著. ——重庆：世界语刊物《中共导报》编辑部，1941. ——1938 年 10 月，绿川英子与丈夫刘仁来到重庆，供职于军委会政治部第三厅，在此写成. ——作者简介：绿川英子（1912—1947），原名长谷川照子，日本人，抗战期间在重庆活动. ——书目来源：《本溪日报》2015 年 7 月 28 日

冰心散文/ 冰心著. ——上海：三通书局，1941. ——书目来源：国家图书馆、四川省图书馆

/ 冰心著. ——成都：复兴书局，1943. ——书目来源：重庆图书馆、四川省图书馆

/ 冰心著. ——桂林：开明书店，1943. ——书目来源：重庆图书馆、四川省图书馆

冰心小说集/ 冰心著. ——长春：启智书店，1941. ——书目来源：国家图书馆

/ 冰心著. ——成都：复兴书局，1943. ——书目来源：重庆图书馆

/ 冰心著. ——桂林：开明书店，1943. ——书目来源：重庆图书馆、四川省图书馆

残碑 普及本/ 沈起予著. ——上海：良友复兴图书印刷公司，1941. ——书目来源：南京图书馆

残雾/ 老舍. ——[出版地不详]：商务印书馆，1941. ——书目来源：复旦大学图书馆、云南大学图书馆、广东省立中山图书馆

草原牧歌 / 戈茅著. ——桂林：远方书店，1941. ——作者简介：戈茅（1915—1989），原名徐光霄，曾用笔名谷谿、简壤、齐野、鲁山、元乐山。山东莘县人。抗战期间在重庆生活. ——书目来源：重庆图书馆、北碚区图书馆

/ 戈茅著. ——桂林：远方书店，1942. ——书目来源：重庆图书馆

川剧选粹 / 罗迺予编. ——成都：新新新闻报馆，1941. ——第3、9辑. ——共出至第35辑，但所藏不全，仅存不连贯的13辑。每辑收5—6出不等，题材以古典的为主，间有反映当时国内外时事形势题材的。每本每册约30页. ——书目来源：重庆图书馆

/ 罗迺予编. ——成都：新新新闻报馆，1942. ——第2、4、6、7、9、12、14、17、18、20辑. ——书目来源：重庆图书馆

/ 罗迺予编. ——成都：新新新闻报馆，1942—1944. ——第11—21辑. ——书目来源：重庆图书馆

/ 罗迺予编. ——成都：新新新闻报馆，1943. ——第1、2、6、7、8、10、11、12、24、25、28、29、31、32辑. ——书目来源：重庆图书馆

/ 罗迺予编. ——成都：新新新闻报馆，1943—1944. ——第25—35辑. ——书目来源：重庆图书馆

/ 罗迺予编. ——成都：新新新闻报馆，1944. ——第4、5辑. ——书目来源：重庆图书馆

春天里的秋天 / 巴金著. ——上海：开明书店，1941. ——书目来源：重庆图书馆、南京图书馆

/ 巴金著. ——成都：开明书店，1942. ——书目来源：重庆图书馆

/ 巴金著. ——上海：开明书店，1942. ——书目来源：贵州省图书馆

/ 巴金著. ——重庆：开明书店，1945.9. ——书目来源：南京图书馆

/ 巴金著. ——上海：开明书店，1946. ——书目来源：重庆图书馆

/ 巴金著. ——上海：开明书店，1947.3. ——书目来源：重庆图书馆

/ 巴金著. ——上海：开明书店，1948. ——书目来源：重庆图书馆

大江南线 / 曹聚仁著. ——上饶：战地图书出版社，1941. ——作者简介：曹聚仁（1900—1972），浙江人。1937—1945年为战地记者，1938年受中央通

讯社聘任为战地特派员. ——书目来源：重庆图书馆、北碚区图书馆

第一流 / 巴金. ——成都：地球出版社, [1941]. ——书目来源：重庆图书馆

／巴金. ——成都：地球出版社, 1943. ——书目来源：南京图书馆

／巴金. ——成都：地球出版社, 1943.6. ——书目来源：上海图书馆

第一流：续编 / 洪深. ——上海：地球出版社, 1941. ——书目来源：重庆图书馆

／洪深等著；梅衣编辑. ——成都：地球出版社, 1944. ——书目来源：重庆图书馆

冬儿姑娘 / 冰心著. ——西安：大中文化社, 1941. ——书目来源：国家图书馆

反攻胜利 / 赵清阁编. ——重庆：正中书局, 1941. ——抗战宣传舞台剧, 三幕剧。第一幕"反攻"，第二幕"劝当兵"，第三幕"最后胜利"。书前冠：说明. ——书目来源：国家图书馆

／赵清阁著. ——金华：正中书局, 1941. ——书目来源：重庆图书馆

／赵清阁著. ——[出版地不详]：正中书局, 1941. ——书目来源：中国社会科学院图书馆

／赵清阁编. ——重庆：正中书局, 1941.1. ——书目来源：南京图书馆

／赵清阁著. ——重庆：正中书局, 1943. ——书目来源：重庆图书馆

冯玉祥先生抗战诗歌集．第三集 / 冯玉祥. ——重庆：三户图书社, 1941. ——书目来源：重庆图书馆

／冯玉祥. ——[桂林]：三户图书社, 1941. ——书目来源：国家图书馆、南京图书馆

／冯玉祥. ——[出版地不详]：三户图书社, 1941. ——书目来源：广东省立中山图书馆、陕西师范大学图书馆

凤 / 赵清阁著. ——重庆：华中图书公司, 1941. ——收《离开南京时》《从开封到汉口》《长江行》《凤》《蟋蟀》等8篇. ——书目来源：重庆图书馆

／赵清阁. ——重庆：华中图书公司, 1941.2. ——在上海日本总领事馆特

别调查班藏印；国立中央图书馆藏印. ——书目来源：南京图书馆

／赵清阁著. ——［出版地不详］：自力书店，1944. ——书目来源：复旦大学图书馆、武汉大学图书馆、吉林省图书馆

腐蚀／茅盾. ——上海：知识出版社，1941. ——书目来源：贵州省图书馆

／茅盾. ——上海：上海知识书店，1945. ——书目来源：重庆图书馆

／茅盾. ——上海：上海知识书店，1946. ——书目来源：重庆图书馆

／茅盾. ——［出版地不详］：东北书店，1947. ——书目来源：四川大学图书馆

／茅盾. ——山东：新华书店，1948. ——书目来源：贵州省图书馆

／茅盾. ——［出版地不详］：读者书店，1949. ——书目来源：重庆图书馆

／茅盾. ——［出版地不详］：华北新华书店，1949. ——书目来源：南京图书馆

／沈雁冰著. ——［出版项不详］. ——小说，此时作者生活于重庆，属文工会. ——书目来源：《重庆文史资料丛刊·重庆抗战纪事》第 255 页

复活吧，孩子！独幕儿童剧／舒强著；重庆育才学校戏剧组编. ——重庆：北碚育才学校发行，1941.6. ——一九四〇年二月草于育才学校，一九四一年复作于重庆. ——书目来源：北碚区图书馆

过年／赵清阁著. ——重庆：独立出版社，1941. ——本书收《一门忠烈》《过年》《新嫁娘》《手榴弹》《古城记》《闹龙灯》6 个剧本. ——书目来源：重庆图书馆

／赵清阁著. ——重庆：独立出版社，1941.5. ——书目来源：南京图书馆

／赵清阁著. ——上海：独立出版社，1941. ——独幕剧集. ——书目来源：广东省立中山图书馆、吉林省图书馆

海／巴金译. ——上海：中流书店，1941. ——作者简介：巴金（1904—2005），原名李尧棠，字芾甘，四川成都人，1940 年 7 月起辗转于昆明、重庆、成都、桂林、贵阳等地. ——书目来源：重庆数字图书馆

汉奸／陈白尘. ——［出版地不详］：华中图书公司，1941. ——一九三七

年十一月三日在重庆．——书目来源：重庆图书馆、北碚区图书馆、西南大学图书馆

和平天使／万迪鹤．——上海：独立出版社，1941．——书目来源：西南大学图书馆、广东省立中山图书馆、吉林省图书馆、云南师范大学图书馆

河童／（日）芥川龙之介著；冯子韬译；三通书局编辑．——［出版地不详］：三通书局，1941．——作者简介：冯乃超（1901—1983），笔名冯子韬，生于日本横滨，日本著名侨领横滨兴中会主干冯镜如后裔，祖籍广东南海。抗日战争爆发后至1946年冬在重庆，毛泽东在重庆谈判期间两次会见．——书目来源：南开大学图书馆

后方小唱／任钧著．——重庆：上海杂志公司，1941.4．——每月文库二辑之三．——作者简介：任钧（1909—2003），原名卢嘉文，笔名有卢森堡、孙博等，广东梅州市梅县区人，1941年4、5月至1945年在重庆．——书目来源：《诗笔丹心 任钧诗歌文学创作之路》第308页

／任钧著．——［出版项不详］．——书目来源：云南大学图书馆、复旦大学图书馆、Berlin State Library（德国柏林国家图书馆）、广东省立中山图书馆、浙江图书馆

欢喜冤家：上下册／张恨水著．——香港：百新书店，1941．——书目来源：重庆图书馆

火把／艾青著．——［出版地不详］：［出版者不详］，1941．——以桂林生活记忆原型写成．——书目来源：《重庆晚报》2015年8月31日

寄小读者／冰心著．——上海：北新书局，1941．——书目来源：国家图书馆

／冰心著．——成都：北新书局，1942．——书目来源：重庆图书馆

／冰心著．——上海：北新书局，1942．——书目来源：重庆图书馆

／冰心著．——桂林：开明书店，1943．——书目来源：重庆图书馆、国家图书馆

／冰心著．——［出版地不详］：开明书店，1943，初版．——书目来源：重庆图书馆

／冰心著. ——上海：大成书局，1944. ——书目来源：重庆图书馆

／冰心著. ——重庆：开明书店，1945.7. ——书目来源：上海图书馆、江西省图书馆

／冰心著. ——［出版地不详］：开明书店，1947. ——书目来源：重庆图书馆、南京图书馆

／冰心著. ——上海：开明书店，1949.3. ——书目来源：上海图书馆

家与国／文德铭著. ——重庆：重庆指南编辑社，1941. ——短篇小说集. ——本书收《家与国》《希望》《双重汉奸》3篇小说. ——作者简介：文德铭（1912—1993），名自怡，号伯箴，重庆涪陵人. ——书目来源：重庆图书馆、国家图书馆、四川省图书馆

／文德铭. ——重庆：北新书局，1941.4. ——书目来源：南京图书馆

竟无诗文 一卷 ／欧阳渐撰. ——［重庆］：江津支那内学院蜀院，1941.5. ——书目来源：北碚区图书馆

竟无小品不分卷／欧阳渐著. ——［重庆江津］：支那内学院蜀院，1941.5，刻本. ——一册. ——作者简介：欧阳渐（1871—1943），字竟无，江西宜黄人。1937年日军侵华，支那内学院蜀院院舍及图书被毁。欧阳竟无率众迁至重庆江津，建内学院蜀院。1939年重建学院. ——书目来源：国家图书馆

／欧阳渐撰. ——［重庆江津］：支那内学院蜀院，1941.10. ——书目来源：北碚区图书馆

凯歌／宋之的著. ——重庆：中国文化服务社，1941. ——五幕话剧. ——书目来源：重庆图书馆、国家图书馆

／宋之的著. ——上海：上海杂志公司，1946. ——书目来源：重庆图书馆、国家图书馆、南京图书馆、上海图书馆

苦悶する支那：現代作品の**文学史**／（日）中山樵夫編译. ——東京：万里閣，1941. ——部分タイトル 東京小品，飄泊の娘たち（黄盧隠）、九人の除隊兵（謝冰瑩）、冬児姑娘（謝冰心）、紅い果樹園（蕭紅）、大別山の農夫（田濤）、流民（魏東明）、重慶被爆撃記（周文）、揚州の夢（許志行）、冷飯（谷剣塵）、現代支那文学史（譚正璧）. ——书目来源：日本国立国会図書館

浪淘沙/ 姚亚影．——重庆：华中图书公司，1941．——书目来源：重庆图书馆

老牛破车 / 老舍著．——上海：人间书屋，1941．——书目来源：重庆图书馆

／老舍著．——成都：群益出版社，1942．——书目来源：重庆图书馆

／老舍著．——成都：群益出版社，1942.10．——书目来源：南京图书馆

／老舍著．——上海：晨光出版公司，1948．——书目来源：重庆图书馆

／老舍著．——上海：晨光出版公司，1948.4．——书目来源：上海图书馆

老字号/ 老舍著．——奉天：盛京书店，［1941］．——书目来源：国家图书馆

／老舍著．——奉天：盛京书店，1942．——书目来源：首都图书馆

流血纪念章/ 欧阳山．——重庆：华中图书公司，1941，初版．——大众小说．——书目来源：北碚区图书馆

论民族形式问题 / 胡风著．——重庆：学术出版社，1941．——文艺评论集，在北碚作．——作者简介：胡风（1902—1985），原名张光人，笔名谷非、高荒、张果等。湖北蕲春人。1938年12月2日至1941年5月7日，1943年3月27日至1946年2月25日在重庆．——书目来源：重庆图书馆、南京图书馆

／胡风著．——上海：海燕书店，1947．——书目来源：南京图书馆

／胡风著．——［出版地不详］：海燕书店，1947.4．——书目来源：上海图书馆

／胡风著．——［出版地不详］：海燕书店，1949．——书目来源：云南省图书馆

秘密谷/ 张恨水著．——香港：百新书店，1941．——书目来源：重庆图书馆

面子问题 / 老舍著．——重庆：正中书局，1941．——书目来源：南京图书馆

／老舍著．——金华：正中书局，1941．——书目来源：重庆图书馆

／老舍著．——［出版地不详］：正中书局，1941．——书目来源：南京图

书馆

／老舍著．——［出版地不详］：正中书局，1942.1，再版．——三幕话剧．——书目来源：北碚区图书馆

／老舍．——重庆：正中书局，1943．——书目来源：贵州省图书馆

／老舍著．——重庆：正中书局，1944．——书目来源：重庆图书馆

／老舍．——重庆：正中书局，1945．——书目来源：四川省图书馆

／老舍著．——上海：正中书局，1945．——书目来源：重庆图书馆

／老舍．——［上海］：正中书局，1947.6．——书目来源：国家图书馆

／老舍．——［出版项不详］．——书目来源：广东省立图书馆

"民族形式"讨论集／胡风编．——［出版地不详］：华中图书公司，1941.5．——本书辑收抗战初期报刊上发表的讨论文艺上的民族形式问题的论文31篇，其中有《旧形式运用的基本法则》（艾思奇）、《论中国音乐的民族形式》（冼星海）、《大家为什么要求新的文化》（周建人）、《文学史上的五·四》（胡风）、《"民族形式"商兑》（郭沫若）、《论如何学习文学的民族形式》（茅盾）等．——书目来源：复旦大学图书馆、武汉大学图书馆、中共四川省委党校图书馆、成都图书馆、吉林省图书馆

募寒衣／老向．——［出版地不详］：国民图书出版社，1941．——书目来源：重庆图书馆

女杰／赵清阁著．——重庆：华中图书公司，1941．——该剧描写的是一九三七年至一九三八年发生在江苏宜兴的故事．——书目来源：重庆图书馆

频遭空袭的战时首都／江人著．——［出版地不详］：辛光书店，1941.7．——收有关抗战时期重庆情况的报道12篇．——书目来源：重庆数字图书馆

前夕／靳以著．——［出版地不详］：［出版者不详］，1941．——在北碚写成并出版．——书目来源：《北碚文史资料》第4辑"抗日战争时期的北碚"第426页

／靳以著．——重庆：文化生活出版社，1943．——书目来源：重庆图书馆、贵州省图书馆、广西壮族自治区图书馆、南京图书馆

/ 靳以著. ——重庆：文化生活出版社，1944. ——书目来源：重庆图书馆、南京图书馆

　　/ 靳以著. ——重庆：文化生活出版社，1945. ——书目来源：重庆图书馆

　　/ 靳以著. ——重庆：文化生活出版社，1945.2. ——书目来源：广西壮族自治区图书馆

　　/ 靳以著. ——重庆：文化生活出版社，1946. ——书目来源：重庆图书馆、南京图书馆

　　/ 靳以著. ——上海：文化生活出版社，1947.4. ——书目来源：上海图书馆

　　/ 靳以著. ——［出版地不详］：文化生活出版社，［出版时间不详］. ——书目来源：重庆图书馆

秦良玉 / 谭正璧著. ——上海：北新书局，1941. ——书目来源：北碚区图书馆

　　/ 谭正璧著. ——上海：北新书局，1945.4，蓉再版. ——书目来源：北碚区图书馆

　　/ 谭正璧著. ——［出版地不详］：北新书局，［出版时间不详］. ——书目来源：天津图书馆

人间味 / 徐仲年著. ——重庆：青年书店，1941.3. ——书目来源：重庆图书馆、南京图书馆、四川省图书馆

蜀南三种 / 黄炎培. ——重庆：国讯书店，1941. ——书目来源：重庆图书馆

　　/ 黄炎培. ——［出版地不详］：国讯书店，1941. ——书目来源：四川省图书馆

　　/ 黄炎培. ——重庆：国讯书店，1942. ——书目来源：重庆图书馆、南京图书馆

　　/ 黄炎培. ——重庆：国讯书店，1942.2. ——书目来源：上海图书馆

双丝网／徐仲年著．——重庆：独立出版社，1941．——书目来源：重庆图书馆、南京图书馆、四川省图书馆

／徐仲年著．——重庆：独立出版社，［出版时间不详］——书目来源：重庆图书馆

歪毛儿／老舍．——［上海］：上海艺流书店，［1941］．——书目来源：国家图书馆（存目）

文学底基础知识／叶以群著．——重庆：生活书店，1941．——1940 年 8 月毕于南泉．——书目来源：重庆图书馆

／叶以群著．——重庆：生活书店，1943．——书目来源：重庆图书馆

吴白屋先生精华录三卷／周光午选辑．——重庆：江津聚奎中学，1941，油印本．——书目来源：北碚区图书馆

小城故事／袁俊．——［出版地不详］：文化生活出版社，1941.8．——民国新文学 袁俊戏剧集．——书目来源：重庆数字图书馆

／袁俊．——上海：文化生活出版社，1947．——五幕剧．——书目来源：复旦大学图书馆、苏州大学图书馆、武汉大学图书馆

／袁俊．——［出版地不详］：文化生活出版社，1947，再版．——书目来源：重庆数字图书馆

小夫妻／宋之的等著．——香港：群社，1941．——书目来源：首都图书馆

小意思集／陈果夫．——金华：国民出版社，1941．——书目来源：重庆图书馆、南京图书馆

／陈果夫．——［南平］：国民出版社，［1944.6］．——书目来源：厦门市图书馆、国家图书馆

／陈果夫．——上海：正中书局，1947．——书目来源：南京图书馆、四川省图书馆

／陈果夫．——上海：正中书局，1947，增订版．——书目来源：重庆图书馆、国家图书馆、南京图书馆、四川省图书馆

／陈果夫．——上海：正中书局，1947，3 版增订版．——书目来源：国家图书馆

谢冰心代表选／冰心著．——［上海］：三通书局，1941．——书目来源：四川省图书馆、天津图书馆、首都图书馆

新疆诗文集粹/ 李寰. ——［出版地不详］：［出版者不详］，1941. ——作者简介：李寰（1896—1989），字定宇，又名祥云，重庆万县人. ——书目来源：《万县志》第745页

/ 李寰. ——［出版地不详］：［出版者不详］，1947，二集，铅印本. ——甲集文抄 乙集诗抄. ——书目来源：重庆图书馆、国家图书馆、南京图书馆

/ 李寰. ——［出版地不详］：［出版者不详］，［1929—1949］. ——书目来源：南京图书馆

演剧初程/ 刘念渠著. ——重庆：青年出版社，1941. ——书目来源：重庆图书馆

遥远的城 / 靳以著. ——重庆：烽火社，1941. ——书目来源：重庆图书馆、国家图书馆

/ 靳以著. ——成都：文化生活出版社，1943. ——书目来源：重庆图书馆、国家图书馆

夜：五幕剧/ 章泯. ——重庆：大东书局，1941. ——书目来源：重庆图书馆、北碚区图书馆、西南大学图书馆

夜奔 / 王平陵著. ——长沙：商务印书馆，1941. ——书目来源：重庆图书馆、北碚区图书馆、苏州大学图书馆、黑龙江省图书馆、广东省立中山图书馆、中国社会科学院图书馆

/ 王平陵著. ——［出版地不详］：商务印书馆，1943. ——书目来源：重庆图书馆

英雄的故事/（苏）高尔基原著；以群译. ——重庆：上海杂志公司，1941. ——1941年2月13日于渝. ——书目来源：重庆图书馆

鱼儿坳 / 罗淑著；巴金整理. ——上海：文化生活出版社，1941. ——作者简介：罗淑（1903—1938），原名罗世弥，四川简阳人，1929年赴法国留学，1933年回国，1936年因发表《生人妻》一举成名，1938年病故。作品由巴金编辑成集，题曰《生人妻》、《地上一角》、《鱼儿坳》。巴金（1904—2005），原名李尧棠，字芾甘，四川成都人，1940年7月起辗转于昆明、重庆、成都、桂林、贵阳等地，从事抗日文化宣传活动。1944—1946年在重庆生活. ——书

目来源：重庆图书馆、国家图书馆、上海图书馆、四川省图书馆

元人杂剧序说/（日）青木正儿著；隋树森译．——上海：开明书店，1941．——书目来源：重庆图书馆、北碚区图书馆

张自忠/ 老舍著．——重庆：华中图书公司，1941．——作者简介：老舍（1899—1966），原名舒庆春，有笔名絜青、鸿来、非我等，字舍予，北京人。1938—1945年在重庆生活．——书目来源：重庆图书馆、广西壮族自治区图书馆

/ 老舍著．——重庆：华中图书公司，1941.1．——书目来源：南京图书馆

/ 老舍著．——重庆：华中图书公司，1941.3．——书目来源：重庆图书馆

/ 老舍著．——重庆：华中图书公司，1943．——书目来源：重庆图书馆

长子/ 欧阳山等著．——［出版地不详］：华新图书公司，1941.5．——文集。有《论文艺的民族形式》（潘梓年）、《遇崇汉——一个宣抚员的自述》（罗烽）、《长子》（欧阳山）、《牛车上的伙伴》（王西彦）、《总的破坏》（刘白羽）、《追悼》（草明）、《在碣马》（沙汀）、《旷野的呼喊》（萧红）、《风陵渡》（端木蕻良）、《新生》（张天翼）．——书目来源：Stanford University（斯坦福大学）图书馆、Berlin State Library（德国柏林国家图书馆）、复旦大学图书馆

中国诗艺/ 徐仲年等编辑．——重庆：中国诗艺社，1941．——书目来源：国家图书馆

/ 徐仲年，常任侠［等］编．——［重庆］：［中国诗艺社］，［1941］．——第三年．八九月号——书目来源：贵州省图书馆

转形期/ 宋之的著．——桂林：上海杂志公司，1941．——书目来源：国家图书馆、南京图书馆、重庆图书馆、江西省图书馆

子恺近作散文集/ 丰子恺．——成都：普益图书馆，1941．——作者简介：丰子恺（1898—1975），曾用名丰润、丰仁、婴行，号子恺，字仁，浙江桐乡人，1941—1946年在重庆生活．——书目来源：重庆图书馆、北碚区图书馆

走/ 葛一虹选辑．——［出版地不详］：新生图书文具公司，1941.5．——现代独幕剧选。收吴天的《走》，洪深的《樱花晚宴》，章泯的《钢表》，宋之的的《出征》，夏衍的《娼妇》等9个剧本。书前有葛一虹的《我为什么要选这

几个剧本？我对于他们的感觉是怎样的？》一文代序．——书目来源：广东省立中山图书馆、南京师范大学图书馆、吉林省图书馆

／葛一虹编．——［出版地不详］：新生图书文具公司，［出版时间不详］．——书目来源：西南大学图书馆

1942 年

八十一梦／张恨水著．——重庆：南京新民报重庆社，1942.3．——包括第五梦（号外）、第八梦（生财有道）、第十梦（狗头国之一瞥）、第三十二梦（星期日）、第八十梦（回到了南京）等内容。书前有自序及楔子．——书目来源：重庆图书馆、南京图书馆

／张恨水著．——重庆：南京新民报重庆社，1943.9，3 版．——书目来源：重庆图书馆

巴金短篇小说集．第 3 集／巴金．——［出版地不详］：开明书店，1942．——书目来源：武汉大学图书馆、广东省立中山图书馆、河南大学图书馆、天津图书馆、吉林省图书馆

／巴金．——上海：开明书店，1949．——书目来源：国家图书馆、上海图书馆

巴山樵唱／孙为霆．——［重庆］：著者自刊，1942.7，油印本．——作者简介：孙为霆（1901—1966），字雨廷，号巴山樵父。江苏六合人。1938 年至 1945 年在重庆。任教于重庆中央大学时作．——书目来源：重庆图书馆

边城故事／袁俊著．——重庆：文化生活出版社，1942．——"袁俊五幕剧"．——书目来源：重庆图书馆、国家图书馆

／袁俊著．——上海：文化生活出版社，1946．——书目来源：重庆图书馆、国家图书馆

编剧方法论／赵清阁编著．——重庆：独立出版社，1942．——分 8 章。从题材的选取、结构的形式、人物的塑造、对话的应用、标题的确立以及作者的创作准备等方面介绍剧本创作方法．——书目来源：重庆图书馆、南京图书馆

／赵清阁，叶朋竹著．——重庆：独立出版社，1942.5．——封面丛书名：戏剧理论丛书．——书目来源：上海图书馆

/赵清阁著.——上海：独立出版社，1942.5.——书目来源：复旦大学图书馆、河北师范大学图书馆、广东省立中山图书馆、吉林省图书馆

剥去的面具/曹靖华编.——[重庆]：文林出版社，1942.1.——书目来源：复旦大学图书馆、黑龙江省图书馆、广东省立中山图书馆、成都图书馆

草原故事/高尔基著，巴金译.——桂林：文化生活出版社，1942.——书目来源：重庆图书馆

/高尔基著，巴金译.——上海：文化生活出版社，1942.——书目来源：复旦大学图书馆、黑龙江省图书馆、浙江大学图书馆、广东省立中山图书馆

/高尔基著，巴金译.——桂林：文化生活出版社，1942.1.——书目来源：上海图书馆、南京图书馆

长途/夏衍著.——[出版地不详]：集美书店，1942.——书目来源：北京大学图书馆、中国社会科学院图书馆、吉林省图书馆

潮 第一部/田涛.——重庆：建国书店，1942.——书目来源：重庆图书馆、南京图书馆、四川省图书馆

重庆的悲剧/北京新闻协会编.——北京：新闻协会，1942.——书目来源：南京图书馆、国家图书馆

重庆风光/林如斯，林无双等著.——上海：大公书店，1942.——林语堂的女儿如斯、无双、妹妹三人1940年由美国回国后的游历见闻，共50篇。原用英文写作，发表在美国.——书目来源：贵州省图书馆

/林如斯等著；林平译.——[出版地不详]：大公书店，1942.4，初版.——书目来源：北碚区图书馆、重庆图书馆、南京图书馆

/林如斯著；林平译.——桂林：编者自刊，1942.——书目来源：重庆图书馆、南京图书馆

/林如斯著；林平译.——[出版地不详]：[出版者不详]，1942.——书目来源：重庆图书馆

川缅纪行/汪永泽.——重庆：独立出版社，1942.——收《渝沪江行散记》《川滇道上》《昆明心影》《滇缅道上》《夷区鸟瞰》五篇.——书目来源：重庆图书馆

/汪永泽. ——重庆：独立出版社，1942.12，再版. ——书目来源：北碚区图书馆

春草集/王亚平著. ——[出版地不详]：文林出版社，1942. ——收诗歌《中国春天的童话》《溃灭》《送别曲》《夏夜曲》等 8 首；诗剧《雾海》；译诗《给迷娘》《当庭园中残余的紫丁香花开了的时候》等 4 首。著译者有王亚平、冯乃超、臧云远、郭沫若等。前有《创刊词》《关于新诗的用字和造句（座谈会）》. ——书目来源：北京大学图书馆、中国社会科学院图书馆、广东省立中山图书馆、吉林省图书馆、天津图书馆、西南大学图书馆

带枪的人/（苏）包哥廷著；葛一虹译. ——[出版地不详]：华华书店，1942. ——多幕剧. ——书目来源：复旦大学图书馆、首都图书馆、广东省立中山图书馆、玉林市图书馆

/（苏）包戈金（П. Погодин）撰；葛一虹译. ——[北平]：天下图书公司，1949.5. ——三幕剧剧本. ——书目来源：四川外国语大学图书馆

恶魔/（俄）莱蒙托夫著；穆禾天等译. ——[重庆]：文林出版社，1942.9. ——书目来源：河南大学图书馆、吉林大学图书馆、四川大学图书馆、南京大学图书馆

恶魔及其他/（俄）莱蒙托夫著；穆木天等译. ——[出版地不详]：文林出版社，1942. ——内收《姆奇里》（铁弦译）、《关于商人卡拉西尼科夫之歌》（李嘉译）、《恶魔》（穆木天译）等 3 部叙事长诗。书末附戈宝权的《关于〈姆奇里〉等诗篇的介绍》. ——书目来源：黑龙江省图书馆、广东省立中山图书馆、成都图书馆、北京大学图书馆、中国社会科学院图书馆、吉林省图书馆

儿子去开会去了/夏衍等著. ——[出版地不详]：未明社，1942.9. ——书目来源：黑龙江省图书馆、广东省立中山图书馆、中国社会科学院图书馆

风雨归舟/田汉，洪深，夏衍合作. ——桂林：集美书店，1942. ——四幕剧 作者附注：田汉（1898—1968），原名寿昌，湖南长沙人，1940—1946 年在重庆生活，戏剧活动家、剧作家. ——书目来源：重庆图书馆、国家图书馆、南京图书馆、四川省图书馆

俘虏/王平陵著. ——重庆：国民图书出版社，1942. ——独幕剧. ——书

目来源：吉林省图书馆、孔夫子旧书网

浮士德：四幕名剧 /（德）歌德原著；刘盛亚编译. ——重庆：文风书店，1942. ——书目来源：重庆图书馆、四川大学图书馆、吉林省图书馆、湖南图书馆、国家图书馆

复活 / 夏衍创作. ——［出版地不详］：［出版者不详］，1942. ——在重庆北碚北温泉据托尔斯泰的《复活》改编的五幕六场同名话剧. ——作者简介：夏衍（1900—1995），浙江杭州人，中国著名文学戏剧作家、文艺评论家、翻译家、社会活动家。1942年4月至1945年8月在重庆. ——书目来源：《北碚文史资料》第4辑"抗日战争时期的北碚"第221页

给爱花者 / 姚奔. ——福建：改进出版社，1942.12. ——作者简介：姚奔（1919—1993），原名姚正基，又名姚向之，笔名姚奔. 抗战期间在重庆北碚复旦大学新闻系学习，1939—1946年在重庆工作. ——书目来源：重庆市档案馆

古树的花朵，一名，范筑先 / 臧克家著. ——重庆：东方书社，1942.12，初版（渝）. ——叙述抗日英雄范筑先事迹的五千行长篇史诗. ——作者简介：臧克家（1905—2004），曾用名臧瑗，山东潍坊人，1942—1946年在重庆生活. ——书目来源：重庆图书馆、上海图书馆

故国 / 马耳译. ——［出版地不详］：建国书店，1942. ——收《爱情》（［匈］E. 森诃）、《到西线去》（［德］康德洛维支）、《杜塔拉树》（［纽西兰］芬拉逊）、《亲爱的》（［爱尔兰］斯蒂芬）、《七万人口的亚述人》（［美］萨洛阳）、《值班》（［印度］亚德朗）、《余屋出租》（［法］附尔蒙）、《故国》（［英］J. 赛曼菲）等8篇短篇小说。1940—1943年间在重庆译. ——作者简介：叶君健（1914—1999），笔名马耳，湖北省黄安县人。1939年8月—1943年在重庆. ——书目来源：四川音乐学院图书馆、吉林省图书馆

恨海情天 / 李大中. ——［出版地不详］：［出版者不详］，1942. ——川剧剧本. ——书目来源：《永川县志》第928页

红叶集 / 茅盾等著. ——［出版地不详］：华华书店，1942. ——短篇小说、诗、评论合集。收茅盾的《霜叶红似二月花》（片断）、郭沫若的《怎样运用文学的语言》、吴组缃的《活的语言》、老舍的《乱说几句》、易庸的《谈文学的

语言》、艾青的《剪菜女》、力扬的《歌》、淑清的《路》、辛夷的《丫头》、胡仲持的《孔乙己和文人岛》等 14 篇．——书目来源：山东师范大学图书馆、西南大学图书馆

后方小喜剧／陈白尘．——［出版地不详］：生活书店，1942．——书目来源：重庆图书馆、北碚区图书馆

后防集／沙雁著．——重庆：建国书店，1942.11，初版．——书目来源：重庆图书馆、西南大学图书馆、中国社会科学院图书馆、吉林省图书馆、苏州大学图书馆、复旦大学图书馆、嘉兴学院图书馆

还魂草／巴金著．——重庆：文化生活出版社，1942．——巴金在沙坪坝正街互生书店开始撰写的小说，描写了巴金在此曾经度过的一段生活。发表于 1942 年 1 月 15 日的《文艺杂志》．——书目来源：重庆图书馆

／巴金著．——重庆：文化生活出版社，［1942］．——书目来源：重庆图书馆

／巴金著．——上海：文化生活出版社，1945．——书目来源：重庆图书馆

／巴金著．——上海：文化生活出版社，1947.10．——书目来源：上海图书馆

／巴金著．——［出版地不详］：文化生活出版社，1947.10．——书目来源：上海图书馆、贵州省图书馆

／巴金著．——上海：文化生活出版社，［出版时间不详］．——书目来源：上海图书馆、南京图书馆

黄白丹青／洪深著．——重庆：文艺奖助金管理委员会出版部，1942．——书目来源：重庆图书馆、南京图书馆、贵州省图书馆

／洪深著．——［出版地不详］：建国书店，1942.12．——书目来源：西南大学图书馆、吉林省图书馆、复旦大学图书馆、天津图书馆、贵州省图书馆、上海图书馆

／洪深著．——［出版地不详］：文艺奖助金管理委员会出版部，1942.12．——书目来源：《中国现代文学戏剧版本闻见录 1912—1949)》（张泽贤著）

枷锁与剑／邹荻帆，姚奔主编．——重庆：诗垦地社，1942．——书目来源：重庆图书馆

剑北篇／老舍．——［出版地不详］：文艺奖助金管理委员会，1942.5．——书目来源：上海图书馆

／老舍．——重庆：重庆文艺奖助金管理委员会，［1942］．——书目来源：重庆图书馆、贵州省图书馆

结婚进行曲／陈白尘．——重庆：作家书屋，1942.4，初版．——书目来源：北碚区图书馆

金刚坡下：小说／胡危舟著．——桂林：诗创作社，1942．——作者简介：胡危舟（1910—1983），浙江定海人．——书目来源：《陪都人物纪事》第189页、重庆图书馆

金玉满堂：四幕悲剧／沈浮．——成都：华西晚报出版部，1942．——书目来源：重庆图书馆、北碚区图书馆

旧游新感／邹鲁著．——［出版地不详］：国民图书出版社，1942.5，初版．——1941年9月20日邹鲁叙于重庆复兴居．——书目来源：北碚区图书馆、涪陵区少年儿童图书馆、西南大学图书馆

眷眷草／缪崇群著．——重庆：文化生活出版社，1942．——作者简介：缪崇群（1907—1945），笔名终一，泰州人。1940年流转贵州，最后落脚重庆北碚，在书店从事编译工作．——书目来源：南京图书馆、吉林省图书馆、重庆图书馆、国家图书馆

抗战歌选（第一册）／萧而化，丰子恺编著．——成都：越新书局，1942，再版．——书目来源：重庆图书馆、国家图书馆、南京图书馆

孔雀胆／郭沫若著．——［出版地不详］：群益出版社，1942．——在重庆创作的元代历史四幕话剧．——作者简介：郭沫若（1892—1978），原名郭开贞，乳名文豹，笔名郭沫若、郭鼎堂等。四川乐山县人，曾生活在重庆．——书目来源：《重庆市中区文史资料》第5辑第114页

／郭沫若著．——重庆：群益出版社，1943．——书目来源：重庆图书馆

／郭沫若著．——重庆：群益出版社，1945．——书目来源：重庆图书馆、南京图书馆

／郭沫若著．——上海：群益出版社，1946.1．——书目来源：上海图书馆

/郭沫若著. ——上海：群益出版社，1946.5. ——书目来源：上海图书馆

/郭沫若著. ——上海：群益出版社，1948. ——书目来源：重庆图书馆

/郭沫若著. ——[出版地不详]：群益出版社，1948. ——书目来源：南京图书馆

苦雾集，又名，文学研究中之科学精神/李长之著. ——重庆：商务印书馆，1942，2版. ——作者选择以战时的作品为限，地域上以在重庆（只有两篇杂感是作于成都）作为限。共26篇. ——书目来源：国家图书馆

/李长之著. ——重庆：南方印书馆，1942. ——书目来源：南京图书馆、重庆图书馆、国家图书馆、上海图书馆采编中心、首都图书馆

/李长之著. ——[出版地不详]：商务印书馆，1944. ——书目来源：云南大学图书馆、复旦大学图书馆、广东省立中山图书馆、云南师范大学图书馆、四川大学图书馆

恋歌/（俄）普式庚著；曹辛编. ——[出版地不详]：现实出版社，1942. ——辑《我是孤独的播种者》《纪念碑》《自由》《囚徒》《恋歌》等29首诗，译者有鲁迅、黄源、林林、孙用、任钧、蒲风、孟十还等二十多人。书末附编者的《普式庚——俄罗斯诗歌的太阳》一文. ——书目来源：复旦大学图书馆、黑龙江省图书馆、广东省立中山图书馆、北京大学图书馆、中国社会科学院图书馆、吉林省图书馆

两汉散文选/叶楚伧主编；吴契宁编注. ——重庆：正中书局，1942. ——书目来源：国家图书馆

/叶楚伧主编；吴契宁编注. ——上海：正中书局，1946.10. ——书目来源：国家图书馆、南京图书馆、吉林省图书馆、重庆图书馆、湖南图书馆、首都图书馆

龙虎狗/巴金. ——重庆：文化生活出版社，1942. ——散文集，其中不少作品在重庆创作. ——书目来源：重庆图书馆

/巴金. ——[出版地不详]：文化生活出版社，1942.1. ——书目来源：南京图书馆

/巴金. ——重庆：文化生活出版社，1943. ——书目来源：重庆图书馆、

贵州省图书馆

　　/巴金．——上海：文化生活出版社，1947．——书目来源：重庆图书馆

　　民族诗坛．第四卷．第六辑（总第十九辑）/卢前编．——重庆：独立出版社，1942.3．——书目来源：西南大学图书馆

　　木兰从军/常任侠．——［出版地不详］：国民图书出版社，1942．——书目来源：重庆图书馆

　　南山在生长着/萧林著．——江津：大公书店，1942．——书目来源：北碚区图书馆

　　牛的故事/田涛．——桂林：华侨书店，1942．——书目来源：重庆图书馆、国家图书馆、四川省图书馆

　　牛全德与红萝卜/姚雪垠著．——重庆：文座出版社，1942.10，渝初版．——书目来源：北碚区图书馆

　　牛天赐传/老舍．——［出版地不详］：人间书屋，1942．——书目来源：《人民政协报》2014-5-8

　　/老舍著．——成都：群益出版社，1943．——书目来源：重庆图书馆

　　/老舍著．——重庆：文聿出版社，1945．——书目来源：重庆图书馆

　　/老舍著．——上海：新丰出版公司，1946．——书目来源：南京图书馆

　　/老舍著．——上海：新丰出版公司，1946.2．——书目来源：上海图书馆

　　/老舍著．——重庆：文聿出版社，1948．——书目来源：重庆图书馆

　　/老舍著．——上海：晨光出版公司，1948.3．——书目来源：上海图书馆

　　/老舍著．——［出版项不详］．——书目来源：重庆图书馆、上海图书馆、南京图书馆

　　蒲剑集/郭沫若．——重庆：文学书店，1942．——书目来源：广西壮族自治区图书馆

　　/郭沫若．——重庆：文学书店，1942.4．——书目来源：上海图书馆、南京图书馆

　　/郭沫若．——重庆：文学书店，1943．——书目来源：《陪都人物纪事》第192页、重庆图书馆

批评精神／李长之著．——重庆：南方印书馆，1942．——作者简介：李长之（1910—1978），原名李长治、李长植，笔名何逢、方棱、棱振、张芝、梁直。山东利津县人。抗战期间在重庆工作生活．——书目来源：西南大学图书馆

／李长之著．——重庆：南方印书馆，1943．——书目来源：重庆图书馆、北碚区图书馆

屈原思想及其他／郭沫若．——［出版地不详］：［出版者不详］，1942．——书目来源：重庆图书馆

屈原研究／郭沫若著．——［出版地不详］：群益出版社，1942．——书目来源：西南大学图书馆

入秦草（不分卷）／章士钊．——［出版项不详］．——作于1942年，收入章士钊著、陈书良编校《章士钊诗词集·程潜诗集》（湖南人民出版社，2009）．——书目来源：重庆图书馆、北碚区图书馆

山城／李春舫著．——成都：普益图书公司，1942．——书目来源：国家图书馆

山下／萧红等著．——［出版地不详］：文风书店，1942．——收《山下》（萧红）、《幼年时代》（郭沫若）、《过路人》（萧乾）、《官舱里》（茅盾）、《在梧州》（巴金），以及丽尼、许钦文、萧军、靳以、罗烽、荒煤、王西彦、李辉英、端木蕻良等人的小说共14篇．——作者简介：萧红（1911—1942），原名张乃莹，另有笔名悄吟，黑龙江呼兰人，1938—1939年在重庆生活．——书目来源：西南大学图书馆、北京大学图书馆、广东省立中山图书馆、吉林省图书馆

声音／方敬著．——桂林：工作社，1942．——作者简介：方敬（1914—1996），重庆万县人．——书目来源：南京图书馆

／方敬著．——桂林：工作社，1943．——新诗集．——书目来源：重庆图书馆

／方敬著．——［出版地不详］：工作社，1943．——书目来源：四川大学图书馆

生死恋／赵清阁著．——重庆：商务印书馆，1942.3．——书目来源：南京图书馆

/赵清阁著．——[出版地不详]：商务印书馆，1942.3．——有题字，洪深兄教赠，赵清阁敬赠，卅一、四、十五于北碚。有洪深1941年11月23日于广东坪石作序．——书目来源：西南大学图书馆、中国社会科学院图书馆、吉林省图书馆、复旦大学图书馆

/赵清阁著．——重庆：商务印书馆，1943．——五幕剧剧本，据法国雨果的《向日乐》改编。书前有洪深的序，剧中人物、时间及地点介绍．——书目来源：重庆图书馆

诗歌新论/王亚平，戈茅著．——重庆：人间出版社，1942.12．——书目来源：复旦大学图书馆、贵州省图书馆、成都图书馆、北京大学图书馆、四川大学图书馆、中国社会科学院图书馆、吉林省图书馆、重庆数字图书馆

水沫集/陈瘦竹．——重庆：华中图书公司，1942．——短篇小说集．——书目来源：重庆图书馆

/陈瘦竹．——[出版地不详]：唐性天出版，[出版时间不详]．——书目来源：《作家在重庆》第70页

水乡吟/夏衍创作．——[出版地不详]：[出版者不详]，1942．——在北温泉创作的四幕话剧，后改名为《忆江南》．——书目来源：《北碚文史资料》第4辑"抗日战争时期的北碚"第221页

/夏衍著．——[出版地不详]：东南出版社，1944．——书目来源：复旦大学图书馆、温州市图书馆、上海社会科学院图书馆、陕西师范大学图书馆

送礼/王平陵著．——[出版地不详]：商务印书馆，1942.12．——书目来源：西南大学图书馆、复旦大学图书馆、天津图书馆、广东省立中山图书馆、吉林省图书馆

苏武/顾毓琇．——重庆：商务印书馆，1942．——三幕剧．——书目来源：重庆数字图书馆

/顾毓琇．——重庆：商务印书馆，1944．——1943年11月18日在重庆公演．——书目来源：辽宁省图书馆、天津图书馆、重庆图书馆、国家图书馆

棠棣之花/郭沫若著．——重庆：作家书屋，1942．——书目来源：南京图书馆

/郭沫若著．——上海：群益出版社，1946．——书目来源：上海图书馆

　　/郭沫若著．——上海：群益出版社，1949．——书目来源：南京图书馆

　　天方夜谭／曹靖华编译．——［出版地不详］：文林出版社，1942．——内收反映苏联卫国战争的短篇小说和报告文学共21篇。其中有：瓦希列夫斯卡娅的《党证》《一个德国兵士的日记》《为了胜利》，盖达尔的《战争和孩子们》，维尔塔的《游击队》《北极圈外》，科普杰耶夫的《大上海的三昼夜》，克列敏斯基的《蜜蜂》等。书中有漫画3幅。译者有曹靖华、李葳、铁弦、宝权等8人．——书目来源：云南大学图书馆、西南大学图书馆

　　天蓝色的信封　苏联爱国战争诗集／（苏）扎米雅金等著；铁弦译．——内收以苏联卫国战争为题材的诗歌37首。附"译后记（一九四二．十．十八，弦记）．——重庆：中苏文化协会编译委员会，1942.11．——书目来源：黑龙江省图书馆、天津图书馆、吉林省图书馆

　　铁路疯／王冰洋编著．——重庆：国民图书出版社，1942．——十字说唱．——作者简介：王冰洋（1909—1962），笔名边鹰、王峦等，山东长清人，抗战期间生活在重庆．——书目来源：国家图书馆

　　王老虎，又名，**虎啸**／老舍，肖亦五，赵清阁合著．——［出版地不详］：［出版者不详］，1942．——在北碚合作创作。四幕话剧．——书目来源：《北碚文史资料》第4辑"抗日战争时期的北碚"第219页

　　为祖国而歌／胡风著．——桂林：海燕书店，1942．——诗集，在北碚作．——书目来源：南京图书馆

　　/胡风著．——上海：希望社，1947．——书目来源：南京图书馆、云南省图书馆

　　/胡风著．——上海：希望社，1947.3．——书目来源：上海图书馆

　　维他命／王平陵编著．——北京：青年出版社，1942.5．——五幕剧．——书目来源：Stanford University（斯坦福大学）图书馆、黑龙江省图书馆、广东省立中山图书馆、河南大学图书馆、嘉兴学院图书馆

　　文艺论文集／茅盾．——［出版地不详］：群众出版社，1942．——书目来

源：重庆图书馆、西南大学图书馆

文艺漫笔 / 罗荪著. —— [出版地不详]：读书出版社，1942.5. ——收《文坛上的两种倾向》《鲁迅精神》《人和典型》《文学作品中的主题》《报告文学》《文学的语言》《近代文艺思潮》《文艺批评与鉴赏》《关于现实主义》《文学上的民族形式》《论争中的民族形式"中心源泉"问题》《抗战三年来的创作活动》等12篇论文. ——作者简介：孔罗荪（1912—1996），原名孔繁衍，上海人。1938年在汉口、重庆中华全国文艺界抗敌协会任出版部副部长兼机关刊物《抗战文艺》编委。1940年任重庆《文学月报》主编. ——书目来源：西南大学图书馆

无弦琴 / S. M. 著，胡风编. —— [出版地不详]：南天出版社，1942. ——大部分篇章写于重庆. ——书目来源：重庆图书馆、北碚区图书馆

西归 / 田涛. ——桂林：今日文艺社，1942. ——短篇小说集. ——书目来源：重庆图书馆、国家图书馆、上海图书馆、南京图书馆、四川省图书馆

喜酒 / 邵荃麟. —— [出版地不详]：文化供应社，1942. ——作者简介：邵荃麟（1906—1971），原名邵骏远，曾用名邵逸民、邵亦民，笔名荃麟、力夫、契若。原籍浙江慈溪，出生于重庆. ——书目来源：重庆图书馆、北碚区图书馆

湘北三次大捷 / 王冰洋编著. ——重庆：国民图书出版社，1942. ——拉洋片. ——书目来源：国家图书馆

湘川道上 / 薛建吾著. ——重庆：商务印书馆，1942. ——日记体游记。共三十四篇，记1940年随张治中从湖南到重庆的旅途所见. ——书目来源：重庆图书馆、四川省图书馆

/ 薛建吾著. ——重庆：商务印书馆，1944. ——书目来源：重庆图书馆、南京图书馆

巷战之夜：抗战长篇小说 / 张恨水著. ——南京：新民报重庆社，1942. ——书目来源：重庆图书馆、北碚区图书馆

向祖国 / 臧克家著. ——桂林：三户图书社，1942. ——本书收《向祖国》《从冬到春》《敲》《爱华神甫》《为抗战而死真光荣》《他打仗去了》等6首叙

事长诗. ——书目来源：重庆图书馆、上海图书馆、南京图书馆

小坡的生日 / 老舍著. ——奉天：盛京书店，1942. ——书目来源：南京图书馆

／老舍著. ——奉天：盛京书店，1942. ——书目来源：南京图书馆

／老舍著. ——重庆：作家书屋，1944. ——书目来源：重庆图书馆

／老舍著. ——［出版地不详］：作家书屋，1944. ——书目来源：南京图书馆

／老舍著. ——上海：作家书屋，1946. ——书目来源：重庆图书馆

／老舍著. ——上海：作家书屋，1946.6. ——书目来源：上海图书馆

／老舍著. ——上海：作家书屋，1947. ——书目来源：重庆图书馆

小坡的生日：文艺创作 / 老舍著. ——沈阳：盛京书店，1942. ——书目来源：国家图书馆、南京图书馆

新女性 /任钧编著. ——［重庆］：华中图书公司，1942. ——本书收《铁蹄下的女性》《出发之前》《新女性》3个剧本. ——书目来源：南京师范大学图书馆

星的颂歌 / 李长之著. ——重庆：独立出版社，1942. ——书目来源：重庆图书馆

杏儿山尽忠 / 王冰洋编著. ——重庆：国民图书出版社，1942. ——书目来源：重庆图书馆、国家图书馆

养复园诗集 / 程潜. ——重庆：渝州刊本，1942. ——收十数首有关重庆的诗作. ——作者简介：程潜（1883—1968），字颂云，湖南醴陵人. ——书目来源：北碚区图书馆

野玫瑰 / 陈铨著. ——赣县：商务印书馆，1942. ——书目来源：国家图书馆

／陈铨著. ——重庆：商务印书馆，1943. ——书目来源：重庆图书馆

／陈铨著. ——重庆：商务印书馆，1944. ——书目来源：重庆图书馆

跃动的夜 / 冀汸. ——［出版地不详］：南天出版社，1942. ——作于重庆西永等地. ——书目来源：重庆图书馆

夜雾／刘盛亚．——重庆：群益出版社，1942．——书目来源：重庆图书馆

／刘盛亚著．——重庆：群益出版社，1942．——长篇小说，第一部．——书目来源：重庆图书馆

／刘盛亚著．——重庆：群益出版社，1945．——长篇小说，共三部．——书目来源：重庆图书馆

／刘盛亚著．——上海：文化生活出版社，1948．——书目来源：重庆图书馆、南京图书馆、四川大学图书馆

／刘盛亚．——［出版项不详］．——书目来源：《四川省志 人物志》第532页

鹰爪李三及其他／陈翔鹤著．——桂林：丝文出版社，1942．——收《古老的故事》《鹰爪李三》《傅校长》《一个绅士的长成》4篇小说．——书目来源：重庆图书馆

由文学革命到革文学的命／郑学稼著．——南昌：胜利出版社江西分社，1942．——书目来源：Stanford University（斯坦福大学）图书馆、吉林省图书馆

／郑学稼著．——广州：胜利出版社广东分社，1942．——书目来源：Stanford University（斯坦福大学）图书馆、台湾大学图书馆、中国社会科学院图书馆

／郑学稼著．——［出版地不详］：胜利出版社，1943.1．——序言：1943年1月14日记于重庆．——书目来源：北碚区图书馆、苏州大学图书馆、韩山师范学院图书馆、武汉大学图书馆、山东师范大学图书馆、贵州省图书馆

幼年／（俄）托尔斯泰著；刘盛亚译．——重庆：大时代书局，1942．——书目来源：湖南图书馆、山西省图书馆、重庆图书馆、国家图书馆

／（俄）托尔斯泰著；刘盛亚译．——重庆：大时代书局，1942．——世界文艺名著译丛之二 马耳主编．——书目来源：重庆图书馆、南京图书馆

雨景／方敬著．——桂林：文化生活出版社，1942．——书目来源：重庆图书馆、南京图书馆

／方敬著．——上海：文化生活出版社，1942.1．——书目来源：上海图书馆、四川省图书馆

乐府诗选 / 叶楚伧主编；朱建新编注．——［南京］：正中书局，1942．——书目来源：国家图书馆、重庆图书馆

张骞通西域 / 王冰洋编著．——重庆：国民图书出版社，1942．——作者附注：王冰洋（1909—1962），笔名边鹰、王峦等，山东长清人，抗战期间生活在重庆．——书目来源：国家图书馆

转形期演剧纪程 / 刘念渠著．——重庆：商务印书馆，1942．——书目来源：重庆图书馆、北碚区图书馆

/ 刘念渠著．——重庆：商务印书馆，1943．——书目来源：重庆图书馆

1943 年

阿笃儿夫 /（法）康斯当著；徐仲年译．——重庆：古今出版社，1943．——书目来源：重庆图书馆、贵州省图书馆、国家图书馆、江西省图书馆、上海图书馆、首都图书馆

/（法）康斯当著；徐仲年译．——上海：正风出版社，1948．——书目来源：江西省图书馆、上海图书馆

安魂曲 / 焦菊隐翻译．——重庆：文化生活出版社，1943．——在北碚时翻译．——作者简介：焦菊隐（1905—1975），天津人，曾在重庆生活．——书目来源：《北碚文史资料》第 4 辑"抗日战争时期的北碚"第 426 页、南京图书馆

/ 焦菊隐翻译．——上海：文化生活出版社，1945．——书目来源：贵州省图书馆

白桑 / 黄炎培著．——桂林：科学书店，1943．——书目来源：重庆图书馆

白屋家书（吴芳吉与夫人遗札）不分卷 / 吴芳吉，周光午编订．——［出版地不详］：［出版者不详］，1943．——书目来源：南京图书馆、四川省图书馆

边风录 / 巴人．——重庆：读书出版社，1943．——书目来源：重庆图书馆、北碚区图书馆

冰心女士全集 / 冰心著．——上海：新新书局，1943．——书目来源：重庆图书馆

冰心全集 / 冰心著．——上海：新新书局，1943．——书目来源：四川大学图书馆、四川省图书馆

／冰心著．——上海：新华书局，1943.9.——书目来源：南京图书馆

／冰心著．——上海：上海书局，1943.11.——书目来源：南京图书馆

冰心诗集／冰心著．——桂林：开明书店，1943.——书目来源：重庆图书馆

不自由的故事 卐字旗下／刘盛亚．——［出版地不详］：文光书店，1943.——书目来源：广东省立中山图书馆、吉林省图书馆

重逢／姚雪垠．——重庆：东方书社，1943.7.——1943年写于重庆．——书目来源：重庆图书馆

重庆二十四小时：三幕剧／沈浮著．——重庆：联友出版社，1943.——三幕剧剧本，有剧中人物、时间及地点介绍。书前附"联友剧丛"总序．——书目来源：重庆图书馆、广西壮族自治区图书馆

／沈浮著．——重庆：联友出版社，1945.——书目来源：上海图书馆

／沈浮著．——［出版项不详］．——书目来源：北碚区图书馆

处女地／巴金译．——重庆：文化生活出版社，1943.12.——抗战后期在重庆居住期间翻译．——书目来源：南京图书馆

／屠格涅夫著；巴金译．——上海：文化生活出版社，1944.6.——书目来源：四川省图书馆

／巴金译．——重庆：文化生活出版社，1944.7.——书目来源：南京图书馆

／屠格涅夫著；巴金译．——重庆：文化生活出版社，1944.——书目来源：国家图书馆

／屠格涅夫著；巴金译．——上海：文化生活出版社，1946.8，沪1版．——书目来源：上海图书馆

／屠格涅夫著；巴金译．——上海：文化生活出版社，1947，2版．——书目来源：重庆图书馆、国家图书馆、上海图书馆

／屠格涅夫著；巴金译．——上海：文化生活出版社，1948.6，沪3版．——书目来源：上海图书馆

／屠格涅夫著；巴金译．——上海：文化生活出版社，1949.2，沪4版．

——书目来源：上海图书馆

/巴金译．——上海：文化生活出版社，[出版时间不详]．——书目来源：南京图书馆

春韭集／徐訏著．——成都：东方书社，1943．——作者简介：徐訏（1908—1980），浙江慈溪人，1942—1946年在重庆生活．——书目来源：重庆图书馆、国家图书馆

/徐訏著．——上海：夜窗书屋，1947．——书目来源：南京图书馆、江西省图书馆

大后方的小故事／老舍，端木蕻良，萧红，台静农，舒群，陈白尘等著．——[出版地不详]：文摘出版社，1943.4，3版．——台静农，1938年秋入蜀，寓居江津，至1946年秋出蜀．——书目来源：重庆数字图书馆

/老舍等著．——[出版地不详]：文摘出版社，1945．——书目来源：复旦大学图书馆、内蒙古大学图书馆、中国社会科学院图书馆

党证／（苏）M.瓦希列夫斯喀亚等著；曹靖华等译．——[出版地不详]：华北书店，1943．——苏联抗战文艺选集。内收别德内、马尔夏克、列别杰夫—库马奇、特瓦尔多夫斯基、江布尔等9人的诗各一首，均系选自重庆中苏文协编译委员会1942年出版的《天蓝色的信封》（铁弦译）；以及《党证》（瓦希列夫斯喀亚著；靖华译）、《北极圈外》（威尔塔著；靖华译）等书刊．——书目来源：重庆数字图书馆

道教徒的诗人李白及其痛苦／李长之著．——重庆：商务印书馆，1943.7，1版．——1939年11月19日于渝州．——书目来源：北碚区图书馆

/李长之著．——重庆：商务印书馆，1943，再版．——书目来源：重庆图书馆

德国的古典精神／李长之著．——成都：东方书社，1943．——书目来源：重庆图书馆、北碚区图书馆、西南大学图书馆

东条吊倭皇／王冰洋编著．——重庆：国民图书出版社，1943．——书目来源：国家图书馆

俄国文学思潮／任钧译．——重庆：正中书局，1943．——书目来源：《诗笔

丹心 任钧诗歌文学创作之路》第 308 页

烽火梵音/周彦，徐昌霖著．——［出版地不详］：华中图书公司，1943．——书目来源：苏州大学图书馆、吉林省图书馆

复活/（俄）托而斯泰原著；夏衍改编．——重庆：美学出版社，1943．——书目来源：广东省立中山图书馆、吉林省图书馆、金陵图书馆、复旦大学图书馆、四川音乐学院图书馆、四川外国语大学图书馆

／（俄）托而斯泰原著；夏衍改编．——重庆：美学出版社，1944.6．——书目来源：复旦大学图书馆、Berlin State Library（德国柏林国家图书馆）、吉林省图书馆

／（俄）托尔斯泰原著；夏衍改编．——重庆：美学出版社，1946．——书目来源：数字图书馆

感情的野马/臧克家著．——重庆：当今出版社，1943．——长篇叙事诗．——书目来源：重庆图书馆

／臧克家著．——重庆：当今出版社，1943.11．——书目来源：南京图书馆

／臧克家著．——上海：建国书店，1946.6，沪总 1 版．——书目来源：上海图书馆

新辑高兰朗诵诗 第 1 集/高兰著．——重庆：建中出版社，1943.12．——1943 年 9 月自序于渝郊．——作者简介：高兰（1908—1987），原名郭德浩，黑龙江爱辉县人。抗战时期 1939 年后在重庆．——书目来源：Berlin State Library（德国柏林国家图书馆）、重庆数字图书馆、吉林省图书馆、陕西师范大学图书馆

耕罢集/罗家伦著．——重庆：商务印书馆，1943．——书目来源：重庆图书馆

姑姑/冰心．——奉天：东方书店，1943．——书目来源：四川大学图书馆、四川省图书馆

关于女人/冰心著．——重庆：天地出版社，1943．——书目来源：四川省图书馆

／男士著．——重庆：天地出版社，1943.9．——书目来源：上海图书馆

／男士 著．——重庆：天地出版社，1945.10．——书目来源：上海图书馆

　　／男士 著．——上海：开明书店，1946．——书目来源：重庆图书馆

　　／男士 著．——上海：开明书店，1947．——书目来源：重庆图书馆

　　／男士 著．——［出版地不详］：天地出版社，1947.2．——书目来源：上海图书馆

　　／男士 著．——上海：开明书店，1948.2．——书目来源：南京图书馆

　　／男士 著．——上海：天地出版社，1949.3．——书目来源：上海图书馆

　　归去来兮／老舍．——重庆：作家书屋，1943．——剧本．——书目来源：重庆图书馆、上海图书馆、南京图书馆、广西壮族自治区图书馆

　　鬼恋／徐訏著．——重庆：东方书社，1943．——书目来源：重庆图书馆

　　／徐訏著．——成都：东方书社，1943.8．——书目来源：重庆图书馆

　　／徐訏著．——成都：东方书社，1944．——书目来源：重庆图书馆

　　／徐訏著．——成都：东方书社，1945．——书目来源：重庆图书馆

　　／徐訏著．——重庆：东方书社，1945.4．——书目来源：重庆图书馆

　　／徐訏著．——上海：夜窗书屋，1946．——书目来源：重庆图书馆

　　／徐訏著．——上海：夜窗书屋，1948．——书目来源：辽宁省图书馆、天津图书馆、江西省图书馆

　　国军援缅／王冰洋编著．——重庆：国民图书出版社，1943．——书目来源：国家图书馆

　　国旗飘在鸦雀尖／臧克家．——成都：中西书局，1943．——收《国旗飘在雅雀尖》《呜咽的云烟》《家，精神的尾闾》《柳隐下》《黎明鸟》等31首．——书目来源：重庆图书馆、国家图书馆、上海图书馆、南京图书馆

　　黑云暴雨到明霞／罗家伦著．——上海：商务印书馆，1943．——书目来源：重庆图书馆

　　／罗家伦著．——重庆：商务印书馆，1946．——书目来源：重庆图书馆

　　还乡记／何其芳著．——桂林：工作社，1943．——所收除《呜咽的扬子江》《街》《县城风光》《乡下》《我们的城堡》五篇之外，增收《私塾师》《老人》《树荫下的默想》三篇，共八篇。卷首有作者的《我和散文（代序）》．

——书目来源：重庆图书馆、广西壮族自治区图书馆

　　/ 何其芳著. ——桂林：工作社，1943.2. ——书目来源：南京图书馆

　　/ 何其芳著. ——［出版地不详］：工作社，1943.2. ——书目来源：上海图书馆

　　活 / 赵清阁. ——重庆：妇女出版社，1943.9. ——悲剧。《民国时期总书目》收录. ——书目来源：南京图书馆

　　饥饿的郭素娥 / 路翎著. ——桂林：南天出版社，1943. ——作者简介：路翎（1923—1994），原名徐嗣兴，原籍安徽省无为县，生于江苏苏州。在北碚写成. ——书目来源：《北碚文史资料》第4辑"抗日战争时期的北碚"第293页、重庆图书馆

　　/ 路翎著. ——重庆：南天出版社，1944. ——书目来源：重庆图书馆、上海图书馆、南京图书馆

　　/ 路翎著. ——上海：生活书店，1947. ——书目来源：上海图书馆

　　/ 路翎著. ——上海：希望社，1947. ——长篇小说，在北碚写成. ——书目来源：重庆图书馆、南京图书馆

　　疾风 / 罗家伦著. ——重庆：商务印书馆，1943. ——书目来源：重庆图书馆

　　/ 罗家伦著. ——重庆：商务印书馆，1945. ——书目来源：重庆图书馆

　　/ 罗家伦著. ——上海：商务印书馆，1946. ——书目来源：重庆图书馆

　　冀野散曲钞 / 卢冀野著. ——重庆：独立出版社，1943. ——书目来源：重庆图书馆、北碚区图书馆

　　寄自火线上的信 / （日）鹿地亘著. ——重庆：五十年代出版社，1943. ——书目来源：重庆图书馆、上海图书馆、南京图书馆

　　加尔曼 / （法）梅里美著；马耳译. ——［出版地不详］：建国书店，1943. ——书目来源：复旦大学图书馆、天津图书馆、吉林省图书馆

　　/ （法）梅里美著；马耳译. ——［出版地不详］：建国书店，1946. ——书目来源：南京理工大学图书馆、江西省图书馆、苏州图书馆、吉林省图书馆

　　/ （法）梅里美著；马耳译. ——［出版地不详］：建国书店，［出版时间

不详].——1942 年译，题名：艺新集 加尔曼.——书目来源：重庆数字图书馆

见闻杂记/茅盾著.——[出版地不详]：文光书店，1943.——记述作者 1938 年—1941 年由重庆去新疆，然后南下香港的途中见闻.——书目来源：首都图书馆、苏州图书馆、天津图书馆、中国社会科学院图书馆、北京理工大学图书馆、南京大学图书馆

/茅盾著.——[出版地不详]：文光书店，1946，141 页.——书目来源：华中师范大学图书馆、吉林大学图书馆、吉林师范大学图书馆、吉林工商学院图书馆、北京大学图书馆、华东政法大学图书馆

/茅盾著.——[出版地不详]：文光书店，1946.4，89 页.——书目来源：重庆数字图书馆

/茅盾著.——[出版地不详]：文光书店，1946.7，5 版，141 页.——书目来源：重庆数字图书馆

交错集/里尔克著；梁宗岱译.——桂林：华胥社，1943.——小说，在北碚作.——作者简介：梁宗岱（1903—1984），广东新会人，生于广西百色。抗战时期在重庆生活.——书目来源：《北碚文史资料》第 4 辑"抗日战争时期的北碚"第 424 页、重庆图书馆、四川大学图书馆

今昔集/郭沫若.——重庆：东方书社，1943.——书目来源：《陪都人物纪事》第 191 页、重庆图书馆、南京图书馆

金指环/陈铨.——成都：天地出版社，1943.——三幕浪漫悲剧.——书目来源：四川省图书馆

/陈铨著.——重庆：天地出版社，1943.——书目来源：国家图书馆、南京图书馆

康蒂妲/（英）萧伯纳著；陈瘦竹译.——成都：中西书局[发行者]，1943.12.——书目来源：南京图书馆、吉林省图书馆、重庆图书馆、湖南图书馆、国家图书馆、上海图书馆

烙印/臧克家著.——桂林：开明书店，1943.8，桂 1 版.——书目来源：南京图书馆

离婚/老舍著.——重庆：南方印书馆，1943.——作者简介：老舍

（1899—1966），原名舒庆春，另有笔名絜青、鸿来、非我等，字舍予，北京人。1938—1945 年在重庆生活．——书目来源：重庆图书馆、国家图书馆

／老舍创作．——桂林：良友复兴图书印刷公司，1943．——书目来源：重庆图书馆

／老舍．——上海：良友图书公司，1943．——书目来源：国家图书馆（存目）

／老舍．——上海：良友图书公司，1945.5 印行．——书目来源：上海图书馆

／老舍著．——上海：晨光出版公司，1947．——书目来源：上海图书馆、重庆图书馆

／老舍著．——上海：晨光出版公司，1949．——书目来源：南京图书馆

／老舍著．——［出版地不详］：南方印书馆，［出版时间不详］．——书目来源：重庆图书馆

／老舍著．——上海：人间书屋，［出版时间不详］．——书目来源：国家图书馆、首都图书馆

历代名家笔记类选／金公亮编注；叶楚伧主编．——重庆：正中书局，1943．——书目来源：重庆图书馆

两面人，又名，天地玄黄／阳翰笙著．——重庆：当今出版社，1943．——书目来源：重庆图书馆、国家图书馆、上海图书馆、南京图书馆

梁镇球助军歼敌／王冰洋编著．——重庆：国民图书出版社，1943——作者简介：王冰洋（1909—1962），笔名边鹰、王峦等，山东长清人，抗战期间生活在重庆．——书目来源：重庆图书馆、国家图书馆

乱莠集／臧克家著．——桂林：良友复兴图书印刷公司，1943．——收《文明的皮鞭》《没出息》《下乡》《悼》《病菌针》《花虫子》《寂寞的伴侣》《猴子拴》等23篇文章．——书目来源：重庆图书馆

／臧克家著．——桂林：良友复兴图书印刷公司，［出版时间不详］．——书目来源：上海图书馆

轮蹄／李红著．——天津：励力出版社，1943．——书目来源：《四川省志

人物志》第544页、重庆图书馆

罗丹／梁宗岱译.——重庆：正中书局，1943.——译文，在北碚作.——书目来源：重庆图书馆、国家图书馆

没用人的一生／（苏）高尔基著；夏衍译.——［出版地不详］：春草书店，1943.——书目来源：复旦大学图书馆

美国总统号／袁俊著.——重庆：文化生活出版社，1943.——"袁俊三幕剧".——作者简介：张俊祥（1910—1996），江苏镇江人，抗战期间在重庆，笔名袁俊.——书目来源：重庆图书馆、国家图书馆

／袁俊著.——上海：文化生活出版社，1943.——书目来源：复旦大学图书馆、黑龙江省图书馆、广东省立中山图书馆

／袁俊著.——［出版地不详］：文化生活出版社，1946.2.——书目来源：四川师范大学图书馆、华中师范大学图书馆、成都图书馆、北京大学图书馆

／袁俊著.——上海：文化生活出版社，1947.——书目来源：重庆图书馆、国家图书馆

泥土的歌／臧克家著.——桂林：今日文艺社，1943.——分"土气息"、"人型"、"大自然的风貌"三部分。收《地狱和天堂》《泪珠、汗珠、珍珠》《手的巨人》《失了时效的合同》《穷》《黄金》《复活》《眼睛和耳朵》《沉默》《诗叶》《静》等52首。书前有著者的"序句"和《当中隔一段战争》一文（代前言）.——书目来源：重庆图书馆、南京图书馆

／臧克家著.——上海：星群出版公司，1946.——书目来源：国家图书馆

／臧克家著.——上海：星群出版公司，1946.2，沪初版.——书前有著者的"序句"和《当中隔一段战争》一文（代前言）.——书目来源：上海图书馆

奴隶的花果／碧野.——南平：人文书店，1943.——作者简介：碧野（1916—2008），原名黄潮洋，曾用名黄碧野、黄芝明，笔名碧野、里予。广东大埔人。1943—1946年在重庆、綦江、巴县、江津等中学任教.——书目来源：重庆图书馆

／碧野.——杭州：人文书店，1943.——书目来源：南京图书馆

／靳以主编.——［出版地不详］：人文书店，1943.9.——收录有碧野的《奴隶的花果》.——书目来源：山东师范大学图书馆、安徽大学图书馆、吉林大学图书馆、嘉兴学院图书馆

／碧野.——福建：文艺社，1943.9.1.——书目来源：上海图书馆

／碧野.——上海：新丰出版公司，1946.——书目来源：重庆图书馆、上海图书馆

女优之死／王平陵著.——［出版地不详］：现实出版社，1943.——中篇小说.——书目来源：中国社会科学院图书馆、吉林省图书馆

培风楼诗／邵祖平.——［出版地不详］：商务印书馆，1943.——有1942年自序：1942年春旅渝州讲六庠，来渝后溢其兴为诗余得七十五阕亦附卷后.——作者简介：邵祖平（1898—1969），字潭秋，别号钟陵老隐、培风老人，室名无尽藏斋、培风楼，江西南昌人.——书目来源：北碚区图书馆、重庆图书馆

／邵祖平.——［出版地不详］：商务印书馆，1945.——书目来源：重庆图书馆

屈原／杨宪益译.——［出版地不详］：［出版者不详］，1943.——作者简介：杨宪益（1915—2009），安徽盱眙（今属江苏省淮安市）人，抗战时期写于重庆北碚，著名翻译家、外国文学研究专家、诗人.——书目来源：《北碚文史资料》第4辑"抗日战争时期的北碚"第221页

人性的恢复／沈起予著.——重庆：文艺奖助金管理委员会出版部，1943.——长篇小说.——书目来源：重庆图书馆

／沈起予著.——［出版地不详］：文艺奖助金管理委员会出版部，1943.6.——书目来源：上海图书馆

／沈起予著.——重庆：群益出版社，1946.4.——书目来源：重庆图书馆、南京图书馆

／沈起予著.——［出版地不详］：群益出版社，1946.4.——书目来源：复旦大学图书馆、深圳之城纸书图书馆、武汉大学图书馆、广西师范大学图书馆、上海图书馆

/沈起予著.——[出版地不详]：群益出版社，[出版时间不详]．——书目来源：四川大学图书馆

人质/（捷克）史提芬·海姆（Stefan Heym）著；马耳译．——重庆：古今出版社，1943．——作者简介：叶君健（1914—1999），原名叶守功，笔名马耳，湖北黄安人，抗战时期在复旦大学任教时翻译，1939年8月—1943年在重庆．——书目来源：重庆图书馆、南京图书馆、国家图书馆

人与文学/（苏）高尔基等著；胡风辑译．——[出版地不详]：文艺出版社，1943．——书目来源：重庆数字图书馆

日本当前之危机/（日）鹿地亘著．——重庆：国民图书出版社，1943．——书目来源：重庆图书馆、国家图书馆、南京图书馆、贵州省图书馆

荣誉军人/徐昌霖著．——重庆：重庆新生图书文具公司，1943．——作者简介：徐昌霖（1916—2001），浙江杭州人。中国影视导演、评论家。1940—1946年任重庆中国电影制片厂编辑．——书目来源：重庆图书馆、北碚区图书馆

尚友集 拙斋诗谈/吴芳吉编著．——江津：中国文化服务社江津支社，1943．——书目来源：重庆图书馆、四川省图书馆

审判日/（美）埃尔茂·拉西著；袁俊译．——重庆：联友出版社，1943．——三幕喜剧．——书目来源：黑龙江省图书馆、首都图书馆、北京大学图书馆、吉林省图书馆

/（美）莱士著；袁俊译．——[出版地不详]：万叶出版社，1946．——万叶戏剧新辑．——书目来源：南京大学图书馆

/（美）Elmer Rice著；袁俊译．——[出版地不详]：万叶书店，1946．——书目来源：浙江图书馆、中国社会科学院图书馆

生日茶会及其他/陈翔鹤．——广西：文苑出版社，1943．——作者简介：陈翔鹤（1901—1969），重庆人．——书目来源：《中国文学家辞典 现代第二分册》

/陈翔鹤译．——[出版项不详]．——书目来源：《四川省志 人物志》第600页

谁先到了重庆/老舍编．——重庆：联友出版社，1943．——书目来源：重

庆图书馆

　　／老舍编．——重庆：联友出版社，1943.2．——书目来源：南京图书馆

　　四十年前之小故事／吴稚晖著．——湖南：袖珍书店，1943.6．——介绍蔡元培的生平事迹。书末附《吾师蔡孑民先生》（高廷梓）、《忆蔡孑民先生》（顾孟馀）、《蔡孑民先生与广东人》（王云五）及《蔡孑民先生传略》．——书目来源：四川省图书馆

　　唐诗宋词选／叶楚伧主编．——南京：正中书局，1943．——民国籍粹．——书目来源：四川省图书馆

　　桃李春风，又名，金声玉振／老舍，赵清阁合著．——［出版地不详］：［出版者不详］，1943．——四幕话剧。在北碚合作创作．——书目来源：《北碚文史资料》第4辑"抗日战争时期的北碚"第219页

　　／老舍．——成都：中西书局，［1944］．——书目来源：重庆图书馆

　　／老舍．——成都：中西书局，1944.8．——书目来源：上海图书馆

　　／老舍．——成都：中西书局，［出版时间不详］．——书目来源：南京图书馆

　　天长集／黄炎培著．——重庆：国讯书店，1943．——收作者1940年至1942年间的诗作90余首。书前有姚维钧的序．——书目来源：重庆图书馆

　　／黄炎培著．——重庆：国讯书店，1943.2．——书目来源：南京图书馆

　　天国春秋／阳翰笙著．——重庆：群益出版社，1943．——作者简介：阳翰笙（1902—1993），原名欧阳本义，四川高县人，1939年到重庆．——书目来源：南京图书馆

　　／阳翰笙著．——重庆：群益出版社，1944．——书目来源：重庆图书馆、上海图书馆

　　／阳翰笙著．——重庆：群益出版社，1946.3．——书目来源：上海图书馆

　　／阳翰笙著．——上海：群益出版社，1949．——书目来源：重庆图书馆、上海图书馆

　　／阳翰笙著．——重庆：群益出版社，1949.8．——书目来源：上海图书馆

　　天国春秋／杨宪益译．——［出版地不详］：［出版者不详］，1943．——作

者简介：杨宪益（1915—2009），安徽盱眙（今属江苏省淮安市）人，抗战时期写于重庆北碚，著名翻译家、外国文学研究专家、诗人．——书目来源：《北碚文史资料》第 4 辑"抗日战争时期的北碚"第 221 页

天山飞侠 / 还珠楼主，李忝生著．——上海新华书局；天津：励力出版社，[1943.7—1944.1]．——武侠小说．——书目来源：上海图书馆

伟大的母教 / 王莹著．——[出版地不详]：更生出版社，1943．——作者简介：王莹（1913—1974），原名喻志华，又名王克勤，安徽人。1941—1942 年在重庆生活．——书目来源：重庆图书馆

/ 王莹著．——[出版地不详]：综合出版社，1943．——书目来源：重庆图书馆

为胜利而歌 / 任钧编著．——[重庆]：国民图书出版社，1943.05．——分上、下 2 辑。收《明天的祖国》《我们的赞美》《重庆颂》《笑和哭》《雾季》《老鹰和高射炮》等 41 首．——书目来源：西南大学图书馆、广东省立中山图书馆、贵州省图书馆、Stanford University（斯坦福大学）图书馆、黑龙江省图书馆、吉林省图书馆、复旦大学图书馆、四川音乐学院图书馆、天津图书馆

文学批评的新动向 / 陈铨编著．——重庆：正中书局，1943．——作者简介：陈铨（1903—1969），原名大铨，字涛西，别名陈正心，四川富顺人，1940—1945 年在重庆生活．——书目来源：重庆图书馆、国家图书馆、上海图书馆、南京图书馆

/ 陈铨编著．——[出版地不详]：正中书局，1943．——书目来源：上海图书馆、南京图书馆、四川省图书馆

文艺史学与文艺科学 /（德）玛尔霍兹著；李长之译．——重庆：商务印书馆，1943．——书目来源：重庆图书馆、北碚区图书馆

文艺新论 / 郭沫若等著；柳倩编．——成都：莽原出版社，1943．——莽原文丛 第 1 辑．——作者简介：柳倩（1911—2004），原名刘智明，四川荣县人。1940 年到重庆在郭沫若领导的文化工作委员会工作．——书目来源：重庆图书馆、南京图书馆

我的诗生活 / 臧克家著．——重庆：学习生活社，1943.1．——讲述作者的

诗歌创作道路，分诗的根芽、新诗的领路人、生活就是一篇伟大的诗、我找到了自己的诗、我在民族革命的战场上歌唱等 7 节．——作者简介：臧克家（1905—2004），曾用名臧瑗，山东潍坊人，1942—1946 年在重庆生活．——书目来源：上海图书馆

／臧克家著．——汉口：联营书店，1946.6，3 版．——书目来源：上海图书馆

我们的壁报／王平陵著；徐昌霖主编；汪子美绘图．——重庆：文风书局股份有限公司，1943．——书目来源：国家图书馆、重庆图书馆

我们七个人／（日）鹿地亘撰；沈起予译．——重庆：作家书屋，1943．——在重庆写成的日记体长篇报告文学．——作者简介：鹿地亘（1903—1982），日本大分县人，抗战时期在重庆生活．——书目来源：《四川省志 人物志》第 350 页、国家图书馆、四川大学图书馆、广西壮族自治区图书馆

／（日）鹿地亘撰；沈起予译．——上海：作家书屋，1943．——书目来源：重庆图书馆、南京图书馆、贵州省图书馆

／（日）鹿地亘撰；沈起予译．——［出版地不详］：作家书屋，1943.6．——书目来源：复旦大学图书馆、黑龙江省图书馆、广东省立中山图书馆、贵州省图书馆、中国社会科学院图书馆、北京大学图书馆、吉林省图书馆等馆有藏

无情女／陈铨著．——重庆：青年书店，1943．——书目来源：重庆图书馆

／陈铨著．——重庆：青年书店，1944．——书目来源：重庆图书馆

西红柿与小锄头／洪深著．——重庆：文风书局，1943．——书目来源：重庆图书馆

西流集／徐訏著．——成都：东方书社，1943.8．——作者简介：徐訏（1908—1980），浙江慈溪人，1942—1946 年在重庆生活．——书目来源：南京图书馆、吉林省图书馆、天津图书馆、湖南图书馆、国家图书馆

／徐訏著．——上海：夜窗书屋，1947．——书目来源：厦门市图书馆、南京图书馆、天津图书馆、江西省图书馆、国家图书馆、上海图书馆

西南行散记／翁大草著．——重庆北碚：光亭出版社，1943．——收《八百

个人》《给大时代的幼小者》《洞中》等 25 篇散文、游记.——书目来源：北碚区图书馆、重庆图书馆、国家图书馆、南京图书馆、四川省图书馆

西谿壬午词稿/朱义康.——［出版地不详］：［出版者不详］，1943，油印版.——书目来源：古籍图书网

戏剧的民族形式问题/茅盾等著.——［出版地不详］：白虹书店，1943.——收茅盾的《旧形式，民间形式，与民族形式》和《戏剧的民族形式问题》两篇论文，以及在桂林、重庆召开的"戏剧民族形式问题座谈会"记录，参加者有：夏衍、欧阳予倩、陈白尘、吴作人、田汉、郭沫若、胡风、老舍、茅盾、贺绿汀等人.——书目来源：Stanford University（斯坦福大学）图书馆、武汉大学图书馆、广东省立中山图书馆、成都图书馆、吉林省图书馆

闲情/冰心著.——［出版地不详］：东方书店，1943.——书目来源：四川省图书馆

小人小事/巴金.——桂林：文化生活出版社，1943.4.——书目来源：重庆图书馆

/巴金.——成都：文化生活出版社，1943.6.——书目来源：重庆图书馆

/巴金.——上海：文化生活出版社，1947.——书目来源：南京图书馆

/巴金.——［出版项不详］.——书目来源：四川大学图书馆

小说的创作与鉴赏/田仲济.——［出版地不详］：文信书局，1943.——1941 年农历除夕于渝郊.——书目来源：重庆图书馆

新狂飚时代/王平陵著.——重庆：商务印书馆，1943.——书目来源：重庆图书馆

/王平陵著.——［出版地不详］：商务印书馆，1943.——书目来源：云南大学图书馆、成都图书馆、天津图书馆、中国社会科学院图书馆、吉林省图书馆

/王平陵著.——［出版地不详］：商务印书馆，1944.3.——书目来源：西南大学图书馆、复旦大学图书馆、广东省立中山图书馆、北京大学图书馆、中国社会科学院图书馆

/王平陵著.——重庆：商务印书馆，1945.——书目来源：重庆图书馆

新人的故事/ 叶以群著. ——重庆：当今出版社，1943. ——本书收《一个人底生长》《一个小兵底来历》《复活》《再生》《突进》《挣扎》《杨疯子》7篇小说. ——书目来源：重庆图书馆

杏花春雨江南/ 于伶. ——[出版地不详]：美学出版社，1943. ——作者简介：于伶（1907—1997），本姓任，原名任锡圭，字禹成，主要笔名有尤兢、叶富根等，1942年下半年至1945年10月在重庆生活. ——书目来源：广西师范大学图书馆、苏州图书馆

血战湘阴城/ 王冰洋编著. ——重庆：国民图书出版社，1943. ——鼓词京调. ——书目来源：国家图书馆

鸭嘴涝/ 吴组缃著. ——[重庆]：文艺奖基金管理委员会出版部，1943. ——后改名《山洪》. ——作者简介：吴组缃（1908—1994），原名吴祖襄，字仲华，笔名吴组缃、芜帝、野松、寄谷、木公等，安徽泾县人，二十世纪著名作家。曾任重庆中华全国文艺界抗敌协会理事. ——书目来源：重庆图书馆

崖山恨/ 赵循伯编著. ——重庆：正中书局，1943. ——新编川剧。分"立孤"、"觐宫"、"误潮"、"避寇"、"投海"五折. ——书目来源：重庆图书馆、南京图书馆

/ 赵循伯编著. ——上海：正中书局，1946. ——书目来源：重庆图书馆

一筒炮台烟/ 老舍著. ——[出版地不详]：[出版者不详]，1943. ——抗战时期写于北碚有关抗战的题材. ——书目来源：《北碚文史资料》第9辑167页

英译婉容词/ 吴芳吉著. ——成都：英译周刊社，1943，再版. ——中英对照及华文详注. ——书目来源：四川省图书馆

远方/ 碧野. ——重庆：建国书店，1943. ——书目来源：重庆图书馆、国家图书馆、贵州省图书馆、吉林省图书馆

杂文的艺术与修养/ 田仲济. ——重庆：东方书社，1943. ——1942年5月6日夜于渝郊歇马场. ——书目来源：重庆图书馆、北碚区图书馆

战袍缘/ 王冰洋编著. ——重庆：国民图书出版社，1943. ——书目来源：国家图书馆

战斗的素绘/叶以群著.——重庆：作家书屋，1943.——编者后记于1942年11月18日。收《在伤兵医院中》（慧珠）、《杨可中》（曹白）、《第七连》（东平）、《斜交遭遇战》（sm）、《我怎样退出南京的》（倪受乾）、《当南京被虐杀的时候》（汝）、《溃退》（于逢）、《开麦拉之前的汪精卫》（黄钢）、《火焰下的一天》（荆有麟）、《生产插曲》（夏蕾）、《通过封锁线》（沙汀）、《塞行小记》（魏伯）等12篇.——书目来源：重庆图书馆

赵子曰/老舍.——重庆：商务印书馆，1943.——书目来源：重庆图书馆、贵州省图书馆

/老舍著.——［出版地不详］：文化社，［出版时间不详］.——书目来源：天津图书馆、国家图书馆

真实之歌 荒野断抒 上/雪峰著.——重庆：作家书屋，1943.——书目来源：复旦大学图书馆、兰州大学图书馆、中国社会科学院图书馆、吉林省图书馆、黑龙江省图书馆

中国的战歌/（美）史沫特莱著.——［出版地不详］：美国纽约阿夫列德·克诺波夫出版社，1943.——其中有"重庆：一九四〇——一九四一年"一章.——书目来源：重庆数字图书馆

中国民族文学史/梁乙真.——［出版地不详］：三友书店，1943.——书目来源：重庆图书馆、西南大学图书馆

现代中国诗选/孙望，常任侠选辑.——重庆：南方印书馆，1943.——书目来源：重庆图书馆、上海图书馆、南京图书馆、贵州省图书馆

中国文学概论/（日）儿岛献吉郎著；隋树森译.——［出版地不详］：世界书局，1943.11.——书目来源：西南大学图书馆

中兴鼓吹抄/卢前著.——［出版地不详］：建国出版社，1943.3.——书目来源：复旦大学图书馆、吉林省图书馆

钟/方令孺著.——成都：中西书局，1943.——在北碚时期出版的译文集.——作者简介：方令孺（1897—1976），安徽桐城人，写于北碚.——书目来源：贵州省图书馆

/方令孺著.——［出版地不详］：中西书局，1943.6.——书目来源：《北

碚文史资料》第 4 辑 "抗日战争时期的北碚"第 402 页、四川省图书馆

专爱集/ 陈树人著 .——重庆：中心印书局，1943.——作者简介：陈树人（1884—1948），又名陈曙风，树仁、韶、哲，号葭外渔子、二山山樵、得安老人，广州番禺人，1937—1945 年在重庆生活 .——书目来源：重庆图书馆

/ 陈树人著 .——上海：中华书局，1947.——书目来源：四川省图书馆

/ 陈树人著 .——北京：中华书局，1947.8.——序：中华民国三十二年七月陈曙风谨序于陪都 .——书目来源：复旦大学图书馆、长沙理工大学图书馆、浙江大学图书馆、广东省立中山图书馆、嘉兴学院图书馆

姊妹行/叶以群著 .——重庆：东方书社，1943.——四幕剧剧本 .——书目来源：重庆图书馆

总建筑师/（挪）易卜生著；马耳译 .——［出版地不详］：建国书店，1943.5.——书目来源：广东省立中山图书馆、吉林省图书馆

租押顶房 / 徐訏著；胡曦英译 .——桂林：三叶书室，1943.——书目来源：南京图书馆、重庆图书馆

祖国在呼唤 / 宋之的著 .——桂林：远方书店，1943.——书目来源：国家图书馆、重庆图书馆、吉林省图书馆

祖国之恋：电影小说/ 史东山 .——重庆：当今出版社，1943.——书目来源：重庆图书馆、北碚区图书馆

1944 年

爱情与面包/（瑞典）斯特林堡著；蓬子译 .——重庆：作家书屋，1944.——书目来源：重庆图书馆、北碚区图书馆

巴山随笔/ 味橄著 .——重庆：中华书局，1944.1.——收《巴山夜雨》《风雨故人》《大时代中的小事》《乐山浩劫》《炸后巡礼》《蜀道》《休妻与去夫》《文人的词藻》《偷青节》《四川之行》《卧病小记》《陪都二难》《空袭的一晚》等24 篇 .——作者简介：钱歌川（1903—1990），原名慕祖，号苦瓜散人，笔名歌川、味橄。湖南湘潭人 .——书目来源：北碚区图书馆、重庆图书馆、上海图书馆、南京图书馆、四川省图书馆

/ 味橄著 .——重庆：中华书局，1944，渝再版 .——书目来源：重庆图书

馆、国家图书馆

／味橄著．——重庆：中华书局，1946，2版．——书目来源：国家图书馆、浙江省图书馆

／味橄著．——上海：中华书局，1946，再版．——书目来源：重庆图书馆、上海图书馆、南京图书馆

白莎哀史／列躬射．——重庆：进文书店，1944．——上部．——书目来源：重庆图书馆

／列躬射．——重庆：进文书店，1944．——下部．——书目来源：重庆图书馆、北碚区图书馆

保护色／方敬著．——桂林：工作社，1944．——作者简介：方敬（1914—1996），重庆万县人．——书目来源：重庆图书馆

北欧文学／李长之．——重庆：商务印书馆，1944．——民国三十二年十一月二十四日晨于重庆中央大学．——书目来源：重庆图书馆、北碚区图书馆

边鼓集／夏衍著．——[重庆]：美学出版社，1944．——书目来源：重庆图书馆

冰心佳作选集[新善本]／冰心著．——上海：上海书局，1944．——书目来源：上海图书馆

不凋的花／王亚平主编．——[出版地不详]：诗家社，1944．——书目来源：吉林省图书馆

采茶女／列躬射．——[出版地不详]：光华出版社，1944．——书目来源：重庆图书馆

彩虹曲／刘盛亚著．——[出版地不详]：[出版者不详]，1944．——作者简介：刘盛亚（1915—1960），笔名S.Y.、轼俞、纾胤、寺将、士怀、成敏亚等。重庆市人．——书目来源：重庆数字图书馆

／刘盛亚著．——[出版项不详]．——反映教育界清苦生活的长篇小说．——书目来源：发表于华西晚报、《四川省志 人物志》第532页

残梦：三幕喜剧／吴铁翼．——重庆：国民图书出版社，1944．——书目来源：重庆图书馆、北碚区图书馆、西南政法大学图书馆

草木皆兵：三幕剧／夏衍等撰．——[出版地不详]：未林出版社，

1944. ——书目来源：黑龙江省图书馆、广西师范大学图书馆、南京师范大学图书馆、宁波市图书馆、南京大学图书馆

／宋之的，夏衍，于伶. ——重庆：美学出版社，1946. ——三幕喜剧. ——书目来源：重庆图书馆、国家图书馆、四川省图书馆

／宋之的，夏衍作. ——［出版地不详］：美学出版社，1946.6. ——书目来源：东华大学图书馆、复旦大学图书馆、Berlin State Library（德国柏林国家图书馆）、上海师范大学图书馆、浙江大学图书馆

／于伶，夏衍. ——［出版地不详］：［出版者不详］，1946. ——书目来源：重庆数字图书馆

忏悔录／卢骚著；沈起予译. ——上海：作家书屋，1944. ——上卷. ——书目来源：重庆图书馆

／卢骚著；沈起予译. ——上海：作家书屋，1947. ——上卷. ——书目来源：重庆图书馆

／卢骚著；沈起予译. ——上海：作家书屋，1947.2. ——书目来源：上海图书馆

／卢骚著；沈起予译. ——上海：作家书屋，1948. ——一般性附注　世界古典文学名著之三. ——书目来源：南京图书馆

／沈起予著. ——［出版地不详］：联营书店，1948.1. ——书目来源：河南大学图书馆、中共江苏省委党校图书馆、湖北省图书馆

超人／冰心著. ——重庆：商务印书馆，1944. ——书目来源：重庆图书馆、四川省图书馆

潮　第二部／田涛. ——重庆：建国书店，1944. ——作者简介：田涛，原名德裕，直隶（今河北）望都人，抗战时期在重庆生活. ——书目来源：重庆图书馆、上海图书馆、南京图书馆、四川省图书馆

／田涛. ——上海：建国书店，1946. ——书目来源：重庆图书馆、上海图书馆、南京图书馆

成人的童话／徐訏著. ——成都：东方书社，1944. ——书目来源：吉林省图书馆、重庆图书馆、南京图书馆、黑龙江省图书馆、贵州省图书馆、国家图书馆

/徐訏著. ——上海：夜窗书屋，1947.5. ——书目来源：天津图书馆、湖南图书馆、国家图书馆

/徐訏著. ——上海：夜窗书屋，1947. ——书目来源：重庆图书馆、上海图书馆

重庆客/司马訏著. ——重庆：万象周刊社，1944.1. ——收《都会之余萌》《市井之徒》《故墨索里尼》《吉诃德游渝二三事》《给一个中了头奖的小姐》《大重庆的二十四小时》《风雨谈》《重庆客》等61篇杂文小品，从多种侧面述及了抗战期间作为陪都之重庆的社会、生活、人物等各方面情况。书前有署名"沙"的《重庆客小引》一文. ——作者简介：司马訏又名程大千，四川华阳人，抗战时期在重庆生活. ——书目来源：重庆图书馆

/司马訏著. ——重庆：万象周刊社，1944.2. ——书目来源：北碚区图书馆、重庆图书馆、南京图书馆

/司马訏著. ——汉口：万象周刊社，1945. ——书目来源：首都图书馆

重庆私语/姚苏凤著. ——重庆：熊猫出版社，1944.8，初版. ——书目来源：北碚区图书馆

/姚苏凤著. ——重庆：熊猫出版社，1944. ——分上、下辑。上辑"重庆私语"，是三言两语的轶闻趣事和著者愤世嫉俗的议论，共收128题。下辑"纸鹰"，多是讽刺性的小品文，共13篇. ——书目来源：重庆图书馆

重庆屋檐下，又名，墙/徐昌霖. ——重庆：大陆图书杂志出版公司，1944. ——书目来源：南京图书馆

/徐昌霖著. ——重庆：说文社出版部，1944. ——书目来源：四川省图书馆、重庆图书馆

/徐昌霖著. ——重庆：说文社出版部，1944.9. ——书目来源：南京图书馆

/徐昌霖著. ——重庆：说文社出版部，1944.10，再版. ——书目来源：重庆图书馆、上海图书馆

/徐昌霖著. ——重庆：说文社出版部，1945，3版. ——书目来源：重庆图书馆

／徐昌霖著. ——重庆：大陆图书杂志出版公司，1945.12. ——六幕悲喜剧. ——书目来源：四川省图书馆

　　／徐昌霖著. ——上海：大陆图书杂志出版公司，1945.12，4版. ——书目来源：重庆图书馆、国家图书馆

　　／徐昌霖著. ——重庆：大陆图书杂志出版公司，［出版时间不详］. ——书目来源：重庆图书馆

　　／徐昌霖. ——上海：大陆图书杂志出版公司，［出版时间不详］. ——书目来源：南京图书馆

重庆屋檐下：六幕话剧／徐昌霖著. ——［出版地不详］：说文社出版部，1944，2版. ——书目来源：北碚区图书馆

重庆小夜曲／焦菊隐著. ——［出版地不详］：［出版者不详］，1944. ——书目来源：南京图书馆

　　／焦菊隐著. ——上海：中国文化事业社，1947. ——书目来源：广西壮族自治区图书馆

　　／焦菊隐著. ——上海：中国文化事业社，1947.2. ——书目来源：上海图书馆

重庆型：短篇文集／黄澄著. ——重庆：著者刊，［1944］. ——本书介绍重庆之风物、人口、市容、政治、文化等各方面情况，收《山城之夜》《雾》《标准钟》《精神堡垒》《客满》《排队》等40篇散文杂记. ——书目来源：重庆图书馆、国家图书馆

　　／黄澄著. ——重庆：著者刊，［出版时间不详］. ——书目来源：重庆图书馆

楚伧文存／叶楚伧著. ——重庆：正中书局，1944. ——收散文32篇、札记3种、小说13篇、政论3篇、小品8则. ——书目来源：重庆图书馆、国家图书馆

　　／叶楚伧著. ——上海：正中书局，1945. ——收散文32篇、札记3种、小说13篇、政论3篇、小品9则. ——书目来源：重庆图书馆、国家图书馆、南京图书馆

川剧杂拾/ 唐幼峰. ——未正式出版, 1944 年写于重庆峰园山庄, 部分章节于 1946 年在《戏剧精英》杂志上发表过. 有川剧的沿革、川剧的剧本、川剧的类别、川剧班的组织、伶界人物、念戏方法、高腔和唢呐曲牌、剧中代用品、戏装简述等三十项内容. ——书目来源: 四川省川剧艺术研究所藏有手抄本

春寒/ 宋之的. ——[出版地不详]: [出版者不详], 1944.8. ——五幕话剧. ——书目来源: 《陪都人物纪事》第 225 页

／宋之的. ——重庆: 未林出版社, 1945. ——书目来源: 重庆图书馆、上海图书馆

／宋之的. ——上海: 正中书局, 1945. ——书目来源: 重庆图书馆

／宋之的. ——重庆: 未林出版社, 1946. ——书目来源: 重庆图书馆、上海图书馆

春暖花开/ 李庆华著. ——重庆: 国际与中国出版社, 1944. ——1945 年 1 月首次在重庆演出. ——书目来源: 北碚区图书馆

春暖花开的时候/ 姚雪垠. ——重庆: 现代出版社, 1944. ——第 1 部, 第 1、2、3 分册合订. 第 1 分册为 1945 年 3 月, 4 版. ——书目来源: 重庆图书馆

春天/ 艾芜著. ——[出版地不详]: 今日文艺社, 1944. ——作者简介: 艾芜(1904—1992), 原名汤道耕, 四川省新繁县人, 1944 年后一直任教于重庆大学. ——书目来源: 云南省图书馆、贵州省图书馆

此恨绵绵[多幕话剧本]/ 赵清阁著. ——[出版地不详]: 新中华文艺社, 1944. ——此剧是赵清阁 1939 年到 1943 年在北碚的四年中创作而成. ——书目来源: 北京大学图书馆、吉林省图书馆

／赵清阁著. ——[出版地不详]: 正言出版社, 1946. ——书目来源: 复旦大学图书馆、吉林省图书馆

／赵清阁著. ——[出版地不详]: 正言出版社, 1948.9. ——书目来源: 嘉兴学院图书馆

从上海到重庆/ 徐蔚南著. ——重庆: 独立出版社, 1944. ——记述作者于 1942 年 12 月从上海出发, 途经富阳等地到达重庆的经过. 末附《沪屯骖鸾录》《正论社》、赠《吴开先生》等五篇, 另有《跋尾》. ——书目来源: 重庆图

书馆、四川省图书馆

从上海归来／徐訏著．——重庆：新生图书文具公司，1944．——书目来源：重庆图书馆、国家图书馆、南京图书馆

大老虎：民间故事／老向．——［重庆］：作家书屋，1944．——书目来源：重庆图书馆

第七号风球，一名，法西斯细菌／夏衍著．——［重庆］：文聿出版社，1944．——书目来源：武汉大学图书馆、北京大学图书馆、南京大学图书馆

／夏衍著．——上海：开明书店，1946．——书目来源：重庆图书馆

地层：中篇小说／田涛．——重庆：东方书社，1944．——书目来源：重庆图书馆、国家图书馆、南京图书馆、四川省图书馆

杜甫论／王亚平著．——［出版地不详］：商务印书馆，1944.9．——书目来源：复旦大学图书馆、Berlin State Library（德国柏林国家图书馆）、中共四川省委党校图书馆、成都图书馆、吉林省图书馆

发微集／田仲济著．——重庆：建中出版社，1944．——此散文集多是作者在重庆时期写成，后记写于1942年3月14日歇马场．——作者简介：田仲济（1907—2002），山东潍坊人，抗战时期在重庆生活．——书目来源：重庆图书馆、上海图书馆、南京图书馆

／田仲济著．——上海：现代出版社，1949．——书目来源：上海图书馆、南京图书馆、四川省图书馆

肥沃的土地／碧野．——桂林：碧野［出版者］，1944．——书目来源：重庆图书馆、国家图书馆

风砂之恋／碧野．——重庆：群益出版社，1944．——书目来源：重庆图书馆、南京图书馆、吉林省图书馆、国家图书馆

风雪夜归人／吴祖光．——重庆：新联出版公司，1944．——书目来源：重庆图书馆、北碚区图书馆

复仇的心／万迪鹤．——［出版地不详］：国民图书出版社，1944.6．——本书收《射手之歌》《战地夜景》《阵前》《路》《复仇的心》《夹谷》等11篇小说．——书目来源：重庆市档案馆、西南大学图书馆、黑龙江省图书馆、武

汉大学图书馆、吉林省图书馆

富贵浮云/ 袁俊著. ——［出版地不详］：世界书局，1944.4. ——张骏祥（1910—1996），笔名袁俊，江苏镇江人。1941年初至1945年抗日战争胜利在重庆. ——书目来源：复旦大学图书馆、兰州大学图书馆、中国社会科学院图书馆

新辑高兰朗诵诗 第2集/高兰著. ——重庆：建中出版社，1944.1. ——书目来源：Berlin State Library（德国柏林国家图书馆）、重庆数字图书馆

/ 高兰著. ——上海：建中出版社，1949.5. ——题名：高兰朗诵诗。1943年9月自序于渝郊. ——书目来源：重庆数字图书馆、中央美术学院图书馆、Berlin State Library（德国柏林国家图书馆）、浙江图书馆、陕西师范大学图书馆

革命建国韵语/ 胡去非. ——重庆：国民图书出版社，1944.7，初版. ——中华民国三十二年八月一日胡去非于重庆大田湾雷雨交响中. ——书目来源：重庆图书馆、北碚区图书馆

给静静的顿河的儿子/（哈萨克）江布尔（Джамбул，Джабаев）著；李葳编译. ——［出版地不详］：骆驼社，1944. ——诗歌。收入《献给中国人民》《商人队之歌》《致莫斯科》《给静静的顿河的儿子》《二马》《我的故乡》《阿依卡鲁猎师及其雄鹰》等7首。译者还有铁弦、郁廉、卜八等。书前有《草原上的歌手江布尔》（苏鲍莱夫）及《江布尔自传》. ——书目来源：复旦大学图书馆、武汉大学图书馆、南京师范大学图书馆

句践/ 卫聚贤编著. ——重庆：胜利出版社，1944.5，初版. ——书目来源：北碚区图书馆

孤城落日/ 王平陵，王梦鸥著. ——［出版地不详］：国民图书出版社，1944.12. ——书目来源：Stanford University（斯坦福大学）图书馆、黑龙江省图书馆、贵州省图书馆、吉林省图书馆

光明与黑影　特髯迦尔曲/（比）马赛尔·郭儿著；徐仲年译. ——重庆：独立出版社，1944. ——书目来源：重庆图书馆、吉林省图书馆、国家图书馆、南京图书馆、上海图书馆

广源轮：三幕剧 / 郑倚虹. ——重庆：读书出版社，1944. ——书目来源：重庆图书馆、北碚区图书馆

国风诗集 / 国风诗社. ——重庆：求精中学校国风诗社，1944. ——书目来源：重庆图书馆

孩子军：剧本 / 吴祖光著. ——重庆：文风书局，1944.4. ——书目来源：北碚区图书馆

好望号 / （荷）海哲曼斯（Herman Heijermans）著；袁俊译. ——重庆：国讯书店，1944. ——三幕剧剧本. ——书目来源：重庆图书馆、南京图书馆、国家图书馆

红烧清炖集 / 徐昌霖著. ——重庆：说文社出版部，1944. ——书目来源：重庆图书馆、北碚区图书馆、涪陵少儿图书馆

花是怎样开的 / 张煌. ——重庆：红蓝出版社，1944. ——书目来源：重庆图书馆

花影泪 / 赵清阁著. ——重庆：天地出版社，1944. ——书目来源：南京图书馆、重庆图书馆

黄鹤楼 / 陈铨著. ——重庆：商务印书馆，1944. ——书目来源：重庆图书馆

/ 陈铨著. ——重庆：商务印书馆，1945. ——书目来源：重庆图书馆、四川省图书馆

/ 陈铨著. ——上海：商务印书馆，1945. ——书目来源：国家图书馆

/ 陈铨著. ——上海：商务印书馆，1946. ——书目来源：重庆图书馆

/ 陈铨著. ——长沙：商务印书馆，[出版时间不详]. ——书目来源：重庆图书馆

黄金潮：五幕喜剧 / 徐昌霖著. ——[出版地不详]：读者出版社，1944. ——书目来源：重庆图书馆

/ 徐昌霖著. ——[出版地不详]：读者出版社，[出版时间不详]. ——书目来源：重庆图书馆

黄浦江头的夜月 / 徐訏著. ——成都：东方书社，1944. ——书目来源：吉

林省图书馆、国家图书馆

　　/ 徐訏著. —— 上海：夜窗书屋，1944. —— 书目来源：国家图书馆

　　/ 徐訏著. —— 上海：夜窗书屋，1948. —— 书目来源：天津图书馆、国家图书馆、首都图书馆

　　黄埔颂/ 张治中. —— [出版地不详]：[出版者不详]，1944. —— 书目来源：重庆图书馆

　　惶惑/ 老舍著. —— [出版地不详]：[出版者不详]，1944. —— 抗战时期写于北碚有关抗战的题材. —— 书目来源：《北碚文史资料》第9辑167页

　　/ 老舍著. —— 上海：晨光出版社，1946. —— 书目来源：南京图书馆

　　悔园联话/ 陈清初. —— 重庆：五洲书局，1944. —— 序言：陈清初识于渝州牛角沱33号悔园。1944年10月5日. —— 书目来源：重庆图书馆、国家图书馆

　　婚后/ 陈铨著. —— 重庆：商务印书馆，1944. —— 独幕剧集。作者1943年5月1日写后记于重庆青年书店. —— 书目来源：重庆图书馆

　　/ 陈铨著. —— 重庆：商务印书馆，1945. —— 书目来源：重庆图书馆

　　火花/ 王梦鸥. —— 重庆：国民图书出版社，1944. —— 作者简介：王梦鸥（1907—2002），福建长乐人，抗战时期曾任教于重庆中央政治学校. —— 书目来源：重庆图书馆、北碚区图书馆

　　棘源草/ 胡风著. —— [出版地不详]：南天出版社，1944. —— 杂文集。1941年3月编成。收《作家与草莓》《战争与和平》《流氓哲学》《关于鹿地亘》《写在昏卷里》《秋窗散记》等21篇。对各篇作了题解性的说明. —— 书目来源：黑龙江省图书馆、广东省立中山图书馆、吉林省图书馆

　　/ 胡风著. —— [出版地不详]：生活书店，1944.11. —— 胡风杂文集. —— 书目来源：Berlin State Library（德国柏林国家图书馆）

　　/ 胡风著. —— [出版地不详]：生活书店，1947.3. —— 书目来源：武汉大学图书馆、中共湖北省委党校图书馆、金陵图书馆

　　/ 胡风著. —— [出版地不详]：希望社，1947. —— 书目来源：复旦大学图书馆、河南大学图书馆、苏州图书馆、金陵图书馆、北京大学图书馆

寂寞/ 罗荪. —— [出版地不详]：美学出版社，1944. ——书目来源：重庆图书馆

家庭幸福/（俄）托尔斯泰，Tolstoy, Lev 著；方敬译. ——桂林：文化生活出版社，1944. ——书目来源：重庆图书馆

/（俄）托尔斯泰，Tolstoy, Lev 著；方敬译. ——上海：文化生活出版社，1946，沪1版. ——书目来源：首都图书馆

/（俄）托尔斯泰，Tolstoy, Lev 著；方敬译. ——上海：文化生活出版社，1947.6. ——书目来源：上海图书馆、南京图书馆

/（俄）托尔斯泰，Tolstoy, Lev 著；方敬译. ——上海：文化生活出版社，1949. ——书目来源：重庆图书馆

结婚的幸福/（俄）托尔斯泰著；马耳译. —— [出版地不详]：大时代书局，1944. ——书目来源：广东省立中山图书馆、吉林省图书馆

静默的雪山/ 臧云远著. —— [出版地不详]：商务印书馆，1944.2. ——1943年5月中旬至6月12日晨脱稿于重庆. ——作者简介：臧云远（1913—1991），笔名季沉、辛苑。山东蓬莱人。1939年至抗战胜利在重庆. ——书目来源：北京大学图书馆、中国社会科学院图书馆、Berlin State Library（德国柏林国家图书馆）、吉林省图书馆、复旦大学图书馆、西南大学图书馆

看云人手记，又名，密云期风习小纪/ 胡风著. —— [重庆]：自力书店，1944.7. ——胡风第三批评论文集。1944年6月9日新序于渝郊避阳村. ——书目来源：复旦大学图书馆、苏州大学图书馆、Berlin State Library（德国柏林国家图书馆）、上海社会科学院图书馆、吉林省图书馆

/ 胡风著. —— [出版地不详]：海燕书店，1947.8. ——书名为《密云期风习小纪》. ——书目来源：天津图书馆

快乐颂/ 顾毓琇译词. ——重庆：大东书局，1944. ——书目来源：北碚区图书馆

老舍幽默集 / 老舍著；赵宽久编译. —— [出版地不详]：满大书店，1944. ——书目来源：重庆数字图书馆

雷峰塔：六幕剧新剧 / 卫聚贤编著. ——重庆：说文社出版部，1944. ——

六幕剧剧本，正文前有作者对剧本创作过程的介绍及分幕说明。收小说《白蛇传》（48 回），书末附校后记.——作者简介：卫聚贤（1899—1989），山西运城人，抗战期间曾在重庆任说文社理事长.——书目来源：重庆图书馆、国家图书馆、四川省图书馆

/ 卫聚贤编著.——重庆：说文社出版部，1945.——六幕剧剧本，正文前有作者对剧本创作过程的介绍及分幕说明。书末附三版赘言.——书目来源：重庆图书馆、国家图书馆

离巫杂诗/ 王风.——［出版项不详］.——约写于1944 年.——作者简介：王风（1896—1975），字啸谷，大足县人。1941—1944 年担任巫溪县县长，主要从事教育工作.——书目来源：《大足县志》第 193 页

芦笛风：一个尘封半个世纪的爱情童话/ 梁宗岱作；黄建华译注.——桂林：华胥社，1944.——诗集，在北碚作.——书目来源：重庆图书馆

炉边/ 臧云远著.——［出版地不详］：群益出版社，1944.——分 3 辑，收《时间》《生命的河》《白杨树》《白茶花》《饮马聂伯河》《冬天》《炉边》等 16 首.——书目来源：复旦大学图书馆、武汉大学图书馆、上海社会科学院图书馆、苏州图书馆、吉林省图书馆

/ 臧云远著.——［出版地不详］：云海出版社，1946.6.——书目来源：吉林大学图书馆、湖南师范大学图书馆、北京大学图书馆、中国社会科学院图书馆

萝茜娜/（苏）高尔基著；刘盛亚译.——重庆：群益出版社，1944.——书目来源：吉林省图书馆、重庆图书馆、国家图书馆

/（苏）高尔基著；刘盛亚译.——上海：云海出版社，1946.——书目来源：孔夫子旧书网

满城风雨社会写实中篇小说/ 文德铭著.——重庆：重庆指南编辑社，1944.——书目来源：重庆图书馆、国家图书馆、四川省图书馆

梦/（法）左拉著；马宗融，李劼人译.——［出版地不详］：作家书屋，1944.——作者简介：马宗融（1890—1949），四川成都人。1939 年夏—1947 年秋在重庆，任北碚复旦大学教授.——书目来源：四川大学图书馆、四川农业

大学图书馆、西南财经大学图书馆、湖北省图书馆、贵阳市图书馆

蜜蜂与蚕儿／马宗融著．——重庆：作家书屋，1944．——书目来源：重庆图书馆

／马宗融著．——上海：作家书屋，1946．——书目来源：重庆图书馆

苗家月／臧云远著．——［出版地不详］：东方书社，1944．——书目来源：复旦大学图书馆、黑龙江省图书馆、中国社会科学院图书馆、吉林省图书馆

民族诗歌续论／卢前著．——重庆：国民图书出版社，1944.3．——书目来源：重庆图书馆

民族文学论／胡秋原著．——重庆：文风书局，1944．——作者简介：胡秋原（1910—2004），原名胡业崇，曾佑，笔名未明、石明、冰禅，湖北黄陂人。1938年8月赴重庆创办《祖国》《民主政治》。后任参政员，候补中央执行委员，《中央日报》副总主笔．——书目来源：重庆图书馆、北碚区图书馆、贵州省图书馆

／胡秋原著．——重庆：文风书局，［1944.8］．——书目来源：贵州省图书馆、南京图书馆

民族正气／赵循伯著．——重庆：商务印书馆，1944．——描写的是唐玄宗天宝十四年，安禄山率兵反于范阳，张巡抵抗叛兵的故事．——书目来源：重庆图书馆、国家图书馆

／赵循伯著．——上海：商务印书馆，1945.12．——书目来源：重庆图书馆、上海图书馆

／赵循伯著．——重庆：商务印书馆，1945，再版．——书目来源：重庆图书馆

／赵循伯著．——上海：商务印书馆，1946，再版．——书目来源：重庆图书馆

／赵循伯著．——上海：商务印书馆，1946.7，上海2版．——卷首有著者序．——书目来源：上海图书馆、南京图书馆

明治维新与昭和维新／（日）鹿地亘著．——重庆：国民图书出版社，1944．——书目来源：重庆图书馆、南京图书馆、贵州省图书馆

牧笛/高兰等著；李岳南，夏舒雁编．——重庆：诗焦点社，1944．——诗焦点丛书 第1辑。收新诗《送××从军》（高兰）、《江上吟》（赵令仪）、《夜歌》（蒂克）、《牧笛》（孙艺秋）等28首；散文诗《牧笛吹出的》（丽砂）、《黎明》（尹雪曼）等2篇；译诗《一朵红玫瑰》（枫译）等7首；论文《诗片语》（臧克家）、《论伟大的文学遗产—诗经》（李岳南）等2篇；书评《读〈泥土的歌〉后》（岳南）1篇．——书目来源：复旦大学图书馆、吉林大学图书馆、中国社会科学院图书馆

南江先生文稿/［胡小石］．——［出版项不详］．——1944年5月集近期诗文．——书目来源：《沙公墨妙 胡小石书法精品集》（南京博物院编）

年青的 RC / 徐昌霖著．——重庆：建国书店，1944．——书目来源：重庆图书馆

/ 徐昌霖著．——［出版地不详］：当今出版社，1944．——书目来源：中国社会科学院图书馆

碾煤机/（美）M. 哥尔德（Michael Gold）著；邵荃麟序注．——重庆：开明书店，1944.12，初版．——（Coal Breaker）（英语短篇文选）．——作者简介：邵荃麟（1906—1971），原名邵骏远，曾用名邵逸民、邵亦民，笔名荃麟、力夫、契若。原籍浙江慈溪，重庆出生。1944年11月—1945年底在重庆．——书目来源：《邵荃麟百年纪念集》（邵济安，王存诚主编）第472页

欧美小说名著精华 / 郑学稼，吴苇编．——重庆：中国文化服务社，1944．——书目来源：北碚区图书馆

贫血集/老舍著．——重庆：文聿出版社，1944．——抗战时期写于北碚有关抗战的题材．——书目来源：《北碚文史资料》第9辑第167页、重庆图书馆、南京图书馆、广西壮族自治区图书馆

/ 老舍著．——重庆：文聿出版社，1945．——书目来源：重庆图书馆

/ 老舍著．——［出版地不详］：文聿出版社，［出版时间不详］．——书目来源：重庆图书馆

平凡的夜话/方殷著．——重庆：商务印书馆，1944.5．——作者简介：方殷（1913—1982），笔名芳茵。河北雄县人。历任重庆全民通讯社记者、编辑，

重庆中华全国文艺界抗敌活动协会诗歌组长，重庆精益中学教师，重庆市文联编辑．——书目来源：西南大学图书馆、北京大学图书馆、中国社会科学院图书馆、广东省立中山图书馆、黑龙江省图书馆、吉林省图书馆、复旦大学图书馆

憩园 / 巴金著．——重庆：文化生活出版社，1944．——抗战后期在重庆居住期间创作的中篇小说．——书目来源：重庆图书馆

乔婉娜 /（比）麦特林克著；马耳译．——［出版地不详］：建国书店，1944．——书目来源：西南大学图书馆、北京大学图书馆、中国社会科学院图书馆、黑龙江省图书馆、吉林省图书馆、复旦大学图书馆

清风明月 / 赵清阁著．——［出版地不详］：华中图书公司，1944.9．——赵清阁1944年5月27日序于重庆。三幕剧．——书目来源：复旦大学图书馆、武汉大学图书馆、嘉兴学院图书馆、贵州省图书馆、吉林省图书馆

情盲 / 王平陵著．——［出版地不详］：商务印书馆，1944.3．——四幕剧．——书目来源：Stanford University（斯坦福大学）图书馆、东南大学图书馆、苏州大学图书馆、黑龙江省图书馆

曲选 / 卢冀野著．——重庆：国立编译馆，1944．——书目来源：重庆图书馆

如此江山　上下册 / 张恨水著．——香港：百新书店，1944．——书目来源：重庆图书馆、北碚区图书馆

山城故事 / 袁俊著．——重庆：文化生活出版社，1944．——三幕剧剧本．——作者简介：张俊祥（1910—1996），笔名袁俊，江苏镇江人，抗战期间在重庆．——书目来源：重庆图书馆、南京图书馆

／袁俊著．——上海：文化生活出版社，1944．——书目来源：复旦大学图书馆、浙江大学图书馆、台湾大学图书馆、南京师范大学图书馆

／袁俊著．——上海：文化生活出版社，1945．——书目来源：国家图书馆

／袁俊著．——上海：文化生活出版社，1947，2版．——书目来源：重庆图书馆

上下古今谈，又名，**无量数世界变相** / 吴敬恒著．——重庆：复苏出版社，

1944.——上下册.——书目来源：重庆图书馆、国家图书馆、南京图书馆

少年诗歌/任钧编著.——［出版地不详］：文风书局，1944.——收《渔夫和鱼的故事》（普式庚）、《什么是好的，什么是坏的?》（马耶可夫斯基）、《风》（史蒂文生）、《羊和狼》（任钧）、《雁的故事》（袁勃）等5首诗.——书目来源：重庆数字图书馆

少年游/（德）歌德著；刘盛亚译.——重庆：群益出版社，1944.——书目来源：山西省图书馆、重庆图书馆、国家图书馆

/（德）歌德著；刘盛亚译.——上海：云海出版社，1946.——云海小丛书；分4辑，收译诗49首，包括歌德的15首，海涅的7首，普希金的15首，尼采、席勒、乌兰德等人的12首.——书目来源：重庆图书馆、国家图书馆、南京图书馆

/（德）歌德著；刘盛亚译.——上海：云海出版社，1947.——书目来源：江西省图书馆

声价/陈瘦竹著.——重庆：国民图书出版社，1944.——书目来源：西南大学图书馆、重庆图书馆、南京图书馆

十年诗选/臧克家著.——重庆：现代出版社，1944.——收《难民》《希望》《神女》《壮士心》等70首。书前有著者的长篇序言，介绍自己选编本书的过程和从事新诗写作走过的道路.——书目来源：重庆图书馆、南京图书馆

/臧克家著.——上海：现代出版社，1946.——书目来源：重庆图书馆

/臧克家著.——上海：现代出版社，1946.6，2版.——书目来源：上海图书馆

拾荒/马宗融著.——北碚：光亭出版社，1944.——作者简介：马宗融（1890—1949），四川成都人。1939年夏—1947年秋在重庆，任北碚复旦大学教授.——书目来源：北碚区图书馆

受训心声录/初予编著.——重庆：人文书店，1944，渝初版.——第一辑中训团毕业学员散文.——书目来源：南京图书馆、重庆图书馆、国家图书馆、上海图书馆采编中心

疏散喜剧/徐昌霖著.——重庆：商务印书馆，1944.——书目来源：重庆

图书馆

蜀西北纪行／吴景洲著．——重庆：中华书局，1944．——收：由蓉归渝．——作者简介：吴瀛，字景洲，江苏常州人．——书目来源：重庆图书馆、上海图书馆、国家图书馆

／吴瀛著．——北京：中华书局，1944．——书目来源：四川省图书馆

／吴景洲著．——北京：中华书局，1945．——书目来源：四川省图书馆

／吴景洲著．——北京：中华书局，1946.8．——书目来源：四川省图书馆

／吴景洲著．——上海：中华书局，1946．——书前冠：序．——书目来源：国家图书馆、南京图书馆

／吴景洲著．——上海：中华书局，1946，再版．——书目来源：上海图书馆、南京图书馆

水浒人物论赞／张恨水撰．——重庆：万象周刊社，1944.6，初版．——书前有小序，1944年3月3日作于南温泉北望斋茅屋。书中短论分三地写就。一是1927—1928年在北平，二是1936年在南京，三是1943年在重庆，因"作《水浒新传》"，"再增写半数，共得90篇"．——作者简介：张恨水（1897—1967），原名心远，安徽潜山人，抗战时期写于重庆．——书目来源：《重庆抗战文学区域性》

／张恨水撰．——［上海］：万象周刊社，1947.3．——书目来源：云南大学图书馆、复旦大学图书馆、广东省立中山图书馆

斯人记／张恨水著．——上海：百新书店，1944．——书目来源：中国作家网

／张恨水著．——重庆：万象周刊社，1945．——书目来源：重庆图书馆

／张恨水著．——重庆：万象周刊社，1945，再版．——书目来源：重庆图书馆

／张恨水著．——重庆：万象周刊社，［出版时间不详］．——书目来源：北碚区图书馆

宋平子文钞／苏渊雷编著．——重庆：正中书局，1944．——书目来源：重庆图书馆

/苏渊雷编著. ——重庆：正中书局，1947. ——书目来源：上海图书馆、南京图书馆、四川大学图书馆、四川省图书馆

苏联文学的变革／郑学稼著. ——［出版地不详］：国民图书出版社，1944.12. ——序言：学稼一九四三. 三. 五. 记于重庆. ——书目来源：西南大学图书馆、北碚区图书馆、中国社会科学院图书馆、复旦大学图书馆、成都大学图书馆、四川音乐学院图书馆、中共四川省委党校图书馆

唐代文学史／陈子展著. ——重庆：作家书屋，1944.12，——书目来源：南京图书馆、吉林省图书馆、重庆图书馆、天津图书馆、国家图书馆、浙江图书馆、上海图书馆、首都图书馆

特写陪都／董镜桂著. ——重庆：青年书店，1944.3，初版. ——收《敌寇毒化在晋中》《是地狱，还是人间》《纪念革命先烈》《劳动佳节在陪都》《陕甘宁三省参政员访问记》《女参政员素描》等56篇特写. ——书目来源：北碚区图书馆、黑龙江省图书馆

天河配，又名，欢喜冤家／张恨水著. ——重庆：礼华书店，1944. ——书目来源：中国作家网

天上人间 四幕剧／夏衍著. ——重庆：美学出版社，1944.1. ——书目来源：黑龙江省图书馆、中山大学图书馆、南京师范大学图书馆、苏州图书馆、贵州省图书馆

痛苦的十字／姚奔. ——重庆：诗垦地社，1944. ——书目来源：重庆数字图书馆

／姚奔. ——［出版地不详］：时与潮书店，［出版时间不详］. ——书目来源：西南大学图书馆、中国社会科学院图书馆、复旦大学图书馆、天津图书馆、嘉兴学院图书馆

兔和狼的故事／（苏）M. 筛特林（М. Е. Салтыков - Щедрин）著；徐昌霖编；汪子美绘图. ——［出版地不详］：建国书店，1944. ——书目来源：重庆数字图书馆

晚风夕阳里／王平陵著. ——［出版地不详］：国民图书出版社，1944.12. ——书目来源：复旦大学图书馆、嘉兴学院图书馆、中国社会科学院

图书馆、吉林省图书馆

万世师表/袁俊著.——重庆：新联出版公司，1944.——书目来源：重庆图书馆、国家图书馆

/袁俊著.——上海：文化生活出版社，1946.1.——四幕剧.——书目来源：重庆数字图书馆、西南大学图书馆、北京大学图书馆、中国社会科学院图书馆、广东省立中山图书馆、贵州省图书馆、黑龙江省图书馆、吉林省图书馆、复旦大学图书馆、四川师范大学图书馆

/袁俊著.——［出版地不详］：文化生活出版社，1946.10.——四幕剧.——书目来源：广西师范大学图书馆、北京大学图书馆

/袁俊著.——［出版地不详］：文化生活出版社，1947.8.——书目来源：四川师范大学图书馆、南京师范大学图书馆、浙江图书馆、成都图书馆、天津图书馆、北京大学图书馆

/袁俊著.——上海：文化生活出版社，1947.——书目来源：重庆图书馆、国家图书馆

文坛史料/杨之华编.——［出版地不详］：中华日报社，1944.1.——书目来源：复旦大学图书馆、黑龙江省图书馆

文艺论战/张道潘，夏贯中等.——重庆：中央文化运动委员会，1944.——书目来源：重庆图书馆、北碚区图书馆

文艺写作讲话/茅盾等著.——［出版地不详］：战时文化供应社，1944.——收《论创作》（李广田）、《怎样学习文艺》（黄药眠）、《谈思想与技巧、学力与经验》（茅盾）、《怎样选择材料》（郭沫若）、《怎样创造典型人物》（艾芜）、《怎样写小说》（姚雪垠）、《论短篇小说》（王佐良）、《略谈散文》（葛琴）、《散文散论》（桑子）、《怎样写诗》（臧克家）、《略谈杂文》（轲夫）、《怎样写剧本》（陈北鸥）、《怎样选取题材》《论人物描写》（茅盾）.——书目来源：上海社会科学院图书馆

我底竖琴/力扬.——昆明：诗文学社，1944.9.——收1940—1944年在重庆作的《播种》《雾季诗抄》《普式庚林》《歌》《给》《断崖》《爱恋》《抒情八章》诗.——作者简介：力扬（1908—1964），原名季信，字汉卿，浙江省青

田县人。1940—1947 年 4 月在重庆. ——书目来源：重庆数字图书馆、黑龙江省图书馆、天津图书馆、北京大学图书馆、中国社会科学院图书馆、吉林省图书馆

乡风与市风/ 雪峰著. ——重庆：作家书屋，1944. ——收录 1943 年 1 月至 4 月在丽水、小顺所写杂文和 1943 年 8 月至 12 月在重庆所写杂文。收序 1 篇（1944 年 4 月 1 日写），杂文 41 篇. ——作者简介：冯雪峰（1903—1976），原名福春，改名雪峰，笔名画室、洛扬、成文英、文英、何丹仁、丹仁、O. V.、吕克玉等。浙江省义乌县人。1943 年 6 月—1946 年 2 月在重庆. ——书目来源：天津图书馆、重庆图书馆、国家图书馆、首都图书馆

/ 雪峰著. ——上海：作家书屋，[1946.1]. ——书目来源：上海图书馆采编中心

/ 雪峰著. ——上海：作家书屋，1948，沪 2 版. ——书目来源：上海图书馆采编中心、湖南图书馆、国家图书馆、福建师范大学图书馆、黑龙江省图书馆

潇湘淑女，又名，忠义千秋 / 赵清阁著. ——重庆：商务印书馆，1944.6. ——书目来源：国家图书馆、重庆图书馆、山西省图书馆、上海图书馆

/ 赵清阁著. ——重庆：商务印书馆，1944. ——书目来源：首都图书馆

/ 赵清阁著. ——上海：商务印书馆，1947. ——书目来源：国家图书馆、南京图书馆、浙江图书馆、首都图书馆、上海图书馆

小飞行师 / 王平陵著；徐昌霖主编；汪子美绘图. ——重庆：建国书店，1944. ——书目来源：国家图书馆、重庆图书馆

/ 王平陵著；徐昌霖主编；汪子美绘图. ——重庆：建国书店，1945. ——书目来源：重庆图书馆

小疏小令二卷 / 卢前撰；成善楷选录. ——双流：黄氏茹古堂刻，1944. ——书目来源：北碚区图书馆

心狱 / 于伶. ——[出版地不详]：美学出版社，1944.10. ——书目来源：复旦大学图书馆、广东省立中山图书馆、中国社会科学院图书馆

新时代的黎明 / （苏）左琴柯著；葛一虹译. ——[出版地不详]：北门出

版社，1944.11.——1944年3月译者作后记于重庆.——书目来源：西南大学图书馆、广东省立中山图书馆、黑龙江省图书馆、吉林省图书馆、复旦大学图书馆

星火集续编／何其芳.——［出版地不详］，文集，约在1944—1947年间.——书目来源：《万县志》第741页

兄弟／徐訏著.——成都：东方书社，1944.——书目来源：吉林省图书馆、重庆图书馆、贵州省图书馆、湖南图书馆、国家图书馆

／徐訏著.——上海：夜窗书屋，1947.——书目来源：南京图书馆、天津图书馆、国家图书馆、首都图书馆

延安一月／赵超构.——重庆：南京新民报社，1944.11，初版.——作者时任重庆《新民报》主笔.——书目来源：重庆图书馆、北碚区图书馆

冶城话旧／卢前著.——重庆：万象周刊社，1944.——书目来源：重庆图书馆

夜奔：四幕剧／吴祖光.——重庆：未林出版社，1944.——四幕剧.——作者简介：吴祖光（1917—2003），北京东城人。1937—1948年任南京国立戏剧专科学校讲师，重庆中央青年剧社、中华剧艺社编导.——书目来源：重庆图书馆、国家图书馆、贵州省图书馆、天津图书馆、吉林省图书馆

夜间相／田仲济.——重庆：明天出版社，1944.——书目来源：重庆图书馆、北碚区图书馆

伊凡·伊里奇之死／（俄）托尔斯泰著，Lev；方敬译.——［出版地不详］：文化生活出版社，1944.——书目来源：重庆图书馆、山西省图书馆、国家图书馆、首都图书馆

／（俄）托尔斯泰，Tolstoy，Lev；方敬译.——［出版地不详］：文化生活出版社，1947.——书目来源：南京图书馆

／（俄）托尔斯泰著，方敬译.——上海：文化生活出版社，1947.——书目来源：重庆图书馆、国家图书馆、天津图书馆、首都图书馆

／（俄）托尔斯泰著，方敬译.——上海：文化生活出版社，1947.6.——书目来源：上海图书馆

游泸草　前集一卷　后集一卷／章士钊，潘伯鹰撰.——泸州：大同印刷

社，1944. ——书目来源：北碚区图书馆

郁雷，一名，宝玉与黛玉：四幕悲剧/ 朱彤 . ——重庆：读书出版社，1944.4. ——作者当时生活于重庆璧山 . ——书目来源：重庆图书馆

中兴鼓吹：英汉对照 / 卢前著 . ——桂林：开明书店，1944. ——书目来源：重庆图书馆、国家图书馆

中原豪侠传：武侠小说 / 张恨水著 . ——重庆：万象周刊社，1944. ——书目来源：重庆图书馆

众神/ 靳以 . ——[出版地不详]：文化生活出版社，1944. ——书目来源：重庆图书馆

祖狄：四幕史剧 / 易君左著 . ——重庆：青年书店，1944. ——书目来源：北碚区图书馆、西南大学图书馆

作家生活自述（特辑）/ 老舍等卅三位 . ——[出版地不详]：当代文艺社，1944. ——书目来源：重庆数字图书馆

1945 年

爱之火/张煌 . ——重庆：红蓝出版社，1945. ——书目来源：重庆图书馆

巴山蜀水/ 郭沫若等 . —— 重庆：读者之友社，1945. ——收郭沫若、茅盾、易君左、朱契、端木露西等15名作者所写的四川各地游记15篇，其中有《雨地雾》《南温泉·歌乐山》《北泉三宝》《巴山夜雨》《钓鱼城访古》等 . ——书目来源：重庆图书馆

/[郭沫若等] . —— 重庆：读者之友社，1946. ——书目来源：上海图书馆、南京图书馆

巴山闲话：华林最近文存/ 华林 . ——上海：华林书屋，1945. ——有巴山闲话引言，三十四年九月二日签降书日写于重庆 . ——书目来源：重庆图书馆

北行漫记　红色中国报道/（美）福尔曼 . ——[出版地不详]：[出版者不详]，1945.1. ——1944年，美国记者哈里森·福尔曼冲破重重阻碍，从国民党控制下的重庆一路北上，到达延安及中国共产党领导的华北抗日根据地进行战地采访，采访有聂荣臻等 . ——书目来源：重庆数字图书馆

波 / 郭沫若 . ——重庆：群益出版社，1945. ——小说 . ——书目来源：重

庆图书馆

／郭沫若．——重庆：群益出版社，1945.9．——小说．——书目来源：上海图书馆、南京图书馆

／郭沫若．——上海：群益出版社，1946．——小说．——书目来源：重庆图书馆

／郭沫若．——上海：群益出版社，1946.7．——书目来源：上海图书馆

鹁鸪姑娘／（法）梅礼美著；徐仲年译．——重庆：正风出版社，1945．——书目来源：重庆图书馆、吉林省图书馆、国家图书馆、福建省图书馆

不太平：独幕四川土话剧／王万恩著．——［出版地不详］：育才学校印行，1945.5．——育才学校于1939年春在重庆北温泉创办，8月初迁至合川县草街子古圣寺上课，1947年5月迁至上海．——书目来源：北碚区图书馆

财主的儿女们／路翎著．——重庆：希望社，1945．——第一部长篇小说，在北碚写成．——书目来源：《北碚文史资料》第4辑"抗日战争时期的北碚"第293页、重庆图书馆

／路翎著．——上海：上海书版杂志联合发行所代发行，1948．——上下。长篇小说，在北碚写成．——书目来源：重庆图书馆、上海图书馆

／路翎著．——上海：希望社，1948．——上下。长篇小说，在北碚写成．——书目来源：《北碚文史资料》第4辑 抗日战争时期的北碚第293页、重庆图书馆、国家图书馆

长恨歌／赵循伯著．——重庆：正中书局，1945．——本书为四幕剧剧本，有剧中人物、时间及地点介绍．——书目来源：重庆图书馆

／赵循伯著．——重庆：正中书局，1945.6．——书目来源：南京图书馆

／赵循伯编著．——上海：正中书局，1947．——书前冠：现代文艺戏剧丛书总序等．——书目来源：重庆图书馆、国家图书馆

沉默的果实／靳以著．——重庆：中华书局，1945．——书目来源：重庆图书馆、国家图书馆

／靳以著．——上海：中华书局，1947．——书目来源：国家图书馆

重庆风／柯庚著．——［出版地不详］：经纬社，1945．——小册子包含两

百多则小故事. ——书目来源：重庆图书馆

　　/ 柯庚著. ——重庆：经纬社，1945.7. ——书目来源：北碚区图书馆

　　/ 柯庚著. ——重庆：经纬社，1946. ——书目来源：重庆图书馆

重庆旁观者/ 司马訏著. ——重庆：亚洲书店，1945.2，初版. ——描述抗战时期重庆各方面情况的小品文集，收《扫街人礼赞》《哀乐线》《黑天使》《南温泉的温度》《猴子舞台》《"大独裁者"》等65篇. ——书目来源：重庆图书馆、北碚区图书馆

　　/ 司马訏. ——重庆：亚洲书店，1945.5，再版. ——书目来源：重庆图书馆

重庆七女性/ 露沙编著. ——重庆：中国出版社，1945. ——这是露沙女士于民国三十四年编著的重庆七女性。收《重庆小姐的国际路线》《女演员和她的丈夫》《香港小姐在重庆》《一个女大学生的日记》《从小姐到女工》《我有一个凶悍的妻子》《寡妇和我的故事》七篇小故事. ——书目来源：重庆图书馆

　　/ 露沙编著. ——重庆：进文书店，1946. ——书目来源：重庆图书馆

春潮/ 屠格涅夫著；马宗融译. ——上海：文化生活出版社，1945.4. ——书目来源：重庆大学图书馆、四川外国语大学图书馆

从重庆到苏联/（美）史笃威著；必力译. ——上海：复兴出版社，1945.10. ——书目来源：四川外国语大学图书馆、中国社会科学院图书馆、Stanford University（斯坦福大学）图书馆、黑龙江省图书馆、吉林省图书馆等有藏

待旦楼诗词稿/ 桂中枢. ——[上海]：中国评论周报社，1945. ——诗词集。收50首。其中有《七七》《欢庆胜利》《忆江南·思乡》，书前有著者自序. ——作者简介：桂中枢（1895—1987），重庆开县人. ——书目来源：国家图书馆

到天空去/ 王平陵著. ——[出版地不详]：国民图书出版社，1945. ——书目来源：北碚区图书馆

狄岱麓的启示/ 杨家骆著. ——重庆北碚：中国辞典馆，1945. ——本篇为《三十六梦》之引言.《三十六梦》为一部描写理想境界的小说. ——书目来

源：重庆图书馆

锻炼 / 艾芜著．——重庆：华美书屋，1945．——1944 年从桂林逃难到重庆，此后一直任教于重庆大学．——书目来源：重庆图书馆、上海图书馆、南京图书馆

多喜和黑牛 / 戈茅著．——重庆：建国书店，1945．——书目来源：重庆图书馆、北碚区图书馆

芳草天涯 / 夏衍著．——［重庆］：美学出版社，1945．——书目来源：重庆图书馆

/ 夏衍编．——［出版地不详］：开明书店，1949.11．——书目来源：复旦大学图书馆、四川音乐学院图书馆、浙江财经大学图书馆

丰饶的原野 / 艾芜著．——重庆：自强出版社，1945．——由《春天》（1937 年上海良友图书公司出版）和《落花时节》（写于 1945 年）两部分合成．——书目来源：重庆图书馆

/ 艾芜著．——［出版地不详］：自强出版社，1946.1．——书目来源：南京图书馆、广西壮族自治区图书馆

/ 艾芜著．——重庆：自强出版社，1946.4．——书目来源：上海图书馆

风暴的日子 / 碧野．——重庆：建国书店，1945．——书目来源：重庆图书馆、南京图书馆

副产品 诗、散文、杂文 / 王平陵著．——重庆：商务印书馆，1945.6．——书目来源：广东省立中山图书馆、河南大学图书馆

/ 王平陵著．——［出版地不详］：商务印书馆，1946．——书目来源：聊城大学图书馆、内蒙古大学图书馆

高尔基 / （苏）A. 罗斯金著；葛一虹译．——［出版地不详］：北门出版社，1945.6．——传记小说。本书是一部用小说体裁写成的高尔基传。译者有茅盾、葛一虹、郁文哉 3 人（二、三版将葛列于首位）．——书目来源：四川外国语大学图书馆、北京大学图书馆、中国社会科学院图书馆、吉林省图书馆

/ （苏）罗斯金著；葛一虹，茅盾译．——［出版地不详］：光华书店，1945.6．——书目来源：西南大学图书馆

/（苏）A. 罗斯金著；葛一虹，戈宝权，郁文哉等译．——［出版地不详］：北门出版社，1948.7．——书目来源：四川师范大学图书馆、北京大学图书馆

　　/（苏）A. 罗斯金著；葛一虹，茅盾译．——［出版地不详］：新中国书局，1949.4．——书目来源：四川师范大学图书馆、绵阳师范学院图书馆、武汉大学图书馆、湖南图书馆

　　歌德童话/（德）歌德著；丰子恺插画；李长之译．——成都：东方书社，1945．——书目来源：重庆图书馆、北碚区图书馆

　　红色中国的挑战/（英）G. 斯坦因著；李凤鸣译．——［出版地不详］：美国纽约，1945．——中译本为《红色中国的挑战》。内有"重庆的反响"一章，写到重庆的状况．——书目来源：重庆大学图书馆、西南政法大学图书馆、中共重庆市委党校图书馆、重庆文理学院图书馆、重庆医科大学图书馆

　　荒原的声音/索开．——重庆：春草诗社，1945．——书目来源：重庆图书馆

　　火雾：诗歌/王亚平．——重庆：春草诗社，1945．——春草诗丛序于1944年12月20日，渝．——作者简介：王亚平（1905—1983），原名王全福，笔名罗伦、李筐、李荫、白汀、大威。河北威县人。1939年末他到重庆，在周恩来、郭沫若的启发和教导下，积极参加民主运动和进步文艺运动，并与诸诗友创立"春草社"．——书目来源：重庆图书馆、北碚区图书馆

　　火葬/老舍．——重庆：黄河书局，1945．——在北碚，1943年夏开始，1943年12月11日完成。是老舍第一部长篇抗战小说．——书目来源：重庆图书馆、南京图书馆、广西壮族自治区图书馆

　　/老舍著．——上海：新丰出版公司，1946．——书目来源：南京图书馆、国家图书馆、天津图书馆、重庆图书馆

　　/老舍．——上海：新丰出版社，1946.11，再版．——书目来源：重庆图书馆、广西壮族自治区图书馆

　　/老舍．——上海：晨光出版社，1948．——书目来源：重庆图书馆、广西壮族自治区图书馆

　　/老舍．——上海：晨光出版社，1949.4．——书目来源：广西壮族自治区

图书馆

鸡鸣早看天／洪深创作．——汉口：华中图书公司，1945．——在北碚复旦大学创作的独幕话剧．——书目来源：重庆图书馆

吉普赛的诱惑／徐訏著．——成都：东方书社，1945．——书目来源：国家图书馆、南京图书馆、吉林省图书馆

／徐訏著．——上海：夜窗书屋，1945．——书目来源：国家图书馆

／徐訏著．——上海：夜窗书屋，1946.11．——书目来源：浙江图书馆

坚壁清野／徐昌霖著．——重庆：重庆国民图书出版社，1945．——书目来源：重庆图书馆、西南大学图书馆、北碚区图书馆

江上行／艾芜．——[出版地不详]：新群出版社，1945．——1938年8月作于湖南，1944年11月修改于重庆．——书目来源：重庆图书馆

孔雀女（即沙恭达罗）／迦梨陀娑著；卢前译．——重庆：正中书局，1945．——书目来源：重庆图书馆

狂飙／陈铨著．——[上海]：正中书局，1945．——书目来源：国家图书馆

冷月葬诗魂／赵清阁著．——重庆：亚洲图书社，1945．——1945年1月28日夜清阁序于陪都．——书目来源：北碚区图书馆

离离草：四幕剧／夏衍．——昆明：进修出版教育社，1945．——书目来源：北碚区图书馆、重庆图书馆、西南大学图书馆

／夏衍著．——[出版地不详]：进修出版教育社，1945.1．——书目来源：北京大学图书馆、首都图书馆、中国社会科学院图书馆、黑龙江省图书馆、吉林省图书馆、复旦大学图书馆、天津图书馆、西南大学图书馆

／夏衍著．——山东：新华书店，1946．——书目来源：复旦大学图书馆、湖北省图书馆、首都师范大学图书馆

李秀成之死／阳翰笙著．——重庆：华中图书公司，1945．——书目来源：重庆图书馆

琉璃江旁的琉璃宫　三十六梦之一／杨家骆著．——[出版地不详]：中国辞典馆，1945．——杨家骆（1912—1991），江苏南京人。抗战期间在重庆北

碚中国辞典馆做编辑工作.——书目来源：北碚区图书馆

梦雨集，又名，文艺批评与文艺教育/李长之著.——重庆：商务印书馆，1945.——书目来源：重庆图书馆、北碚区图书馆

密支那风云：四幕剧/徐昌霖著.——重庆：重庆新艺出版社，1945.——书目来源：重庆图书馆、北碚区图书馆

民主的海洋/臧克家著.——重庆：世界编译所，1945.——收《擂鼓的诗人》《心是近的》《废园》《当记忆在它头上飞翔》《阳光》等12首。书前有焦菊隐的《青鸟文学创作丛书序》及著者的"小序".——书目来源：重庆图书馆

民族战争与文艺性格/胡风著.——[出版地不详]：南天出版社，1945.——胡风第三批评论文集。收作者在抗战后至1941年间所写的文艺评论《论持久战中的文化运动》《民族革命战争与文艺》《民族战争与我们》《文学史上的五·四》《大众化问题在今天》《理论与理论》《关于创作的二、三理解》等19篇.——书目来源：云南大学图书馆、西北工业大学图书馆、武汉大学图书馆、苏州图书馆

/胡风著.——[出版地不详]：希望社，1946.4.——书目来源：Berlin State Library（德国柏林国家图书馆）、西南交通大学图书馆

女人女人，一名，多福多寿多男子/洪深.——重庆：华中图书公司，1945.——三幕喜剧.——书目来源：重庆图书馆

/洪深.——上海：华中图书公司，1946.——书目来源：重庆图书馆、上海图书馆、四川省图书馆、广西壮族自治区图书馆

/洪深.——[出版地不详]：华中图书公司，1946.——书目来源：南京图书馆

叛逆者之歌/（日）鹿地亘著；沈起予译.——上海：作家书屋，1945.——书目来源：重庆图书馆

/（日）鹿地亘著；沈起予译.——[出版地不详]：作家书屋，1945.12.——书目来源：重庆大学图书馆、四川外国语大学图书馆

陪都赋大战杂诗合刻/苏渊雷著.——重庆：黄中出版社，1945.——收

《陪都赋》1篇、《大战杂诗》32首，写于1940年至1944年间，每首诗均有解释。书前有何遂的《水调歌头》，徐英的《陪都赋序》.——作者简介：苏渊雷（1908—1995），原名中常，字仲翔，晚署钵翁，又号遁圆。浙江省平阳县玉龙口村（现属苍南县钱库镇）人。抗战时期在重庆生活.——书目来源：北碚区图书馆、重庆图书馆、上海图书馆

奇女行／陈瘦竹.——［出版地不详］：商务印书馆，1945.——书目来源：南京图书馆

／陈瘦竹.——重庆：商务印书馆，1945.10.——书目来源：南京图书馆、上海图书馆

起程的人／徐放.——重庆：春草诗社，1945.——书目来源：重庆图书馆、北碚区图书馆、西南大学图书馆

青春的祝福／路翎著.——重庆：南天出版社，1945.——短篇小说，在北碚时写成.——书目来源：《北碚文史资料》第4辑"抗日战争时期的北碚"第427页、重庆图书馆

／路翎著.——上海：生活书店，1947.——书目来源：南京图书馆

若是有了灵魂／万迪鹤.——重庆：国民图书出版社，1945.12.——三幕剧.——书目来源：重庆图书馆、西南大学图书馆

三十六梦／杨家骆著.——重庆北碚：中国辞典馆，1945.——《三十六梦》是一部描写理想境界的小说，本卷内容有《琉璃江旁的琉璃宫》《真理之神》《雅兰亭的圣诞老人》，前有引言：《狄岱麓的启示》.——书目来源：重庆图书馆

色楞格河的少女／李岳南，夏舒雁编.——重庆：诗焦点社，1945.——诗焦点丛书 第2辑.——书目来源：《中国现代文学社团流派辞典》（范泉主编）第311页

山城散曲／流沙著.——重庆：重庆 文学社，1945.——文学丛书。本书收《青色的焰花》《弦波》《杜鹃及其他》《康行草》《山城散曲》等短诗49首.——书目来源：重庆图书馆、国家图书馆

山窗小品／张恨水著.——上海：上海杂志公司，1945.12.——作者简介：

张恨水（1897—1967），原名心远，安徽潜山人，抗战时期写于重庆.——书目来源：《中国古今书名释义辞典》第 38 页

生命的秋天／臧克家著.——重庆：建国书店，1945.——收《生命的秋天》《马耳山》《六机匠》等 9 首.——书目来源：重庆图书馆

胜利进行曲／杨荫浏填词；杨宪益译词；江定仙作曲.——［重庆］：国立礼乐馆，1945.——书目来源：国家图书馆

圣诞欢歌／（英）迭更司著；方敬译.——重庆：文化生活出版社，1945.——书目来源：重庆图书馆、国家图书馆、山西省图书馆、吉林省图书馆

／（英）迭更司著；方敬译.——上海：文化生活出版社，1945.——书目来源：四川省图书馆

松语山舍诗稿／李清悚著.——［出版地不详］：中国教育文献馆，1945.——书目来源：南京图书馆

／李清悚著.——［出版地不详］：中国教育文献馆，［出版时间不详］.——书目来源：重庆图书馆

宋代文学史／陈子展著.——重庆：作家书屋，1945.——任教于复旦大学，抗战时期复旦大学迁入北碚.——书目来源：重庆图书馆、上海图书馆、广西壮族自治区图书馆

岁寒图／陈白尘著.——［出版地不详］：群益出版社，1945.2.——1944 年 3 月 10 日初稿毕于金刚坡下，7 月中旬至 8 月 10 日改作于自流井及内江.——书目来源：西南大学图书馆

童年的故事／艾芜著.——重庆：建国书店，1945.5.——1944 年从桂林逃难到重庆，此后一直任教于重庆大学.——书目来源：重庆图书馆

偷生／老舍著.——［出版地不详］：［出版者不详］，1945.——抗战时期写于北碚有关抗战的题材.——书目来源：《北碚文史资料》第 9 辑第 167 页

／老舍著.——上海：晨光出版公司，1946.11.——书目来源：上海图书馆

媳妇的命运／沙雁著.——［出版地不详］：建国书店，1945.——本书即《后防集》的改名重版.——书目来源：苏州大学图书馆

小白马／王亚平著.——［出版地不详］：建国书店，1945.——书目来源：

苏州图书馆、陕西师范大学图书馆、北京大学图书馆

小人物狂想曲/ 沈浮. ——[出版地不详]：新生图书文具公司，1945. ——书目来源：重庆图书馆

信/ 方令孺著. ——上海：文化生活出版社，1945. ——在北碚时期出版的散文集. ——书目来源：《北碚文史资料》第4辑"抗日战争时期的北碚"第402页、重庆图书馆

／方令孺著. ——上海：文化生活出版社，1945.12. ——书目来源：上海图书馆、南京图书馆

星火集/ 何其芳著. ——重庆：群益出版社，1945.9. ——书目来源：上海图书馆

／何其芳著. ——上海：群益出版社，1946. ——书目来源：重庆图书馆

／何其芳著. ——上海：群益出版社，1946.11. ——书目来源：上海图书馆、南京图书馆

／何其芳著. ——上海：群益出版社，1949. ——书目来源：重庆图书馆、上海图书馆、南京图书馆

星群/ 王亚平. ——重庆：春草诗社，1945. ——书目来源：重庆图书馆

幸福天堂：儿童话剧/ 刘念渠著. ——重庆：商务印书馆，1945. ——书目来源：重庆图书馆

夜歌/ 何其芳著. ——重庆：诗文学社，1945. ——新诗集，后改名《夜歌和白天的歌》。收《成都，让我把你摇醒》《一个泥水匠的故事》《夜歌》《快乐的人们》《黎明》等26首诗. ——书目来源：重庆图书馆

／何其芳著. ——重庆：诗文学社，1945.5. ——书目来源：上海图书馆

一天的工作/ 茅盾. ——[出版地不详]：印工合作社，1945. ——书目来源：重庆图书馆

莺莺：五幕七场古装历史悲喜剧/ 鲁军. ——重庆：新中国文化社，1945. ——鲁军1945年1月中旬脱稿于陪都. ——书目来源：重庆图书馆、北碚区图书馆

有进无退/ 冯雪峰著. ——重庆：国际文化报务社，1945. ——1944年7月

至 1945 年 7 月在重庆所写杂文结集. ——书目来源：Stanford University（斯坦福大学）图书馆、复旦大学图书馆、长沙理工大学图书馆、福建师范大学图书馆

/雪峰著. ——重庆：国际文化报务社，1948.5. ——书目来源：复旦大学图书馆、黑龙江省图书馆、武汉大学图书馆、广东省立中山图书馆

雨打梨花/赵清阁著. —— [出版地不详]：妇女月刊社，1945.8. ——自序：清阁三十一年十月十三日于北碚竹芦. ——书目来源：西南大学图书馆、南京大学图书馆、复旦大学图书馆、嘉兴学院图书馆

语体诗歌史话/李岳南著. —— [作者不详]：拔提书店，1945. ——诗焦点丛书. ——书目来源：中国社会科学院图书馆、吉林省图书馆

鸎儿记/徐仲年著. ——重庆：大道出版社，1945. ——长篇小说. ——书目来源：重庆图书馆、四川省图书馆

鸳鸯剑/赵清阁著. ——重庆：黄河书局，1945. ——四幕六场悲剧尤氏姊妹故事. ——书目来源：国家图书馆、重庆图书馆、湖南图书馆

月上柳梢/赵清阁著. ——重庆：黄河书局，1945. ——书目来源：重庆图书馆

乐章习诵/卢前著. ——重庆：文风书局，1945. ——增订六卷本，序言：民国三十三年十月再记于北碚国立礼乐馆. ——书目来源：重庆图书馆、北碚区图书馆

在混乱里面/胡风著. —— [重庆]：作家书屋，1945. ——胡风第五批评论文集。收作者写于 1942—1943 年间的文艺论文和序跋《关于创作发展的二、三感想》《如果现在他还活着》《四年读诗小记》《"北京人"速写》《死人复活的时候》《〈旗〉后记》《东平短篇小说集题记》等 27 篇. ——书目来源：黑龙江省图书馆、上海社会科学院图书馆、广东省立中山图书馆、苏州图书馆、天津图书馆、吉林省图书馆

/胡风著. —— [重庆]：作家书屋，1949.9. ——书目来源：Stanford University（斯坦福大学）图书馆、复旦大学图书馆、Berlin State Library（德国柏林国家图书馆）、武汉大学图书馆、台湾大学图书馆、吉林大学图书馆

在战斗的中国/（日）绿川英子著.——重庆：世界语函授学社，1945.——书目来源：重庆图书馆

怎样写小说/王平陵著.——重庆：天地出版社，1945.——书目来源：重庆图书馆、广东省立中山图书馆、河南大学图书馆、吉林省图书馆

战友/艾芜著.——[出版地不详]：[出版者不详]，1945.——书目来源：四川省图书馆

战争颂/任钧编著.——[重庆]：华美书屋，1945.6.——本书收《当那一天来到的时候》《我们是光荣幸福的一代》《捷音中的山城》等14首.——书目来源：安徽大学图书馆、贵州省图书馆

中华儿女/任钧编著.——[重庆]：国民图书出版社，1945.5.——《中华儿女》《女战士》《幻想曲》《"皇军"的嘴脸》《铁蹄下的女性》《出发之前》6个独幕剧.——书目来源：广东省立中山图书馆、贵州省图书馆、中共四川省委党校图书馆、西南大学图书馆

中印公路是怎样打通的/黄仁宇等撰；大公报馆编.——重庆：大公报馆，1945.——抗战通讯报道集.——书目来源：重庆图书馆、国家图书馆、南京图书馆、贵州省图书馆、西南政法大学图书馆

壮志凌云/陶雄.——重庆：独立出版社，1945.——1944年12月7日写于重庆.——书目来源：重庆图书馆、北碚区图书馆

祖国的黎明/王平陵著.——[出版地不详]：国民图书出版社，1945.——书目来源：贵州大学图书馆、天津图书馆、中国社会科学院图书馆、吉林省图书馆

1946年

暗流/甘祠森.——[出版地不详]：文光书店，1946.4.——书目来源：Stanford University（斯坦福大学）图书馆、复旦大学图书馆、嘉兴学院图书馆、北京大学图书馆、中国社会科学院图书馆

巴渝小集/隋树森著.——重庆：商务印书馆，1946.——书目来源：重庆图书馆、南京图书馆

宝贝儿/臧克家著.——上海：万叶书店，1946.——诗集。收《胜利》

《人们是什么》《消息》《问》等17首。书前有著者的《刺向黑暗的"黑心"》一文代序. ——书目来源: 重庆图书馆

／臧克家著. ——上海: 万叶书店, 1946.5.20. ——书目来源: 上海图书馆

草莽英雄／阳翰笙著. ——重庆: 群益出版社, 1946. ——在北碚疗养时期改编成的电影剧本. ——书目来源: 重庆图书馆

／阳翰笙著. ——上海: 群益出版社, 1946.8. ——书目来源: 上海图书馆

／阳翰笙著. ——上海: 群益出版社, 1949. ——在南温泉创作的话剧本. ——书目来源: 重庆图书馆、国家图书馆、上海图书馆、南京图书馆、四川省图书馆

重庆风景线／[作者不详]. ——[出版地不详]: 建国书社, 1946.9. ——收《洋狗坐飞机》《孔二小姐出阁》《斗富与斗穷》《隧道大惨案》四篇揭露性报告文学。另有剧本《一个家庭的悲剧》. ——书目来源: 天津图书馆、中国社会科学院图书馆

／[作者不详]. ——辽东: 建国书社, 1946.9. ——书目来源: 江西省图书馆

重庆什谭／（美）巴齐尔著; 汪宏声译. ——[出版地不详]: 文通书局, 1946.5. ——书目来源: 复旦大学图书馆、河南大学图书馆、中国社会科学院图书馆

重庆哟！我把你唱成歌儿写成诗／李冰若著. ——重庆: 民享出版社, 1946. ——这是李冰若于民国三十五年写成的一部赞扬重庆的长诗, 分上、下篇。书前有《罗斯福致重庆市民书》, 末有著者后记及《秋风秋雨》一文. ——书目来源: 重庆图书馆、国家图书馆

处女的心／佐临, 黄宗江等改编. ——重庆: 联益出版社, 1946.5. ——收《处女的心》（苏联Y.雅鲁纳尔原作; 佐临, 黄宗江改编）、《风流老人》（英Stanley Houghton作; 徐昌霖改编, 1942年11月完稿）、《同病相怜》（曾卓作）《会客室风波》（美Booth Tarkington作; 夏候文改编）. ——书目来源: 河北师范大学图书馆、温州市图书馆、中国社会科学院图书馆

第四病室／巴金著. ——重庆: 良友复兴图书印刷公司, 1946.1. ——抗战

后期在重庆居住期间创作的长篇小说. ——书目来源：上海图书馆

／巴金著. ——上海：晨光出版社，1946.11. ——书目来源：重庆图书馆

／巴金著. ——上海：晨光出版社，1947.3. ——书目来源：上海图书馆、南京图书馆

／巴金著. ——上海：晨光出版社，1948.2. ——书目来源：上海图书馆、重庆图书馆

／巴金著. ——上海：晨光出版社，1948.12. ——书目来源：上海图书馆

东海巴山集 ／ 老舍著. ——上海：新丰出版公司，1946.2. ——短篇小说。此集所收或成于青岛，或成于重庆，故以东海巴山名之. ——书目来源：重庆图书馆、南京图书馆

峨嵋七矮：蜀山续集 ／ 还珠楼主著. ——上海：正气书局，［1946.12—1947.6］. ——书目来源：上海图书馆

法西斯细菌 ／ 夏衍著. ——［出版地不详］：开明书店，1946. ——五幕话剧. ——书目来源：复旦大学图书馆、黑龙江省图书馆、温州市图书馆、四川师范大学图书馆

风萧萧 ／ 徐訏著. ——上海：怀正文化社，1946. ——1943年3月1日至1944年3月11日《风萧萧》开始在《扫荡报》副刊连载。两册. ——作者简介：徐訏（1908—1980），原名徐传琮，笔名有徐于、史大刚、东方既白等，浙江宁波慈溪人。1942—1943年在重庆. ——书目来源：重庆图书馆、国家图书馆、江西省图书馆

／徐訏著. ——上海：怀正文化社，1947，再版. ——书目来源：重庆图书馆、国家图书馆

／徐訏著. ——上海：怀正文化社，1948.2，4版. ——书目来源：重庆图书馆、广西壮族自治区图书馆

耕罢集 附滇黔寄兴 ／ 罗家伦著. ——上海：商务印书馆，1946. ——书目来源：重庆图书馆、上海图书馆

关羽 ／ 赵清阁著. ——［出版地不详］：正中书局，1946. ——自序：清阁（民国）三十年仲秋前夕于北碚. ——书目来源：复旦大学图书馆、广东省立中

山图书馆、苏州图书馆、天津图书馆、北京大学图书馆

化雪夜/ 沙鸥著. ——上海：春草诗社，1946. ——本书内收《巴黎先贤祠的伟观》《欧洲文豪心目中的中国》《记者及画家笔下的中国》《凭吊古战场》《欧洲两小国》等17篇文章。其中多半是著者在欧洲旅行期间的通讯报道. ——书目来源：重庆图书馆

/ 沙鸥著. ——上海：春草社，1947. ——书目来源：重庆图书馆

娇喘/ 王平陵著. ——［出版地不详］：亚洲图书社，1946. ——书目来源：Stanford University（斯坦福大学）图书馆

金黄色的小米/ 田涛. ——上海：建国书店，1946. ——中篇小说. ——书目来源：重庆图书馆、国家图书馆、南京图书馆、四川省图书馆

晋察冀行/ 周而复著. ——［出版地不详］：阳光出版社，1946. ——收：聂荣臻将军. ——聂荣臻（1899—1992），字福骈，重庆江津人. ——书目来源：东南大学图书馆、复旦大学图书馆、长沙理工大学图书馆、中国社会科学院图书馆、山东大学图书馆

/ 周而复. ——［出版地不详］：东北书店，1947. ——收：聂荣臻将军. ——书目来源：北京大学图书馆、天津图书馆、复旦大学图书馆

流水飞花/ 赵清阁著. ——［出版地不详］：名山书局，1946.11. ——自序：三十四年三月三十一日夜于山城神仙洞. ——书目来源：复旦大学图书馆、广东省立中山图书馆、苏州图书馆、中国社会科学院图书馆

琉璃江旁的琉璃宫/ 杨家骆著. ——［出版地不详］：世界书局，1946. ——书目来源：重庆图书馆

柳湖侠隐：武侠小说/ 还珠楼主著. ——上海：正气书局，［1946.10—1948.5］. ——共5集26回. ——书目来源：上海图书馆

陆军忠勇故事集/ 孔繁霖编. ——北京：青年出版社，1946.8，再版. ——青年模范丛书编辑旨趣文末，有"柳克述敬识，三十四年五月五日于陪都"。本书收有张自忠等人. ——书目来源：西南大学图书馆、广西师范大学图书馆、Stanford University（斯坦福大学）图书馆、黑龙江省图书馆、吉林省图书馆、上海社会科学院图书馆

旅途杂记/ 巴金. ——上海：万叶书店，1946. ——文章十五篇，是在1940—1945年五年间在昆桂渝蓉的旅寓中写的. ——书目来源：复旦大学图书馆、北京大学图书馆、吉林大学图书馆、湖北省图书馆

没有花的春天/ 碧野. ——上海：建国书店，1946.6. ——书目来源：重庆图书馆、上海图书馆

/ 碧野. ——重庆：建国书店，1946.9. ——书目来源：重庆图书馆

求爱/ 路翎著. ——上海：海燕书店，1946. ——短篇小说，在北碚时写成. ——书目来源：南京图书馆

任钧诗选/任钧著；范泉主编. ——［出版地不详］：［出版者不详］，1946.6. ——书目来源：复旦大学图书馆、黑龙江省图书馆、Berlin State Library（德国柏林国家图书馆）、四川大学图书馆、中国社会科学院图书馆、吉林省图书馆

山城的雾季/ 朱雷著. ——上海：华夏文化事业社，1946. ——书目来源：重庆图书馆

/ 朱雷著. ——上海：华夏文化事业社，1946.4. ——书目来源：上海图书馆

胜利带来了一切/ 陶行知著. ——莒南：山东新华书店，1946. ——内辑歌谣28篇. ——书目来源：国家图书馆

诗魂冷月/ 赵清阁著. ——［出版地不详］：名山书局，1946.2. ——三十四年元月二十八日夜清阁序于陪都. ——书目来源：嘉兴学院图书馆

蜀山剑侠传/ 还珠楼主著. ——上海：正气书局，1946—1947. ——书目来源：南京图书馆

蜀行漫记/ 冯石竹著. ——上海：经纬书局，1946. ——收白帝城巡礼、重庆旅感录、成都胜迹、灌县都江堰游访记、青城山、谈写峨嵋山、李庄杂写、话别成都等八篇. ——书目来源：重庆图书馆、广西壮族自治区图书馆

/ 冯石竹著. ——上海：经纬书局，1946.4. ——书目来源：上海图书馆

/ 冯石竹著. ——上海：经纬书局，1946.11. ——书目来源：上海图书馆

蜀游草/ 江庸撰. ——重庆：大东书局，1946. ——书目来源：南京图书馆

四世同堂/ 老舍著. ——上海：晨光出版公司，1946. ——1944—1946年在

北碚创作第一部《惶惑》、第二部《偷生》。第一部、第二部、第三部最初都是连载于 1944 年、1945 年重庆的《扫荡报》《和平日报》. ——书目来源：《北碚地方志》第 564—565 页、重庆图书馆、南京图书馆

　　/ 老舍著. ——上海：晨光出版公司，1947. ——书目来源：重庆图书馆

　　/ 老舍著. ——上海：晨光出版公司，1947.4. ——第二部 偷生. ——书目来源：上海图书馆

　　/ 老舍著. ——上海：晨光出版公司，1948. ——第二部 偷生. ——书目来源：云南省图书馆

　　/ 老舍著. ——上海：晨光出版公司，1948.9. ——第二部 偷生. ——书目来源：上海图书馆

　　宿店/ 邵荃麟著. ——[出版地不详]：新知书店，1946. ——本书收《一个女人和一条牛》《宿店》《大铜山的一夜》《旅途小景》《歌手》《一个副站长的自白》6 篇小说. ——书目来源：Stanford University（斯坦福大学）图书馆、云南大学图书馆、复旦大学图书馆、黑龙江省图书馆、Berlin State Library（德国柏林国家图书馆）、首都图书馆

　　蜗牛在荆棘上/ 路翎著. ——上海：新新出版社，1946. ——人民文艺丛书，短篇小说，在北碚时写成. ——书目来源：《北碚文史资料》第 4 辑"抗日战争时期的北碚"第 427 页、上海图书馆、四川大学图书馆

　　我的旅伴/ 艾芜著. ——上海：华夏书店，1946. ——书目来源：重庆图书馆、南京图书馆、广西壮族自治区图书馆

　　武当异人传/ 还珠楼主著. ——上海：两利书局，1946.10. ——长篇武侠. ——书目来源：上海图书馆

　　雾里重庆/ 北鸥著. ——北平：作者出版社，1946.6. ——书目来源：国家图书馆

　　/ 北鸥著. ——[出版地不详]：作者出版社，1946. ——书目来源：四川省图书馆、国家图书馆

　　希望/ 田涛. ——上海：万叶书店，1946.6.20. ——书目来源：上海图书馆、四川省图书馆

新标准故事丛刊　秦良玉/郑慧贞编．——[出版地不详]：大方书局，1946.12．——书目来源：重庆数字图书馆

新都花絮/端木蕻良著．——北京：知识出版社，1946．——1938—1940年在重庆创作．——书目来源：四川大学图书馆、中国社会科学院图书馆、复旦大学图书馆

新中国的成长/（英）冈瑟·斯坦因著．——[出版地不详]：希望书店，1946.10．——内有"重庆的反响"一章，写重庆的状况．——书目来源：重庆数字图书馆

雅兰亭的圣诞老人／杨家骆著．——[出版地不详]：世界书局，1946．——有梦的舞台与序幕、模型中的自然世界游记、模型中的学典世界游记、模型中的初期大同世界游记等内容．——书目来源：重庆图书馆

亚格曼农王/（希腊）爱斯古里斯著；叶君健译．——上海：文化生活出版社，1946.9．——抗战时期在复旦大学任教时翻译．——书目来源：四川外国语大学图书馆、北京大学图书馆、中国社会科学院图书馆、复旦大学图书馆、四川师范大学图书馆

延安归来，又名，**延安五日记**/黄炎培著．——[出版地不详]：胜利出版社，[1946？]．——书目来源：南京图书馆

焰／田涛．——北平：大道出版社北平分社，1946．——长篇小说．——书目来源：国家图书馆、四川省图书馆

一个美国医师的重庆杂谭，其他题名，重庆杂谭/（美）贝西尔（George C. Basil M. D.）著；钱士，汪宏声译．——上海：文通书局，1946.5．——书目来源：国家图书馆、天津图书馆

永远结不成的果实/王亚平著．——[出版地不详]：文通书局，1946.12．——1944年11月25日序于重庆．——书目来源：Stanford University（斯坦福大学）图书馆、复旦大学图书馆、Berlin State Library（德国柏林国家图书馆）、河北师范大学图书馆、浙江大学图书馆

预言/何其芳著．——上海：文化生活出版社，1946．——内分三卷，有"预言"、"季候病"、"脚步"、"欢乐"、"雨天"、"柏林"、"送葬"等．——书

目来源：重庆图书馆

／何其芳著．——上海：文化生活出版社，1949．——书目来源：上海图书馆

／何其芳著．——上海：文化生活出版社，1949．1．——书目来源：上海图书馆

月光下／郭沫若．——上海：建国书店，1946．——书目来源：《陪都人物纪事》第 189 页、重庆图书馆、上海图书馆、南京图书馆

云海争奇记／还珠楼主著．——上海：两利书局，［1946．10 —1948．9］．——武侠名著．——书目来源：上海图书馆

／还珠楼主著．——天津：励力出版社，［1941．8］．——书目来源：上海图书馆

／李寿民．——［出版项不详］．——书目来源：《四川省志 人物志》第 544 页

中国密室／（美）赫伯特·O. 雅德利著．——［出版项不详］．——1946—1947 年间写成，着重写有关战时重庆的作品．——书目来源：《民国密码战》

1947 年

巴渝春秋／刘玉声．——［出版地不详］：［出版者不详］，1947．——书目来源：《重庆掌故·前言》（王秉诚，重庆出版社，1986）

边塞英雄谱／还珠楼主著．——上海：正气书局，［1947］．——书目来源：国家图书馆、天津图书馆

钵水文约 3 卷／苏渊雷．——［重庆］：钵水斋，1947．8．——苏渊雷于 1943 年在重庆北碚及上清寺创办"钵水斋"书店．——书目来源：Stanford University（斯坦福大学）图书馆、上海社会科学院图书馆、嘉兴学院图书馆

仓房里的男人／（法）米尔博著；马宗融译．——上海：文化生活出版社，1947．10．——译者 1945 年 12 月作前记．——书目来源：云南大学图书馆、嘉兴学院图书馆、成都图书馆

重庆交响乐／西蒙著．——［射阳］：韬奋书店，［1947］，78 页．——第一部 浑浊的城，话剧剧本．——书目来源：国家图书馆

/西蒙著．——[出版地不详]：韬奋书店，[194—?]，78页．——第一部 浑浊的城．——书目来源：国家图书馆

/西蒙著．——[出版地不详]：韬奋书店，[194—?]，70页．——第一部 浑浊的城．——书目来源：国家图书馆

/西蒙著．——[出版地不详]：韬奋书店，[194—?]．——第二部、第三部 窒息的城、不死的城。话剧剧本．——书目来源：国家图书馆

重庆奇谭/ 司马訏著．——[出版地不详]：中心书局，1947.1.——书目来源：Stanford University（斯坦福大学）图书馆、复旦大学图书馆、中国青年政治学院图书馆、苏州图书馆、嘉兴学院图书馆

/司马訏著．——上海：中华书局，1947．——书目来源：上海图书馆

丑角的世界/ 方敬．——上海：星群出版社，1947．——书目来源：四川省图书馆

丁树诚先生纪行诗□□卷/（清）丁树诚撰．——[出版地不详]：[出版者不详]，1947，铅印本．——一册．——书目来源：《巴蜀近代诗词选》第1页，今存四川人民出版社1984年出版排印本

沸羹集/ 郭沫若著．——上海：大孚出版公司，1947.12.——文艺论集，此时作者生活于重庆，属文工会．——书目来源：《重庆文史资料丛刊·重庆抗战纪事》第255页、上海图书馆、南京图书馆

歌谣快板集/ 太行群众书店编．——[出版地不详]：太行群众书店，1947．——收《歌唱刘伯承将军》《天上一颗星》《九月的蚊子》等民谣、童谣、山歌、快板等84首。书末附蒋管区民谣24首．——书目来源：中共山东省委党校图书馆

故乡/ 艾芜著．——上海：自强出版社，1947．——书目来源：重庆图书馆、上海图书馆

/艾芜著．——[出版地不详]：自强出版社，1947．——书目来源：四川省图书馆

挂剑集/ 舒芜著．——上海：海燕书店，1947.5.——分6辑，收《吹毛求疵录之一》《不暇自我的丑角》《耶稣闻道记》《王莽的训导方法》《我的怀乡》

《两层雾罩下的黑格尔》《国家行为的伦理问题》《尊师一法》《论文的风格》等 47 篇，分属杂文、散文、文教问题短论、思想学术问题短论 4 类，多篇作于重庆．——作者简介：舒芜（1922—2009），原名方珪德，安徽桐城人，1943—1946 年夏生活在重庆．——书目来源：Stanford University（斯坦福大学）图书馆、复旦大学图书馆、黑龙江省图书馆、Berlin State Library（德国柏林国家图书馆）

海滨吹笛人/ 常任侠著．——重庆：建文书局，1947．——书目来源：重庆图书馆

寒夜/ 巴金著．——上海：晨光出版社，1947.3．——抗战后期在重庆居住期间创作的中篇小说．——书目来源：上海图书馆

／巴金著．——上海：晨光出版社，1949.2．——抗战后期在重庆居住期间创作的中篇小说．——书目来源：上海图书馆

黑孩儿/ 李寿民．——上海：正气书局，1947．——游侠列传。1 卷出版于 1947 年 5 月，2 卷出版于 1947 年 1 月，3 卷出版于 1947 年 4 月，武侠小说．——书目来源：《长寿县志》第 1155 页、重庆图书馆

／还珠楼主著．——上海：正气书局，1947.11．——上集．——书目来源：南京图书馆

／还珠楼主著．——上海：正气书局，［1948.4—1948.5］．——武侠小说．——书目来源：上海图书馆

湖滨秋色/ 王平陵著．——［出版地不详］：商务印书馆，1947.5．——本书收《重庆的一角》《新亭泪》《国土无双》《陵园明月夜》《休矣！十二时》《做戏》《进城》《湖滨秋色》《期待》9 篇小说．——书目来源：Stanford University（斯坦福大学）图书馆、复旦大学图书馆、广西师范大学图书馆

虎爪山王/ 还珠楼主著．——上海：正气书局，1947．——武侠中篇小说．——书目来源：《长寿县志》第 1155 页、重庆图书馆

／李寿民．——上海：正气书局，1947.12．——书目来源：重庆图书馆

／李寿民．——［出版地不详］：正气书局，1947.12．——书目来源：天津图书馆

击缶集／洪蒙.——［出版地不详］：回飙社，1947.——诗集。收有过三峡、沙坪坝话别、独坐涪江边磐石上等.——书目来源：广东省立中山图书馆、吉林省图书馆

今天／草明.——哈尔滨：光华书店，1947.11.——收有：遗失的笑（1940年11月写于重庆）、南温泉的疯子（1939年写于南温泉）.——作者简介：草明（1913—2002），原名吴绚文，广东顺德人。1939—1940年在重庆.——书目来源：西南大学图书馆、中共四川省委党校图书馆、复旦大学图书馆

恐怖的笑／田涛.——上海：东新图书杂志出版社，1947.——短篇小说.——书目来源：上海图书馆、四川省图书馆

狼群：三幕剧／（法）罗曼·罗兰（Romain Rolland）著；沈起予译.——上海：骆驼书店，1947.——书目来源：重庆图书馆、南京图书馆

冷魂峪／还珠楼主著.——上海：正气书局，1947.——书目来源：国家图书馆、天津图书馆

力：1—8／李寿民.——上海：正气书局，1947.6—7.——1.2卷出版于1949.6，3—4卷出版于1949.7，5—8卷出版于1950年后.——民国时期武侠小说，共5集25回.——书目来源：《长寿县志》第1155页、重庆图书馆

林桂清／沙鸥著.——上海：春草社，1947.——春草诗丛.——书目来源：重庆图书馆、南京图书馆

流亡国／田涛.——重庆：说文社，1947.——中篇小说.——书目来源：重庆图书馆

龙池山馆诗／李重人.——［出版地不详］：［出版者不详］，1947.3.——李先生在抗战期间在万县撰写.——书目来源：《巴蜀近代诗词》卷二、国家图书馆

母亲的肖像／徐訏著.——上海：夜窗书屋，1947.——1944年成都东方书店曾以话剧形式出版.——书目来源：吉林省图书馆、国家图书馆、辽宁省图书馆、湖南图书馆、上海图书馆

欧那尼／（法）雨果著；陈瘦竹译.——上海：群益出版社，1947.3.——书目来源：南京图书馆、重庆图书馆、湖南图书馆、国家图书馆、首都图

书馆

入蜀稿五卷附录一卷国声集一卷/唐鼎元撰．——［出版地不详］：［武进江镜澄］，1947，铅印本．——二册．——作者简介：唐鼎元（1894—1988），字玉虬，号髯公，江苏常州人．曾任国医馆学术整理委员会名誉委员、南京中医学院教授．——书目来源：复旦大学图书馆、南开大学图书馆、南京大学图书馆、华东师范大学图书馆

山城杂记/林畏之著．——台北：著者刊，1947．——收《黄昏》《山尼》《荷花》《鸡》《送枕萍》《鸽的故事》等27篇，是作者抗战期间写作的．——书目来源：重庆图书馆、南京图书馆

/林畏之著．——台北：［出版者不详］，1947.4.30．——书目来源：上海图书馆

蜀山剑侠新传/还珠楼主著．——上海：百新书店有限公司，1947．——第一集、第二集、第三集．——书目来源：国家图书馆

/还珠楼主著．——上海：百新书店有限公司，1948．——第四集．——书目来源：国家图书馆

水浒外传/刘盛亚．——上海：怀正文化社，1947．——书目来源：辽宁省图书馆、天津图书馆、湖南图书馆、首都图书馆

四川的孩子/牧子著．——［出版地不详］：今日新闻社出版，1947．——书目来源：重庆图书馆

叟岩诗草/刘泽嘉撰．——［出版地不详］：［出版者不详］，1947，铅印本．——一册，二卷．——作者简介：刘泽嘉（1880—1949），字颖滨，笔名叟岩，重庆江津人．——书目来源：国家图书馆

/刘泽嘉著．——［出版地不详］，张采芹刊刻，［出版时间不详］．——由其婿张采芹集资刊刻一卷。张采芹（1901—1984），别名张学荣，重庆江津人．——书目来源：《江津文史资料选辑》第10辑第1页

天地玄黄/郭沫若著．——上海：大孚出版公司，1947．——文艺论集，作者在重庆，属文工会．——书目来源：重庆图书馆、广西壮族自治区图书馆

/郭沫若著．——上海：大孚出版公司，1947.12．——书目来源：上海图

书馆

沃土/ 田涛. ——上海：文化生活出版社，1947. ——长篇小说. ——书目来源：重庆图书馆、国家图书馆、上海图书馆、南京图书馆、四川大学图书馆、四川省图书馆

吾土吾民/ 达德赖·尼柯尔斯编剧；袁俊译. ——上海：文化生活出版社，1947. ——书目来源：复旦大学图书馆、温州市图书馆、四川师范大学图书馆、广东省立中山图书馆

/ 达德赖·尼柯尔斯编剧；袁俊译. ——［出版地不详］：文化生活出版社，1947. ——八幕剧. ——书目来源：兰州大学图书馆、浙江图书馆

行知诗歌集/ 陶行知著. ——上海：儿童出版社，1947. ——书目来源：重庆图书馆

英美闲吟/ 徐近之著. ——杭州：当代出版社，1947. ——旧体诗集. ——作者简介：徐近之（1908—1982），重庆永川人. ——书目来源：南京图书馆、四川省图书馆

元曲概说/（日）盐谷温著；隋树森译. ——上海：商务印书馆，1947. ——隋树森民国三十年三月序于江津白沙. ——作者简介：隋树森，抗战时期在重庆生活. ——书目来源：南京图书馆

湛蓝的海/ 碧野. ——上海：新新出版社，1947.12. ——书目来源：上海图书馆

自勉斋随笔/ 陈邦贤. ——［出版地不详］：世界书局，1947.9. ——收《巴渝十二景》等文章. ——书目来源：复旦大学图书馆、广东省立中山图书馆、贵州省图书馆、中国社会科学院图书馆、天津图书馆

1948 年

百丑图/ 沙鸥著. ——［出版地不详］：新诗歌社，1948. ——本书收《百丑图》《哀太子》《送葬》等11首. ——书目来源：广东省立中山图书馆、内蒙古大学图书馆

北海屠龙记/ 还珠楼主著. ——上海：百新书店，1948.3. ——书目来源：南京图书馆

／还珠楼主著．——重庆：百新书店，1949．——书目来源：贵州省图书馆

长眉真人专集／还珠楼主著．——上海：正气书局，1948．——书目来源：国家图书馆、江西省图书馆

／还珠楼主著．——上海：正气书局，1949．——书目来源：国家图书馆

大漠英雄：1—6／李寿民．——香港：百新书店，1948.7—1949.3．——1卷出版于1949.10，2—6卷出版于1948.7—1949.3．——书目来源：《长寿县志》第1155页、重庆图书馆

大侠狄龙子／李寿民．——上海：正气书局，1948.7—1949.9．——共11卷。1卷（1948.7），2卷（1948.10），3卷（1948.12），4卷（1949.3），5卷（1949.4），6卷（1949），7卷（1949.5），8卷（1949.9）．——书目来源：重庆图书馆（第1—5、7—8卷）、吉林省图书馆（第6卷）、国家图书馆（第6卷）

发光的年代／任钧著．——上海：星群出版社，1948.6．——书目来源：复旦大学图书馆、吉林省图书馆、中国社会科学院图书馆

腊梅花开／田涛．——［出版地不详］：文艺出版社，1948.1．——短篇杰作选辑之一．——书目来源：上海图书馆、四川省图书馆

刘伯承的故事／［作者不详］．——［出版地不详］：大众书店，1948．——收《做毛主席的小学生》《送儿子上群众学校》《吹鼓手的儿子不能考秀才》《自卫战场上的刘伯承将军》等8篇故事．——书目来源：重庆图书馆

／［作者不详］．——［出版地不详］：大众书店，1948.1．——书目来源：南京图书馆

聂荣臻大战孙连仲／小云著．——［出版地不详］：学生书店，1948．——书目来源：Stanford University（斯坦福大学）图书馆、长沙理工大学图书馆、浙江财经大学图书馆、郑州师范学院图书馆、浙江大学图书馆

女侠夜明珠／李寿民．——上海：广艺书局，1948—1949．——1、2、3、4、5共5集。是一部武侠小说，讲述女侠夜明珠的事迹。出版时间：第1集1948.10，第2集1949.4，第3集1949.5，第4集1949.10，第5集1949.10．——书目来源：《长寿县志》第1155页、重庆图书馆

漂泊西南天地间／朱契著．——［出版地不详］：正中书局，1948．——作者抗战期间的旅行散文，有巫山纪游、缙云游草、南泉建文峰纪游等篇章．——书目来源：重庆图书馆

青门十四侠／还珠楼主著．——上海：正气书局，1948．——书目来源：国家图书馆、首都图书馆

山城雾／张契渠著．——［出版地不详］：正中书局，1948．——书目来源：Stanford University（斯坦福大学）图书馆、广东省立中山图书馆、中国社会科学院图书馆

山野／艾芜著．——上海：文化生活出版社，1948．——开始写于桂林，后来续写于重庆，最后完成于上海．——书目来源：四川省图书馆

烧村／沙鸥著．——［出版地不详］：新诗歌社，1948．——书目来源：重庆数字图书馆

生之胜利／方敬作．——上海：文化生活出版社，1948．——书目来源：重庆图书馆、南京图书馆

／方敬作．——上海：文化生活出版社，1948.11．——书目来源：国家图书馆、上海图书馆、四川省图书馆

／方敬作．——重庆：文化生活出版社，1948.11．——书目来源：国家图书馆、上海图书馆

受难者的短曲／方敬作．——上海：星群出版社，1948.5．——书目来源：上海图书馆、南京图书馆

万里孤侠／还珠楼主著．——上海：百新书店股份有限公司，［1948.6—1948.10］．——书目来源：上海图书馆

我的青年时代／艾芜著．——上海：开明书店，1948．——书目来源：重庆图书馆、国家图书馆、南京图书馆、四川省图书馆

／艾芜著．——上海：开明书店，1949．——书目来源：云南省图书馆

雾都／李辉英著．——上海：怀正文化社，1948．——书目来源：国家图书馆、南京图书馆

西厢记笺证／（元）王实甫著；陈志宪编纂．——北京：中华书局，

1948.——本书 21 折，每折后均有详细注释考证.——作者简介：陈志宪（1908—1976），字孝章，别号施堂。重庆酉阳龙潭镇人.——书目来源：云南大学图书馆、西南民族大学图书馆、四川师范大学图书馆、武汉大学图书馆、广西师范大学图书馆、上海社会科学院图书馆

／陈志宪等.——上海：中华书局，1948.5.——书目来源：上海图书馆、南京图书馆

乡愁／艾芜著.——上海：中兴出版社，1948.——书目来源：重庆图书馆、国家图书馆、南京图书馆、四川省图书馆

／艾芜著.——上海：中兴出版社，1949.——书目来源：云南省图书馆

新诗话／任钧著.——上海：两间书屋，1948.——全书共计 17 篇，分上下两辑，上辑九篇，除《抗战期间大后方》系写于抗战胜利返沪后，其余八篇都是在重庆写。下辑则为抗战爆发前，写于上海的作品.——书目来源：Stanford University（斯坦福大学）图书馆、云南大学图书馆、复旦大学图书馆

／任钧著.——［上海］：国际文化服务社，［出版时间不详］.——书目来源：四川师范大学图书馆、西南交通大学图书馆、吉林师范大学图书馆

行吟的歌／方敬作.——重庆：文化生活出版社，1948.7.——书目来源：上海图书馆

／方敬作.——上海：文化生活出版社，1948.——书目来源：南京图书馆

／方敬作.——上海：文化生活出版社，1948.7.——书目来源：上海图书馆

／方敬作.——［出版地不详］：文化生活出版社，1948.——书目来源：四川大学图书馆

行知诗歌选／陶行知著.——［出版地不详］：光华书店，1948.——书目来源：重庆图书馆、国家图书馆、南京图书馆

烟雾／艾芜著.——上海：中原出版社，1948.——1944 年从桂林逃难到重庆，此后一直任教于重庆大学.——书目来源：国家图书馆、南京图书馆、四川省图书馆

张自忠的故事／吴组缃撰文.——［出版地不详］：教育书店，1948.5.

——书目来源：复旦大学图书馆、上海社会科学院图书馆、浙江大学图书馆、广东省立中山图书馆

征轮侠影／还珠楼主著．——上海：三新书店，1948．——正集．——书目来源：国家图书馆

／还珠楼主著．——上海：励力出版社，[1948]．——第三集．——书目来源：国家图书馆

／还珠楼主著．——上海：三新书店，1949．——第二集．——书目来源：国家图书馆

／还珠楼主著．——上海：励力出版社，[1949]．——第四集．——书目来源：国家图书馆

中国新诗：第一集 时间与旗／方敬，辛笛，杭约赫，陈敬容，唐祈，唐湜，中国新诗社著．——上海：森林出版社，1948.6．——英文题名：Contemporarypoetry．——书目来源：上海图书馆

钟楼怪人／刘盛亚著．——成都：中兴日报社，1948．——四幕悲剧，根据雨果的《巴黎圣母院》改编．——书目来源：重庆图书馆

1949 年

兵书峡／还珠楼主著．——上海：正义书局，1949.7．——书目来源：南京图书馆

重庆奇异录／韩永龄著．——重庆：渝风社，1949．——本书乃重庆夜报编辑韩永龄对民国时期川渝等地奇闻异事之辑录，所载故事，大致可以分为两类：一类为鬼怪之说，如《树妖》《无常婆》等；一类为当时的奇人异事，如《夔州怪客》《渝州人妖》和《色杀记》等．——书目来源：重庆图书馆

重慶物語／（日）鹿地亘著．——東京：新星社，1949．——第1（山々の彼方）．——书目来源：日本国立国会图书馆

此间乐／张恨水著．——[出版地不详]：百新书店，1949．——纸醉金迷丛书．——书目来源：复旦大学图书馆、中国社会科学院图书馆

地狱门／刘盛亚著．——北京：春秋出版社，1949.4．——书目来源：复旦大学图书馆、嘉兴学院图书馆、天津图书馆、中国社会科学院图书馆、吉林省

图书馆

／刘盛亚著．——成都：［出版者不详］，［出版时间不详］．——书目来源：重庆图书馆

给少男少女：演讲稿集／李霁野．——上海：文化生活出版社，1949．——附《校门以外》1篇。书前有序。作者1944年至1945年间在重庆江津白沙讲学时写作的散文集。收《读书与生活》《桃花源与牛角湾》《至上的艺术国立女子师范学院爱》《试谈人生》《"严父慈母"的新估价》《漫谈食睡哲学、希腊悲剧、包公案、性别及其它》等六篇．——作者简介：李霁野（1904—1997），安徽霍邱人，1944—1946年生活在重庆．——书目来源：《作家在重庆》第173页、重庆图书馆、上海图书馆、南京图书馆

还乡杂记／何其芳著．——上海：文化生活出版社，1949．——收《呜咽的扬子江》《街》《县城风光》《乡下》《我们的城堡》《私塾师》《老人》《树荫下的默想》八篇。书前有《我的散文（代序）》，末有远兹和作者的附记2篇，以及巴金的《后记》．——书目来源：重庆图书馆、上海图书馆

／何其芳著．——重庆：文化生活出版社，1949.1．——书目来源：上海图书馆

／何其芳著．——上海：文化生活出版社，1949.1．——书目来源：上海图书馆

记忆与忘却／方敬著．——上海：文化工作社，1949．——书目来源：国家图书馆、上海图书馆、南京图书馆

／方敬著．——［出版地不详］：文化工作社，1949.8．——书目来源：四川省图书馆

剑光黛影／还珠楼主著．——上海：励力出版社，［1949］．——书目来源：国家图书馆

剧丛 风流老人／（英）Stanley Houghton著；徐昌霖改编．——［出版地不详］：联益出版社，1949.4．——书目来源：重庆数字图书馆

刘伯承的故事／苏南新华书店编．——［出版地不详］：苏南新华书店，1949.9．——书目来源：重庆数字图书馆

/［作者不详］．——无锡：苏南新华书店，1949．——书目来源：上海图书馆

刘伯承的故事／中原新华书店编辑．——［出版地不详］：中原新华书店，1949．6．——书目来源：武汉大学图书馆、浙江工商大学图书馆、嘉兴学院图书馆

/［作者不详］．——河南：中原新华书店，1949．——收《做毛主席的小学生》《送儿子上群众学校》《吹鼓手的儿子不能考秀才》《自卫战场上的刘伯承将军》等九篇故事．——书目来源：重庆图书馆

龙山四友／还珠楼主著．——上海：育才书局，1949．——书目来源：国家图书馆、吉林省图书馆

娜娜／焦菊隐翻译．——上海；重庆：文化生活出版社，1949．2．——在北碚时翻译．——作者简介：焦菊隐（1905—1975），天津人，曾在重庆生活．——书目来源：上海图书馆

女共产党员／李伯钊著．——北平：解放报，［1949］．——书前有作者前记，写于1949年4月。记述女共产党员帅光同志坚贞不屈同敌人英勇斗争的事迹．——作者简介：李伯钊（1911—1985），女，字承萱，笔名戈丽。重庆巴县人．——书目来源：辽宁省图书馆、山西省图书馆、重庆图书馆、国家图书馆

／李伯钊著．——［出版地不详］：新华书店，1949．——书目来源：重庆图书馆、国家图书馆、南京图书馆

欧洲文学发展史／弗里契著；沈起予译．——上海：群益出版社，1949．——书目来源：重庆图书馆

陕北民歌选／何其芳辑；鲁迅文艺学院编辑．——北京：新华书店，1949．——书目来源：国家图书馆

蜀山剑侠后传／还珠楼主著．——上海：正气书局，1949．——书目来源：国家图书馆

谁征服了谁／张恨水著．——［出版地不详］：百新书店，1949．——纸醉金迷丛书．——书目来源：黑龙江省图书馆、吉林省图书馆、南京大学图书馆

铁狮子胡同的哀歌/ 周开庆著．——重庆：文风书局，1949．——1926 年 3 月 18 日，段祺瑞屠杀北京民众百余人于铁狮子胡同执政府门前，伤无数。此所谓三一八惨案也。作者在这次惨案中身中三弹，卒冒险逃出。书前有田汉著序诗．——书目来源：重庆图书馆

武当七女/ 还珠楼主著．——上海：广艺书局，1949．——书目来源：国家图书馆、天津图书馆

在铁炼中/ 路翎著．——上海：海燕书店，1949．——短篇小说，在北碚时写成．——书目来源：《北碚文史资料》第 4 辑"抗日战争时期的北碚"第 427 页、重庆图书馆

纸醉金迷　社会长篇/ 张恨水著．——［出版地不详］：百新书店，1949．——书目来源：中国社会科学院图书馆

出版时间不详

爱情/（匈）森诃（E. Sinko）等著；马耳译．——［出版地不详］：建国书店，［出版时间不详］．——本书即《故国》一书改书名重版．——书目来源：南京师范大学图书馆

安徽的前线，前线的安徽/ 张恨水著．——［出版项不详］．——书目来源：《重庆晚报》2015 年 11 月 17 日

傲霜花/ 张恨水著．——［出版项不详］．——书目来源：《重庆晚报》2015 年 11 月 17 日

八方风雨/ 老舍著．——［出版项不详］．——长篇回忆录，在北碚写成，另有在北碚创作的数十篇作品，约在 1944—1946 年间．——书目来源：《北碚地方志》第 564—565 页

白发戴花君莫笑/ 金树榕．——［出版项不详］．——诗文集．——作者简介：金树榕（1860—1940），字进庵、睿庵、潛庵、晙安，晚年号渔溪老人。重庆奉节（今属湖北省利川市）人．——书目来源：《奉节县志》第 830 页

白屋家书/ 吴宓编．——［出版项不详］．——作者简介：吴宓（1895—1978），字雨僧，陕西泾阳县人，抗战期间在重庆生活，中国现代著名西洋文学家、国学大师、诗人．——书目来源：《四川省志 人物志》第 466 页

白屋嘉言/ 吴宓编．——［出版项不详］．——书目来源：《四川省志 人物志》第 466 页

半园诗稿/ 张朝墉．——晚年时辑，散佚不全．——书目来源：《奉节县志》第 831 页

半园诗集四卷/张朝墉著．——上海：［出版者不详］，［出版时间不详］．—— 题名亦作《半园老人诗集》．——书目来源：国家图书馆、上海图书馆

北泉丛刊/ 杨家骆．——［出版项不详］．——书目来源：《北碚文史资料》第 4 辑 "抗日战争时期的北碚" 第 411 页

奔流集/ 朱迅著．——［出版项不详］．——作者简介：朱迅，重庆江津人．——书目来源：《江津文史资料选辑》第 6 辑第 55 页

病中杂咏五十首/ 郭文珍．——［出版项不详］．——作者简介：郭文珍（1879—1927），名启儒，字聘初。重庆云阳人．——书目来源：《云阳县志》第 1159 页

钵水斋诗/ 苏渊雷．——未刊．——本书辑诗近二千首．——书目来源：《兼于阁杂著》收有《钵水斋诗》题语、重庆数字图书馆

采薇僧集一卷　采薇僧诗草一卷 / 李滋然．——［出版项不详］，刻本．——附赠和诗草．——书目来源：国家图书馆

采薇僧诗草一卷/ 李滋然．——［出版项不详］．——书目来源：国家图书馆

曹禺戏剧集 / 巴金主编．——［出版项不详］．——抗战后期在重庆居住期间主编．——书目来源：重庆数字图书馆

岑柴诗集/ 郭文珍．——［出版项不详］．——书目来源：《云阳县志》第 1159 页

茶客 / 王冰洋著．——［出版项不详］．——书目来源：《北碚文史资料》第 4 辑 "抗日战争时期的北碚" 第 401 页

嫦娥应悔偷灵药/ 金树榕．——［出版项不详］．——诗文集．——书目来源：《奉节县志》第 830 页

长眉真人传/ 李寿民．——［出版项不详］．——武侠小说．——书目来源：

《长寿县志》第 1155 页

重庆屋檐下：舞台本/徐昌霖原著；史东山改编.——上海：大陆图书杂志出版公司，[出版时间不详].——书目来源：上海图书馆、四川大学图书馆、四川省图书馆

楚辞论文集/佘雪曼.——[出版项不详].——书目来源：《重庆文史馆》第 318 页

川剧钞本花仙剑/（梁山）冉开先编.——抗战年间罗中典钞本.——作者简介：冉樵子（1889—1927），名正梅，别名开先。重庆梁平县人。——书目来源：北碚区图书馆

川剧钞本琴挑/（梁山）冉樵子编.——抗战年间罗中典钞本.——书目来源：北碚区图书馆

川剧钞本贪赌报/李慎馀编.——抗战年间手抄本.——书目来源：北碚区图书馆

川剧钞本无鬼论/（梁山）冉樵子编.——抗战年间罗中典钞本.——书目来源：北碚区图书馆

川剧钞本孝妇羹/（梁山）冉樵子编.——抗战年间罗中典钞本.——书目来源：北碚区图书馆

川剧内影/张德成著.——[出版项不详].——抗战期间在重庆著.——张德成（1888—1967），自贡人。曾任中国戏剧担任陪都（重庆）分会的理事长，1934—1945 年在重庆演出，至 1967 年一直在重庆.——书目来源：《四川省志 人物志》第 578 页

川龙蜀虎/张德成著.——[出版项不详].——书目来源：《四川省志 人物志》第 578 页

春情曲/（苏联）梅里珂夫斯基夫人著；陈翔鹤译.——[出版项不详].——书目来源：《四川省志 人物志》第 600 页

纯真的爱/刘鸿奎著.——[出版项不详].——由暴风雨、纯真的爱、泥泞的路三部组成，在北碚兼善写作出版。茅盾 1945 年 2 月 15 日序于重庆唐家沱。突兀文艺丛书之一.——作者简介：刘鸿奎（1927—?），又名刘秉虔，笔

名有徐邮、沙河等。重庆人．——书目来源：重庆数字图书馆、复旦大学图书馆

从木诗集／万从木．——［出版项不详］．——书目来源：《永川县志》第919页

大红骡子和缺犁耙／碧野．——［出版项不详］．——书目来源：《作家在重庆》第6页

大江东去／张恨水著．——［出版项不详］．——书目来源：《百年小说大师张恨水》（孔庆东，2015年2月6日）

大同变异记／王社松．——［出版项不详］．——清光绪二十六年（1900年）在北京应试，适值"八国联军"攻占北京，他将所见所闻的联军暴行逐日记下．——作者简介：王社松（1856—1917），重庆彭水县人．——书目来源：《彭水县志》第969页

大侠郭解传／李寿民．——［出版项不详］．——长篇历史小说．——书目来源：《长寿县志》第1155页

大侠剧孟／李寿民．——［出版项不详］．——长篇历史小说．——书目来源：《长寿县志》第1155页

大战午城镇／王冰洋编著．——重庆：教育部民众读物编审委员会，［出版时间不详］．——书目来源：国家图书馆

丹凤街／张恨水著．——［出版项不详］．——书目来源：《重庆晚报》2015年11月17日

砀隐集／刘孟伉．——［出版项不详］．——约作于1948年，作者任川东游击纵队七南支队司令员，在龙山鱼泉一带所作，约百余首．——书目来源：《云阳县志》第1102页

滴降佛古体诗／冯承泽．——［出版地不详］：［出版者不详］，清末民初．——作者简介：冯承泽（1856—1928），字笏轩，重庆忠县人．——书目来源：《忠县志》第706页

敌国的疯兵／张恨水著．——［出版项不详］．——书目来源：《百年小说大师张恨水》（孔庆东，2015年2月6日）

毒根草／王冰洋著 . ——［出版项不详］. ——书目来源：《北碚文史资料》第 4 辑"抗日战争时期的北碚"第 401 页

独守丐 第三集／还珠楼主著 . ——［出版地不详］：元昌印书局，［出版时间不详］. ——书目来源：江西省图书馆

多鼠斋杂谈／老舍著 . ——［出版项不详］. ——老舍抗战时期寓居北碚所写下的 12 篇有关抗战的题材散文集 . ——书目来源：《北碚地方志》第 564—565 页、《北碚文史资料》第 9 辑第 167 页

丰收／杨本泉著 . ——［出版项不详］. ——兼善时期写作 . ——作者简介：杨本泉（1923— ），笔名穆仁，四川省武胜县人，为《红岩》小说作者杨益言的兄长 . ——书目来源：《北碚文史资料》第 4 辑"抗日战争时期的北碚"第 252 页

疯狂／张恨水著 . ——［出版项不详］. ——书目来源：《重庆晚报》2015 年 11 月 17 日

烽火集／文德铭著 . ——［出版项不详］. ——书目来源：《涪陵文史资料选辑》第 3 辑第 142 页

桴楼诗稿／刘季刚著 . ——［出版项不详］. ——作者简介：刘季刚（1874—1962），原名刘汝琼，字国璋，辛亥革命后改名刘琼，字季刚，重庆江津人 . ——书目来源：《江津文史资料选辑》第 20 辑第 131 页

桴山诗选／刘季刚著 . ——［出版项不详］. ——书目来源：《江津文史资料选辑》第 20 辑第 131 页

福寿镜／李寿民编写 . ——［出版项不详］. ——剧本 . ——书目来源：《长寿县志》第 1155 页

覆瓿留痕／瞿和开著 . ——［出版项不详］. ——作者简介：瞿和开，生卒年不详，涪陵人 . ——书目来源：《涪陵文史资料选辑》第 3 辑第 143 页

敢死队／章泯 . ——［出版项不详］. ——在重庆创作 . ——作者简介：章泯（1906—1975），四川乐山市峨眉县人 . ——书目来源：《四川省志 人物志》第 626 页

皋兰异人传／还珠楼主著 . ——［出版地不详］：励力出版社，［出版时间不详］. ——书目来源：南京图书馆、广西壮族自治区图书馆

呆仙文集/ 龚世熠. ——已无传. ——作者简介：龚世熠，生卒年不详，字呆仙，祖籍重庆秀山县，酉阳人。宣统己酉科优进士. ——书目来源：酉阳新闻网《酉阳最后一个进士：龚呆仙》，2015－8－17

高木惚吉日记/（日）高木惚吉著. ——[出版项不详]. ——相当多的篇幅记录了重庆大轰炸及其产生的影响. ——书目来源：维基百科 高木惚吉

歌德斐德汶/ 梁宗岱作. ——[出版项不详]. ——传记，在北碚作. ——书目来源：《北碚文史资料》第4辑"抗日战争时期的北碚"第424页

庚辛坠稿/ 刘孟伉. ——[出版项不详]. ——书目来源：《云阳县志》第1102页

古青纪游诗/ 任鸿隽著. ——[出版项不详]. ——书目来源：《四川省志 人物志》第540页

故乡：短篇小说/ 陈丹墀著. ——[出版项不详]. ——作者简介：陈丹墀（1915—1949），重庆涪陵人. ——书目来源：《巍巍歌乐山 沙坪坝文史资料》第十八辑第100页

顾影无如白发何/ 金树榕. ——[出版项不详]. ——书目来源：《夔州诗全集》第456页

挂红/ 臧克家. ——[出版项不详]. ——小说. ——书目来源：《作家在重庆》第97页

关于沉钟社的过去、现在和将来/ 陈翔鹤编. ——[出版项不详]. ——被收入《中国新文学大系·史料索引集》. ——书目来源：《四川省志 人物志》第600页

光绪皇帝三部曲/ 杨村彬创作. ——[出版项不详]. ——在北碚创作的四幕历史话剧。第一部《甲午之役》；第二部《戊戌政变》；第三部《庚子拳乱》. ——书目来源：《北碚文史资料》第4辑"抗日战争时期的北碚"第221页

鬼的谈话/ 金满成著. ——[出版项不详]. ——抗战时期写于重庆，短篇小说. ——作者简介：金满成（1900—1971），四川峨眉人. ——书目来源：《四川省志·人物志》第613页

郭沫若诗词/ 谭世良. ——[出版项不详]. ——潼南书店售卖. ——作者

简介：谭世良（1905—1930），重庆潼南人.——书目来源：《潼南县志》第873页

国民快读，坚母训女/ 老向著.——［重庆］：教育部民众读物编审委员会，［出版时间不详］.——书目来源：北碚区图书馆

孩子的讲演/ 萧红著.——［出版项不详］.——短篇小说，在北碚写成.——书目来源：《北碚文史资料》第4辑"抗日战争时期的北碚"第423页

海棠香馆诗集　二卷/ 朱子镛.——［出版项不详］.——作者简介：朱子镛（1868—1949），字采卿，重庆铜梁人.——书目来源：《铜梁县志》第759页

汉明妃/ 李寿民编写.——［出版项不详］.——为尚小云剧团编写的京剧剧本.——书目来源：《长寿县志》第1155页、《四川省志 人物志》第544页

何彩打教/ 吴汉骥.——［出版项不详］.——多幕川剧，经酉阳川剧团彩排公演.——作者简介：吴汉骥（1918—1979），重庆江津人.——书目来源：《酉阳县志》第642页

黑森林/ 李红著.——上海：新流书店，［出版时间不详］.——1、2、3、4、5、6、7、9.——书目来源：《四川省志 人物志》第544页、重庆图书馆

红花港/ 张恨水著.——［出版项不详］.——书目来源：《重庆晚报》2015年11月17日

红楼梦人物论/ 王昆仑著.——［出版项不详］.——作者简介：王昆仑（1902—1985），江苏无锡人，1937—1946年在重庆生活.——书目来源：《重庆文史资料丛刊·重庆抗战纪事》第250页

蝴蝶花馆诗钞/ 谢仙庄.——［出版项不详］.——作者简介：谢仙庄，生卒年不详，名树壁，字仙庄、献庄，重庆万县人。著名学者、诗人、书画家.——书目来源：《中国美术家人名辞典 补遗一编》第509页

虎贲万岁/ 张恨水著.——［出版项不详］.——书目来源：《百年小说大师张恨水》（孔庆东，2015年2月6日）

华威先生/ 张天翼.——［出版项不详］.——作者简介：张天翼（1906—1985），又名元定，字汉弟，号一之，笔名张天净、铁池翰等，湖南湘乡人，

1944—1949 年在重庆生活. ——书目来源：《作家在重庆》第 95 页

荒谷早春／王冰洋著. ——［出版项不详］. ——书目来源：《北碚文史资料》第 4 辑"抗日战争时期的北碚"第 401 页

回头岸／老向著；军事委员会政治部编. ——［出版地不详］：军事委员会政治部，［出版时间不详］. ——《抗战小丛书》第八集. ——书目来源：北碚区图书馆

回头岸金鸡岭／老向等著. ——［出版地不详］：教育部民众读物编审委员会，［出版时间不详］. ——《民众文库》. ——书目来源：北碚区图书馆

惠堂老伯／王冰洋著. ——［出版项不详］. ——抗战期间写于重庆北碚. ——书目来源：《北碚文史资料》第 4 辑"抗日战争时期的北碚"第 401 页

蟋蛄声集：词集／冉永函. ——［出版项不详］. ——作者简介：冉永函，字芳林，号竹田. ——书目来源：《历代蜀词全辑》第 918 页、《酉阳直隶州总志》第 586 页

火线上的四川健儿／昌溪等编. ——［出版项不详］. ——内收三篇：《东战场上的杨森将军》（昌溪、泽霖编）、《邓孙部滕县血战前后》（昌溪、明华编）、《东战场血战的潘唐部队》（昌溪、陆池编）. ——书目来源：重庆图书馆

集联 1 卷／李麟士. ——［出版项不详］. ——作者简介：李麟士（1863—1923），又名李麟兮，字阁臣，号子戚，子祺，号若楦。清末四川巫溪县大宁县宁厂镇（今宁厂镇）人. ——书目来源：《巫溪县志》第 688 页

剑·文艺·人民／胡风著. ——［出版项不详］. ——文艺评论集，在北碚作. ——书目来源：《北碚文史资料》第 4 辑"抗日战争时期的北碚"第 419 页

焦舍岑草／顾毓琇著. ——［出版项不详］. ——在北碚时写. ——书目来源：《北碚文史资料》第 4 辑 抗日战争时期的北碚第 421 页

借园诗草／毛子献. ——［出版项不详］. ——作者简介：毛子献（1880—1964），名书贤，号希圣，晚年号借园老人。重庆奉节县人。1943—1945 年任民国《奉节县志》总纂. ——书目来源：《奉节县志》第 845 页

今昔集：诗集／李霁野. ——［出版项不详］. ——诗集被销毁. ——书目来源：《作家在重庆》第 171 页

静静的嘉陵江/ 金满成著 . —— [出版项不详] . ——抗战时期写于重庆，长篇小说 . ——书目来源：《四川省志 人物志》第 613 页

静园诗草/ 周子游 . —— [出版项不详] . ——书目来源：《奉节县志》第 845 页

酒丐：京剧剧本 / 李红著 . —— [出版项不详] . ——书目来源：《四川省志 人物志》第 544 页

蒟园文集/ 谭以大 . ——手稿三册，诗词、杂记诸稿十余册 . ——作者简介：谭以大（1872—1944），字直方，别号蒟园，重庆万县人 . ——书目来源：《谭以大小传》（三惜堂主，平湖论坛）

/ 谭以大 . —— [出版项不详] . ——刘孟伉小楷手抄本 3 万余字 . ——书目来源：万州区档案馆

抗日金钱板 4 集 / 周敬承编写 . —— [出版项不详] . ——冯玉祥题写书名 . ——作者简介：周敬承（1901—1944），名继禹，重庆江津人 . ——书目来源：《永川县志》第 895 页

抗战剧本选集/ 尤兢，赵铭彝等著 . —— [出版项不详] . ——收赵铭彝的《太阳起来了》等剧本 . ——书目来源：重庆数字图书馆

可惜明年花更好/ 金树榕 . —— [出版项不详] . ——诗文集 . ——书目来源：《奉节县志》第 830 页

苦恨年年压金线/ 金树榕 . —— [出版项不详] . ——诗文集 . ——书目来源：《奉节县志》第 830 页

垃圾箱/ 田楚侨 . —— [出版项不详] . ——诗集 . ——作者简介：田楚侨（1906—1970），字世昌，别署士苍或果庵，重庆南川县人，曾任重庆《世界日报》主笔 . ——书目来源：《南川县志》第 797 页

懒樵山人诗抄/ 谭道文 . ——诗集。未刊印，残缺 . ——作者简介：谭道文（1898—1960），字晚荻，号亚葛，曾以懒樵山人、孤牧山人自称，重庆石柱土家族自治县人 . ——书目来源：《石柱县志》第 610 页

老海客告密 / 王冰洋编著 . ——重庆：国民图书出版社，[出版时间不详] . ——评词 . ——书目来源：重庆图书馆、国家图书馆

老李／臧克家著.——［出版项不详］.——书目来源：《重庆晚报》2015年8月31日

离骚／杨宪益译.——［出版项不详］.——在北碚时期翻译成英文.——书目来源：《北碚文史资料》第4辑"抗日战争时期的北碚"第412页

蠡屋杂诗／王大章.——［出版项不详］.——作者简介：王大章（1867—1944），字槐庭，酉阳自治县龙潭镇人.——书目来源：《酉阳民国著述知多少（1911—1949年以来酉阳籍著述）》（阿红）

连翘树／王冰洋著.——［出版项不详］.——书目来源：《北碚文史资料》第4辑"抗日战争时期的北碚"第402页

莲花池／萧红著.——［出版项不详］.——书目来源：《北碚文史资料》第4辑"抗日战争时期的北碚"第423页

廉斋诗草　两卷／田焕南.——［出版项不详］.——作者简介：田焕南（1892—1969），名丰炳，别号廉斋主人，重庆石柱县人.——书目来源：《石柱县志》第611页

廉斋随笔／田焕南.——［出版项不详］.——书目来源：《石柱县志》第611页

廉斋文稿／田焕南.——［出版项不详］.——书目来源：《石柱县志》第611页

廉斋杂著／田焕南.——［出版项不详］.——书目来源：《石柱县志》第611页

梁樵曲本　上、下卷／冉樵子，钱德安，许仲岳等人校编.——［梁平］：萃文石印馆，［出版时间不详］.——川剧剧本。上卷的《刀笔误》是其代表作，下卷是经他加工改编而成的传统折子戏，有《御河桥》《花仙剑》《文君夜奔》等几十个剧目.——书目来源：《梁平县志》第716页、《中国长江三峡大辞典》第101页

两父女／吴芳吉.——［出版项不详］.——书目来源：《四川省志　人物志》第466页

林四娘／李寿民编写.——［出版项不详］.——剧本.——书目来源：

《长寿县志》第 1155 页

临画禅宝随录／杨裕勋．——［出版项不详］．——作者简介：杨裕勋（1837—1921），字建屏，别号笑笑居士，重庆忠县人．——书目来源：《忠县志》第 671 页

榴园诗稿／刘季刚著．——［出版项不详］．——作者简介：刘季刚（1874—1962），原名刘汝琼、刘琼，重庆江津人．——书目来源：《江津文史资料选辑》第 20 辑第 131 页

六机匠／臧克家著．——［出版项不详］．——书目来源：《重庆晚报》2015 年 8 月 31 日

龙山堂文集／余树堂．——［出版项不详］．——作者简介：余树堂（1870—1945），字汝藩，重庆丰都县人．——书目来源：《丰都县志》第 684 页

卢冀野诗选二卷（附北征纪程一卷），又名，**卢参政诗选**／卢前著；周光午编．——重庆抗战中期印．——书目来源：北碚区图书馆

论战时戏剧宣传／章泯．——［出版项不详］．——在重庆创作．——书目来源：《四川省志 人物志》第 626 页

罗兰之歌／颜实甫翻译．——［出版项不详］．——书目来源：《四川省志 人物志》第 906 页

罗密欧与朱丽叶／曹禺翻译．——［出版项不详］．——书目来源：《北碚文史资料》第 4 辑"抗日战争时期的北碚"第 424 页

朦胧的期待／萧红著．——上海：上海杂志公司，［出版时间不详］．——书目来源：四川省图书馆

民主世界／老舍著．——［出版项不详］．——未完成稿．——书目来源：《北碚文史资料》第 4 辑"抗日战争时期的北碚"第 407 页

岷江峡谷／徐近之著．——［出版项不详］．——作者简介：徐近之（1908—1982），重庆永川人．——书目来源：《四川省志 人物志》第 699 页

摩登伽女／李寿民编写．——［出版项不详］．——剧本．——书目来源：《长寿县志》第 1155 页

墨黛／李寿民编写．——［出版项不详］．——剧本．——书目来源：《长寿

县志》第 1155 页，《四川省志 人物志》第 544 页

南北泉唱和集/（释）太虚等著.——［出版项不详］.——书目来源：重庆图书馆

南山化蝶/李寿民改编.——［出版项不详］.——书目来源：《长寿县志》第 1155 页

闹钟/陈铨著.——［出版项不详］.——描写日机轰炸给中国人民造成的灾难.——书目来源：《四川省志 人物志》第 602 页

牛郎织女/吴祖光创作.——［出版项不详］.——书目来源：《北碚文史资料》第 4 辑"抗日战争时期的北碚"第 221 页

牛马走/张恨水著.——［出版项不详］.——1941 年 5 月 2 日至 1945 年 11 月 3 日在重庆《新民报》连载，后改名为《魍魉世界》.——书目来源：《重庆晚报》2015 年 11 月 17 日

偶像/张恨水著.——［出版项不详］.——抗战时期写于重庆.——书目来源：《百年小说大师张恨水》（孔庆东，2015 年 2 月 6 日）

盘阿集/刘君锡.——［出版项不详］.——作者简介：刘君锡，重庆长寿人。清贡生.——书目来源：《长寿县志》第 1179 页

彷徨/杨宪益译.——［出版项不详］.——书目来源：《北碚文史资料》第 4 辑"抗日战争时期的北碚"第 412 页

蓬江时草/高飐.——［出版项不详］.——作者简介：高飐，原西阳两河乡人.——书目来源：《西阳民国著述知多少（1911—1949 年以来西阳籍著述）》（阿红）

妻孥/王冰洋著.——［出版项不详］.——书目来源：《北碚文史资料》第 4 辑"抗日战争时期的北碚"第 401 页

期待着明天/碧野.——［出版项不详］.——书目来源：《作家在重庆》第 6 页

潜山血/张恨水著.——［出版项不详］.——书目来源：《重庆晚报》2015 年 11 月 17 日

秦淮世家/张恨水著.——［出版项不详］.——书目来源：《百年小说大

师张恨水》(孔庆东,2015年2月6日)

青草堂杂志 / 卢澜康. ——[出版项不详]. ——作者简介：卢澜康(1897—1975)，别号自畏居真士，重庆巴县人. ——书目来源：《重庆市市中区志》

青海纪游/ 徐近之著. ——[出版项不详]. ——书目来源：《四川省志 人物志》第699页

青年近卫军/ 张锡畴译. ——[出版项不详]. ——书目来源：《涪陵文史资料》第十四辑 第89页

晴云山房文集十六卷书牍一卷补遗二卷/（清）冯镇峦撰. ——重庆：合川东渡乡喻家书房，民国铅印本. ——作者简介：冯镇峦(1760—1830)，字远村，涪州(今重庆涪陵区)人。清乾隆五十七年(1792年)举人. ——书目来源：《合川县志》第673页，"喻家书房"条目

燃烧的荒土/ 路翎著. ——[出版项不详]. ——短篇小说，在北碚时写成. ——书目来源：《北碚文史资料》第4辑"抗日战争时期的北碚"第427页

冉溪诗稿/ 刘孟伉. ——[出版项不详]. ——书目来源：《云阳县志》第1102页

壬寅汇稿/ 刘孟伉. ——[出版项不详]. ——书目来源：《云阳县志》第1102页

日本人来了/ 陈孟仁. ——[出版项不详]. ——"九·一八"事变后，亲自编写并参加演出本剧. ——作者简介：陈孟仁(1901—1967)，字志中，重庆忠县人。一生中著有《成斋词稿》《成斋诗话》《成斋诗词存稿》《六十年简谱》等. ——书目来源：《忠县志》第692页

日记23卷 / 韦圣祥. ——[出版项不详]. ——自民国二年(1913年)起，仿顾炎武《日知录》体例书写日记，凡治学心得、地方掌故、乡土文献、方技杂文以及国家、社会、天时、人事重大变故，无不详记，共23卷，惜今已散佚无存. ——书目来源：《南川县志》第707页

日日夜夜/（苏）西蒙夫；张锡畴译. ——[出版项不详]. ——书目来源：《涪陵文史资料》第十四辑 第89页

入狱偶成/ 杨德存. ——［出版项不详］. ——作者简介：杨德存（1919—1949），又名树森、维林、虞裳，重庆铜梁县人. ——书目来源：《铜梁县志》第 743 页

瑞霭庐诗集/ 曾纪瑞著. ——［出版项不详］. ——亲自编选，初名《瑞隐庐诗集》. ——书目来源：《四川省志 人物志》第 804 页

弱岁诗 19 首/ 吴芳吉. ——［出版项不详］. ——书目来源：《四川省志 人物志》第 466 页

三别小说集/ 江石江. ——［出版项不详］. ——作者简介：江石江，生卒年不详，重庆长寿人. ——书目来源：《长寿县志》

莎士比亚初阶/ 哈列生著；葛一虹译. ——［出版地不详］：北门出版社，［出版时间不详］. ——书目来源：《葛一虹传略》（杨秀琴）

山窝里的晚会 / 臧克家著. ——［出版项不详］. ——收入《磨不掉的影像》中. ——书目来源：《作家在重庆》第 108 页

山野的故事 / 碧野. ——［出版项不详］. ——书目来源：《作家在重庆》第 6 页

少年杂作/ 金树榕. ——［出版项不详］. ——诗文集. ——书目来源：《奉节县志》第 830 页

圣诞节之夜/ 陈翔鹤著. ——［出版项不详］. ——沉钟. ——书目来源：《四川省志 人物志》第 600 页

诗论 / 艾青著. ——桂林：桂林三户图书社，［出版时间不详］. ——书目来源：《重庆晚报》2015 年 8 月 31 日

诗文 6 卷/ 李麟士. ——［出版项不详］. ——作者简介：李麟士（1863—1923），又名李麟兮，字阁臣，号子戚，子祺，号若楦。清末重庆巫溪县大宁县人. ——书目来源：《巫溪县志》第 688 页

诗余/ 梅际郁著. ——［出版项不详］. ——书目来源：孔夫子旧书网

施堂词论 / 陈志宪. ——［出版项不详］. ——手稿仅存二、三篇. ——作者简介：陈志宪（1908—1976），字孝章，别号施堂，重庆酉阳人. ——书目来源：《巴蜀近代诗词选》

十四绝赠演员诸友/ 郭沫若著 . —— [出版项不详] . ——《屈原》在重庆演出成功之后，郭沫若写给每位演员的诗，以示祝贺 . ——书目来源：《重庆文史资料丛刊·重庆抗战纪事》第 314 页

时代画报/ 洪深创作 . —— [出版项不详] . ——在北碚复旦大学创作，全剧未完 . ——书目来源：《北碚文史资料》第 4 辑 "抗日战争时期的北碚" 第 220 页

石城山人诗集 / 涂凤书 . —— [出版项不详] . ——作者简介：涂凤书（1874—1940），字子厚，名起敦（晚号石城山人），重庆云阳县人。清光绪二十九年（1903 年）举人 . ——书目来源：《石城山人文集》（清华大学出版社，2011）

石城山人文集/ 涂凤书 . —— [出版项不详] ——书目来源：《石城山人文集》（清华大学出版社，2011）

石头城外/ 张恨水著 . —— [出版项不详] . ——书目来源：《百年小说大师张恨水》（孔庆东，2015 年 2 月 6 日）

手抄本诗集/ 涂凤书 . —— [出版项不详] . ——书目来源：《云阳县志》第 1159 页

手枪和黄牛/ 王冰洋著 . —— [出版项不详] . ——书目来源：《北碚文史资料》第 4 辑 "抗日战争时期的北碚" 第 401 页

守拙斋诗文集/ 张茂春 . —— [出版项不详] . ——诗集。晚年辑成 . ——作者简介：张茂春（1872—1948），名毂，重庆南川人 . ——书目来源：《南川县志》第 797 页

曙光集/ 邹韬奋著 . ——未出版 . ——书目来源：《陪都人物纪事》第 302 页

蜀道难/ 张恨水著 . —— [出版项不详] . ——书目来源：《百年小说大师张恨水》（孔庆东，2015 年 2 月 6 日）

蜀都碎事四卷艺文补遗二卷/（清）陈祥裔撰 . ——上海：进步书局，民国石印本（巾箱本）. ——作者简介：陈祥裔，字耦渔，原姓乔氏，顺天府（今北京）人。清康熙年间官成都府督捕通判 . ——书目来源：河南大学图书馆、郑州大学图书馆

蜀山剑侠传前传/ 李寿民 . —— [出版项不详] . ——武侠小说 . ——书目

来源：《长寿县志》第 1155 页

蜀诗人微/ 戴子仁．——［出版项不详］．——书目来源：《綦江县志》第 670 页

蜀十五家词十五种十七卷/ 吴虞辑．——民国年间铅印本．——四册．——作者简介：吴虞（1872—1949），原名永宽，字义陵，四川成都人．——书目来源：吉林大学图书馆、四川大学图书馆、华东师范大学图书馆

蜀雅二十卷/（清）李调元撰．——民国商务印书馆丛书集成初编本．——作者简介：李调元（1734—1802），字雨村，号童山，四川绵州罗江县（今属德阳市）人。清代戏曲理论家、诗人．——书目来源：国家图书馆、上海图书馆、北京大学图书馆

蜀游杂感/ 胡先骕著．——合川：民福公司，［出版时间不详］．——内有《四川杰出人物卢作孚及其所经营之事业》《四川之军人》《四川之政治》《四川之经济》《政治之彻底改革》《实行统制经济》七篇文章．——书目来源：重庆图书馆

蜀中名胜记三十卷/（明）曹学佺撰．——民国年间丛书集成初编本．——书目来源：国家图书馆、北京大学图书馆、上海图书馆

树严精舍焚稿/ 赖以庄．——［出版项不详］．——作者简介：赖以庄（1891—1966），名肃，字以庄，别号树严，重庆巴县人．——书目来源：重庆图书馆

水浒新传/ 张恨水著．——［出版项不详］．——抗战时期写于重庆．——书目来源：《重庆晚报》2015 年 11 月 17 日

四女杰/ 萧潇编．——［出版地不详］：大方书局，［出版时间不详］．——收秦良玉．——书目来源：重庆数字图书馆

／萧潇编．——［出版地不详］：雷风书局，［出版时间不详］．——收秦良玉等 4 位民族女英雄．——书目来源：重庆数字图书馆

松花馆文集/ 龚世熠．——已无传．——书目来源：酉阳新闻网《酉阳最后一个进士：龚杲仙》（2015 年 8 月 17 日）

苏联抗战文艺丛书/ 曹靖华．——［出版项不详］．——作者简介：曹靖华

（1897—1987），原名曹联亚，河南卢氏县人，抗战时期在重庆沙坪坝主编

苏轼词论/ 陈志宪．——［出版项不详］．——作者简介：陈志宪（1908—1976），字孝章，别号施堂，重庆酉阳人．——书目来源：稿存川大中文系

唐宋词三百首/ 佘雪曼选注．——［出版地不详］：广新出版社，［出版时间不详］．——书目来源：复旦大学图书馆、广东省立中山图书馆

涛流剩草/ 李梯云．——［出版项不详］．——诗集。其子李麟士刊刻．——作者简介：李梯云（生卒年不详），巫溪县大宁县宁厂镇人．——书目来源：《巫溪县志》第 688 页

逃难/ 萧红著．——［出版项不详］．——书目来源：《北碚文史资料》第 4 辑 "抗日战争时期的北碚" 第 423 页

桃花巷/ 张恨水著．——［出版项不详］．——书目来源：《百年小说大师张恨水》（孔庆东，2015 年 2 月 6 日）

陶渊明集/ 杨宪益译．——［出版项不详］．——书目来源：《北碚文史资料》第 4 辑 "抗日战争时期的北碚" 第 412 页

题跋　1 卷/ 李麟士．——［出版项不详］．——书目来源：《巫溪县志》第 688 页

题白莲/ 曾吉芝．——［出版地不详］：四川省立第二女子师范学校校友会，［出版时间不详］．——书目来源：重庆图书馆

天风海水楼诗文集/ 邹增祜．——［出版项不详］．——作者简介：邹增祜（1857—1920），字受丞，重庆涪陵人．——书目来源：《巴蜀近代诗词》卷二

天下乌鸦一般黑/（美）赫伯特·雅德利著．——［出版项不详］．——1946—1947 年间写成，着重写有关战时重庆的作品．——书目来源：《民国密码战》

屠狗记/ 肖湘．——［出版项不详］．——传奇，缅怀辛亥革命，写于重庆江津．——作者简介：肖湘，四川乐山人，辛亥革命先驱——书目来源：《江津文史资料选辑》第 5 辑第 28 页

蛙病十年/ 江石江．——［出版项不详］．——作者简介：江石江，生卒年

不详，重庆长寿人. ——书目来源：《长寿县志》

外国文学名著讲读/ 吴宓. ——［出版项不详］. ——书目来源：《北碚地方志》第 545 页

晚节渐于诗律细/ 金树榕. ——［出版项不详］. ——书目来源：《夔州诗全集》第 456 页

婉容词/ 吴芳吉. ——［出版项不详］. ——书目来源：《四川省志 人物志》第 466 页

万国宫词/ 冯承泽. ——［出版地不详］：［出版者不详］，清末民初. ——作者简介：冯承泽（1856—1928），字笏轩，忠县城西九蟒村人. ——书目来源：《忠县志》第 706 页

万县的一日/ 张思道等著. ——重庆：［出版者不详］，［出版时间不详］. ——本书收《六月三日》（郭梦愚）、《毕业难》（张思道）、《禁烟吸烟都有进步》（惠民）、《横竖是别个人》（张大俸）、《光绪的安息日》（照华）、《希望于青年》（程天彝）等篇。书末附《万县的一日外页》. ——书目来源：重庆图书馆

卐字旗下/ 刘盛亚. ——［出版项不详］. ——发表于文艺阵地. ——书目来源：《四川省志 人物志》第 532 页

王老太火葬日本兵/ 万迪鹤. ——［重庆］：军事委员会政治部，［出版时间不详］. ——书目来源：国家图书馆

王三槐反达州/ 逯旭初. ——［出版项不详］. ——评书。1940 年，即在合川、北碚等茶馆说书十几部，晚年整理付印此书. ——作者简介：逯旭初（1909—1984），合川县城人. ——书目来源：《合川县志》第 765 页

未名集/ 朱迅著. ——［出版项不详］. ——作者简介：朱迅，重庆江津人. ——书目来源：《江津文史资料选辑》第 6 辑第 55 页

文德铭诗集/ 文德铭著. ——［出版项不详］. ——书目来源：《涪陵文史资料选辑》第 3 辑第 40 页

文集二卷/ 刘泽嘉著. ——散佚无存. ——书目来源：《江津文史资料选辑》第 10 辑第 1 页

我们所需要的文艺政策／张道藩．——［出版项不详］．——书目来源：重庆图书馆、北碚区图书馆

呜咽的云烟／臧克家著．——［出版项不详］．——诗集．——书目来源：《作家在重庆》第96页

吴白屋先生家书／吴宓编．——［出版项不详］．——书目来源：《四川省志 人物志》第466页

西山诗文集／彭云友著．——［出版项不详］．——作者简介：彭云友（生卒年不详），重庆万县人．——书目来源：《万县市文史资料选辑》第2辑第5页

侠丐木尊者／还珠楼主著．——［出版地不详］：正气书局，［出版时间不详］．——书目来源：江西省图书馆

湘绮楼说诗／王闿运著；王简编校．——［出版项不详］．——书目来源：《酉阳民国著述知多少》（1911—1949年以来酉阳籍著述）

湘芷庵诗集　一卷／穆守志．——［出版项不详］．——已佚．——作者简介：穆守志，（1899—1976），字湘芷，别号湘翁。回族，安徽寿县正阳人。重庆万县著名律师、书法家、社会名流．——书目来源：《万县市志》

想／［作者不详］．——［出版项不详］．——兼善时期写作、出版，民歌集．——书目来源：《北碚文史资料》第4辑"抗日战争时期的北碚"第252页

消磨髀肉青毡破／金树榕．——［出版项不详］．——书目来源：《夔州诗全集》第456页

小车词／吴芳吉．——［出版项不详］．——书目来源：《四川省志 人物志》第466页

小马灯／臧克家著．——［出版项不详］．——收入小说集《挂红》．——书目来源：《作家在重庆》第99页

小园赋／周子游．——［出版项不详］．——书目来源：《奉节县志》第845页

写在冬天：中篇小说／陈翔鹤著．——［出版项不详］．——《沉钟半月刊》32—34期．——书目来源：《四川省志 人物志》第600页

心直的人／（日）绿川英子著．——［出版项不详］．——书目来源：《绿色

的五月——纪念绿川英子》第 213 页

新型律评议 / 唐萃芳. ——［出版项不详］. ——书目来源：《奉节县志》第 843 页

新中华日报社评五卷 / 刘泽嘉著. ——散佚无存. ——书目来源：《江津文史资料选辑》第 10 辑第 1 页

幸福家庭 / 叶君健译. ——［出版项不详］. ——书目来源：《北碚文史资料》第 4 辑 "抗日战争时期的北碚" 第 405 页

雪霄 / 陈翔鹤著. ——［出版项不详］. ——书目来源：《四川省志 人物志》第 600 页

寻找理论根据的人 / 陈白尘创作. ——［出版项不详］. ——在北碚收集资料创作成. ——作者简介：陈白尘（1908—1994），原名陈增鸿，又名征鸿、陈斐，江苏淮阴人. ——书目来源：《北碚文史资料》第 4 辑 "抗日战争时期的北碚" 第 221 页

雅舍小品 / 梁实秋著. ——［出版项不详］. ——收作者 1939 至 1947 年间的散文 34 篇，文章大多写于北碚，1947 年 6 月序. ——书目来源：《北碚文史资料》第 4 辑 "抗日战争时期的北碚" 第 425 页

烟霞了人集 / 刘辅宸. ——［出版项不详］. ——作者简介：刘辅宸（1862—1948），字定元，斋名烟霞了人。毕生作诗、文二千余篇，反映光绪至民国 60 余年间的政治变革、社会动乱、宦场风波、民风俚俗，对本县名胜，题咏甚多. ——书目来源：《奉节县志》第 836 页

谚语集成 / 娄中藩. ——［出版项不详］. ——原稿已佚. ——作者简介：娄中藩（1890—1976），重庆南川县人。——书目来源：《南川县志》第 731 页

杨闇公日记 / 杨闇公. ——［出版项不详］. ——杨闇公 1927 年 4 月 6 日遇害。其妻赵宗楷留存其 3 本生前日记，四川人民出版社 1979 年出版《杨闇公日记》. ——书目来源：《大足县志》第 191 页

杨鲁承先生遗作六种 / 陈独秀整理. ——［出版项不详］. ——书目来源：《评说中国共产党的两位主要创始人》

野草 / 杨宪益译. ——［出版项不详］. ——书目来源：《北碚文史资料》

第 4 辑"抗日战争时期的北碚"第 412 页

夜哨班/ 甘祠森著．——［出版项不详］．——书目来源：《万县市文史资料选辑》第 1 辑第 22 页

一蝉吟草/ 熊思成．——手抄孤本．——有悼亡诗 36 首．——作者简介：熊思成，字立斋，酉阳小坝人．——书目来源：《酉阳诗词脉络》（阿红）

一颗星 / 甘祠森著．——［出版项不详］．——书目来源：《万县市文史资料选辑》第 1 辑第 22 页

一夕殷勤 / 张恨水著．——［出版地不详］：百新书店，［出版时间不详］．——纸醉金迷之二．——书目来源：重庆数字图书馆

噫吁集/ 陈古松作．——［出版项不详］．——作者简介：陈古松（1901—?），重庆涪陵人．——书目来源：《涪陵文史资料选辑》第 11 辑第 125 页

亦庄亦谐/ 周子游．——［出版项不详］．——书目来源：《奉节县志》第 845 页

隐园诗文集/ 杜召棠著．——［出版项不详］．——作者简介：杜召棠，生卒年不详，重庆涪陵人．——书目来源：《涪陵文史资料选辑》第 3 辑第 40 页

雍颐堂文集/ 郭文珍．——［出版项不详］．——书目来源：《云阳县志》第 1159 页

游击队 / 张恨水著．——［出版项不详］．——书目来源：《百年小说大师张恨水》（孔庆东，2015 年 2 月 6 日）

游子吟正续集/ 谢家驹．——［出版项不详］．——作者简介：谢家驹，字龙文，号侠生，重庆南川县人．——书目来源：《南川县志》第 797 页

与人合作/ 李寿民改编．——［出版项不详］．——剧本．——书目来源：《长寿县志》第 1155 页

与谁争岁月/ 金树榕．——［出版项不详］．——诗文集．——书目来源：《奉节县志》第 830 页

雨后山房联集/ 谭定图．——［出版项不详］．——书目来源：《石柱县志》第 618 页

郁达夫琐记/ 陈翔鹤著. ——[出版地不详]：沉钟，[出版时间不详].——书目来源：《四川省志 人物志》第 600 页

毓秀山庄诗文集/ 杨裕勋. ——[出版项不详].——作者简介：杨裕勋（1837—1921），字建屏，别号笑笑居士，重庆忠县人.——书目来源：《忠县志》第 671 页

远客/ 王冰洋著. ——[出版项不详].——书目来源：《北碚文史资料》第 4 辑"抗日战争时期的北碚"第 401 页

月亮下落/（美）国斯坦贝克著；马耳译. ——[出版项不详].——书目来源：《叶君健评传》（彭斯远著）第 274 页

岳飞传/ 李寿民. ——[出版项不详].——书目来源：《长寿县志》第 1155 页

在公寓里/（苏联）库普林著；陈翔鹤译. ——[出版项不详].——书目来源：《四川省志 人物志》第 600 页

在沙风中挺进/ 陈翔鹤编. ——[出版项不详].——书目来源：《四川省志 人物志》第 600 页

早安呵，市街/ 杨本泉著. ——[出版地不详]：突兀出版社，[出版时间不详].——兼善时期写作、出版，民歌集，署名穆仁. 有 1948 年签赠本.——书目来源：《北碚文史资料》第 4 辑"抗日战争时期的北碚"第 252 页、孔夫子旧书网

沾泥飞絮/ 陈翔鹤. ——[出版地不详]：沉钟，[出版时间不详].——剧本.——书目来源：《四川省志 人物志》第 600 页

战时重庆风光/ 林如斯，林无双等著. ——[出版项不详].——书目来源：《北碚文史资料》第 4 辑"抗日战争时期的北碚"第 416 页

战时诗歌选/ 冯玉祥等著. ——[出版地不详]：战时出版社，[出版时间不详].——书目来源：西南大学图书馆

张朝墉诗集六卷/张朝墉著. ——民国铅印本.——书目来源：徐州市图书馆

张列五先生手札/ 张培爵. ——[出版项不详].——遗著.——作者简介：

张培爵（1876—1915），字列五，号智涵、志韩，重庆荣昌人.——书目来源：《四川省志 人物志》第 55 页

昭君出塞/ 李红著.——［出版项不详］.——京剧剧本.——书目来源：《四川省志 人物志》第 544 页

赵玉玲本记/ 张恨水著.——［出版项不详］.——书目来源：《百年小说大师张恨水》（孔庆东，2015 年 2 月 6 日）

哲龙诗文集/ 秦肃三.——晚年著书.——作者简介：秦肃三（1876—1943），原名士哲，一名用中，号哲龙。重庆忠县人.——书目来源：《忠县志》第 683 页

知非闲吟/ 金树榕.——［出版项不详］.——诗文集.——书目来源：《奉节县志》第 830 页

志颜遗著/ 张学仁著.——［出版项不详］.——作者简介：张学仁，重庆江津人，张采芹之弟.——书目来源：《江津文史资料选辑》第 10 辑第 4 页

中国的故乡/［常任侠编著］.——［出版项不详］.——1942 年 12 月 12 日常任侠作前记。收录徐迟、艾青、力扬等 38 人在抗战时期所著诗篇.——书目来源：重庆数字图书馆

中国风/［作者不详］.——［出版项不详］.——兼善时期写作、出版，民歌集.——书目来源：《北碚文史资料》第 4 辑"抗日战争时期的北碚"第 252 页

中国文学史/［胡小石］.——［出版项不详］.——1942 年在重庆中央大学任教授.——书目来源：《沙公墨妙 胡小石书法精品集》（南京博物院编）

中国文学史大纲/ 吴宓.——［出版项不详］.——书目来源：《北碚地方志》第 545 页

中日关系的另一角/ 金满成著.——［出版项不详］.——抗战时期写于重庆，杂文集.——书目来源：《四川省志 人物志》第 613 页

中外儿女英雄传/ 冯承泽.——［出版地不详］：［出版者不详］，清末民初.——书目来源：《忠县志》第 706 页

周文钦选集 / 周文钦.——［出版项不详］.——遗著.——作者简介：周

文钦（1882—1929），字家桢，笔名贞，别号莲居士，重庆人，被誉为"重庆报坛之先驱"。——书目来源：《四川省志 人物志》第769页

朱乐之诗文选 / 朱义康．——稿本．——作者简介：朱义康（1888—1960），字乐之，号西溪，浙江杭州人。抗战到重庆弘立南林学院任职。

竹盦诗录　6卷 / 王简．——［出版项不详］．——书目来源：重庆数字图书馆

竹院吟　二卷20首 / 万松．——成都：巴蜀书社，［出版时间不详］．——作者简介：万松，重庆酉阳人．——书目来源：《国朝全蜀诗钞》、广西壮族自治区图书馆

卓文君 / 李寿民编写．——［出版项不详］．——剧本．——书目来源：《长寿县志》第1155页

卓娅与舒拉的故事 / 张锡畴译．——［出版项不详］．——书目来源：《涪陵文史资料》第14辑 第89页

自警琐记 / 潘左．——［出版地不详］：武光旬刊，［出版时间不详］．——作者简介：潘左（1887—1944），字汝壁，重庆永川县人．——书目来源：重庆数字图书馆

自畏居士诗文存 / 卢澜康．——［出版项不详］．——作者简介：卢澜康（1897—1975），别号自畏居真士，重庆巴县人．——书目来源：《重庆市市中区志》

自怡室唱和集 / 文德铭著．——重庆：金满成印行，抗战初期．——金满成时任重庆《新蜀报》副刊编辑．——书目来源：《长寿县文史资料》第4辑第26页

醉吟集 / 姚锦云．——［出版项不详］．——已佚．——作者简介：姚锦云（1890—1964），字崇农，乡人称"姚二先生"，重庆忠县人．——书目来源：《忠县志》第689页

◎J 艺术

1929 年

采芹画集/ 张采芹著. ——上海：金城艺术工艺社影印，[1929]. ——作者简介：张采芹（1901—1984），别名张学荣，重庆江津人. ——书目来源：《江津文史资料选辑》第 3 辑第 77 页

/ 张采芹著. ——上海：金城艺术工艺社影印，1934.11，3 版. ——书目来源：孔夫子旧书网

采芹近墨/ 张采芹著. ——上海：金城艺术工艺社影印，1929. ——书目来源：《江津文史资料选辑》第 3 辑第 77 页

1930 年

幻术初阶/ 傅润华. ——[出版地不详]：[出版者不详]，[约 1930]. ——书目来源：《长寿县志》第 1166 页

小朋友幻术/ 傅润华. ——[出版地不详]：[出版者不详]，[约 1930]. ——书目来源：《长寿县志》第 1166 页

1931 年

人物山水画册/ 罗钧台，蒋灿合编. ——[出版地不详]：裕盛书店石印，1931. ——作者简介：罗钧台（1904—1973），名钧，重庆大足人. ——书目来源：《大足县志》第 192 页

1933 年

苏联的演剧/ 赵铭彝著. ——[上海]：良友图书印刷公司，1933.4. ——书目来源：复旦大学图书馆、嘉兴学院图书馆、浙江工商大学图书馆、西南大学图书馆、国家图书馆、吉林省图书馆

1934 年

中国组曲/ 刘雪庵. ——[出版地不详]：[出版者不详]，1934. ——书目

来源：《中国当代文化艺术名人大辞典》

1935 年

汉印临存四卷附留耕堂印存一卷/（清）刘家谟临刻 . ——万县：漱翠山房，1935，钤印本 . ——四册 . ——作者简介：刘家谟，字纪三，重庆万县人。同治六年（1867 年）丁卯科解元 . ——书目来源：北京大学图书馆、北京师范大学图书馆、复旦大学图书馆、华东师范大学图书馆、南京大学图书馆、中国人民大学图书馆、四川大学图书馆

1937 年

抗日画册/ 万从木 . ——［出版地不详］：［出版者不详］，1937. ——16 开，1 巨册 . ——书目来源：《永川县志》第 919 页

1938 年

后方的重庆/ 黄尧著 . ——重庆：生活书店，1938. ——作者简介：黄尧（1914—1987），本名黄家塘，原籍浙江嘉善 . ——书目来源：重庆图书馆

抗敌画展特刊 / 重庆市江巴各界五月抗敌宣传大会 . ——重庆：重庆市抗敌后援会，1938. ——书目来源：重庆图书馆、北碚区图书馆

水彩画教本/徐悲鸿校阅；眉孙绘；蔡忱毅编辑；沈士秋撰说 . —— 上海：新亚书店，1938.8. ——第 1 册 . ——作者简介：徐悲鸿（1895—1953），江苏宜兴人。1937 年 10 月下旬至抗战胜利时在重庆，住江北盘溪，任中央大学艺术系教授 . ——书目来源：重庆数字图书馆

/徐悲鸿校阅；眉孙绘；蔡忱毅编辑；沈士秋撰说 . —— 上海：新亚书店，1938.8. ——第 2 册 . ——书目来源：重庆数字图书馆

战时演剧论/葛一虹著 . ——［出版地不详］：新演剧社，1938. ——内收《确立战时演剧政策》《现阶段演剧活动的两重意义》《演剧艺术与政治宣传》《战地演剧》《临时演剧》《活报剧》《关于方言》《剧团组织》等 19 篇文章。附"抗战剧作编目"、 "十月革命与苏联演剧" . ——作者简介：葛一虹（1913—2005），原名葛曾济，字作舟，号巨川。上海人。1938 年 10 月至 1941 年 1 月在重庆。1941 年"皖南事变"后至香港，1941 年底香港被日军侵占后，

返回重庆。1945年8月，毛泽东主席到重庆参加国共谈判期间，曾邀请他和巴金、曹靖华三人一起谈话。抗日战争胜利后他回到上海．——书目来源：西南大学图书馆

赵尧生师近赐诗画册／赵尧生撰，江庸辑．——［出版地不详］：［出版者不详］，1938．——书目来源：《新中国名人录》

1939年

表演艺术论／司达克·杨（S. Young）著；章泯译述．——［出版地不详］：上海杂志公司发行，1939.11．——书目来源：重庆数字图书馆、西南大学图书馆

大众歌声 第3集／麦新，孟波编选．——［出版地不详］：新知书店，1939．——包括一般歌曲、军人歌曲、民歌配词、创作民歌、翻译歌曲、纪念歌曲、妇女歌曲、儿童歌曲、对敌宣传等九部分，收103首，书前有编者的《写在第三集的前面》，末附《论大众歌曲》（苏，杜那耶夫斯基著，铁弦译）．——书目来源：黑龙江省图书馆

刘鸣寂木刻遗作集／刘鸣寂著．——［出版地不详］：［出版者不详］，1939．——包括《怒吼了》《饥寒线上》《夜的街头》《漂流三部曲·流离》和《回家》等四十多幅作品．——作者简介：刘鸣寂（1916—1939），重庆人。1937年，与酆中铁发起成立"重庆木刻研究会"．——书目来源：《四川省志 人物志》第798页

论抗战戏剧运动／郑君里．——［出版地不详］：生活书店，1939．——书目来源：重庆图书馆

戏剧导演基础／（美）布士沃斯（Bosworth）著；章泯译．——［出版地不详］：上海杂志公司，1939．——书目来源：黑龙江省图书馆、广东省立中山图书馆、中国社会科学院图书馆、吉林省图书馆

戏剧的方法和表演／洪深．——［出版地不详］：新剧研究社，1939，初版．——书目来源：《洪深：话剧导演的奠基者》

徐悲鸿选画范 人物／徐悲鸿编选．——上海：中华书局，1939．——内收31幅中外人物画．——书目来源：成都图书馆

演剧手册／宋之的等执笔．——重庆：上海杂志公司，1939.5，初版．——1938年7月19日轰炸中汉口作《戏剧与宣传》（代序）．——书目来源：重庆

图书馆

/宋之的等执笔．——重庆：上海杂志公司，1939.9．——书目来源：重庆图书馆

战时演剧政策/葛一虹著．——[出版地不详]：上海杂志公司，1939.8．——包括论现阶段新演剧运动、战时演剧政策等两部分。前者论述新演剧运动发展的方向和任务，后者论述确立战时演剧政策的必要性等．——书目来源：Stanford University（斯坦福大学）图书馆、云南大学图书馆、温州市图书馆、广西师范大学图书馆、广东省立中山图书馆

1940 年

荆轲插曲/顾毓琇编剧；梁实秋作歌；应尚能作曲．——[出版地不详]：咏葵乐谱刊印社代印，1940．——书目来源：沈阳音乐学院图书馆、吉林省图书馆

木刻的技法/傅抱石．——长沙：商务印书馆，1940．——1939 年 4 月—1946 年 10 月居住重庆沙坪坝，在此期间创作．——书目来源：重庆图书馆、南京图书馆、四川省图书馆

/傅抱石编著．——[出版地不详]：商务印书馆，1940．——书目来源：西南大学图书馆

1941 年

电影轨范/陈鲤庭著．——重庆：中国电影制片厂，1941．——据英国 Ray Mond Spotliswoode 著"A Grammar of the Film"编译。陈鲤庭 1941 年 10 月在中国电影制片厂编导委员会写成．——书目来源：南京图书馆、重庆图书馆、国家图书馆、江西省图书馆

丰子恺绘图/林语堂著．——上海：开明书店，1941．——书目来源：北碚区图书馆

好男儿/黄尧著．——重庆：民间出版社，1941.1．——漫画。讲述发生在江津的故事。黄尧 1940.12.20 于重庆四十次轰炸下作序．——书目来源：重庆图书馆、北碚区图书馆

漫画自选集/张谔著．——重庆：读书出版社，1941．——张谔 1940 年元旦

于山城. ——书目来源：北碚区图书馆

牛鼻子三讲/ 黄尧. ——重庆：民间出版社，1941. ——书目来源：重庆图书馆、北碚区图书馆

幼苗集/ 育才学校绘画组. ——［重庆］：育才学校，1941. ——张望1941年2月4日于警报中. ——书目来源：重庆图书馆

中国女英雄画史/ 张鸿飞编绘. ——上海：上海杂志公司，1941. ——通俗连环画. ——收秦良玉. ——书目来源：国家图书馆（存目）

子恺近作漫画集/ 丰子恺. ——成都：普益图书馆，1941. ——作者简介：丰子恺（1898—1975），曾用名丰润、丰仁、婴行，号子恺，字仁，浙江桐乡人，1941—1946年在重庆生活. ——书目来源：重庆图书馆

／丰子恺. ——成都：普益图书馆，1943. ——书目来源：重庆图书馆

／丰子恺. ——成都：普益图书馆，1946. ——书目来源：重庆图书馆

／丰子恺. ——成都：普益图书馆，1947. ——书目来源：重庆图书馆

1942 年

教育部中华教育电影制片厂概况/ 教育部中华教育电影制片编. ——北碚：教育部中华教育电影制片，1942. ——书目来源：重庆图书馆、国家图书馆、浙江图书馆

客窗漫画/ 丰子恺. ——桂林：今日文艺社，1942.8. ——书目来源：重庆图书馆、上海图书馆

／丰子恺. ——重庆：今日文艺社，1942.12，再版. ——书目来源：重庆图书馆、南京图书馆

／丰子恺. ——桂林：今日文艺社，1943，3版. ——书目来源：重庆图书馆

口琴歌曲集/ 萧而化，丰子恺编著. ——成都：越新书局，1942. ——书目来源：重庆图书馆、南京图书馆、四川省图书馆

屈原插曲/ 郭沫若编；刘雪庵制曲. ——重庆：中国书店，1942. ——书目来源：北碚区图书馆

四川美术协会/ 四川美术协会编. ——四川：四川美术协会，1942. ——四

川美术协会创立者张采芹,别名张学荣,重庆江津人. ——书目来源:重庆图书馆

影剧人百态:大后方卅位影剧人的生活实录/ 江上鸥. ——成都:联友出版社,1942.10. ——书目来源:重庆图书馆、上海图书馆

中国六十年/ 夏衍创作. ——[出版地不详]:[出版者不详],1942. ——在北温泉为中华艺术剧社创作. ——书目来源:《北碚文史资料》第4辑"抗日战争时期的北碚"第221页

1943 年

标准草书与建国/ 于右任讲. ——[出版地不详]:[出版者不详],[1943]. ——三民主义青年团重庆夏令营讲稿. ——作者简介:于右任(1879—1964),陕西三原人。抗战时期在重庆. ——书目来源:国家图书馆(存目)

重庆曲社成立四周年纪念同乐会特刊/ 重庆曲社编. ——重庆:编者自刊,1943. ——收有该社四周年公演剧目名单,演出委员会名单,并有"铁冠图"、"三国志"等剧情介绍及演职员名单. ——书目来源:重庆图书馆

画中有诗/ 丰子恺著. ——桂林:开明书店,1943. ——1942年11月应国立艺专聘请来重庆任教,居住沙坪坝庙湾"沙坪小屋"时出版. ——书目来源:重庆图书馆、北碚区图书馆

/ 丰子恺著. ——桂林:文光书店,1943. ——书目来源:重庆图书馆、广西壮族自治区图书馆

/ 丰子恺著. ——桂林:文光书店,1944. ——书目来源:南京图书馆

/ 丰子恺著. ——上海:文光书店,1946. ——书目来源:重庆图书馆

/ 丰子恺著. ——上海:文光书店,1948.5. ——书目来源:上海图书馆

绘画图案——抗战之部/ 叶零. ——重庆:新生命书局,1943.9. ——书目来源:《重庆文化艺术志》第446页

漫画的描法/ 丰子恺著. ——桂林:开明书店,1943. ——书目来源:重庆图书馆

/ 丰子恺著. ——上海:开明书店,1946. ——书目来源:南京图书馆

／丰子恺著．——桂林：开明书店，1948．——书目来源：南京图书馆

漫画重庆：四川风光／黄尧编．——桂林：科学书店，1943．——收 94 幅漫画，每幅均有中、英文说明。书前有俞颂华的《介绍画家黄尧的修养与作品》等．——书目来源：重庆图书馆

民俗艺术考古论集／常任侠著．——重庆：正中书局，1943．——书目来源：重庆图书馆

　　／常任侠著．——上海：正中书局，1947．——书目来源：重庆图书馆、上海图书馆、南京图书馆

　　／常任侠作．——上海：正中书局，1947．——书目来源：《北碚文史资料》第 4 辑"抗日战争时期的北碚"第 424 页、四川省图书馆

我教你描画／丰子恺．——重庆：文风书局，1943．——书目来源：重庆图书馆、国家图书馆

戏的念词与诗的朗诵／洪深．——重庆：美学出版社，1943．——书目来源：重庆图书馆、南京图书馆

　　／洪深．——重庆：美学出版社，1943.12．——书目来源：上海图书馆

　　／洪深．——上海：大地书屋，1946．——书目来源：广西壮族自治区图书馆

　　／洪深．——上海：大地书屋，[1946.11]．——书目来源：上海图书馆

戏剧春秋／于伶，宋之的，夏衍著．——[出版地不详]：未林出版社，1943.11．——作者简介：于伶（1907—1997），本姓任，原名任锡圭，字禹成。主要笔名有尤兢、叶富根等。于伶于 1942 年下半年至 1945 年 10 月在重庆．——书目来源：西南大学图书馆、吉林省图书馆、江西省图书馆、复旦大学图书馆、广东省立中山图书馆

　　／于伶，宋之的，夏衍著．——[出版地不详]：未林出版社，1944．——书目来源：重庆三峡学院图书馆、北京大学图书馆、复旦大学图书馆、天津图书馆

　　／于伶，宋之的，夏衍著．——[出版地不详]：美学出版社，1946.1．——第 2 版．——书目来源：Berlin State Library（德国柏林国家图书馆）、广东省立中山图书馆、河南大学图书馆

戏剧导演的初步知识 / 洪深. ——重庆：中国文化服务社，1943. ——书目来源：重庆图书馆、四川省图书馆、贵州省图书馆、广西壮族自治区图书馆

/ 洪深著. ——［出版地不详］：中国文化服务社，［1943］. ——书目来源：北碚区图书馆

/ 洪深. ——［出版地不详］：中国文化服务社，1943.9. ——书目来源：上海图书馆、南京图书馆

/ 洪深著. ——上海：中国文化服务社，［1945］. ——书目来源：南京图书馆

/ 洪深著. ——［出版地不详］：中国文化服务社，1945. ——书目来源：重庆图书馆

/ 洪深. ——［出版地不详］：中国文化服务社，1945.12. ——书目来源：上海图书馆

演员自我修养 / 史旦尼斯拉夫斯基著；郑君里，章泯合译. ——重庆：新知书店，1943.7，初版. ——在北碚译。郑君里译了英文序，第一至五章，十一、十四、十五章，章泯译了六至十章、十六章，文哉译了俄文序和年表，葛一虹协助出版. ——书目来源：重庆数字图书馆

/ 史旦尼斯拉夫斯基著；郑君里，章泯合译. ——上海：新知书店，1948.6. ——在北碚译. ——书目来源：复旦大学图书馆、中央美术学院图书馆

新艺术论 / 蔡仪. ——重庆：商务印书馆，1943. ——书目来源：重庆图书馆、北碚区图书馆

音乐初阶 / 丰子恺. ——桂林：文光书店，1943. ——书目来源：重庆图书馆、国家图书馆、天津图书馆

/ 丰子恺. ——桂林：文光书店，1944. ——书目来源：重庆图书馆

/ 丰子恺. ——重庆：文光书店，1945. ——书目来源：重庆图书馆、上海图书馆

1944 年

草书概论 / 刘延涛. ——重庆：说文社出版部，1944. ——书目来源：重庆图书馆、北碚区图书馆

国画六法新论/ 沈叔羊. ——重庆：峨嵋出版社，1944. ——1941 年到重庆后陆续画成. ——书目来源：重庆图书馆、北碚区图书馆

青年歌曲集/ 三十三年度重庆青年夏令营编. ——重庆：三十三年度重庆青年夏令营，1944. ——书目来源：重庆图书馆

人生漫画/ 丰子恺. ——重庆：崇德书店，1944. ——书目来源：重庆图书馆、国家图书馆

/ 丰子恺. ——重庆：万光书局，1944.9. ——书目来源：北碚区图书馆

刃锋木刻集/ 汪刃锋作. ——[出版地不详]：开明书店，1944. ——收 30 幅 1940 年至 1946 年间的木刻画。书末附茅盾的《看了汪刃锋的作品展》，叶圣陶的《刃锋的木刻与绘画》. ——作者简介：汪刃锋（1918—2010），学名兆增，曾用名汪亦伦，笔名刃锋，别署仞峰。安徽全椒人。1939 年在重庆陶行知创办的育才学校任绘画教师，1942 年任中国木刻研究会重庆区理事，1943 年及 1945 年分别在成都、重庆举办个人画展. ——书目来源：东北财经大学图书馆、台湾大学图书馆、广东省立中山图书馆、北京大学图书馆、吉林省图书馆

/ 汪刃锋作. ——[出版地不详]：开明书店，1947.4. ——收有《陪都剪影》《抢水（重庆）》等. ——书目来源：Stanford University（斯坦福大学）图书馆、复旦大学图书馆、中央美术学院图书馆、首都图书馆

世态画集/ 丰子恺，吴甲原. ——桂林：文光书店，1944. ——书目来源：重庆图书馆、国家图书馆、上海图书馆

踢踏舞/ 高梓，俞淑芬编著. ——重庆：教育部特设体育师资训练所，1944，石印本. ——书目来源：南京图书馆、重庆图书馆、国家图书馆

文明国/ 丰子恺. ——重庆：作家书屋，1944. ——书目来源：重庆图书馆

我教你演戏/ 田禽. ——重庆：文风书局，1944. ——1943 年 6 月 30 日脱稿于渝州复兴关佛来洞. ——书目来源：重庆图书馆、北碚区图书馆

戏剧与人生/ 陈铨著. ——重庆：在创出版社，1944. ——书目来源：重庆图书馆、上海图书馆

艺术学习法及其他/ 丰子恺. ——桂林：民友书店，1944. ——书目来源：重庆图书馆、首都图书馆

艺术与人生／丰子恺. ——桂林：民友书店，1944. ——书目来源：重庆图书馆

／丰子恺. ——桂林：民友书店，1944.1. ——书目来源：南京图书馆

怎样欣赏艺术／傅抱石著. ——重庆：文风书局，1944. ——1939 年 4 月至 1946 年 10 月居住重庆沙坪坝，在此期间创作. ——书目来源：重庆图书馆、北碚区图书馆

／傅抱石著. ——［出版地不详］：文风书局，1944. ——书目来源：重庆数字图书馆

中国画论体系／李长之著. ——［出版地不详］：［出版者不详］，1944.12. ——书目来源：涪陵少儿图书馆

中国画论体系及其批评／李长之著. ——重庆：独立出版社，1944. ——书目来源：重庆图书馆

中外木刻集／刘铁华. ——重庆：东方书社，1944. ——1940 年，刘铁华辗转来到重庆. ——书目来源：重庆图书馆、北碚区图书馆

1945 年

百虎图／黄叶雍. ——［出版地不详］：［出版者不详］，1945. ——作者简介：黄叶雍（1900—1951），原名邦和，重庆彭水县人. ——书目来源：《彭水县志》第 960 页

重庆画报／柳阴编辑. ——重庆：重庆画报杂志社，1945—1946. ——英文题名：Chung King Pictorial. ——书目来源：国家图书馆

都市相／丰子恺. ——上海：开明书店，1945. ——书目来源：南京图书馆、天津图书馆、山西省图书馆、国家图书馆

儿童相／丰子恺. ——上海：开明书店，1945. ——书目来源：重庆图书馆、国家图书馆、天津图书馆

古诗新画／丰子恺. ——上海：开明书店，1945. ——书目来源：天津图书馆、国家图书馆

鹤林歌集／陈果夫. ——重庆：正中书局，1945.11，初版. ——1944 年立春日陈果夫于巴县白鹤林寓次. ——书目来源：重庆图书馆、北碚区图书馆

槿花之歌／阳翰笙著．——重庆：黄河书局，1945．——书目来源：重庆图书馆、国家图书馆、南京图书馆

／阳翰笙著．——重庆：黄河书屋，1945.2．——书目来源：上海图书馆

民间相／丰子恺．——上海：开明书店，1945．——书目来源：南京图书馆、广西壮族自治区图书馆

／丰子恺．——上海：开明书店，1947．——书目来源：重庆图书馆

／丰子恺．——上海：开明书店，1949．——书目来源：上海图书馆、南京图书馆

木刻联展纪念册／王琦等作．——重庆作者刊行，1945．——内收王琦、黄荣灿、陈烟桥、梁永泰、丁正献、刃锋、王树艺、陆地等人的木刻画八幅。书前有社八位作者的短文《为什么要开联展?》。该联展于1945年10月在重庆夫子池励志社举办．——书目来源：北碚区图书馆

／王琦等作．——台北：北新创造出版社，1945．——书目来源：国家图书馆（存目）

人间生活画集／靳克勤绘．——［璧山］：四川璧山社会美术教育学社，1945．——书目来源：北碚区图书馆

人体画典／梁永泰．——重庆：亚洲图书馆，1945．——1945年于渝．——书目来源：重庆图书馆、北碚区图书馆

学生新画宝／丰子恺绘．——重庆：新中国出版社，1945．——书目来源：北碚区图书馆

益州书画录／薛天沛纂辑．——成都：薛氏崇礼堂，1945，刻本．——三册。书画录一卷续编一卷补遗一卷附录一卷。收有方炳南、竹禅等人的作品。方炳南（1841—1911），又名绍廉，自号种菊轩主。梁平人．——作者简介：薛天沛，四川成都人，近代书法家．——书目来源：中国国家图书馆、北京师范大学图书馆、南京大学图书馆、南开大学图书馆、吉林大学图书馆、四川大学图书馆、中国人民大学图书馆

／薛志泽．——成都：崇礼堂校镌，1945年刻．——一卷．——书目来源：《翕居读书录2》（白撞雨）第422页

／薛志泽．——成都：崇礼堂校镌，1946年刻．——补遗一卷．——书目来源：《翕居读书录2》（白撞雨）第422页

／薛志泽．——［出版项不详］．——续编一卷、附录一卷．——书目来源：《翕居读书录2》（白撞雨）第422页

怎样自学音乐／李凌．——重庆：建国书店，1945．——书目来源：重庆图书馆、北碚区图书馆

战时相／丰子恺．——上海：开明书店，1945．——书目来源：国家图书馆、天津图书馆、辽宁省图书馆

子恺漫画全集／丰子恺著．——上海：开明书店，1945.12．——有古诗新画、儿童相、学生相、民间相、都市相、战时相六集．——书目来源：南京图书馆

／丰子恺著．——［出版地不详］：开明书店，1947.2．——书目来源：南京图书馆

／丰子恺著．——［出版地不详］：开明书店，1948.1．——书目来源：重庆图书馆

1946 年

毛笔画册1至4册／丰子恺．——上海：万叶书店，1946.4．——书目来源：《丰子恺漫画集（影印版）》（2014年）

率真集／丰子恺著．——上海：万叶书店，［1946］．——书目来源：重庆图书馆

／丰子恺著．——上海：万叶书店，1946.10.10．——书目来源：上海图书馆

子恺漫画选 彩色版／丰子恺．——上海：万叶书店，［1946］．——书目来源：四川大学图书馆

／丰子恺．——上海：万叶书店，1946.12.20．——书目来源：上海图书馆

1947 年

联合国歌集／李士钊译．——上海：教育书店，1947.9．——1945年在重庆

翻译刊发，及译文的修订情况．——作者简介：李士钊（1916—1991），原名李士杰，笔名勉生。山东聊城人．1938 年冬—1940 年上半年在郑州、洛阳、西安、成都、重庆等地进行抗日宣传报道工作。1940 年下半年—1949 年在大后方、国民党统治区从事文化教育宣传等工作．——音乐教育社丛书．——书目来源：重庆图书馆、上海图书馆

悒歌／叶创蘅曲．——［出版地不详］：交通书局，1947．——内收《春眠不觉晓》《云霞》《追寻》《卖花女》《怨日行》等 16 首．——作者简介：叶创蘅（1920—1949），原名叶万恕，江苏扬州人，抗战期间在重庆生活，进步音乐家，1949 年被国民党特务在万县杀害．——书目来源：苏州图书馆、南京图书馆

正气歌本事／赵循伯著．——上海：中华书局，1947．——新编川剧。收《董狐笔》《太史简》《苏武节》《将军头》《出师表》《柴市泪》等 13 个剧目。书前有著者自序，序中称本剧为"乐剧"，末附参考材料目录．——书目来源：重庆图书馆、南京图书馆

1949 年

艺术哲学／（法）泰勒（Hippolyte Adolphe Taine）撰；沈起予译．——上海：群益出版社，1949．——书前冠作者序、译者序摘要，包括《论艺术品的性质与制作》《意大利文艺复兴期的绘画》《洼地诸国的绘画》《希腊的雕刻》《艺术上的理想》等五篇。书前有作者序及译者的《泰勒的艺术哲学思想的出发点》．——书目来源：重庆图书馆、国家图书馆、南京图书馆、云南省图书馆／（法）泰勒（Hippolyte Adolphe Taine）撰；沈起予译．——香港：群益出版社，1949．——书目来源：国家图书馆、上海图书馆、南京图书馆、四川大学图书馆

出版时间不详

一九四一年至一九四二年重庆演剧概况摘要／文化工作委员会编．——郭沫若主持文化工作委员会期间的油印资料．——书目来源《重庆文史资料丛刊·重庆抗战纪事》第 342 页

初中图画教科书及教学法／赵治昌．——［出版项不详］．——美艺教科

工具书. ——作者简介：赵治昌（1892—1971），大足县人. ——书目来源：《大足县志》第 192 页

创蕾歌曲集/ 叶创蕾著. ——［出版项不详］. ——书目来源：《万县市文史资料选辑》第 2 辑第 119 页

从木画集/ 万从木. ——［出版项不详］. ——书目来源：《永川县志》第 919 页

导演术基础/ 张俊祥著. ——［出版项不详］. ——在北碚时写成. ——作者简介：张俊祥（1910—1996），江苏镇江人，抗战期间写于重庆北碚. ——书目来源：《北碚文史资料》第 4 辑"抗日战争时期的北碚"第 413 页

荷花画谱/ 杨裕勋. ——［出版项不详］. ——书目来源：《忠县志》第 671 页

荷花图/ 杨裕勋. ——［出版项不详］. ——书目来源：《忠县志》第 671 页

嘉陵江岸/ 张大国. ——［出版项不详］. ——水彩画。1944 年参加重庆的中华全国美术会. ——作者简介：张大国（1921—1986），重庆永川人. ——书目来源：《永川县志》第 944 页

家用制图学/ 赵治昌. ——［出版项不详］. ——书目来源：《大足县志》第 192 页

抗日画刊/ 万从木. ——［出版项不详］. ——书目来源：《四川省志 人物志》第 898 页

明清戏曲史/ 卢前著. ——［出版项不详］. ——在重庆北碚时著. ——书目来源：《北碚文史资料》第 4 辑"抗日战争时期的北碚"第 404 页

南北曲溯源/ 卢前著. ——［出版项不详］. ——在重庆北碚时著. ——书目来源：《北碚文史资料》第 4 辑"抗日战争时期的北碚"第 404 页

群众魔术/ 傅润华编著. ——［出版项不详］. ——书目来源：《四川省志 人物志》第 628 页

新手工教材及授法/ 赵治昌. ——［出版项不详］. ——美艺教科工具书. ——书目来源：《大足县志》第 192 页

蜀笔谱□□卷/（元）贾著撰；黄宾虹，邓实选编.——[出版项不详].——民国时期美术丛书本（第三集第五辑）.——作者简介：贾著，元代人，生平事迹不详.——书目来源：云南省图书馆

蜀锦袍传奇/阳湖陈烺潜翁填词；（清）铁岭宗山啸吾校正.——[出版项不详].——民国影印戏曲唱本，石印本.——书目来源：孔夫子旧书网

铁血英雄温朝钟/佚名.——[出版项不详].——川鄂民间至今流传的鼓词、唱本.——温朝钟（1879—1911），字静澄、果斋，别名而理（而厉），自号恍忽道人，化名孔保华，原籍湖北咸丰，后入四川黔江后坝（今南溪），土家族.——书目来源：《黔江县志》第655页

新图案之基础/赵治昌.——[出版项不详].——美艺教科工具书.——书目来源：《大足县志》第192页

图画工艺教学法/赵治昌.——[出版项不详].——美艺教科工具书.——书目来源：《大足县志》第192页

图画教育/赵治昌.——[出版项不详].——美艺教科工具书.——书目来源：《大足县志》第192页

涂物术/赵治昌.——[出版项不详].——美艺教科工具书.——书目来源：《大足县志》第192页

五十六年痛史/戴公亮编撮.——[出版项不详].——美术动画片。电影专业学校当时在北碚，在此地编写.——作者简介：戴公亮（1909—1996），江苏人，在重庆北碚写成.——书目来源：《北碚文史资料》第4辑"抗日战争时期的北碚"第180页

西南美术史概况/赵治昌.——[出版项不详].——美艺教科工具书.——书目来源：《大足县志》第192页

小学美术教典/赵治昌.——[出版项不详].——美艺教科工具书.——书目来源：《大足县志》第192页

演剧六讲/郑君里译.——[出版项不详].——在北碚译.——作者简介：郑君里（1911—1969），曾用名郑重、千里，广东中山人，抗战期间在重庆生活，著名电影演员、导演.——书目来源：《北碚文史资料》第4辑"抗日战争

时期的北碚"第417页

叶雍画集/ 黄叶雍. —— ［出版项不详］，石印本. —— 书目来源：《彭水县志》第960页

一般图案法/ 赵治昌. —— ［出版项不详］. —— 美艺教科工具书. —— 书目来源：《大足县志》第192页

呓叟刻印/ 刘孟伉. —— ［出版项不详］. —— 一册. —— 书目来源：《云阳县志》第1102页

呓叟印余/ 刘孟伉. —— ［出版项不详］. —— 一册. —— 书目来源：《云阳县志》第1102页

应用色彩学/ 赵治昌. —— ［出版项不详］. —— 美艺教科工具书. —— 书目来源：《大足县志》第192页

新油画法及其批判/ 赵治昌. —— ［出版项不详］. —— 美艺教科工具书. —— 书目来源：《大足县志》第192页

乐歌/ 叶创蘅著. —— ［出版项不详］. —— 书目来源：《万县市文史资料选辑》第2辑第103页

战时学生漫画用重庆言子抗日/ ［黄尧］. —— ［出版项不详］. —— 书目来源：《重庆时报》2015-8-24

中国话剧运动史/ 舒蔚青编. —— ［出版项不详］. —— 在北碚国立编译馆编纂完成. —— 作者简介：舒蔚青（1908—1942），笔名舒畅，安徽歙县人。在北碚国立编译馆编纂完成初稿，未正式出版. —— 书目来源：《北碚文史资料》第4辑"抗日战争时期的北碚"第221页

中国美术史简要/ 万从木. —— ［出版地不详］：［出版者不详］，［抗战时期］. —— 万从木在美专校亲自编写《中国美术史简要》印发给学生. —— 书目来源：《四川近现代人物传》

字帖/ 彭汝尊印售. —— 上海：明善书局《慈善汇报》半月刊，［约辛亥革命后］. —— 作者简介：彭汝尊（1868—1954），名太荣，常自署述古老人、回龙老人、龙凤老人、龙凤高峰述古老人，重庆永川人. —— 书目来源：《永川县志》第898页

◎K 历史、地理

1912 年

中华地理图志二卷/彭昌南著.——[出版地不详]：地理图志社，1912.——作者简介：彭昌南，重庆大足县人，清末廪生.——书目来源：《师大月刊》，1935 年，第 19 期，第 45—46 页

/彭昌南著.——四川：官印刷局，1918.——一册.——书目来源：中国国家图书馆

/彭昌南著.——成都：泰阶印刷社，1920.——一册.——书目来源：中国国家图书馆

1913 年

A Naturalist in Western China / Ernest Henry Wilson.——London：Methuen，1913.——v. 1. .——在中国西部的一个博物家.——书目来源：英国国家图书馆

/ E. H 威尔逊著.——[出版项不详].——书目来源：《万县市文史资料选辑》第 2 辑第 194 页

A Naturalist in Western China with vasculum, camera, and gun / Ernest Henry Wilson——[S. l.]：Methuen & Co. Ltd.，1913.——vol. 2 .——书目来源：英国国家图书馆

/ Ernest Henry Wilson.——London：Methuen & Co.，1913.——With an introduction by Charles Sprague Sargent, LL. D. With one hundred and one full – page illustrations and a map.——书目来源：英国国家图书馆

陇西李氏续修族谱·四卷·[巴县] /李春蓉等纂修.——[出版地不详]：[出版者不详]，1913. 刻本.——谱载序、世系、舆图、传、诗、祠规等.——书目来源：中国家谱编印基地

西里龙氏镇孟氏亚圣宗谱□□卷 /孟庆撰.——[出版地不详]：[出版者不详]，1913. 石印本.——四册.——书目来源：《民国新修合川县志·掌录十七·艺文一》

支那大陆横断——游蜀杂俎 /（日）中野狐山.——[出版地不详]：[出版者不详]，1913.——书目来源：《中国大陆横断：游蜀杂俎》《近代日本人中国游记总序》（张明杰）.

1914 年

（重庆云阳）冉氏家谱十七卷首一卷末一卷/冉广逵等修.——1914年刻本.——六册.——书目来源：中央民族大学图书馆

二十四史校勘记 337卷/张森楷.——[出版地不详]：[出版者不详]，1914.——自光绪三年（1877年）至光绪二十六年（1900年），1978年中华书局《新校二十四史》出版，新校引证多以《二十四史校勘记》为据。1985年台湾省又将森楷于民国三年就原《史记校勘记》补加训释之《史记新校注》出版.——作者简介：张森楷（1858—1928），原名家楷，字元翰，号式卿，晚号端叟，别号石亲，合州（今重庆合川区）人.——书目来源：《合川县志》第728页

闽籍陈氏族谱□□卷/陈溯东，陈廷清修.——重庆：日新印刷局，1914，铅印本.——书目来源：重庆潼南县城

蜀鉴十卷附札记一卷/（宋）郭允蹈撰.——成都：昌福公司，1914.——四册.——作者简介：郭允蹈，字居仁，蜀人。生活于宋理宗端平年间，其余事迹不详.——书目来源：北京师范大学图书馆、山东大学图书馆、河南大学图书馆、南京大学图书馆

/（宋）郭允蹈撰.——上海：博古斋，1922.——《守山阁丛书》丛书影印本第23册.——书目来源：山东大学图书馆、云南省图书馆

/（宋）郭允蹈撰.——上海：博古斋，1932，影印本.——书目来源：武

汉大学图书馆

／（宋）郭允蹈著．——成都：志古堂，1937，刻本．——六册．——书目来源：云南大学图书馆

蜀辛二卷／秦枏撰．——［出版地不详］：［出版者不详］，1914．——作者简介：秦枏，一名梗友，曾在四川总督府内任职．——书目来源：重庆中国三峡博物馆

1915 年

华阳国志十二卷／（晋）常璩撰．——蜀南马湖卢树枏刻本，1915．——书目来源：华东师范大学图书馆

／（晋）常璩撰．——上海：商务印书馆，1920—1922．——四部丛刊影印本．——书目来源：中国国家图书馆、北京大学图书馆、上海图书馆、浙江省图书馆、清华大学图书馆、南开大学图书馆、华东师范大学图书馆

／（晋）常璩撰．——上海：中华书局，1927—1934．——四部备要铅印本．——书目来源：中国国家图书馆、北京大学图书馆、上海图书馆、浙江省图书馆、清华大学图书馆、南开大学图书馆、华东师范大学图书馆

（光绪）綦江县续志四卷／（清）戴纶喆纂修．——清光绪十四年（1888年）修民国四年（1915年）刻本．——注：附补遗，记事自光绪至宣统．——书目来源：重庆中国三峡博物馆

／（清）戴纶喆纂修．——［出版地不详］：［出版者不详］，1938，刻本．——书目来源：中国科学院国家科学图书馆、天津图书馆、四川省图书馆、四川省社会科学院图书馆、重庆图书馆、重庆师范大学图书馆、重庆中国三峡博物馆、北碚图书馆、达州市图书馆

（民国）潼南县志六卷首一卷／王安镇修；夏璜纂．——1915年刻本．——六册．——作者简介：王安镇，字级三，四川邑县人。民国三年（1914年）任潼南县知事。夏璜，重庆潼南人，清光绪十四年（1888年）举人．——书目来源：南京大学图书馆、四川大学图书馆、四川省图书馆、北碚区图书馆、四川省文史研究馆、重庆图书馆（缺卷四）

1917 年

巴彦县志不分卷/王岱修；李麟士纂.——1917 年抄本——巴彦县隶属于黑龙江省哈尔滨市，是哈尔滨市的近郊县.——作者简介：王岱，字甲三、甲山，奉天（今辽宁）锦县人，民国五年（1916 年）任巴彦知事.——书目来源：上海图书馆

（民国）垫江县乡土志十卷/陈忠良，李炳灵编.——1917 年铅印本.——一册.——作者简介：陈忠良，字绍廷，四川邛崃县人。民国五年（1916 年）署垫江县知事。李炳灵，字可渔，重庆垫江县人。清光绪五年（1879 年）举人.——书目来源：中国科学院国家科学图书馆、南京图书馆、南京大学图书馆、四川省图书馆、四川大学图书馆、重庆图书馆、成都图书馆

（民国）梁山县乡土志不分卷/陈忠良纂.——［出版地不详］：［出版者不详］，1917，刻本.——书目来源：南京大学图书馆

张氏族谱□□卷/张维滨等修.——成都：昌福公司，1917，铅印本.——书目来源：重庆荣昌县盘龙镇

1918 年

云阳程氏家乘四卷/程德泽等修.——1918 年刻本.——书目来源：万州区档案馆

1919 年

（重庆万州）里牌溪史氏族谱十卷/史锡永纂修.——1919 年铅印本.——一册.——作者简介：史锡永，字子年，重庆万县人。生活于清末民初。《民国万县志》有传.——书目来源：吉林大学图书馆

海上墨林 4 卷，续印增录一卷 / 杨逸编辑.——［出版地不详］：［出版者不详］，1919.——收有竹禅的书画作品.——书目来源：温州市图书馆

蜀破镜三卷/（清）孙鎭撰.——四川：官印刷局，1919，重印本.——一册.——作者简介：孙鎭（1786—1849），字野史，号草桥、瘦石、子畏，自称"岷阳大布衣"，又称"独学生"，四川郫县人.——书目来源：云南省图书馆、南京大学图书馆

/（清）孙锜撰．——新津：胡淦，1922，刻本．——二册．——书目来源：中国人民大学图书馆、四川大学图书馆

1920 年

（重庆）綦江吴氏族谱十卷/吴廷榘，吴昌绪等纂修．——重庆：［出版者不详］，1920，石印本．——存一册．——书目来源：四川省图书馆

（道光）江北厅志八卷卷首一卷/（清）福珠朗阿修；（清）宋煊，（清）黄云衢等纂．——重庆：中西铅石印局，1920．——铅印本，八册．——作者简介：福珠朗阿，字润田，内务府正白旗人。清道光八年（1828 年）任江北厅同知。宋煊，字蔚堂，四川灌县人。清道光十六年（1836 年）任江北厅同知。黄云衢，字霁亭，江北厅（今重庆江北区）人。清末诸生．——书目来源：北京大学图书馆、北京师范大学图书馆、上海图书馆、复旦大学图书馆、山东大学图书馆、四川大学图书馆、四川省图书馆、重庆图书馆、北碚区图书馆、泸州市图书馆、南充市图书馆、达州市图书馆、四川博物院、重庆大学图书馆、西南大学图书馆、西南民族大学图书馆、重庆市档案馆

平蜀记一卷/（明）□□撰；（清）张海鹏辑．——上海：博古斋借月山房，1920，汇钞影印本．——作者简介：张海鹏（1755—1816），字若云，号子瑜，江苏常熟人．——书目来源：中国国家图书馆、山东大学图书馆

/（明）□□撰；（明）沈节甫编．——上海：商务印书馆，1938．——纪录汇编影印本．——作者简介：沈节甫（约1531—1606），字以安，号锦字，乌程（今浙江湖州市）人．——书目来源：中国国家图书馆、北京大学图书馆、辽宁大学图书馆、山东大学图书馆、中山大学图书馆

清稗类钞/徐珂编纂．——［出版地不详］：商务印书馆，1920.11．——第30 册 艺术收录竹禅匿官家女．——书目来源：中共湖北省委党校图书馆

/徐珂编纂．——［出版地不详］：商务印书馆，1928.8．——第40 册棍骗乞丐（第5 版）．——书目来源：浙江工商大学图书馆、嘉兴学院图书馆

蜀碧四卷/（清）彭遵泗编．——上海：博古斋，1920，影印本．——彭遵泗（约1703—1756），字磐泉，号丹溪生，四川丹棱县人。清乾隆进士．——书目来源：华东师范大学图书馆

/（清）彭遵泗编．——上海：进步书局，民国石印本．——书目来源：北京大学图书馆、河南大学图书馆

永川遇匪记 1 卷／林振翰撰．——［出版地不详］：［出版者不详］，1920．——书目来源：重庆数字图书馆

1921 年

洪宪惨史／王建中．——［出版地不详］：［出版者不详］，［1921］．——收：张培爵狱．——书目来源：重庆数字图书馆

蜀难叙略一卷／（清）沈荀蔚撰．——上海：古书流通处，1921，影印本．——作者简介：沈荀蔚，生平事迹不详，约生活于明末清初。其父曾任华阳令，沈氏随父来华阳，见证张献忠入川、蜀中大乱之事．——书目来源：北京大学图书馆

／（清）沈荀蔚撰．——上海：商务印书馆，1935．——上海商务印书馆丛书集成初编本．——书目来源：中国国家图书馆、北京大学图书馆

／（清）沈荀蔚撰．——上海：进步书局，民国石印本．——书目来源：云南省图书馆、河南大学图书馆

向氏族谱□□卷／向家睦修．——1921 年修，抄本．——书目来源：重庆云阳县城

向氏宗谱□□卷／（□）□□修．——1921 年修．——书目来源：江北区寸滩街道

／（□）□□修．——1921 年修．——书目来源：重庆湖广会馆

1922 年

长寿付氏族谱□□卷／（□）□□修．——［出版地不详］：［出版者不详］，1922 年修．——书目来源：重庆湖广会馆、《民国新修合川县志·掌录十七·艺文一》

（民国）新修合川县志八十三卷／郑贤书，张森楷等纂修．——［出版地不详］：［出版者不详］，1922，刻本．——作者简介：郑贤书（1882—1965），字东琴，永川县（今重庆永川区）人．——书目来源：中国国家图书馆、北京大

学图书馆、北京师范大学图书馆、上海图书馆、四川大学图书馆、重庆图书馆、北碚区图书馆、简阳市图书馆、合川区图书馆、西南大学图书馆、四川博物院、四川省图书馆、涪陵区图书馆（卷一至四十三、四十八至八十三）、重庆市档案馆

峡江滩险志三卷附勘误表/刘声元修；史锡永，彭聚星等编.——北平：和济印刷局，1922，铅印本.——一册。我国第一部宜渝滩险专著。该书"舆图"部分由北平裕源公司石印.——作者简介：刘声元（？—1917），字历青，重庆万县人。史锡永，字子年，重庆万县人。彭聚星（1854—1922），字文伯，号筠庵居士，重庆奉节人.——书目来源：北京大学图书馆、清华大学图书馆、南开大学图书馆.

1923 年

（重庆万州）史氏支谱正编不分卷/史封铨纂.——万县：鹳石庄史氏，1923，钞本.——一册.——书目来源：重庆图书馆

汉译世界史纲 上下／（英）H. G. Wells 著；梁思成，向达，陈建民，黄静洲，陈训怒译；梁启超，徐养秋，王云五，任鸿隽，秉志，何炳松，程瀛章，竺可桢，朱经农，傅运森校订.——北京：商务印书馆，1923.——书目来源：吉林大学图书馆、北京大学图书馆

／（英）H. G. Wells 著；梁思成，向达，陈建民，黄静洲，陈训怒译；梁启超，徐养秋，王云五，任鸿隽，秉志，何炳松，程瀛章，竺可桢，朱经农，傅运森校订.——北京：商务印书馆，1923.6.——书目来源：重庆数字图书馆

／（英）H. G. Wells 著；梁思成，向达，陈建民，黄静洲，陈训怒译；梁启超，徐养秋，王云五，任鸿隽，秉志，何炳松，程瀛章，竺可桢，朱经农，傅运森校订.——北京：商务印书馆，1926.——书目来源：重庆数字图书馆

／（英）H. G. Wells 著；梁思成，向达，陈建民，黄静洲，陈训怒译；梁启超，徐养秋，王云五，任鸿隽，秉志，何炳松，程瀛章，竺可桢，朱经农，傅运森校订.——北京：商务印书馆，1927.6.——书目来源：重庆数字图书馆

蜀中先烈备征录/朱之洪辑.——重庆：新记启渝公司，1923.——五卷附篇一卷.——书目来源：重庆中国三峡博物馆

/朱之洪等编．——［出版项不详］．——书目来源：重庆图书馆

王氏族谱一卷/王卓成，王华齐修．——1923年抄本．——书目来源：重庆市长寿县沙石乡兴光村税家坝

1924年

（重庆荣昌）陈氏族谱□□卷/陈惺吾纂．——荣昌：陈氏，1924，铅印本．——一册．——书目来源：重庆图书馆

（民国）江津县志十六卷首一卷附志存志余二卷/聂述文等修；刘泽嘉等纂．——［出版地不详］：［出版者不详］，1924．——刻本，十册．——作者简介：聂述文，贵州修文县人。清末庠生。民国八年（1919年）任江津县知事．——书目来源：中国国家图书馆、北京大学图书馆、清华大学图书馆、上海图书馆、四川大学图书馆、四川省图书馆、成都图书馆、四川博物院、四川师范大学图书馆、泸州市图书馆、南充市图书馆、达州市图书馆、西南民族大学图书馆、西华师范大学图书馆、四川省社会科学院图书馆、四川省文史研究馆（不全）、重庆图书馆、北碚区图书馆、巴南区图书馆、西南大学图书馆、重庆师范大学图书馆、重庆中国三峡博物馆

新新游记/刘子如．——［出版地不详］：［出版者不详］，1924．——书目来源：《綦江县志》第688页

/刘子如．——［出版项不详］．——书目来源：《四川省志 人物志》第490页

支那经济通说/（日）稻叶岩吉等著．——东京：岩松堂书店，1924．——书目来源：《重庆古旧地图研究》上册第58页

支那全图　重要物产记载/（日）［作者不详］．——［出版地不详］：［出版者不详］，1924．——书目来源：《重庆古旧地图研究》上册第58页

1925年

巴县学产图说　巴县学产地租一览表/胡鹤如编．——［出版地不详］：［出版者不详］，1925，石印本．——书目来源：古籍图书网

（民国）重修丰都县省通志采访四卷/（□）□□辑．——1925年辑抄本．

——书目来源：湖北省图书馆

涪陵北里白氏族谱二卷/白润齐编．——1925年稿本．——书目来源：重庆市长寿区乐温乡宝珠村（田野调查）

世界各国志（上中下）/王昌谟，朱厚锟，周育民编译；任鸿隽，秉志，沈奎校订．——北京：商务印书馆，1925.7．——书目来源：重庆数字图书馆

"五卅"惨案/戴易东．——金钱板：省党部印刷，约1925年．——书目来源：《綦江县志》第699页

张氏族谱·四卷·[重庆巴县]/张学坤，张长源纂修．——[出版地不详]：[出版者不详]，1925，石印本．——卷一源流记、凡例、家规、家诫、家训、诰轴、传、墓志、总世系等，馀皆载各房世系．——书目来源：中国家谱编印基地

1926 年

重修巴县志采访表目不分卷/□□修纂．——[出版地不详]：[出版者不详]，1926，铅印本．——书目来源：四川省图书馆

长江漫游日记/（日）高山庆一．——[出版地不详]：[出版者不详]，1926．——书目来源：《形象学视域下的城市个案研究》第126页、《情报日本》第37页

重庆长寿江氏族谱一卷/江树成修．——重庆：长寿石区乡白杨沟，1926，抄本．——书目来源：现存重庆长寿县葛兰乡双飞村江家老湾

（重庆开县）唐氏族谱八卷/（□）□□纂修．——[出版地不详]：[出版者不详]，1926，重修木活字本．——七册。存七卷（一至三，五至八）．——书目来源：重庆开县束门乡十一村唐氏家藏（田野调查）

史记通论/杨启高著．——[出版地不详]：清山阁，1926．——内分10章，论述《史记》的作者、结构、校勘、训诂、辩订、章句、图表等．——作者简介：杨启高，重庆南川人．——书目来源：重庆图书馆、南京图书馆

世界名人传（上中下）/王昌谟，周育民，孔祥鹅编译；任鸿隽，沈奎，秉志校订．——北京：商务印书馆，1926.3．——书目来源：重庆数字图书馆

四川省一瞥/周傅儒编．——上海：商务印书馆，1926．——分三峡风光、

奉节至巴县、东川各城、自流井、叙府至成都、西川各城、成都至南充等18章。书前有四川省及西康特别区域图.——书目来源：重庆图书馆、四川省图书馆

／周傅儒编.——上海：商务印书馆，1926.8.——书目来源：上海图书馆

／周傅儒编.——上海：商务印书馆，1929.——书目来源：重庆图书馆、南京图书馆

（民国）万县乡土志九卷／杜焕章撰.——［出版地不详］：［出版者不详］，1926，石印本.——清光绪三十二年（1906年）修，二册。原缺卷五"礼俗篇".——作者简介：杜焕章，重庆万县人，清末任嘉定府（今四川乐山市）教授.——书目来源：中国国家图书馆、北京师范大学图书馆、复旦大学图书馆、华东师范大学图书馆、上海师范大学图书馆、南京大学图书馆、浙江图书馆、浙江大学图书馆、北碚区图书馆

／杜焕章撰.——民国抄本.——书目来源：上海图书馆

（同治）增修万县志三十六卷首一卷／（清）王玉鲸，（清）张琴等修；（清）范泰衡等纂.——［出版地不详］：［出版者不详］，清同治五年（1866年）刻民国十五年（1926年）补刻本.——作者简介：王玉鲸，字晓村，汉军镶黄旗人。清道光二十九年（1849年）任万县知县。张琴，字鹤侪，甘肃武威人。清同治元年（1862年）任万县知县.——书目来源：中国国家图书馆、北京师范大学图书馆、上海图书馆、南京大学图书馆、中国科学院南京地理与湖泊研究所图书馆、浙江图书馆、湖北省图书馆、四川省文史研究馆、重庆图书馆、北碚区图书馆

行川必要图考不分卷／（清）罗缙绅撰；吴炳坤校订.——［出版地不详］：文盛书局，1926，石印本.——一册.——作者简介：罗缙绅，字笏臣，湖南岳阳人。曾任宜昌水师总兵.——书目来源：中国国家图书馆、吉林省图书馆

左氏续修谱五卷／（□）□□修.——［出版地不详］：［出版者不详］，1926，石印本.——书目来源：重庆长寿县葛兰乡葛兰村（存四卷：一至四）

1927年

（民国）重修丰都县志十四卷／黄光辉等修；朗承说，余树棠等纂.——

[出版地不详]：[出版者不详]，1927，铅印本．——六册．——黄光辉，字笃生，四川苍溪县人。民国十五年（1926年）任丰都县知事。郎承诜，字尔直，号潜夫，重庆丰都县人，清末廪膳生。余树棠，重庆丰都县人，清光绪二十八年（1902年）举人．——书目来源：中国国家图书馆、故宫博物院图书馆、北京大学图书馆、北京师范大学图书馆、上海图书馆、厦门大学图书馆、复旦大学图书馆、天津图书馆、南开大学图书馆、吉林大学图书馆、四川省图书馆、云南省图书馆、重庆图书馆、北碚区图书馆、泸州市图书馆、涪陵区图书馆、四川大学图书馆、四川省社会科学院图书馆、四川省文史研究馆、四川博物院、重庆中国三峡博物馆

高氏族谱□□卷/（□）□□修．——[出版地不详]：[出版者不详]，1927，修稿本．——书目来源：重庆渝北区龙溪街道（田野调查）

世界史纲/（英）韦尔斯著；陈建民，向达，梁思成，黄静洲，陈训怒译；梁启超，朱经农，竺可桢，徐则陵，王岫卢，任鸿隽，秉志，程瀛章，何炳松，傅达森校订．——北京：商务印书馆，1927.11．——书目来源：重庆数字图书馆

四川同乡京官录/[作者不详]．——[出版地不详]：[出版者不详]，1927．——按职务、姓名、字、年龄、籍贯、住址等项列出约300人情况，其中有胡景伊、杨庶堪、李肇甫等人。胡景伊（1878—1950），号文澜，重庆巴县人。李肇甫（1887—1950），字伯申，重庆巴县人．——书目来源：重庆数字图书馆

战后新世界/（美）鲍曼（Isaiah）著；张其昀，王学素，黄静洲译；竺可桢，任鸿隽，朱经农校．——北京：商务印书馆，1927.11．——书目来源：重庆图书馆

1928 年

（民国）**长寿县志十二卷首一卷**/汤化培修；李鼎禧纂．——[出版地不详]：[出版者不详]，1928，石印本．——六册．——作者简介：汤化培，字养泉，四川庆符（今并入高县）人，民国十七年（1928年）前后任长寿县知事。李鼎禧，字崎青，重庆长寿人，清末岁贡生．——书目来源：四川省图书馆、重庆图书馆、南充市图书馆、四川大学图书馆、四川省文史研究馆

（重庆江津）周氏家乘十七卷首一卷/（清）周敬修；周绍信续修．——[出版地不详]：[出版者不详]，1928.——清光绪间修 1928 年续修石印本．——六册．——书目来源：四川省图书馆

重庆"三·三一"惨案纪念特刊/[作者不详]．——上海：[出版者不详]，1928.——重庆"三·三一"惨案纪事．——书目来源：《重庆文史资料丛刊》

（民国）涪陵县续修涪州志二十七卷首一卷附民国纪事一卷/王鉴清等修；施纪云等纂．——[出版地不详]：[出版者不详]，1928.——作者简介：王鉴清，四川成都人，民国年间任涪陵知县。施纪云（1852—1929），原名缙云，字鹤笙，重庆涪陵人．——中国国家图书馆、故宫博物院图书馆、中国人民大学图书馆、南开大学图书馆、上海图书馆、四川省图书馆、四川大学图书馆、重庆图书馆、北碚区图书馆、重庆大学图书馆、重庆师范大学图书馆、四川省社会科学院图书馆、四川博物院

金氏族谱□□卷/金光同等修．——[出版地不详]：[出版者不详]，1928，刻本．——书目来源：重庆沙坪坝区陈家桥街道（田野调查）

雷氏族谱□□卷/（□）□□修．——1928 年修．——书目来源：重庆湖广会馆

谯氏族谱□□卷/谯国全等修．——1928 年刻本．——书目来源：万州区档案馆

潼南县经纬度商榷书二卷/奚汝霖．——1928 年石印本．——书目来源：四川省图书馆

杨氏族谱（潼南弘农族）/杨光才撰；奚汝霖识．——[重庆]：潼南萃文石印局代印，1928.——书目来源：孔夫子旧书网 东坡书屋

渝北邓氏崇孝堂续修族谱：十二集：[重庆渝北]/邓步矩纂修．——[出版地不详]：[出版者不详]，1928，石印本．——子集谱序、源流序、训戒录，丑集邓氏源流考、世系图，寅集至辰集世系，巳集至亥集派录．——书目来源：中国家谱编印基地

1929 年

（民国）丰都县乡土志十四卷/刘承烈编；余树棠增订．——[出版地不

详]：[出版者不详]，1929，铅印本.——一册.——作者简介：刘承烈，重庆丰都人.——书目来源：吉林大学图书馆、南京图书馆、四川省图书馆、上海图书馆、泸州市图书馆

南川旅蓉同乡会会刊 / 南川旅蓉同乡会编.——[出版地不详]：南川旅蓉同乡会，1929.——书目来源：重庆图书馆

石桥垅李氏族谱：[**重庆鸣凤堂**] / 李建荣等纂修.——[出版地不详]：[出版者不详]，1929，木活字本.——卷八传赞、寿叙、祠墓、碑记、艺文、诗词，卷十房契、坟批、修谱事宜等.——书目来源：中国家谱编印基地

台湾半月记 / 江庸著.——北平：著者刊，1929.——记述在台湾旅行的见闻。书中有大量图片.——书目来源：国家图书馆

/ 江庸.——北平：[出版者不详]，[1929.12].——书目来源：上海图书馆

/ 江庸著.——北平：著者刊，[出版时间不详].——书目来源：重庆图书馆

王氏族谱一卷/王植槐，王荫槐修.——[重庆]：[出版者不详]，1929年，石印本.——书目来源：重庆市长寿区古夫乡小菩提村

新都县制：六编/陈习珊等修；闵昌术等纂.——[出版地不详]：[出版者不详]，1929.——作者简介：陈习删（1893—1963），名孝恩，重庆季家乡人.——书目来源：南京图书馆

张氏族谱：一卷：[**重庆永川**] / 张志慈等纂修.——[出版地不详]：[出版者不详]，1929，石印本.——谱载凡例、家训、家规、世系、系录、科名录、墓志铭等.——书目来源：中国家谱编印基地

中华民国新地图 /（日）秋田兼吉编著.——东京：神谷书店，1929.——书目来源：《重庆古旧地图研究》上册第59页

1930 年

巴县（附江北县城）、鱼洞镇图 / [作者不详].——[出版地不详]：[出版者不详]，1930、1934.——书目来源：重庆市档案馆

巴县牟氏平阳堂续修族谱十卷/牟永瓒修，牟楷之纂.——[出版地不

详]：[牟氏]，1930，石印本.——清咸丰二年（1852年）修.——书目来源：重庆图书馆（存五卷：一、四、六至八）

（重庆）云阳涂氏族谱二十卷首一卷/涂凤书纂修.——[出版地不详]：[出版者不详]，1930，铅印本.——卷首、卷一谱序、凡例，卷二旧谱世系等，卷三世系，卷四至十世表，卷十一家训、族范，卷十二祠祀志，卷十三茔墓志（文契、墓志铭、墓图等），卷十四宅居志、仕学志，卷十五褒封志，卷十六寿序、寿诗等，卷十七济族志，卷十八石城志，卷十九列传，卷二十丁口统计表。内有民国时地方教育史料.——书目来源：重庆图书馆

/涂凤书纂修.——[出版地不详]：[出版者不详]，旧京，1930，铅印本.——书目来源：中国家谱编印基地

吴氏族谱□□卷/（□）□□修.——[出版地不详]：[出版者不详]，1930年修.——书目来源：重庆湖广会馆

永川县图1930年（3份）永川县全图1936年（2份）四川省永川县图1948年（1份）/[作者不详].——[出版地不详]：[出版者不详]，[1930—1948].——书目来源：重庆市档案馆

1931 年

巴蜀朱氏族谱□□卷/（□）□□修.——1931年修.——书目来源：重庆湖广会馆

白沙井图、武胜图、隆昌县图、南川图/[作者不详].——[出版地不详]：[出版者不详]，1931—1933.——书目来源：重庆市档案馆

东北游记/卢作孚著.——成都：成都书局，1931.——书目来源：上海图书馆、南京图书馆、四川大学图书馆

/卢作孚著.——重庆：川江航务管理处，1931.——书目来源：重庆图书馆、国家图书馆

合川地形图、长寿地形图、小沔溪图/[作者不详].——[出版地不详]：[出版者不详]，1931、1934.——书目来源：重庆市档案馆

江津县太埠图（2份）/[作者不详].——[出版地不详]：[出版者不详]，1931.——书目来源：重庆市档案馆

刘氏族谱□□卷/刘善述等修．——［出版地不详］：［出版者不详］，1931，刻本．——作者简介：刘善述，名兴，字善述，以字行，重庆合川人。清同治光绪时人．——书目来源：重庆湖广会馆

（民国）重修南川县志十四卷首一卷/柳琅声等修；韦麟书等纂．——［出版地不详］：［出版者不详］，1931，铅印本．——十三册．——作者简介：柳浪声，贵州印江县人，民国十四年（1925年）任南川县知事。韦麟书（1875—1932），一名圣祥，晚年别号四一子，重庆南川人，清末廪生．——书目来源：中国国家图书馆、故宫博物院图书馆、北京大学图书馆、清华大学图书馆、中国人民大学图书馆、四川省图书馆、四川大学图书馆、重庆图书馆、重庆大学图书馆、重庆师范大学图书馆、西南大学图书馆、西华师范大学图书馆、西南民族大学图书馆、北碚区图书馆、四川省社会科学院图书馆、四川省文史研究馆、四川博物院、重庆中国三峡博物馆（存卷二至十四、首一）、重庆市档案馆（不全）

郑氏家乘□□卷/（□）□□修．——重庆：德新印制局，1931，铅印本．——书目来源：重庆湖广会馆

1932年

合州丁氏族谱二卷/丁树诚纂．——［出版地不详］：［丁禹孝］，1932，增补石印本．——清光绪二十二年（1896年）修，一册．——书目来源：重庆图书馆

华阳人物志十六卷附一卷/林思进撰．——成都：美学印馆，1932，铅印本．——二册．——作者简介：林思进，字山腴，华阳（今属四川成都）人。清光绪年间举人．——书目来源：国家图书馆、北京师范大学图书馆、吉林大学图书馆、南京大学图书馆、四川大学图书馆、山东大学图书馆

潘氏谱牒□□卷/潘克家修．——［出版地不详］：［出版者不详］，1932，石印本．——书目来源：重庆荣昌县盘龙镇（田野调查）

荣昌隆昌重修吕氏世谱不分卷/吕奉轩纂．——［出版地不详］：［出版者不详］，1932，石印本．——三册．——书目来源：四川省图书馆

四川旅沪同乡会会刊/四川旅沪同乡会出版委员会编．——上海：四川旅沪同乡会出版委员会，1932．——书目来源：重庆图书馆

四川陶氏族谱五卷 /陶启金，陶宗钧等纂修.——［出版地不详］：［出版者不详］，1932，铅印本.——一册.——书目来源：四川省图书馆

外国史纲要 /唐幼峰编.——重庆：重庆书店，1932.——供中学及师范学生自修参考使用.——书目来源：重庆图书馆、国家图书馆（缩微）、上海图书馆、南京图书馆、四川省图书馆

（道光）忠州直隶州志八卷首一卷/（清）吴友箎修，（清）熊履青纂.——1932年铅印本.——作者简介：吴友箎，字编山，江苏吴县人。监生。清道光四年（1824年）任忠州知州。熊履青，字耳山，忠州（今重庆忠县）人，清嘉庆十五年（1810年）举人.——书目来源：中国国家图书馆、复旦大学图书馆、武汉大学图书馆、四川省图书馆、四川大学图书馆、重庆图书馆、北碚区图书馆、重庆师范大学图书馆、四川省社会科学院图书馆、西南民族大学图书馆、达州市图书馆、南充市图书馆、万州区图书馆、重庆市档案馆

1933 年

重庆旅行指南 /唐幼峰编.——重庆：重庆旅行指南社，1933.——书目来源：重庆图书馆

当代史剩 /［作者不详］.——上海：上海周报社，1933.1.——收有：独眼龙刘伯承回四川.——书目来源：Stanford University（斯坦福大学）图书馆、浙江工商大学图书馆、嘉兴学院图书馆

嘉陵江三峡游览指南 /峡防局编.——［出版地不详］：峡防局，1933.——书目来源：重庆图书馆

江夏堂重修支谱全部黄氏支谱总集□□卷/黄一杰等修.——［出版地不详］：［出版者不详］，1933，刻本.——五册.——书目来源：重庆巫山县起阳乡（田野调查）

科学名人传 /任鸿隽著.——上海：中国图书仪器公司，1933.——书目来源：《科学救国之梦》

卢氏宗谱□□卷/卢万谷等修.——重庆：励精汉文正楷印刷社，1933，铅印本.——书目来源：重庆合川区明月乡（田野调查）

四川省 /周傅儒著.——上海：商务印书馆，1933.3，国难后1版.——书

目来源：上海图书馆

/周傅儒著．——上海：商务印书馆，1934．——即《四川省一瞥》一书的改名再版。分三峡风光、奉节至巴县、东川各城、自流井、叙府至成都、西川各城、成都至南充等 18 章。书前有四川省及西康特别区域图．——书目来源：重庆图书馆

峡区事业纪要［1933］/江巴璧合四县特组峡防团务局编．——重庆：江巴璧合四县特组峡防团务局，1933．——提纲式纪要。简介四川嘉陵江峡区科研、防务、交通、经济机构的概况．——书目来源：重庆图书馆

1934 年

参谋本部陆地测量图（4 份）、**四川省荣昌图**/［作者不详］．——［出版地不详］：［出版者不详］，1934—1949．——书目来源：重庆市档案馆

曹氏族谱□□卷/（□）□□修．——1934 年修．——书目来源：重庆湖广会馆

重庆长寿陈氏族谱二卷/陈夔飏纂修．——1934 年抄本．——书目来源：长寿区档案馆

重庆刘子如毁家助善实录/［重庆自养美道会］．——重庆：启文印刷局，1934．——内收：刘子如自述、刘子如辩诉状、刘子如捐产文约、刘子如一生捐款表等内容。刘子如（1870—1948），名华璋，四川綦江县（今重庆万盛区）人．——书目来源：海南重庆商会网

重庆指南/重庆信托两合公司编．——重庆：信托两合公司，1934．——内收重庆风景十幅、街道图二幅、地方行政、公共事业、实业类、交通类、专门人才、娱乐场所、杂录等内容．——书目来源：重庆图书馆

（**重庆忠县**）**忠州秦氏家乘十八卷**/秦孔旭纂修．——忠县：［出版者不详］，1934，石印本．——作者简介：秦孔旭，一作秦旭．——书目来源：忠县档案馆、万州区档案馆

川游漫记/陈友琴著．——南京：正中书局，1934．——写作者从三峡到重庆再到成都的情况．——作者简介：陈友琴（1902—1996），安徽南陵人．——书目来源：重庆图书馆、上海图书馆、广西壮族自治区图书馆

／陈友琴著．——南京：正中书局，1936．——书目来源：重庆图书馆、南京图书馆、四川省图书馆

　　／陈友琴著．——上海：正中书局，1939．——书目来源：贵州省图书馆

庚子交涉隅录／程德全著．——［出版地不详］：［出版者不详］，1934．——书目来源：南京图书馆

漢口より重慶へ／（日）内田佐和吉．——漢口：思明堂書薬房，1934．——书目来源：日本国立国会图书馆

江北建设特刊／江北建设科编．——重庆：［出版者不详］，1934．——稿本．——书目来源：重庆中国三峡博物馆

四川省大足县图1941年　大足图1934年／［作者不详］．——［出版地不详］：［出版者不详］，［1934、1941］．——书目来源：重庆市档案馆

四川之行／葛绥成等著．——上海：中华书局，1934．——收《四川之行》（葛绥成）（入川参加1933年8月中国科学社在重庆北碚举行的第十八次年会）、《成都两周记》（刘济群）、《峨眉山上的景物》（许钦文）三篇游记．——书目来源：重庆图书馆、四川省图书馆

　　／葛绥成等著．——昆明：中华书局，1939．——书目来源：南京图书馆

　　／葛绥成等著．——昆明：中华书局，1939.8．——书目来源：上海图书馆

现代史料（第三集）／海天出版社编．——深圳：海天出版社，1934.4．——收录有：刘伯承逸事、关于刘伯承．——书目来源：重庆大学图书馆、天津图书馆、中国社会科学院图书馆、吉林省图书馆

宜昌到重庆／重庆中国银行编．——重庆：中国银行，1934．——该书对川江航业之概况，宜渝间江山之胜迹、滩险、沿途县镇之地理物产、交通运输、金融贸易和旅游景点等，均作了系统之叙述，书中附有大量珍贵的图片．——书目来源：重庆图书馆、国家图书馆

　　／重庆中国银行编．——重庆：中国银行、中国旅行社发行，1934.10．——书前有弁言、水程表等。游记。分川江航业史话、宜昌、三峡、万县、重庆等七章．——书目来源：上海图书馆

游峨眉山／赵循伯著．——［出版地不详］：［出版者不详］，1934．——书

目来源：重庆数字图书馆

周礼古学考十一卷/李滋然撰．——[出版地不详]：[出版者不详]，1934，铅印本．——三册．——书目来源：中国国家图书馆、上海图书馆、北京大学图书馆、清华大学图书馆、郑州大学图书馆

1935 年

从上海到巴蜀/（日）神田正雄．——东京：海外社发行，1935．——有万县、万县重庆间、重庆等章节，并收有三峡、万县、重庆等地老照片．——书目来源：孔夫子旧书网、《形象学视域下的城市个案研究》第126页

（乾隆）大宁县志四卷/（清）阎源清修，（清）焦懋熙纂．——1935年涂凤书抄本．——书目来源：四川省图书馆

/（清）阎源清修，（清）焦懋熙纂．——民国抄本．——书目来源：故宫博物院图书馆

（光绪）梁山县志十卷首一卷/（清）朱言诗等纂修．——[出版地不详]：[张孔修]，1935，增补印本．——清光绪二十年（1894年）刻．——书目来源：北京师范大学图书馆、上海图书馆、南京图书馆、四川省图书馆、湖北省图书馆、重庆图书馆、北碚区图书馆、泸州市图书馆、梁平县图书馆、梁平县文化馆

綦江图1935（2份）綦江工区图1941年（1份）四川省綦江县图1945年（1份）/[作者不详]．——[出版项不详]．——书目来源：重庆市档案馆

上海から巴蜀へ/（日）神田正雄著．——东京：海外社，1935．——书目来源：华东师范大学图书馆

蜀中广记一百八卷/（明）曹学佺撰．——上海：商务印书馆，1935．四库全书珍本初集影印本，十册．——曹学佺（1574—1646），字能始，号石仓，福建侯官（今属福州）人。明万历二十三年（1595年）进士，万历三十九年（1611年）任四川按察使．——书目来源：中国国家图书馆、北京大学图书馆、山东大学图书馆、河南大学图书馆

四川导游/郑璧成编．——上海：中国旅行社，1935．——前九章按地区划分，第10章为附录，附民生公司六十消息、民生公司概况。书后附《自流井·贡井盐场》一文及晋希天的《峨眉踏雪记》、陆治的《蜀游萍踪》等。书中有

风景名胜照片 52 幅. ——作者简介：郑璧成（1889—1958），四川人，曾长期在重庆生活. ——书目来源：重庆图书馆、南京图书馆

／郑璧成编. ——上海：国光印书局，1935. ——书目来源：国家图书馆

／郑璧成编. ——上海：中国旅行社，1935.7. ——书目来源：上海图书馆

四川郡县志十二卷／龚煦春撰. ——成都：古美堂，1935，刻本. ——五册. ——作者简介：龚煦春（1863—1937），字煦台，号几山，四川井研人。龚煦春曾参与编纂民国《四川通志》，该书乃是将其所负责的"地理"部分辑出刊刻. ——书目来源：吉林大学图书馆、南开大学图书馆、四川大学图书馆、内蒙古大学图书馆

／龚煦春编辑. ——［成都］：古美堂，1937. ——自费刊行. ——书目来源：南京图书馆

四川省雷马峨屏调查记／常隆庆等著. ——北碚：中国西部科学院，1935.4. ——中国西部科学院特刊第 1 号. ——书目来源：中国科学院植物研究所图书馆、四川师范大学图书馆、天津图书馆、中国社会科学院图书馆、吉林省图书馆

通考序笺／陈志宪. ——上海：商务印书馆，1935.11. ——本书《文献通考》24 序笺注. ——书目来源：复旦大学图书馆、苏州大学图书馆、四川师范大学图书馆、上海社会科学院图书馆、上海图书馆、南京图书馆

西南漫游记 上／侯鸿鉴著. ——无锡：无锡锡成印刷公司，1935. ——上册四卷，卷二第四章"自巫峡至重庆"，卷三有"重庆"、"北碚"、"自重庆至成都"三章。着重记述各地教育状况，也涉及地质、名胜、民族、风俗、方言等。册前有图片多幅. ——书目来源：重庆图书馆、贵州省图书馆

／侯鸿鉴著. ——无锡：［出版者不详］，1935. ——书目来源：四川省图书馆

／侯鸿鉴著. ——［出版地不详］：锡成印刷公司，1935. ——书目来源：南京图书馆

／侯鸿鉴著. ——［出版地不详］：［出版者不详］，1935. ——书目来源：南京图书馆、贵州省图书馆

峡区事业纪要［1935］/ 江巴璧合四县特组峡防团务局编．——重庆：江巴璧合四县特组峡防团务局，1935．——主要记录了文化事业（研究事业、教育事业、游览事业、社会事业、出版事业、宗教事业）、治安事业（峡防局、学生队、特务队、手枪队）、经济事业（交通、金融、煤业电气、钢铁、制造、农林）。后附录峡区游览指南．——书目来源：重庆图书馆、贵州省图书馆

/ 江巴璧合四县特组峡防团务局编．——重庆：江巴璧合四县特组峡防团务局，1935．3．——书目来源：重庆市档案馆、上海图书馆

云阳县志四十四卷首一卷/朱世镛，刘贞安，黄保初等修纂．——1935年铅印本．——十册．——作者简介：朱世镛，安徽省霍山县人，二品荫生，民国五年（1916年）任云阳县知事。刘贞安（1870—1934），字彦恭、问竹，号伏庵，重庆云阳人。清光绪二十九年（1903年）进士．——书目来源：南开大学图书馆、南京大学图书馆、内蒙古大学图书馆、华东师范大学图书馆、吉林大学图书馆、四川省图书馆、成都图书馆、重庆图书馆、北碚区图书馆、泸州市图书馆、万州区图书馆、南充市图书馆、四川大学图书馆、四川师范大学图书馆、西华师范大学图书馆、四川省社会科学院图书馆、四川省文史研究馆、西南大学图书馆

1936年

北碚之游/ 黄炎培著．——［出版地不详］：［出版者不详］，1936．——书目来源：《北碚文史资料》第4辑"抗日战争时期的北碚"第191页

（重庆江津）夏氏家乘四卷/（清）夏禹沅，（清）夏应治修；夏鸿儒续修．——1936年石印本．——作者简介：夏鸿儒（1881—1951），重庆江津人。清光绪二十九年（1903年）举人，后任刑部主事。民国年间任四川省咨议局咨议员．——书目来源：南京图书馆、四川省图书馆、贵州省档案馆

重庆市一览/ 重庆市政府秘书处编辑．——重庆：重庆市政府庶务股，1936．——分为疆域、气候、户口、官署、学校及教育辅助机关、会社、自来水及电力、医院、团务、交通、杂录、名胜古迹、历代名宦纪要、历代名人纪要、补遗及勘误等15部分，比较详尽地介绍了当时重庆政治、经济、文化和社会生活的方方面面，以及重庆的地理形势、风光名胜和重庆历朝历代的名宦名人等，书前附有重庆市市区经界草图（民国二十二年二月）、重庆市旧城新区已成公

路略图（民国二十四年10月）和江北市街附近草图（民国十八年8月）三张地图．——书目来源：重庆图书馆

[江叔海讣告]／江庸等撰．——［出版地不详］：［出版者不详］，1936．——［普通古籍］．——作者简介：江庸（1877—1960），字翊云、翼云，号澹翁，重庆璧山人．——书目来源：《新中国名人录》

欧行观感录／沙鸥著．——上海：中华书局，［1936］．——书目来源：重庆图书馆

／沙鸥著．——上海：中华书局，1937．——书目来源：国家图书馆、南京图书馆、贵州省图书馆

／沙鸥著．——北京：中华书局，1937.7，2版．——书目来源：复旦大学图书馆、长沙理工大学图书馆、上海社会科学院图书馆、广东省立中山图书馆、浙江工商大学图书馆、嘉兴学院图书馆、贵州省图书馆、吉林省图书馆

蜀道／黄炎培．——上海：开明书店，1936．——四川师范大学图书馆、广西大学图书馆、兰州大学图书馆

／黄炎培．——上海：开明书局，1938．——书目来源：重庆图书馆

／黄炎培．——上海：开明书局，1939．——书目来源：重庆图书馆

／黄炎培．——重庆：开明书局，1940．——书目来源：重庆图书馆、南京图书馆

／黄炎培．——上海：开明书局，1940.6．——书目来源：上海图书馆

／黄炎培著．——上海：开明书店，1948

蜀游纪略／陈兴亚记．——［出版地不详］：华昌制版局，1936．——书目来源：四川省图书馆

四川省综览／（日）神田正雄著．——东京：株式会社共荣舍，1936．——书目来源：四川大学图书馆

／（日）神田正雄著．——［东京］：海外社，1936．——书目来源：重庆图书馆

（民国）万县志二十三卷／刘乙青，罗经猷等修；史子年，熊国璋，刘孟伉，施雨苍等纂．——1936年稿本．——作者简介：刘乙青，重庆万县人，民国

年间任万县图志局局长。罗经猷（1885—?），别号殷九，重庆荣昌人。民国二十四年至二十五年（1935—1936）任万县专员兼县长。熊国璋（1874—1949），谱名焕垲，字特生，号两周山人，也称周溪道人，重庆万县人。施雨苍，重庆万县人，曾任万县私立豫章中学校长．——书目来源：万州区图书馆

1937 年

八路军将领列传／赵轶琳编著．——［出版地不详］：自力出版社，1937．——收录朱德、彭德怀、贺龙、项英、刘伯承、徐向前等六位八路军重要将领的传略。书后附录：八路军将领剪影；朱德、彭德怀会见记．——书目来源：复旦大学图书馆

成都之行／卢子英，黄子裳著．——［出版地不详］：［出版者不详］，1937．——1937年卢子英、黄子裳赴成都公干学习的记叙文章．——作者简介：卢子英（1905—1970），重庆合川人．——书目来源：《近代中国早期博物馆——中国西部科学院附设公共博物馆与民众教育》

重庆通信箱汇刊／刘残音编辑．——重庆：商务日报社，1937.11．——书目来源：北碚区图书馆

重庆通信箱汇刊（第一集）／刘残音编．——重庆：重庆商务日报社，1937．——书为辑《重庆商务日报》之专栏文章而成，以问答的方式为读者介绍有关重庆沿革、风俗、文化、趣闻逸事、生活常识等．——书目来源：重庆图书馆、南京图书馆、国家图书馆

合川县文献特刊第一期／胡南先，何靖麻编．——重庆：合川文献委员会，1937，铅印本．——作者简介：胡南先（1868—1947），字作荃，重庆合川人．——书目来源：北碚区图书馆

嘉陵江三峡游览指南／嘉陵江三峡乡村建设实验区署编．——［重庆］：［出版者不详］，1937.1．——书目来源：北碚区图书馆

今日之华南／周开庆著．——上海：光明书局，1937．——记述作者考察华南各地风土人情、政治建设和教育等各方面情况后的观感．——书目来源：重庆图书馆、南京图书馆

／周开庆著．——上海：光明书局，1937.11．——书目来源：上海图书馆、

四川省图书馆

抗战将士剪影 第 1 集 / 熊国霖编著 . —— [出版地不详]：时代社，1937. ——介绍 30 余位抗战人士的生平、言论、事迹，其中包括蒋介石、毛泽东、朱德、彭德怀、周恩来、刘伯承、李宗仁、白崇禧、张发奎等 . ——书目来源：重庆数字图书馆

民国名人图鉴 / 杨家骆著 . —— [出版地不详]：辞典馆，1937. ——收民国以来各界名人略历，按四角号码人名顺序排列，第一册书前有地名表、杨家骆的《我的终身事业》，附载《辞典馆概况》等 . ——书目来源：国家图书馆、南京图书馆

七人之狱 / 沙千里著 . ——上海：生活书店，1937. ——书目来源：国家图书馆、南京图书馆

/ 沙千里著 . ——上海：生活书店，1938. 3. ——书目来源：重庆图书馆、上海图书馆

黔川滇旅行记 / 薛绍铭著 . ——北京：中华书局，1937. 6. ——作者简介：薛子中（1907—1937），乳名保兴，字子中，原名薛作枢，又名薛少明，笔名薛绍铭。河南省济源市克井镇北社村人。革命者 . ——书目来源：复旦大学图书馆、苏州大学图书馆、西南民族大学图书馆、黑龙江省图书馆、四川师范大学图书馆、上海社会科学院图书馆

/ 薛绍铭著 . ——北京：中华书局，1938. 10，2 版 . ——书目来源：嘉兴学院图书馆

黔滇川旅行记 / 薛绍铭著 . ——北京：中华书局，1937. 6. ——收《到达綦江》《闲活神仙》《綦江人民的负担》《由綦江至重庆》《重庆贸易概况》《重庆的印象》《涪陵的榨菜和鸦片》《川东的佃农和高利贷》《嘉陵江峡区二日游》《四川的征收局长》《合川至南充》《成渝道上》《渝汉途中》等 99 篇游记 . ——作者简介：薛子中（1907—1937），乳名保兴，字子中，原名薛作枢，又名薛少明，笔名薛绍铭。河南省济源市克井镇北社村人。革命者 . ——书目来源：Stanford University（斯坦福大学）图书馆、复旦大学图书馆、苏州大学图书馆、西南民族大学图书馆、黑龙江省图书馆、四川师范大学图书馆、上海社会科学

院图书馆

秦太保良玉纪念刊 ／ 四川会馆．——［出版地不详］：［出版者不详］，1937．——书目来源：重庆数字图书馆

四川公路游览指南 ／ 四川公路局编．——成都：四川公路局，1937．——有"川黔公路"中重庆市的市区范围、形势、街衢、古迹名胜等，路线中的"松坎至重庆"、"重庆至成都"等内容．——书目来源：重庆图书馆

我们的版图 ／ 胡焕庸编著．——南京；上海：正中书局，1937．11．——抗战八年在重庆的著作．——书目来源：上海图书馆

／ 胡焕庸编著．——重庆：正中书局，1939．——书目来源：贵州省图书馆

／ 胡焕庸编著．——重庆：正中书局，1939．4．——书目来源：重庆图书馆

／ 胡焕庸编著．——金华：正中书局，1942．9．——书目来源：重庆图书馆

／ 胡焕庸编著．——重庆：正中书局，1944．——书目来源：上海图书馆

／ 胡焕庸编著．——重庆：正中书局，1944．5．——书目来源：重庆图书馆

／ 胡焕庸编著．——南京；上海：正中书局，1944．5．——书目来源：上海图书馆

1938 年

北碚概况 ／［作者不详］．——［出版地不详］：［出版者不详］，1938．10．——书目来源：重庆市档案馆

／［作者不详］．——［出版地不详］：［出版者不详］，1948，54 页．——书目来源：重庆图书馆

／［作者不详］．——［出版地不详］：［出版者不详］，1949，62 页．——书目来源：重庆图书馆、国家图书馆

／［作者不详］．——［出版项不详］．——书目来源：重庆图书馆

重庆市概况 ／［作者不详］．——［出版地不详］：［出版者不详］，1938．8．——书目来源：重庆市档案馆

重庆指南 ／ 杨世才编．——重庆：重庆书店，1938．——书目来源：南京图书馆

／ 杨世才编．——重庆：重庆书店，1939．——分总论、气候、官署、公共、

金融、交通、通信、街市交通、生活概况及食宿游览、专门人才、重要工商行名录12部分。书前有风景图4幅、编者的话. ——书目来源：重庆图书馆、国家图书馆

/ 杨世才. ——成都：[出版者不详]，1939. ——抗战时期陪都重庆市乡土历史文化读物. ——书目来源：四川省图书馆

/ 杨世才编. ——重庆：北新书局，1940. ——分总论、气候、官署、公共、金融、交通、通信、乡村电话、街市交通、生活概况及食宿游览、名胜古迹及娱乐场所专门人才、重要工商行名录、方言土语12部分。书前有大重庆市经界图、风景图四幅、四版补白. ——书目来源：重庆图书馆

/ 杨世才编. ——重庆：北新书局，1941.3. ——本书分总论、气候、官署、公共、金融、交通、通信、街市交通概况、生活概况及食宿游览、自由职业人才介绍、重要工商行名录、方言土语12部分。书前有编者肖像及陪都中心区全景照片，和编者对"重庆之所以成为陪都"的解释. ——书目来源：重庆图书馆

/ 杨世才编. ——重庆：北新书局，1941.12，5版. ——书目来源：重庆图书馆：

/ 杨世才编. ——重庆：北新书局，1942.12，6版. ——书目来源：重庆图书馆

/ 杨世才编. ——重庆：重庆指南编辑部，1943，7版. ——分疆域、气候、户口、公共事业、经济、交通、经济概况及食宿游览、名胜古迹、专门人才、重要工商行名录10部分。书前有林义医院及林森路聚兴诚银行屋顶未改造以前之形式二幅图、抗战六年来重庆之新姿态、陪都大厦一览表等. ——书目来源：重庆图书馆、北碚区图书馆、重庆中国三峡博物馆

/ 杨世才编. ——重庆：重庆指南编辑社，1944. ——分疆域、气候、户口、公共事业、经济、交通、经济概况及食宿游览、名胜古迹、专门人才、重要工商行名录12卷。书前有新旧街名对照最新重庆街道图、陪都有大厦一览表、重庆指南编辑社概况等. ——书目来源：重庆图书馆

/ 杨世才编. ——重庆：重庆指南编辑社，1944.5. ——书目来源：南京图

书馆

大时代人物 / 张寒青编译 . —— [出版地不详]：大时代书局，1938. ——收录毛泽东、朱德、彭德怀、周恩来、林伯渠、徐特立、贺龙、刘伯承、项英、叶剑英、徐海东、陈绍禹、张国焘、秦邦宪、张闻天、成仿吾、徐向前、林彪、肖克、杨靖宇等20位人物的传略 . ——书目来源：重庆数字图书馆

第八路军将领抗战回忆录 / 朱德等著 . —— [出版地不详]：怒吼出版社，1938. ——收录有《我们怎样打退了正太路南进的敌人》（刘伯承）. ——书目来源：浙江师范大学图书馆、吉林大学图书馆、首都师范大学图书馆

读辛亥四川事变之我感言 / 周善培著 . —— [出版地不详]：著者刊，1938. ——收作者任四川劝业道及提法司时，在保路运动中与上司及同僚们往还电文、书信、疏文，如致尹张两都督书、与端方书等7篇 . ——书目来源：重庆图书馆、国家图书馆

/ 周善培著 . —— [出版地不详]：著者刊，1938.5. ——书目来源：上海图书馆

峨眉导游 / 邓少琴编著 . ——成都：开明书店，1938. ——书目来源：重庆图书馆、南京图书馆

/ 邓少琴编著 . ——成都：四川印刷局，1938. ——书目来源：国家图书馆

/ 邓少琴编著 . —— [出版地不详]：[出版者不详]，1938. ——书目来源：四川省图书馆

/ 邓少琴编著 . —— [出版地不详]：开明书店，[出版时间不详] . ——书目来源：四川省图书馆

九鼎考略 / 杨明照著 . —— [出版地不详]：燕京大学，1938. ——本书为燕京大学文学年报第四期单行本（论文）. ——书目来源：重庆图书馆

抗日血战见闻录 / 柳叔堪编 . ——重庆：中华基督教青年会，1938. ——书目来源：重庆图书馆

旅渝向导 / 杜若之著 . ——重庆：巴渝出版社，1938. ——本书分入境问俗、登岸、日之夕矣君何在、吃、杂镶、娱游、风土记等7章。书后附重庆市街道图、各种车船价目表 . ——书目来源：北碚区图书馆、重庆图书馆、贵州

省图书馆

南泉与北碚 / 杜若之撰. ——重庆：巴渝出版社，1938. ——介绍南温泉和北碚的名胜及旅游路程. ——书目来源：南京图书馆

全面抗战的认识 / 黄季陆，林中奇著. ——南宁：民团周刊社，1938.3.10. ——作者简介：黄季陆（1899—1985），字学典，名陆、季陆，四川叙永人，1938年后在重庆生活. ——书目来源：上海图书馆

/ 黄季陆，林中奇著. ——南宁：民团周刊社，1938.9. ——书目来源：重庆图书馆

三峡游览指南 / 嘉陵江区三峡乡村建设实验区北碚月刊社编. ——重庆：嘉陵江区三峡乡村建设实验区北碚月刊社，1938. ——分三峡小志、游客注意、游地记名录、名胜概要、舟车旅费、物产名录六部分。书中插图22幅。书后附黄炎培的《北碚之游》、王宋珍等五人的诗咏、游客到峡随身应备三物、碚字音义、俗谚二则. ——书目来源：重庆图书馆

/ 北碚月刊社编. ——重庆：嘉陵江区三峡乡村建设实验署，1942，增订本. ——书目来源：重庆图书馆

实庵自传 / 陈独秀撰. ——广州：亚东图书馆，1938. ——书目来源：重庆图书馆

四川地理 / 胡焕庸编. ——重庆：正中书局，1938. ——抗战八年在重庆的著作。本书分32节，介绍四川省的地形地质、气候、成都平原的水利、人口与密度、河流与航运、贸易及各项农产品。书中有插图多幅. ——书目来源：重庆图书馆、广西壮族自治区图书馆

/ 胡焕庸编. ——［出版地不详］：正中书局，1938.12. ——书目来源：上海图书馆

/ 胡焕庸编. ——重庆：正中书局，1940. ——书目来源：重庆图书馆

/ 胡焕庸编. ——重庆：正中书局，1942. ——书目来源：重庆图书馆

/ 胡焕庸编. ——重庆：正中书局，1943. ——书目来源：重庆图书馆、南京图书馆

/ 胡焕庸编. ——［出版地不详］：正中书局，1943.10. ——书目来源：上

海图书馆

四川史地/任筱庄编.——[出版地不详]：[出版者不详]，1938.——书目来源：南京图书馆

/任筱庄编.——[出版项不详].——书目来源：重庆图书馆

曾氏族谱□□卷/（□）□□修.——[出版地不详]：[出版者不详]，1938年修.——书目来源：重庆湖广会馆

中国与日本：论中日历史之发展/郑学稼著.——[北碚]：文苑社（重庆北碚复旦大学），1938.7.——自序：学稼序于重庆.——作者简介：郑学稼（1906—?），福建长乐县人。1935年至1943年任复旦大学经济学院教授。1944年任国防部外事局上校专员。1945年任暨南大学教授.——书目来源：北碚区图书馆、吉林省图书馆、复旦大学图书馆、西南大学图书馆

/郑学稼著.——[出版地不详]：中国国民党江西省党部，1940.——书目来源：吉林省图书馆

1939年

八路军军政杂志/国民革命军第十八集团军八路军军政杂志社.——[出版地不详]：国民革命军第十八集团军（八路军）政治部，1939.9.——第1卷·下·第9期。收刘伯承著《两年来华北游击战争经验教训的初步整理（一续）》.——书目来源：浙江工商大学图书馆、嘉兴学院图书馆

/国民革命军第十八集团军八路军军政杂志社.——[出版地不详]：国民革命军第十八集团军（八路军）政治部，1939.10.——第1卷·下·第10期。收刘伯承著《两年来华北游击战争经验教训的初步整理（二续）》.——书目来源：浙江工商大学图书馆、嘉兴学院图书馆

（民国）巴县志二十三卷附文征四卷/朱之洪，罗国均等修；向楚，龚秉权等纂.——1939年刻本.——二十四册.——作者简介：罗国钧，字秉洪，四川中江县人。民国二十五年（1936年）任巴县县长。龚秉权（1876—1951），字春岩，巴县（今重庆九龙坡区）人.——书目来源：四川省图书馆、成都图书馆、重庆图书馆、北碚区图书馆、巴南区图书馆、泸州市图书馆、达州市图书馆、合川区图书馆、南充市图书馆、四川大学图书馆、四川师范大学图书馆、西南民族

大学图书馆、重庆大学图书馆、西南大学图书馆、重庆师范大学图书馆、西华师范大学图书馆、陕西师范大学图书馆、南京大学图书馆、四川省社会科学院图书馆、四川省文史研究馆、四川博物院、重庆中国三峡博物馆、南京图书馆

/朱之洪，罗国均等修；向楚，龚秉权等纂. ——民国稿本. ——书目来源：重庆图书馆（存卷一至十一、十四至二十三，文征一至四）

/朱之洪，罗国均等修；向楚，龚秉权等纂. ——民国二十八年（1939年）刻三十二年（1943年）巴县文献委员会重印本. ——书目来源：北碚区图书馆

新重庆 / 陆思红. ——北京：中华书局，1939. ——书目来源：复旦大学图书馆、中国社会科学院地理科学与资源研究所图书馆

/ 陆思红. ——昆明：中华书局，1939.8. ——书目来源：国家图书馆、吉林省图书馆

重慶市街圖 /（日）軍令部［作］. ——［东京］：軍令部，1939. ——书目来源：日本国立国会图书馆

从战斗中壮大的晋察冀边区 / 大风等著. ——［出版地不详］：民族革命出版社，1939. ——较大篇幅介绍聂荣臻领导下的八路军部队. ——书目来源：西南大学图书馆、中国社会科学院图书馆、广东省立中山图书馆、天津图书馆

江北乐碛戴氏宗谱：二卷：[重庆巴县] / 戴正诚纂修. ——［出版地不详］：［出版者不详］，1939，铅印本. ——卷前有谱序，上卷世系，下卷诗文、墓志、传记，附汝霖遗稿数篇. ——书目来源：中国家谱编印基地

今日的将领 / 拓荒编著. ——［出版地不详］：统一出版社，1939. ——以报告文学的方式介绍张自忠等57位将领的身世、个性、思想及功绩等. ——书目来源：Stanford University（斯坦福大学）图书馆

抗日的模范军人 / 冯玉祥编. ——［出版地不详］：三户图书社，1939. ——问答体叙述抗日战争初期包括张自忠、聂荣臻等在内的16位著名人物的事迹. ——书目来源：南京图书馆、四川大学图书馆

/ 冯玉祥. ——汉口：三户图书社，1939. ——书目来源：重庆图书馆、国家图书馆

/ 冯玉祥. ——［出版地不详］：三户图书社，［1939.5］. ——书目来源：

上海图书馆

／冯玉祥编．——［出版地不详］：三户图书社，［出版时间不详］．——书目来源：苏州大学图书馆、上海社会科学院图书馆、中共江苏省委党校图书馆、吉林省图书馆

抗日名将剪影／郑士伟编．——［出版地不详］：抗战建国社，1939．——内收张自忠等 19 人的访问记事．——书目来源：河北师范大学图书馆

明末民族艺人传／傅抱石．——长沙：商务印书馆，1939．——1939 年 4 月—1946 年 10 月居住在重庆沙坪坝，在此期间创作．——书目来源：南京图书馆、重庆图书馆

／傅抱石．——长沙：商务印书馆，［1939.5］．——书目来源：上海图书馆

四川省概况／四川省政府编．——成都：四川省政府秘书处，1939．——一册（大本）．——书目来源：重庆图书馆、北碚区图书馆、国家图书馆、上海图书馆、南京图书馆

四川省各县区乡镇略图／四川省政府民政厅编．——成都：四川省政府民政厅，1939．——书目来源：重庆图书馆、南京图书馆

苏联纪行／郭沫若．——重庆：正中书局，1939．——书目来源：南京图书馆

／郭沫若．——［出版地不详］：［出版者不详］，1945．——书目来源：《陪都人物纪事》第 193 页

太史公书称史记考／杨明照．——北平：燕京大学哈佛燕京学社，1939．——书目来源：国家图书馆

文天祥年述／傅抱石．——［出版地不详］：青年书店，1939．——1939 年 4 月至 1946 年 10 月居住在重庆沙坪坝，在此期间创作．——书目来源：四川省图书馆

／傅抱石．——重庆：青年书店，1940．——书目来源：重庆图书馆、南京图书馆、广西壮族自治区图书馆

／傅抱石．——重庆：青年书店，［1940.7］．——书目来源：上海图书馆

宜渝道上／周俊元著．——重庆：华中图书公司，1939．——书目来源：重

庆图书馆、国家图书馆

／周俊元作．——［出版地不详］：华中图书公司，1939．——书目来源：北碚区图书馆

／周俊元著．——重庆：华中图书公司，1940．——从宜昌到重庆的沿途游记，收22篇．——书目来源：重庆图书馆、南京图书馆

／周俊元著．——［出版地不详］：华中图书公司，1940.3．——书目来源：上海图书馆

张自忠将军自传．自述记录稿／［作者不详］．——［出版地不详］：［出版者不详］，1939.9．——书目来源：北碚区图书馆

中国历史讲话／熊十力著．——成都：中央陆军军官学校，1939．——书目来源：重庆图书馆

／熊十力著．——重庆：中央陆军军官学校，1939．——1938年春，作者与其学生会集于璧山，终日读经论史。作者将有关"种族推原"与通史两部分的研讨文十余篇组编成此书．——书目来源：四川省图书馆

／熊十力著．——重庆：黄埔出版社，1940．——书目来源：重庆图书馆、南京图书馆、四川大学图书馆、四川省图书馆

总理行谊／吴稚晖讲．——重庆：中央训练团，1939．——书目来源：南京图书馆、四川省图书馆

／吴稚晖讲．——重庆：中央训练团党政训练班，1939.6．——书目来源：重庆图书馆

／吴稚晖讲．——重庆：中央训练团，1939.11，石印本．——书目来源：重庆图书馆

／吴稚晖讲．——重庆：中国农民银行行员训练班，1941．——书目来源：重庆图书馆、四川省图书馆

／吴稚晖讲．——重庆：中央训练团，1941．——中央训练团党政训练班讲演录．——书目来源：南京图书馆

／吴稚晖讲．——重庆：中央训练团，1942．——中央训练团党政训练班讲演录．——书目来源：重庆图书馆

／吴稚晖讲．——重庆：中央训练团，1943．——为中央训练团党政训练班讲演录．——书目来源：重庆图书馆、四川省图书馆

／吴稚晖讲．——重庆：中央训练团，1944．——书目来源：重庆图书馆、上海图书馆

1940 年

重庆旅居向导／唐幼峰编．——重庆：重庆旅行指南社，1940．——分总说、经济状况、文化事业、生活状况、公用事业、医药卫生、交通、服务救济、游乐场所、名胜古迹、习俗等 11 章。书前有风景照片 4 幅、最新街道图 1 张．——书目来源：国家图书馆（缩微）

／唐幼峰编．——重庆：重庆旅行指南社，1941．——书前有风景照片 4 幅．——书目来源：重庆图书馆

／唐幼峰编．——重庆：重庆旅行指南社，1942．——书前有风景照片 4 幅、书后附街道图．——书目来源：重庆图书馆、国家图书馆（缩微）

／唐幼峰编．——重庆：重庆旅行指南社，1942.2，4 版．——书目来源：北碚区图书馆

／唐幼峰编．——重庆：重庆旅行指南社，1944．——附本市官署地址．——书目来源：重庆图书馆、上海图书馆、南京图书馆

东北的黑暗与光明／李杜，周保忠著．——上海：作家书屋，1940．——东北抗日联军史料．——作者简介：李杜（1880—1956），字植初，又名荫培、玄存、黎苏。辽宁省义县西关小块地人，1938—1949 年在重庆生活．——书目来源：南京图书馆

／李杜，周保忠著．——上海：历史资料供应社，1946.5．——书目来源：重庆图书馆、国家图书馆、上海图书馆、南京图书馆、四川省图书馆

回忆鲁迅先生／萧红著．——［出版地不详］：妇女生活社，1940.7．——书目来源：西南大学图书馆、重庆医科大学图书馆

／萧红著．——［出版地不详］：生活书店，1940．——书目来源：西南交通大学图书馆、广西师范大学图书馆、首都图书馆

／萧红著．——［出版地不详］：生活书店，1948.8．——书目来源：四川师

范大学图书馆、苏州图书馆、西安科技大学图书馆

纪念张自忠上将殉国部份诗文原稿订存/ 张维藩等撰并书，1940—1941年．——书目来源：北碚区图书馆

加里波的传/ 郑学稼著．——南京：拔提书店，1940.7，初版．——书目来源：北碚区图书馆

/ 郑学稼著．——北京：青年出版社，1942．——书目来源：复旦大学图书馆、苏州大学图书馆、黑龙江省图书馆、中国社会科学院图书馆、吉林省图书馆

抗战の首都重慶/ 吴济生著；（日）村田孜郎译．——东京：大东出版社，1940．——书目来源：日本国立国会图书馆

礼记箐华　2部/ 黄墨涵著．——［出版地不详］：［出版者不详］，［约1940］．——作者简介：黄墨涵（1883—1955），原名黄云鹏，重庆永川人．——书目来源：《永川县志》第904页

历史哲学概论/ 胡秋原著；祖国社编．——上海：上海书店出版社，1940．——内分历史之概念与范围、历史学、史学之辅助科学、历史哲学之主要流派及批评、社会机能与社会发展、争论史学之功能等6部分。书末附补记，包括《补论中国史书》等17篇．——书目来源：上海图书馆

/ 胡秋原著；祖国社编．——［出版地不详］：时代日报印刷所，1940．——书目来源：国家图书馆、重庆图书馆、北碚区图书馆

邻水余氏族谱□□卷/（□）□□修．——［出版地不详］：［出版者不详］，1940，石印本．——书目来源：重庆湖广会馆

旅渝东北同乡"九一八"周年纪念大会宣言/［作者不详］．——［出版地不详］：［出版者不详］，1940．——书目来源：重庆图书馆

民族英雄张自忠将军/［作者不详］．——［出版地不详］：国民出版社，1940．——书目来源：吉林省图书馆

沐园泉拓/ 罗伯昭编印．——［出版地不详］：［出版者不详］，1940．——作者简介：罗伯昭（1899—1979），名文炯，号沐园，以字行。重庆巴县人．——书目来源：《中华文化名人录》

女兵冰莹/张文澜编. ——上海：独立出版社，1940.2. ——收入柳亚子、何香凝、田汉、黄炎培等人给著名女作家谢冰莹的赠诗6首，以及曾发表于报刊上的关于冰莹抗战活动的特写10余篇，并附录冰莹关于妇女参加抗战问题的演讲稿5篇。编者的话（张文澜）1939年4月22日写于重庆. ——书目来源：重庆数字图书馆、浙江大学图书馆、吉林省图书馆

陪都民食供应处职员录/［作者不详］. ——重庆：［出版者不详］，［约在1940－1945］. ——书目来源：国家图书馆

彭水概况/柯仲生主编. ——［彭水］：彭水县政府，1940. ——作者简介：柯仲生（1904—1975），四川犍为（今乐山）人，民国二十七年（1938年）任彭水县长. ——书目来源：南京图书馆、四川省图书馆、四川大学图书馆

彭水概况/彭水县政府编. ——彭水：彭水县政府，1940. ——书目来源：重庆图书馆、南京图书馆、四川省图书馆

社会史简明教程/邓初民著. ——上海：生活书店，1940. ——此时作者生活于重庆，属文工会. ——书目来源：广西壮族自治区图书馆

／邓初民著. ——重庆：生活出版社，1942. ——书目来源：重庆图书馆

／邓初民著. ——重庆：生活出版社，1943. ——书目来源：重庆图书馆

／邓初民著. ——上海：生活出版社，1945. ——书目来源：国家图书馆、南京图书馆

／邓初民著. ——上海：生活出版社，1946. ——书目来源：重庆图书馆

／邓初民著. ——上海：生活出版社，1947. ——书目来源：重庆图书馆、上海图书馆、南京图书馆

／邓初民著. ——［出版地不详］：生活出版社，［出版时间不详］. ——书目来源：西南大学图书馆

／邓初民著. ——［出版项不详］. ——书目来源：四川大学图书馆

十年来之欧洲/郑学稼著. ——西安：新中国文化出版社，1940.7，初版. ——书目来源：北碚区图书馆

／郑学稼著. ——［出版地不详］：新中国文化出版社，1940. ——书目来源：武汉大学图书馆、河南大学图书馆、陕西师范大学图书馆、吉林省图书馆、

南京大学图书馆

世界学典 / 杨家骆改编.——［出版地不详］：［出版者不详］，1940.——书目来源：重庆数字图书馆

四川地理表解 / 张克林编.——［出版地不详］：四川省训练团，1940.——包括自然地理与政治地理、政治地理、经济地理概况、农业概况、畜牧、森林、工业、矿业、贸易、财政、交通、金融、农民与土地租佃制度、水利14份图表.——书目来源：重庆图书馆、南京图书馆

四川公墓制度实施刍议 / 李声扬等执笔.——四川：四川地方实际问题研究会，1940.——书目来源：重庆图书馆

四川省各县新县等厘定之经过 / 彭善承著.——［出版地不详］：［出版者不详］，1940.——书目来源：重庆图书馆

我的青年时期 / 于右任著.——［出版地不详］：上海大学同学会总会，1940.——书目来源：重庆图书馆

五霸考 / 杨明照编.——［出版地不详］：［出版者不详］，1940.——本书系《文学年报》1940年第六期抽印本：对春秋时五霸的考证.——书目来源：国家图书馆（存目）

西南边胞社会概况 / 王建光著.——重庆：王建光［出版者］，1940，手写本.——书目来源：国家图书馆

新都见闻录 / 吴济生著.——上海：光明书局，1940.——本书新都即指重庆.——书目来源：重庆图书馆、上海图书馆、南京图书馆、四川省图书馆

意大利建国三杰传 / 梁启超著；郑学稼译.——［出版地不详］：新中国文化书局，1940.7.——书目来源：武汉大学图书馆、河南大学图书馆、四川大学图书馆、吉林省图书馆、南京大学图书馆

云南四川踏查记 /（日）米内山庸夫著.——东京：改造社，1940.——1910年9月从成都乘船到重庆，入长江，经夔州到宜昌下船。书中除文字详述外，绘夔州府、长江三峡、巫山十二峰等多幅重庆图画.——书目来源：《清末民初老图画》第70页

张居正年谱 / 傅抱石.——重庆：青年书局，1940.——书目来源：重庆图

书馆

张自忠将军传略／冯玉祥题签．——［出版地不详］：［出版者不详］，1940．——书目来源：北碚区图书馆

1941 年

巴县全图、巴县县治迁建新址分区地形图、巴县新商业区地形图／［作者不详］．——［出版地不详］：［出版者不详］，1941.5—8．——书目来源：重庆市档案馆

波兰侧影／赛披汉（V. Sapieha）著；翁达藻译．——［出版地不详］：文摘出版社，1941.9．——作者简介：翁达藻，抗战时期在北碚复旦大学．——书目来源：西南大学图书馆、吉林省图书馆、广东省立中山图书馆

波兰兴亡鉴／李长之．——重庆：独立出版社，1941．——1941 年 1 月 22 日写成．——书目来源：重庆图书馆、北碚区图书馆、西南大学图书馆

重庆／リリ、・アベッグ 著；（日）古川慈良，（日）小田英雄译．——东京：清水书房，1941．——书目来源：日本国立国会图书馆

重庆见闻录／吴石著．——［出版地不详］：金门出版社，1941．——书目来源：国家图书馆

最新重庆街道图［舆图］／唐幼峰著．——重庆：重庆旅行指南社，1941．——本图仅绘出市中区．——书目来源：国家图书馆

／唐幼峰著．——重庆：重庆旅行指南社，1943．——本图内容范围与馆藏三十年十月（1941.10）同名图相同，仅线画稍细．——书目来源：国家图书馆（缩微）

重庆旅居向导／社会部重庆社会服务处著．——重庆：社会部重庆社会服务处，1941．——封面印有：社会部重庆社会服务处成立纪念刊。介绍衣、食、住、行、育、乐等八个方面。书前有本处自我介绍、前导．——书目来源：重庆图书馆、南京图书馆

重庆西郊小区域地理研究／杨纫章．——［出版地不详］：［出版者不详］，1941．——作者简介：杨纫章（1919—1971），安徽马鞍山人，抗战期间写于重庆，地理学界女科学家．——书目来源：重庆数字图书馆

重庆指南/冯玉祥.——[出版地不详]：生活书店，1941.——书目来源：重庆数字图书馆

初级中学外国地理（上册）/胡焕庸编.——金华：正中书局，1941.——书目来源：国家图书馆、重庆图书馆

大巴山地理考察报告/中国地理研究所编.——[北碚]：中国地理研究所，[1941].——中国地理研究所，1940年3月在北碚成立，所长黄国璋，驻北碚文星湾.——书目来源：《北碚文史资料》第4辑"抗日战争时期的北碚"第7页

当代名人特写/张若谷著.——[出版地不详]：谷峰出版社，1941.8.——本书分为外国之部与中国之部。中国部分介绍林森、蒋介石、于斌、陆征祥、林语堂、梅兰芳、郎静山等7人。外国部分介绍乔治六世、贝当、奎松、罗曼．罗兰等7人。附录：《雷鸣达神父》《马君武博士》等.——书目来源：复旦大学图书馆、吉林省图书馆

今日之重庆/（美）高尔德（Randall Gould）著；陈澄之译.——西安：新中国文化出版社，1941.——英文题名：Chungking Today。介绍著者访问重庆时的见闻，预测中国的未来。并谈及香港、菲律宾方面对卷入战争的态度，还收录著者《我回到美洲》。有译序《归来辞》。附录《外人眼中的新中国》（内收时论6篇）——书目来源：重庆图书馆、南京图书馆、国家图书馆

/（美）高尔德（Randall Gould）著；陈澄之译.——西安：新中国文化出版社，1941.7.——书目来源：重庆图书馆

/（美）高尔德（Randall Gould）著；陈澄之译.——西安：新中国文化出版社，1941.8.——书目来源：重庆图书馆

今之重庆/（美）高尔德著；邓树勋译.——[出版地不详]：[出版者不详]，1941.——书目来源：重庆数字图书馆

近世中日国际大事年表/杨家骆著.——重庆：中山文化教育馆，1941.——分6期，依年记述清光绪二十年（1894年）至1937年期间的中日关系，每期前有大事述略.——书目来源：西南大学图书馆、重庆图书馆、南京

图书馆

抗战特殊忠勇军民题名录 / 国民政府军事委员会政治部编 . —— [出版地不详]：[出版者不详]，1941.1. ——书目来源：北碚区图书馆、吉林省图书馆、河北师范大学图书馆

厘定开巫边地县界 / [作者不详] . —— [出版地不详]：[出版者不详]，1941. ——书目来源：《巫溪县志》第 740 页

民族圣哲之伟大与四川禹迹之检讨 / 傅双无编著 . ——成都：今是公论社，1941. ——收有巴县大禹庙记、忠州大禹庙记、石柱大禹庙记等章 . ——书目来源：重庆图书馆

沐园四十泉拓（1 卷）/ 罗伯昭集拓 . —— [出版地不详]：[出版者不详]，1941. ——作者简介：罗伯昭（1899—1979），名文炯，号沐园，以字行。巴县人 . ——书目来源：《中华文化名人录》

陪都要览 / 周俊元编 . ——重庆：自力出版社，1941. ——分陪都素描、话古、述胜、散记、调查统计、南泉、北碚七部分。书前有卷头语、陪都风光图片七幅、街道图、新旧街道对照表 . ——书目来源：重庆图书馆、国家图书馆

/ 周俊元编 . ——重庆：自力出版社，1942. ——书目来源：重庆图书馆、国家图书馆

/ 周俊元编 . ——重庆：上海书店，1943. ——书目来源：重庆图书馆

/ 周俊元编 . ——重庆：自力出版社，1944. ——书目来源：重庆图书馆、南京图书馆

青峨游记 / 冯玉祥 . ——广西：[出版者不详]，1941. ——分"从重庆到灌县"、"从灌县到峨眉"、"由峨眉再到灌县"、"灌县归来"四部分，共收青城山、峨眉山游记 100 篇。书中有作者诗词 . ——书目来源：重庆图书馆

/ 冯玉祥 . —— [出版地不详]：[出版者不详]，1941. ——书目来源：广西壮族自治区图书馆

/ 冯玉祥 . ——桂林：三户图书社，1942. ——书目来源：重庆图书馆

/ 冯玉祥 . ——重庆：[出版者不详]，1942. ——书目来源：贵州省图书馆

/ 冯玉祥 . —— [出版项不详] . ——书目来源：南京图书馆、贵州省图

书馆

世界地理 / 胡焕庸编著 . ——重庆：正中书局，1941. ——书目来源：贵州省图书馆、广西壮族自治区图书馆

/ 胡焕庸编著 . ——金华：正中书局，1941. ——书目来源：重庆图书馆

四川史地表解 / 叶育之编 . ——成都：蓉新印刷工业合作社，1941. ——书目来源：重庆图书馆、南京图书馆

四年来抗战英雄事迹 / 中国国民党中央执行委员会宣传部编 . ——［出版地不详］：中国国民党中央执行委员会宣传部，1941. ——介绍抗战中的军人、公务员、民众等人的事迹，其中包括张自忠、谢晋元、佟麟阁、范筑先等 . ——书目来源：Stanford University（斯坦福大学）图书馆、陕西师范大学图书馆、中国社会科学院图书馆、吉林省图书馆

宋故四川安抚制置副使知重庆府彭忠烈公事辑　黑鞑事略作者彭大雅 / 张政烺 . ——［出版地不详］：北京大学研究院文科研究所，1941.7. ——北大文科研究所油印论文之八 . ——书目来源：北碚区图书馆、重庆图书馆、南京图书馆、国家图书馆

宋平子评传 / 苏渊雷编著 . ——重庆：正中书局，1941. ——书目来源：重庆图书馆、南京图书馆

/ 苏渊雷编著 . ——重庆：正中书局，1944. ——书目来源：上海图书馆、南京图书馆、四川省图书馆

/ 苏渊雷编著 . ——重庆：正中书局，1947. ——书目来源：南京图书馆、四川大学图书馆

宋氏家族 /（美）埃米莉·哈恩著 . ——［出版地不详］：美国，1941. ——抗战时期的宋氏姐妹在重庆的一切活动 . ——书目来源：重庆数字图书馆

为亚洲而战 /（美）埃德加·斯诺著 . ——［出版地不详］：美国兰多姆出版公司，1941.1. ——收有《一条舔吮自己创伤的蛟龙》，详细描述了重庆大轰炸，《成都和赴成都途中》，描写作者从重庆到成都的路途情况 . ——书目来源：云南省图书馆

吴芳吉评传 / 卢前著 . ——重庆：独立出版社，1941. ——书目来源：重庆

图书馆、国家图书馆、南京图书馆

西南边地同胞社会概况／王建光编著．——重庆：王建光［发行者］，1941，油印本．——书目来源：南京图书馆、国家图书馆

新疆研究／李寰．——［出版地不详］：［出版者不详］，1941．——书目来源：《万县志》第745页

／李寰．——台北：南天书局有限公司，1944．——书目来源：四川大学图书馆

／李寰．——安庆：安庆印书局，1944.1．——书目来源：重庆图书馆、上海图书馆、贵州省图书馆

／李寰．——［出版地不详］：边疆政教丛书，1944，铅印本．——二卷．——书目来源：南京图书馆

战时的英国／叶南，颜实甫编．——重庆：欧亚文化月刊社，1941．——内收《战时英国的自治领与殖民地》《战时英国的统制经济》《战时英国的出版界》《英国终于击败了第五纵队》等19篇文章。内容涉及战时英国的政治、经济、军事、文化等情况．——作者简介：叶南，江苏吴县（今苏州）人，叶楚伧之子．——书目来源：重庆图书馆、上海图书馆、南京图书馆

张上将纪念集无卷数／［作者不详］．——［出版地不详］：［出版者不详］，1941，复写本．——书目来源：北碚区图书馆

支那省别全志 四川卷／（日）东亚同文会支那省别全志刊行会编纂．——东京：明立印刷株式会社，1941．——书目来源：孔夫子旧书网、《情报日本》第37页

1942年

北碚游览指南／北碚管理局编．——重庆：北碚管理局，1942．——书目来源：北碚区图书馆

／北碚管理局编．——重庆：北碚管理局，1945．——本书分概述、风景名胜、旅行须知3部分。书后有图表3种．——书目来源：重庆图书馆、南京图书馆、北碚区图书馆

／北碚管理局．——重庆：书局铅印，1945．——书目来源：北碚区图书馆

／北碚管理局编．——［出版项不详］．——书目来源：南京图书馆

／［作者不详］．——［出版项不详］．——书目来源：重庆市档案馆

北川县志九卷／王麟，杨钧衡修；黄尚毅等纂．——1942年石印本．——九册．——作者简介：王麟（1902—1938），字智仁，重庆荣昌人．——书目来源：上海图书馆

长江／潘星南编．——江西：民众书店，1942．——分中国第一大河——长江、长江的源流、长江的航路、长江流域的物产、长江流域的大城市等五部分．——书目来源：重庆图书馆

／潘星南编．——江西：世界书局，1943．——书目来源：重庆图书馆

重庆四郊交通名胜便览／严华龙编．——重庆：四川旅行社，1942．——书目来源：北碚区图书馆

重庆指南：陪都建立周年纪念特刊／［作者不详］．——［出版地不详］：［出版者不详］，1942．——书目来源：重庆市档案馆

大東亜戦における重庆・インド・濠洲／（日）東京日日新聞東亜部编．——東京：大同出版社，1942．——书目来源：日本国立国会图书馆

丰都梁氏家乘□□卷／梁炳轩等修．——1942年抄本．——书目来源：重庆湖广会馆

古钱／卫聚贤，丁福保编著．——［出版地不详］：中央银行经济研究处，1942.11．——1942年8月1日卫聚贤记于重庆．——书目来源：重庆图书馆、北碚区图书馆

顾母王夫人60寿言集　14卷／顾毓琇等辑．——［出版地不详］：［出版者不详］，1942．——书目来源：重庆数字图书馆

顾诵芬堂六秩寿言集　14卷／顾毓琇等．——［出版地不详］：［出版者不详］，［1942］．——书目来源：南京图书馆

缙云山志八篇／（释）尘空编．——［出版地不详］：［出版者不详］，1942.1．——作者简介：（释）尘空，释太虚法师弟子，民国年间在北碚协助太虚法师办理汉藏教理院．——书目来源：北碚区图书馆

缙云山志一卷／（释）尘空编．——重庆：重庆汉藏教理院，1942．——刻

本，十册．——书目来源：复旦大学图书馆、南开大学图书馆、中国人民大学图书馆、吉林大学图书馆、内蒙古大学图书馆

抗战五周年中外纪念文献选辑／中国国民党中央执行委员会宣传部编．——重庆：中国国民党中央执行委员会宣传部，1942．——书目来源：西南大学图书馆、广东省立中山图书馆、吉林省图书馆、复旦大学图书馆

鲁迅正传／郑学稼著．——南昌：胜利出版社江西分社，1942．——脱稿于1941年2月16日重庆黄桷镇井潭．——作者简介：郑学稼（1906—?），福建长乐县人。1935年至1943年任复旦大学经济学院教授。1944年任国防部外事局上校专员。1945年任暨南大学教授．——书目来源：广西师范大学图书馆、暨南大学图书馆、华南师范大学图书馆

／郑学稼著．——重庆：胜利出版社，1943.1.——书目来源：北碚区图书馆、重庆图书馆、复旦大学图书馆、四川音乐学院图书馆、四川师范大学图书馆、上海社会科学院图书馆、天津图书馆

宁波旅渝同乡会会刊／宁波旅渝同乡会编．——重庆：宁波旅渝同乡会，1942．——书目来源：重庆图书馆、南京图书馆

欧美礼俗／吴光杰．——重庆：商务印书馆，1942．——书目来源：重庆图书馆

／吴光杰．——重庆：商务印书馆，1943．——书目来源：重庆图书馆、国家图书馆

／吴光杰．——重庆：商务印书馆，1944．——书目来源：浙江图书馆

／吴光杰．——重庆：商务印书馆，1945．——书目来源：重庆图书馆、国家图书馆

陪都鸟瞰／何玉昆主编．——重庆：陪都鸟瞰编辑社，1942．——介绍重庆的沿革、生活、消防、交通、经济、文化、中央机关、近郊风景名胜。书前有唐煌的摄影，唐毅、东方白题字，重庆街道图．——书目来源：重庆图书馆

全国行政区划及土地面积统计补编／内政部统计处编．——重庆：内政部统计处，1942．——包括内政部维续办理行政区划事项、全国行政区域统计、各省市行政区地方辖境面积统计及各省行政区域分表4个表格．——书目来源：重

庆图书馆、南京图书馆

申氏族谱□□**卷**/申广渊等修.——1942年刻本.——书目来源：重庆九龙坡区渝漆村

石砫县全图 / 马伯猷绘制.——重庆：石砫县救济院，1942.——书目来源：重庆图书馆

四川历史 / 柳定生著；国立浙江大学史地教育研究室编.——重庆：钟山书局，1942.——乡土教材。史地教育丛书。全书共20节，计有：古代的开辟、水利的兴修、文教的渊源、刘备取蜀、诸葛孔明、三苏父子、两宋名将、改土归流、近代四川的人文、川汉铁路与辛亥革命等.——书目来源：重庆图书馆、南京图书馆

/ 柳定生著.——重庆：钟山书局，1943.——乡土教材，史地教育丛书，国立浙江大学史地教育研究室编.——书目来源：重庆图书馆

/ 柳定生著.——重庆：钟山书局，1944.——乡土教材，史地教育丛书，国立浙江大学史地教育研究室编.——书目来源：重庆图书馆、南京图书馆

四川历史表解 / 叶育之编.——成都：蓉新印刷工业合作社，1942.——书目来源：国家图书馆

四川省历史乡土教材不分卷/柳定生纂.——[出版地不详]：[出版者不详]，1942.——作者简介：柳定生（1913—?），江苏镇江人，著名学者柳诒徵之女。曾任南京图书馆研究馆员.——书目来源：《四川方志考》第85页。

苏联建国史 / 杨幼炯编著.——金华：正中书局，1942.——内分开国前之俄罗斯、十九世纪以来俄国革命之经过、一九一七年十月革命与苏维埃政府之建立、苏维埃联邦之形成及其对于政治经济文化之设施等4编.——书目来源：重庆图书馆、南京图书馆

/ 杨幼炯编著.——上海：正中书局，1946.——书目来源：重庆图书馆、国家图书馆、上海图书馆、南京图书馆、四川省图书馆

伟大的民族战争 / 史痕著.——重庆：胜利出版社，1942.——书目来源：南京图书馆、国家图书馆

中国地理研究所三十一年度工作计划暨同年上半期工作概况简报/[作者

不详]. —— [重庆]：[中国地理研究所]，[1942]，石印本. ——书目来源：国家图书馆

中国社会史教程 / 邓初民. ——桂林：文化供应社，1942. ——书目来源：重庆图书馆、四川大学图书馆、贵州省图书馆

/ 邓初民. ——[出版地不详]：文化供应社，[1942.6]. ——书目来源：上海图书馆

中国之友威尔基先生 / 蒋焕文. ——重庆：国民图书出版社，1942. ——书目来源：重庆图书馆、北碚区图书馆、西南大学图书馆

中印历史关系史略 / 许崇灏. ——[出版地不详]：独立出版社，1942.8. ——有陈序、戴序（戴传贤季陶于陪都二思别院之謇謇斋）. ——书目来源：广东省立中山图书馆、河南大学图书馆、南京大学图书馆、成都图书馆、西南大学图书馆

1943 年

边疆述闻 / 许崇灏. ——重庆：正中书局，1943.10. ——边疆学会三个学会汇合而成一个整体，推陪都的会为总会，榆林的为陕西分会，成都的为四川分会。序言：民国三十二年四月，中国边疆学会赵守钰、顾颉刚、马鹤天、黄奋生同序. ——书目来源：山西省图书馆、江西省图书馆、重庆图书馆、国家图书馆、南京图书馆

蔡子民先生传略 / 高乃同编著；翁文灏等校阅. ——重庆：商务印书馆，1943.3，初版. ——有吴稚晖的序，朱家骅、编者平叔序于重庆. ——书目来源：云南大学图书馆、吉林大学图书馆、重庆数字图书馆

/ 高乃同编著；翁文灏等校阅. ——重庆：商务印书馆，1943.6，2版. ——书目来源：孔夫子旧书网

/ 高乃同编著；翁文灏等校阅. ——重庆：商务印书馆，1945.10. ——书目来源：上海图书馆

新重庆 / 黄克明编. ——重庆：新重庆编辑社，1943. ——分市区概况、风景名胜、文化交通、机关团体等21部分。书前有作者导言、风景照片3幅、杨公达题词. ——书目来源：重庆图书馆、南京图书馆

重庆史志 / 邓少琴作 . —— ［出版地不详］：［出版者不详］，1943. ——书目来源：《江津文史资料选辑》第 20 辑第 207 页

重庆市郊全图 ［舆图］ / 唐幼峰著 . ——重庆：重庆旅行指南社，1943. ——本图系作者据其 1942 年所制之图缩绘而成，主要绘出了成渝铁路以及主要大道等，线画较简明 . ——书目来源：国家图书馆（缩微）

川康游踪 / 易君左等著 . ——桂林：中国旅行社，1943. ——收游记三十篇。其中有《川东壮游》（天涯游子）、《三峡记胜》（髯公）、《游华严寺》（林业建）、《金佛山》（万峰）、《乌龙寺游记》（刘仁耀）、《川康边境游记》（Louis）等。书后附陈树人的《旅川杂诗》五首 . ——书目来源：重庆图书馆、上海图书馆、南京图书馆

大战画集 / 舒宗侨主编 . ——重庆：大战画集社发行，1943. 8. ——第二集。舒宗侨在重庆期间还创办了影闻新闻社与《大战画集》社。他还不定期地编辑以图片为素材的《大战画集》，共出版了五集 . ——书目来源：北碚区图书馆

/ 舒宗侨主编 . ——重庆：大战画集社发行，1945. 6. ——第五集 . ——书目来源：北碚区图书馆

二十九国游记 / 邹鲁 . ——重庆：商务印书馆，1943. 11，2 版 . ——1942 年 11 月 11 日邹鲁改版自序于重庆复兴居 . ——书目来源：重庆图书馆

高级小学地理 第一、二、三册 / 吴大钧，叶溯中主编；袁应麟，许辑五编著 . ——金华：正中书局，1943. ——书目来源：国家图书馆

革命逸史 / 冯自由 . ——重庆：商务印书馆，1943. 2. ——作者简介：冯自由（1882—1958），原名懋龙，字健华，后改名自由，广东人，1943—1945 年在重庆生活 . ——书目来源：重庆图书馆、北碚区图书馆

/ 冯自由 . ——重庆：商务印书馆，1943. 12. ——书目来源：重庆图书馆、北碚区图书馆

/ 冯自由 . ——上海：商务印书馆，1943. ——第 2 集 . ——书目来源：广西壮族自治区图书馆

/ 冯自由 . ——重庆：商务印书馆，1944. ——初集 . ——书目来源：重庆图书馆、北碚区图书馆

／冯自由．——重庆：商务印书馆，1945．——书目来源：重庆图书馆

／冯自由．——［出版地不详］：商务印书馆，1945.12，渝 2 版．——初集．——书目来源：重庆图书馆、西南政法大学图书馆

／冯自由．——重庆：商务印书馆，［1945.12］．——书目来源：上海图书馆

／冯自由著．——上海：商务印书馆，1945—1947．——书目来源：四川大学图书馆

／冯自由．——北京：商务印书馆，1945．——第 3 集．——书目来源：四川大学图书馆

／冯自由．——上海：商务印书馆，1945.12．——第 3 集．——书目来源：广西壮族自治区图书馆

／冯自由著．——［出版地不详］：商务印书馆，1945—1947．——初集、二集、三集、四集、五集．——书目来源：南京图书馆

河西走廊／陈正祥．——重庆：国立中央大学地理系，1943．——作者简介：陈正祥（1922—2003），浙江人，抗战期间在重庆．——书目来源：重庆图书馆、南京图书馆

建国历详解／徐文珊．——重庆：中国文化服务社，1943．——书目来源：重庆图书馆、北碚区图书馆、西南大学图书馆

江北县全图、**江北县乡镇划分略图**／［作者不详］．——［出版地不详］：［出版者不详］，1943、1948．——书目来源：重庆市档案馆

江苏宜兴旅渝同乡会纪念刊／［江苏宜兴旅渝同乡会编］．——重庆：江苏宜兴旅渝同乡会，1943．——书目来源：重庆图书馆

蒋夫人访美画集／舒宗桥主编．——重庆：联合画报社发行，1943.1．——书目来源：北碚区图书馆

抗战第六周年纪念册／中国国民党中央执行委员会宣传部编．——重庆：国民图书出版社，1943．——书目来源：西南大学图书馆、复旦大学图书馆、成都图书馆、中共四川省委党校图书馆

抗战特殊忠勇军民题名录（第二辑）／国民政府军事委员会政治部编．

——［出版地不详］：［出版者不详］，1943.10.——书目来源：北碚区图书馆、西南大学图书馆、广东省立中山图书馆

抗战英雄传记 / 中国国民党中央宣传部编著.——［出版地不详］：［出版者不详］，1943.5.——收录有张自忠传.——书目来源：西南大学图书馆、广东省立中山图书馆、Stanford University（斯坦福大学）图书馆、黑龙江省图书馆、吉林省图书馆、复旦大学图书馆、中共四川省委党校图书馆

平湖旅渝同乡调查录 / ［作者不详］.——［出版地不详］：［出版者不详］，1943.——书目来源：国家图书馆

青海志略 / 许崇灏.——重庆：商务印书馆，1943.11.——序言：民国三十二年三月许崇灏于陪都之陶园.——书目来源：吉林省图书馆、陕西师范大学图书馆、中共四川省委党校图书馆、天津图书馆、山西省图书馆、重庆图书馆、国家图书馆、西南政法大学图书馆

/ 许崇灏.——重庆：商务印书馆，1944.——书目来源：山西省图书馆

/ 许崇灏.——重庆：商务印书馆，1945.6，再版.——书目来源：西南大学图书馆、复旦大学图书馆、吉林省图书馆、重庆图书馆、国家图书馆、四川大学图书馆

请重庆看罗马 / ［作者不详］.——［上海］：新中国书局，1943.——书目来源：国家图书馆

日本地理研究 / 陈正祥编著.——重庆：正中书局，1943.——书目来源：重庆图书馆、南京图书馆

蜀道散记 / 梁乙真.——重庆：商务印书馆，1943.——收1914年经新都、绵阳，至广元，然后顺嘉陵江南下、返渝、途中写的日记体游记79篇。分17章.——作者简介：梁乙真，河北获鹿人。近代作家、戏曲家.——书目来源：重庆图书馆、国家图书馆

/ 梁乙真.——重庆：商务印书馆，1944.——书目来源：重庆图书馆

/ 梁乙真著.——重庆：商务印书馆，1945.——书目来源：重庆图书馆

/ 梁乙真著.——上海：商务印书馆，1946.——书目来源：重庆图书馆、国家图书馆

/梁乙真著.——[出版地不详]：商务印书馆，1946，铅印本.——一册.——书目来源：云南大学图书馆

　　四川史志/邓少琴作.——[出版地不详]：[出版者不详]，1943.——书目来源：《江津文史资料选辑》第20辑第207页

　　缩小省区辖境与命名之商榷/胡焕庸著.——[出版地不详]：[出版者不详]，1943.——书目来源：国家图书馆

　　透视绘图法/陈正祥，丁骕.——[重庆]：国立中央大学出版部，1943.4，初版.——书目来源：孔夫子旧书网

　　我的读书生活/冯玉祥.——重庆：作家书屋，[1943.12].——书目来源：上海图书馆

　　/冯玉祥.——重庆：作家书屋，1943.——上卷.——书目来源：重庆图书馆、四川大学图书馆、广西壮族自治区图书馆

　　/冯玉祥.——重庆：作家书屋，1947.——书目来源：上海图书馆、南京图书馆

　　/冯玉祥.——[出版地不详]：作家书屋，[出版时间不详].——书目来源：四川省图书馆

　　我的生活/冯玉祥著.——重庆：作家书屋，[1943].——书目来源：重庆图书馆、国家图书馆、南京图书馆

　　/冯玉祥著.——重庆：三户图书社，[1944].——书目来源：重庆图书馆、国家图书馆

　　我们的领袖/于右任等著.——广西：桂林大我出版社，1943.——书目来源：重庆图书馆

　　西北剪影/周开庆著.——成都：中西书局，1943.——包括《怀这五载的留连》《塞北江南》《西北前线的绥西》《拉卜楞的风光》《今日的兰州》《加紧造林》等26篇.——书目来源：重庆图书馆、南京图书馆

　　/周开庆著.——[出版项不详].——书目来源：四川大学图书馆

　　新疆之气候/胡焕庸著.——[出版地不详]：国立中央大学理科研究所地理学部，1943.——书目来源：重庆图书馆、国家图书馆、首都图书馆

杨家将及其考证/ 卫聚贤. ——［出版地不详］：说文社，1943. ——书目来源：重庆图书馆

战时陪都/ 杨瑶夫编著. ——重庆：东南文化服务社，1943. ——书目来源：重庆图书馆

中国地理研究所成立三年来之概况 / 黄国璋主编. ——［出版地不详］：［出版者不详］，1943. ——中国地理研究所，1940年8月正式成立于北碚. ——书目来源：国家图书馆、南京图书馆

中国历史通论/ 黎东方著. ——［重庆］：国立编译馆；重庆：商务印书馆，1943.7. ——远古篇. ——书目来源：北碚区图书馆、西南政法大学图书馆

/ 黎东方. ——［重庆］：国立编译馆，1944. ——春秋战国篇. ——书目来源：重庆图书馆

/ 黎东方著. ——重庆：商务印书馆，1944.2，初版. ——春秋战国篇. ——书目来源：北碚区图书馆、西南政法大学图书馆

中华民国建国史 / 郑鹤声著. ——金华：正中书局，1943. ——所记自兴中会成立至1941年。内容分为辛亥革命推翻清朝、北伐完成打倒军阀、抗战建国三个部分. ——书目来源：重庆图书馆

1944 年

北碚图书馆志稿七编/北碚图书馆修志委员会纂修. ——1944年稿本. ——书目来源：北碚区图书馆

北泉议礼录 六卷/ 顾毓琇著. ——北碚：私立北泉图书馆，1944. ——书目来源：南京图书馆

采访十五年/赵敏恒著. ——重庆：天地出版社，1944.7. ——1943年11月4日于重庆。回忆录有《新闻战线社丛书总序》及马星野、谢兰郁的序，共3篇. ——书目来源：重庆图书馆

/赵敏恒著. ——重庆：天地出版社，1944.11. ——书目来源：重庆图书馆

（民国）长寿县志十六卷/鲜炽贤修，刘君锡纂. ——［出版地不详］：［出版者不详］，1944，铅印本. ——七册. ——作者简介：鲜炽贤（1900—1951），字君明，四川平昌人。民国年间任长寿县长。刘君锡，重庆长寿人，清末岁贡

生.——书目来源：四川省图书馆、四川大学图书馆、重庆图书馆、重庆中国三峡博物馆、泸州市图书馆、涪陵区图书馆、达州市图书馆

（重庆綦江）陈氏聚星谱五卷/陈德音纂.——綦江：颖川必胜祠，1944，石印本.——五册.——书目来源：重庆图书馆

（重庆万州）牟氏族谱十一卷/牟凤章等纂.——万县：牟氏，1944，铅印本.——书目来源：重庆图书馆（存八卷：一至五、九至十一）

川西南记游/冯玉祥著.——重庆：三户图书社，1944.——全书分四部分，共104篇。游览日记，有诗词多首。书中收有由重庆到自流井一章.——书目来源：广西壮族自治区图书馆、国家图书馆、重庆图书馆

/冯玉祥著.——[出版地不详]：三户图书社，1944.——书目来源：四川大学图书馆

/冯玉祥著.——[出版地不详]：三户图书社，1944.8.——书目来源：上海图书馆、南京图书馆、广西壮族自治区图书馆

川湘纪行/陈万里著.——重庆：商务印书馆，1944.——分渝筑道上等十部分.——作者简介：陈万里（1892—1969），江苏吴县人.——书目来源：重庆图书馆、南京图书馆、四川省图书馆、广西壮族自治区图书馆

创修北碚志缘起/北碚修志委员会编.——重庆：北泉图书馆，1944.——书目来源：北碚区图书馆、复旦大学图书馆、四川省图书馆

/[作者不详].——[出版项不详].——内有创修北碚志的发起者，旅居北碚人士，北碚地方人士名单.——书目来源：《北碚地方志》第586—587页

从华盛顿到重庆/老白著.——成都：中西书局，1944.4，初版.——作者简介：老白，又名李慕白.——书目来源：重庆图书馆、北碚区图书馆、上海图书馆

德国地理/胡焕庸著.——重庆：京华印书馆，1944.——书目来源：重庆图书馆、南京图书馆

/胡焕庸著.——重庆：京华印书馆，1944.9.——书目来源：上海图书馆

访英日记/王云五.——重庆：商务印书馆，1944.——书目来源：重庆图

书馆、国家图书馆、南京图书馆、四川省图书馆

／王云五．——重庆：商务印书馆，1945．——书目来源：重庆图书馆、四川大学图书馆

甲申三百年祭／郭沫若著．——［出版地不详］：［出版者不详］，1944.5．——写于重庆．——书目来源：巍巍歌乐山《沙坪坝文史资料》第 18 辑第 45 页、《陪都人物纪事》第 193 页

／郭沫若著．——上海：野草出版社，1945.10．——写于重庆．——书目来源：《四川省志 人物志》第 657 页、上海图书馆

／郭沫若著．——［出版地不详］：野草出版社，1945.11．——书目来源：上海图书馆

／郭沫若著．——［出版地不详］：渤海新华书店，1945.12．——书目来源：南京图书馆

／郭沫若著．——宁安：宁安印刷厂，1946．——书目来源：南京图书馆

／郭沫若著．——［出版项不详］．——书目来源：重庆图书馆

蒋夫人美加行纪／孔令伟编述．——重庆：中农印刷所，1944.7．——1943 年 12 月孔令伟谨述于重庆．——书目来源：北碚区图书馆

抗战第七周年纪念册／中国国民党中央执行委员会宣传部编．——重庆：国民图书出版社，1944．——书目来源：西南大学图书馆、复旦大学图书馆、成都图书馆、中共四川省委党校图书馆

李烈钧将军自传／李烈钧著．——桂林：三户图书社，1944.8．——李烈钧，长期追随孙中山从事各种活动，身负要职，是活跃于民国初年政治舞台上的重要人物之一。《李烈钧将军自传》述其亲身经历，是研究和了解中华民国史有价值的参考资料．——作者简介：李烈钧（1882—1946），原名烈训，又名协和，字侠如，号侠黄，江西省九江市武宁县罗溪坪源村人。1938—1946 年在重庆生活．——书目来源：上海图书馆

旅途游踪：湘·桂·黔·昆·渝线／岑颖著．——［出版地不详］：文友书店，1944．——书目来源：重庆数字图书馆

拿破仑的生活／郑学稼著．——成都：天地出版社，1944．——书目来源：

广东省立中山图书馆、河北师范大学图书馆、吉林大学图书馆、云南大学图书馆等有藏

／郑学稼著．——重庆：天地出版社，1944．——书目来源：北碚区图书馆

南洋与东南洋群岛志略／许崇灏．——重庆：陪都新亚细亚学会，[1944]．——弁言：民国三十三年元旦许崇灏于陪都新亚细亚学会．——书目来源：暨南大学图书馆

秦良玉／李庆成，周静安著．——重庆：说文社，1944.7．——分23节，叙述秦良玉之生平事略。书前有卫聚贤的《明史秦良玉传注补》．——书目来源：重庆图书馆

／李庆成，周静安著．——重庆：说文社，1948．——书前有秦良玉的画像和印章，卫聚贤的《明史秦良玉传注补》，后有秦氏世系．——书目来源：重庆图书馆

秦始皇帝／顾颉刚编著．——重庆：胜利出版社，1944.9．——书目来源：重庆图书馆

清末的薄命诗人／（日）八幡关太郎．——[出版地不详]：[出版者不详]，1944．——李士棻（1821—1885），字芋仙，重庆忠州人．——书目来源：《忠县文史·文史资料选编》第1辑第213页

邱氏族谱一卷／邱作圣，邱乔纂修．——1944年抄本．——一册．——书目来源：四川省图书馆

蓉灌纪行／冯玉祥．——桂林：三户图书社，[1944]．——书目来源：重庆图书馆、国家图书馆、上海图书馆、南京图书馆、广西壮族自治区图书馆

蜀道难／罗莘田著．——重庆：独立出版社，1944．——作者1941年5月至8月自云南到四川各地旅行的游记，收《从昆明到重庆》《从重庆到泸州》《十二天的沉闷生活》《在天空过了生日》等17篇文章．——书目来源：重庆图书馆、国家图书馆、四川大学图书馆

／罗莘田著．——上海：独立出版社，1946．——书目来源：重庆图书馆、国家图书馆、上海图书馆、南京图书馆

四川方志简编 不分卷／李肇甫，舒君实，陶元甘等纂辑．——1944年抄本．

——该书主要依据民国《四川通志》稿本汇辑而成，不分卷，而分作总论、分论两个部分，于各部之下再立若干小类. ——书目来源：四川省图书馆

（民国）铜梁县地理志八卷/张佐周编. ——铜梁：巴川印务局，1944，铅印本. ——一册. ——作者简介：张佐周（1885—1956），名家骏，重庆铜梁人. ——书目来源：中国人民大学图书馆、重庆图书馆、北碚区图书馆、达州市图书馆

外史讲义/蒲梓完. ——[重庆]：四川省立川东师范学校，1944. ——书目来源：重庆图书馆

新疆志略/许崇灏. ——重庆：正中书局，1944.7. ——序言：民国三十二年六月许崇灏于陪都新亚细亚学会. ——书目来源：四川大学图书馆、四川师范大学图书馆、西南民族大学图书馆

徐光启/方豪编著. ——重庆：胜利出版社，1944. ——书目来源：重庆图书馆

/方豪编著. ——重庆：胜利出版社，1945. ——书目来源：重庆图书馆

/方豪编著. ——重庆：胜利出版社，1946.6. ——书目来源：南京图书馆

玄奘/苏渊雷编著. ——重庆：胜利出版社，1944. ——书目来源：重庆图书馆

滟滪囊五卷/（清）李馥荣撰. ——[成都]：双流黄氏济忠堂刻，1944. ——书目来源：北碚区图书馆

异行传/张默生. ——重庆：东方书社，1944. ——书目来源：重庆图书馆

/张默生. ——重庆：东方书社，1946. ——第1集. ——书目来源：重庆图书馆

/张默生. ——[出版地不详]：东方书社，1947. ——第1集. ——书目来源：重庆图书馆

/张默生. ——[出版地不详]：东方书社，1948. ——第1集. ——书目来源：重庆图书馆

/张默生. ——上海：济东印书社，1948. ——书目来源：国家图书馆

怎样读历史/王平陵著. ——[出版地不详]：文风书局股份有限公司，

1944. ——书目来源：重庆图书馆、北碚区图书馆

中国近世史 / 郑鹤声编. ——重庆：南方印书馆，1944. ——全书 2 册分 8 章，记中西通商殖民事业之发轫、基督教与西洋学术思想之输入、满清之崛起与其创业及康雍乾三朝之文字狱等. ——书目来源：重庆图书馆

/ 郑鹤声编. ——重庆：南方印书馆，1945. ——书目来源：重庆图书馆

中国史纲 / 翦伯赞著. ——重庆：五十年代出版社，1944. ——任职迁入北碚的中苏文化杂志社时期写成. ——作者简介：翦伯赞（1898—1968），湖南常德人，曾在重庆生活. ——书目来源：重庆图书馆、南京图书馆

/ 翦伯赞著. ——重庆：大孚出版公司，1946. ——书目来源：重庆图书馆、广西壮族自治区图书馆

/ 翦伯赞著. ——上海：生活书店，1946.1. ——书目来源：重庆图书馆

/ 翦伯赞著. ——上海：大孚出版公司，1947. ——书目来源：重庆图书馆、南京图书馆、云南省图书馆

/ 翦伯赞著. ——上海：生活书店，1947. ——书目来源：南京图书馆

/ 翦伯赞著. ——上海：生活书店，1947.5. ——书目来源：上海图书馆

中国史学概要 / 傅振伦著. ——重庆：史学书局，1944. ——书目来源：重庆图书馆、南京图书馆

/ 傅振伦著. ——重庆：史学书局，1944.7. ——书目来源：上海图书馆

中华民国开国前革命史 / 冯自由著. ——重庆：中国文化服务社，1944. ——作者简介：冯自由（1882—1958），原名懋龙，字健华，后改名自由，广东人，1943—1945 年在重庆生活. ——书目来源：广西壮族自治区图书馆

/ 冯自由著. ——［出版地不详］：中国文化服务社，1944.2. ——上册. ——书目来源：中国社会科学院图书馆、湖南大学图书馆

/ 冯自由著. ——［出版地不详］：中国文化服务社，1944. ——下册. ——书目来源：吉林大学图书馆

/ 冯自由著. ——［出版地不详］：中国文化服务社，1944. ——海外中文图书. ——书目来源：重庆图书馆、南京图书馆、四川大学图书馆

中史讲义 / 蒲梓完. ——［重庆］：四川省立川东师范学校，1944. ——书目来源：重庆图书馆

1945 年

一九四四年的世界／金仲华编．——重庆：中外出版社，1945．——作者简介：金仲华（1907—1968），笔名孟如、仰山等，浙江桐乡人。1942—1945年在重庆生活．——书目来源：重庆图书馆

／金仲华编．——［出版地不详］：中外出版社，1945.1．——书目来源：上海图书馆、南京图书馆

朝鲜地理／胡焕庸编著．——重庆：京华印书馆，1945．——抗战八年在重庆的著作．——书目来源：重庆图书馆、南京图书馆

重庆内幕／李鲁子著．——重庆：江东出版社，1945.1．——这些文章都曾连载于重庆《南京晚报》。书前有聂世琦和陆诒的序各1篇。收《重庆内幕的第一幕》《新生市场的解剖》《神秘的较场口》《雾里乾坤》《重庆的一般建筑》《游击慈善家》《一人行进化纪》《重庆人的早安》《我知道的比你们多》《从电烫头发说起》等57篇文章．——书目来源：重庆图书馆

／李鲁子著．——重庆：江东出版社，1945.3．——书目来源：重庆图书馆

／李鲁子著．——重庆：江东出版社，1945.4．——书目来源：上海图书馆

重庆要览／贺耀组著．——重庆：重庆市政府，1945．——书目来源：重庆图书馆、南京图书馆

（民国）重修大足县志九卷首一卷／郭鸿厚修；陈习珊等纂．——［出版地不详］：［出版者不详］，1945．——首附《大足石刻图征初编》．——作者简介：郭鸿厚（1895—1963），名淑如，一字卓吾，四川崇庆县人。1942—1947年任大足县长。陈习删（1893—1963），名孝恩，重庆季家乡人。历官四川新都县知事，广汉县县长．——书目来源：重庆市档案馆、重庆图书馆、北碚区图书馆、四川大学图书馆、四川省图书馆、温江区图书馆、郫县图书馆、彭县图书馆、什邡市图书馆、简阳市图书馆、泸州市图书馆、乐山市图书馆、涪陵区图书馆、南充市图书馆、达州市图书馆、西南大学图书馆、西华师范大学图书馆、四川省社会科学院图书馆、四川省文史研究馆、四川博物院、重庆中国三峡博物馆

／郭鸿厚修；陈习珊等纂．——［出版地不详］：［出版者不详］，1946，铅印本．——首附《大足石刻图征初编》，六册．——书目来源：中国国家图书馆、

中国科学院国家科学图书馆、北京大学图书馆、上海图书馆、复旦大学图书馆、天津图书馆、辽宁省图书馆、南京图书馆、湖北省图书馆、四川省图书馆、云南省图书馆

重修忠县志始末／陈德甫总纂．——［出版地不详］：［出版者不详］，1945.1.1.——作者简介：陈德甫（1889—1962），字泽兴，重庆忠县人．——书目来源：《忠县志》卷二十二·丛谈志第二十二

二万五千里长征／劳达夫著．——香港：新生书店，［约在 1945—1949］．——记红军长征及抗战中的事迹，其中对聂荣臻等人有专门介绍．——书目来源：国家图书馆

法国地理／胡焕庸编著．——重庆：京华印书馆，1945.——书目来源：重庆图书馆、南京图书馆

　　／胡焕庸编著．——重庆：京华印书馆，1945.3.——书目来源：上海图书馆

汉南蒙古地理／中国边疆学会主编，许崇灏编著．——［出版地不详］：正中书局，1945年6月初版，10月沪一版．——民国三十二年四月边疆学会赵守钰、顾颉刚、巴顿鹤天、黄奋生同序．——书目来源：浙江工商大学图书馆、嘉兴学院图书馆

胡世合工友纪念册／重庆工人联合出版社编．——重庆：重庆工人联合出版社，1945.——有胡世合小传、电力公司控诉、事件的经过、团结就是力量、不能忽视的一件惨案等内容．——书目来源：重庆图书馆

华侨革命史话／冯自由．——重庆：海外出版社，［1945.4］．——书目来源：上海图书馆、南京图书馆

　　／冯自由．——重庆：海外出版社，［1945］．——上．——书目来源：重庆图书馆

抗战英雄点将录／花信风，王承天编著．——［出版地不详］：新生出版公司，1945.1.——收张自忠等60余人的传略．——书目来源：苏州图书馆

毛泽东在重庆／爱泼斯坦等著．——［出版地不详］：合众出版社，1945.——书目来源：Stanford University（斯坦福大学）图书馆、复旦大学图书

馆、上海社会科学院图书馆、中国社会科学院图书馆、吉林省图书馆

／爱泼斯坦等著．——上海：合众出版社，1946，再版．——书目来源：南京图书馆、吉林省图书馆

／爱泼斯坦等著．——［出版地不详］：合众出版社，1946.2，3版．——书目来源：广东省立中山图书馆、嘉兴学院图书馆、中共山东省委党校图书馆

毛主席到了重庆 ／［作者不详］．——［出版地不详］：松江书报社，1945．——包括毛泽东传略、毛主席到了重庆、中外人士关心毛主席、千万双眼睛盼望着毛主席、歌颂毛泽东以及附录等6部分．——书目来源：重庆数字图书馆

／［作者不详］．——［出版地不详］：辽东建国书店，1945．——书目来源：重庆数字图书馆

／［作者不详］．——［出版地不详］：［出版者不详］，1945．——书目来源：湖北省图书馆

美国地理 ／胡焕庸．——重庆：京华书馆，1945．——抗战期间在重庆中央大学任教．——书目来源：北碚区图书馆

民族抗战英雄传 ／傅振伦撰．——重庆：青年出版社，1945．——书目来源：重庆图书馆

漠南蒙古地理 ／许崇灏编著．——［出版地不详］：正中书局，1945．——书目来源：西南大学图书馆

南京与重庆 ／朱丹，董小五著．——［出版地不详］：战斗出版社，1945．——书目来源：山西省图书馆

南欧地理 ／胡焕庸著．——重庆：京华印书馆，1945．——书目来源：南京图书馆、四川省图书馆

／胡焕庸著．——重庆：京华印书馆，1945.3．——书目来源：上海图书馆

南泉导游 ／南泉青年会编；时燮平编著．——重庆：博文书局，1945．——书目来源：重庆图书馆

南泉导游不分卷 ／时燮平．——重庆：南泉南风月刊社，1945.4．——书目来源：北碚区图书馆

陪都党政军各机关联谊社人员姓名录／［联益社总务组］编.——［出版地不详］：联益社总务组，1945.——书目来源：重庆数字图书馆

日本地志／胡焕庸编著.——重庆：京华印书馆，1945.——书目来源：重庆图书馆

／胡焕庸编著.——重庆：京华印书馆，1945.6.——书目来源：上海图书馆

世界学典中文版：中国各省市地人志说明书／杨家骆等编.——北碚：中国学典馆，1945.11.——书目来源：北碚区图书馆

四川省江津县图／［作者不详］.——［出版地不详］：［出版者不详］，1945—1948.——书目来源：重庆市档案馆

苏联地理／胡焕庸编著.——重庆：京华印书馆，1945.——书目来源：重庆图书馆、南京图书馆

／胡焕庸编著.——重庆：京华印书馆，1945.3.——书目来源：上海图书馆

缩小省区草案／胡焕庸著.——重庆：京华印书馆，1945.——书目来源：重庆图书馆

台湾与琉球／胡焕庸著.——重庆：京华印书馆，1945.——抗战八年在重庆的著作.——书目来源：重庆图书馆、南京图书馆、四川省图书馆

／胡焕庸著.——重庆：京华印书馆，1945.1.——书目来源：上海图书馆

无锡旅川同乡会纪念刊／［无锡旅川同乡会编］.——［重庆］：无锡旅川同乡会，［1945］.——书目来源：重庆图书馆

五十年来的中国／潘公展主编.——［出版地不详］：胜利出版社，1945.——收录有任鸿隽撰《何谓科学家》.——书目来源：中共四川省委党校图书馆、嘉兴学院图书馆、上海大学图书馆

／潘公展著.——重庆：胜利出版社，1945.——书目来源：南京图书馆、吉林省图书馆、重庆图书馆、天津图书馆、广东省立中山图书馆、湖南图书馆、国家图书馆、浙江图书馆

西伯利亚地理／陈正祥，胡焕庸著.——重庆：京华印书馆，1945.7.——

书目来源：上海图书馆

英国地理 / 胡焕庸编著．——重庆：京华印书馆，1945．——抗战八年在重庆的著作．——书目来源：重庆图书馆、上海图书馆

／胡焕庸编著．——重庆：京华印书馆，1945.3．——书目来源：上海图书馆

月令章句疏证叙录 / 向宗鲁．——重庆：商务印书馆，1945．——书目来源：重庆图书馆、国家图书馆、南京图书馆、四川省图书馆

张伯苓先生七旬寿辰纪念册 / 喻传鉴．——重庆：南开校友总会，1945．——作者简介：喻传鉴（1888—1966），原名鉴，别号廑洄，浙江嵊县人，1936—1945 年在重庆生活，为重庆南开中学创始人．——书目来源：南京图书馆

／喻传鉴编．——［出版项不详］．——书目来源：重庆图书馆

郑和 / 郑鹤声著．——重庆：胜利出版社，1945．——介绍明代航海家郑和的生平。书前有作者小传、潘公展的《中国历代名贤故事集编纂旨趣》，及著者的绪言．——书目来源：重庆图书馆

／郑鹤声著．——重庆：胜利出版社，1945.1．——书目来源：上海图书馆

中国分省地图 / 李承三等编．——［出版地不详］：禹甸图书局，1945．——书目来源：重庆图书馆

简明中国通史 / 吕振羽．——北平：生活书店，1945．——上册．——作者简介：吕振羽（1900—1980），名典爱，字行仁，学名振羽，曾化名柳岗，笔名晨光、正于、曾与。湖南武冈（今邵阳县）人。在北碚时写成．——书目来源：重庆图书馆、国家图书馆

／吕振羽．——上海：生活书店，1946．——上册．——书目来源：重庆图书馆、上海图书馆

／吕振羽．——［出版地不详］：华东新华书局，1949．——高中第一学年暂用课本，在北碚时写成．——书目来源：上海图书馆

／吕振羽．——山东：中原新华书店，1949．——上下册．——书目来源：重庆图书馆、贵州省图书馆

/吕振羽．——大连：光华书店，1949．——上下册．——书目来源：重庆图书馆、国家图书馆、南京图书馆

/吕振羽．——哈尔滨：光华书店，1949．——上下册．——书目来源：重庆图书馆

钟山外国地理　上册／张其昀，胡焕庸编．——重庆：钟山书局，1945．——书目来源：重庆图书馆

诸葛亮新论／王芸生等著．——重庆：读者之友社，1945．——作者简介：王芸生（1901—1980），天津静海县人，抗战期间在重庆生活．——书目来源：国家图书馆、四川省图书馆

／王芸生等著．——重庆：读者之友社，1945.6，再版．——书目来源：重庆图书馆、国家图书馆、上海图书馆、南京图书馆

1946 年

城口县政概况／但更生．——手稿，［约1946］．——1943年但更生、萧子健筹备县志编纂工作，历时3年，断断续续搜集资料数十万字。后因资金短缺，仅成8万余字．——作者简介：但更生（1892—1955），原名但邺侯，重庆城口葛城镇人．——书目来源：《城口县志附录》第875页

城口县政概况／周其瑞编．——1946年抄本．——书目来源：四川省图书馆

重慶爆撃ニ関シテ、支那事変第三年ニ於ル日本海軍作戦．『週報』からの抜粋／［作者不详］．——［出版地不详］：［出版者不详］，1946.9．——シリーズ名　文书名：GHQ/SCAP Records, International Prosecution Section = 連合国最高司令官総司令部国际検察局文书；Entry No. 327 Court Exhibits in English and Japanese, IPS, 1945—47。原所蔵機関：米国国立公文書館（RG331）．——书目来源：日本国立国会图书馆

重庆杂谭，其他题名：一个美国医师的重庆杂谭／（美）贝西尔（George C. Basil M. D.）著．——上海：文通书局，1946.5．——本书是叙述一个美国医生于抗日战争时期，在重庆这座古城之中的种种经历．——书目来源：国家图书馆、上海图书馆、南京图书馆

重庆指南：胜利特刊／［作者不详］．——［出版地不详］：［出版者不

详], 1946.3. ——书目来源：重庆市档案馆

川南记游 / 冯玉祥著. ——［出版地不详］：三户图书社, 1946. ——收游记126篇。节约献金打破一切纪录的江津县（42篇）、爱国超居人前的合江县（12篇）、献金运动中泸县树立了新模范（18篇）、献金运动下乡的隆昌县（15篇）、内江·自流井之行（50篇）。书中有诗数十首. ——书目来源：重庆图书馆

川南游记 / 冯玉祥著. ——［出版地不详］：三户图书社, 1946. ——书目来源：四川大学图书馆

 / 冯玉祥著. ——［出版地不详］：三户图书社, 1946.1. ——书目来源：《江津文史资料选辑》第1辑第116页、上海图书馆、南京图书馆

大后方的一般情况 / 董必武著. ——［出版地不详］：解放社, 1946. ——著者1945年春由渝返延安后的报告。介绍国民党统治区政治、军事、财政经济及人民生活等情况. ——作者简介：董必武（1886—1975），原名贤琮，十五岁改名用威，号璧伍。从事革命活动后改用必武。后来以号代名。湖北省黄安（今红安）县人. ——书目来源：中国社会科学院图书馆

狄岱麓与李石曾 / 杨家骆著. ——［出版地不详］：世界书局, 1946. ——分为狄岱麓学典、狄岱麓前后、石曾先生学典新体未建立前我的学典方法论、石曾先生的学典方法论和我写作《为李石曾先生而梦》的动机4部分. ——书目来源：重庆图书馆、南京图书馆

法廷証番号253：自1938年（昭和13年）至1941年（昭和16年）間重慶ニ於ケル空襲被害統計 /［作者不详］. ——［出版地不详］：［出版者不详］, 1946.8. ——シリーズ名 文書名：GHQ/SCAP Records, International Prosecution Section = 連合国最高司令官総司令部国際検察局文書; Entry No. 327 Court Exhibits in English and Japanese, IPS, 1945-47。原所蔵機関：米国国立公文書館（RG331）. ——书目来源：日本国立国会图书馆

丰都仙佛传异暨胜迹风景写真 / 丰都可一照相馆编. ——［出版地不详］：［出版者不详］, 1946.6. ——书目来源：丰都县档案馆

顾诚同学纪念册 / 戴树和编. ——重庆：戴树和发行, 1946. ——顾诚

（？—1945），中央大学学生，1945年10月被枪击身亡。内收《顾诚小传》《亡儿顾诚惨死案经过》等文章. ——作者简介：戴树和（1923—？），江苏如皋人，1946年毕业于重庆国立中央大学化工系. ——书目来源：国家图书馆

嘉陵江志 / 马以愚. ——重庆：商务印书馆，1946. ——作者简介：马以愚（1900—1961），名吉睿，安徽怀宁人. ——书目来源：重庆图书馆、国家图书馆、上海图书馆、四川大学图书馆、四川省图书馆

/ 马以愚. ——上海：商务印书馆，1947. ——书目来源：重庆图书馆、国家图书馆、上海图书馆、南京图书馆、四川大学图书馆

蒋主席影传 / 傅润华著. ——上海：中国文化信托服务社，1946. ——书目来源：吉林省图书馆、天津图书馆、国家图书馆

/ 傅润华著. ——上海：中国文化信托服务社，1946.12. ——书目来源：上海图书馆

较场口血案 / [作者不详]. ——[出版地不详]：[出版者不详]，1946.4. ——书目来源：嘉兴学院图书馆

抗战八年之川康后防 / 邓锡侯著. ——[成都]：川康绥靖主任公署秘书处，1946. ——收赴渝请示经过与数月来的工作、川东各县民众书等篇. ——书目来源：重庆图书馆

抗战八年重庆花絮 / 许晚成著. ——[出版地不详]：龙文书店，1946. ——书目来源：Stanford University（斯坦福大学）图书馆、复旦大学图书馆、天津图书馆、中国社会科学院图书馆、吉林省图书馆

/ 许晚成著. ——上海：龙文书店，1947. ——书目来源：国家图书馆、湖南图书馆

抗战第八周年纪念册 / 中国国民党中央执行委员会宣传部编. ——重庆：国民图书出版社，1945. ——书目来源：西南大学图书馆、吉林省图书馆、成都图书馆、中共四川省委党校图书馆

抗战忠勇史画 / 梁中铭编绘. ——[出版地不详]：正气出版社，1946.8. ——内收题名为张自忠尽忠报国等图画32幅，附文字说明. ——书目来源：Stanford University（斯坦福大学）图书馆、浙江大学图书馆、吉林大学图

书馆、中南大学图书馆

来自红色中国的报告 /（美）哈里森·福尔曼著. —— [出版地不详]：燕赵出版社，1946. ——其中有"重庆的低语"一章，描写1944年作者从重庆到延安的经过. ——书目来源：重庆数字图书馆

来自中国的惊雷 /（美）白修德，贾安娜合著. —— [出版地不详]：美国，1946. ——收有"重庆——风云聚会的焦点"、"人民拥护蒋介石吗？""史迪威事件内幕"等章. ——书目来源：重庆数字图书馆

历史人物 / 郭沫若著. ——重庆：人物杂志社，1946. ——写于重庆. ——书目来源：《四川省志 人物志》第657页、重庆图书馆、南京图书馆

/ 郭沫若著. ——上海：海燕书店，1947. ——写于重庆. ——书目来源：南京图书馆

/ 郭沫若著. ——重庆：人物杂志社，1949. ——写于重庆. ——书目来源：贵州省图书馆

卢氏宗谱□□卷/卢永镛等修. —— [出版地不详]：[出版者不详]，1946，刻本. ——书目来源：重庆沙坪坝区井口乡街道

毛主席到重庆 / [作者不详]. —— [出版地不详]：阳光出版社，1946.1. ——书目来源：浙江省图书馆

毛主席在重庆/ [作者不详]. —— [上海]：松江书报社，1946. ——书目来源：国家图书馆

默僧自述/ 张默生. ——重庆：人物杂志社，1946. ——书目来源：重庆图书馆

/ 张默生. ——上海：济东印书社，1948. ——书目来源：重庆图书馆、上海图书馆

庆祝国民政府还都纪念册/ [作者不详]. —— [出版地不详]：[出版者不详]，1946. ——内收《国府凯旋献辞》《抗战八年史》《蒋主席生活素描》《南京蒙耻记》《抗战首都的重庆》（承纪云）等. ——书目来源：重庆数字图书馆

人民英烈 李公朴 闻一多先生遇刺纪实/李闻二烈士纪念委员会编辑. —— [出版地不详]：李闻二烈士纪念委员会，[1946]. ——1946年8月郭沫若谨

识。收录有重庆各界唁电及纪念文章和活动. ——书目来源：重庆数字图书馆

四八被难烈士纪念册 / 中共代表团编. ——[出版地不详]：[出版者不详]，1946.10. ——书目来源：吉林大学图书馆、北京大学图书馆、天津图书馆

四川新地志 / 郑励俭编著. ——重庆：正中书局，1946. ——全书分3编：一、自然地理；二、人文地理志；三、区域地理志。书中插有各地区的气象、物产、交通、行政区划图、统计表多幅. ——书目来源：重庆图书馆、国家图书馆

/ 郑励俭编著. ——重庆：正中书局，1946.1. ——书目来源：南京图书馆

/ 郑励俭著. ——上海：正中书局，1947. ——书目来源：国家图书馆

/ 郑励俭著. ——[出版地不详]：正中书局，1947.10. ——书目来源：南京图书馆

陶行知先生纪念集 / 陶行知先生纪念委员会编. ——[重庆]：陶行知先生纪念委员会，[1946]. ——书目来源：重庆数字图书馆、西南大学图书馆、黑龙江省图书馆

我的自学小史 / 梁漱溟. ——上海：华华书店，1946. ——当时梁正寓居北碚. ——书目来源：《北碚地方志》第565页

/ 梁漱溟著. ——上海：华华书店，1947. ——书目来源：南京图书馆

吴上将军殉国记 / 陈廷杰. ——[出版地不详]：[出版者不详]，1946. ——作者简介：陈廷杰（1875—1955），别名幼擎，重庆巴县人。曾任吴佩孚秘书长. ——书目来源：重庆数字图书馆

武训传 / 张默生著. ——上海：东方书社，1946. ——书目来源：重庆图书馆

/ 张默生. ——[出版地不详]：东方书社，1947. ——书目来源：国家图书馆

/ 张默生. ——[出版地不详]：东方书社，1948. ——书目来源：国家图书馆

杨高等顾问六十华诞训词 / 杨粲三讲. ——上海：聚兴诚银行总管理处，1946. ——本书为聚兴诚银行高等顾问杨粲三先生在自己六十周岁祝寿会上的讲

话. ——作者简介：杨粲三（1887—1962），名英培，重庆江北人，著名金融家、民族资本家. ——书目来源：重庆图书馆

一二·一民主运动纪念集/于再先生纪念委员会编. ——［出版地不详］：振华出版社，1946.11. ——于再，1937年至1938年3月、1940年秋至1943年在重庆。潘琰，1940年初冬至重庆。本集收有重庆追悼记《抗战虽胜民主尚遥》（1945年12月9日长安寺）. ——书目来源：Stanford University（斯坦福大学）图书馆、复旦大学图书馆、黑龙江省图书馆、武汉大学图书馆

永川县县政府概况 / 永川县政府编. ——重庆永川：永川县政府，1946. ——永川县参议会第一次大会决议，设局修志，以县长周开庆为首于民国三十四年开始将地方行政概况撰成编，于民国三十五年出版。本书介绍了永川自然环境、常务与专务、各级行政自治机构、财政、教育、建设、保安、地政、社会、田赋、兵役、司法. ——书目来源：重庆图书馆

永川县县政概况 /［作者不详］. ——［出版地不详］：［出版者不详］，1946.7. ——书目来源：重庆市档案馆

浙江省旅渝同乡浙灾筹振会汇拨本省振款收支征信录 / 浙江省振济会编. ——［出版地不详］：浙江省振济会，1946. ——书目来源：国家图书馆（存目）

中共内幕·第1种·中国共产党的九十二个主要人物志 / 大同出版公司文化资料供应室编. ——［出版地不详］：大同出版公司，1946. ——收录杨尚昆等92位中共人物小传. ——书目来源：天津图书馆

中国地理研究所的六年和将来 / 李承三著. ——重庆：中国地理研究所，1946. ——中国地理研究所，1940年8月正式成立于北碚. ——书目来源：重庆图书馆、南京图书馆

/ 李承三著. ——［出版地不详］：中国地理研究所，1946.8. ——书目来源：重庆数字图书馆

邹容 / 杜呈祥. ——南京：青年出版社，1946. ——书目来源：南京图书馆

/ 杜呈祥. ——［出版地不详］：青年出版社，1946.8. ——书目来源：上海图书馆

邹容传／杜呈祥．——南京：青年出版社，1946.8，再版．——书目来源：台北"国家"图书馆

1947 年

长江流域游记／［作者不详］．——上海：大东书局，1947．——书目来源：重庆图书馆

新重庆／蒋用宏著．——［出版地不详］：新重庆月刊社（发行），1947．——书目来源：国家图书馆

／蒋用宏著．——重庆：新重庆（发行），1947—1948．——书目来源：广西壮族自治区图书馆

重庆指南十周年特刊／杨世才编著．——重庆：重庆指南编辑社，1947．——分总纲、气候、官署、公共事业、金融、交通、通讯、市区交通、食宿游览、自由职业名录、重要工商行名、土语方言，共12卷。内按名称、地址、电话分类编排。前面有当时重庆市市长张笃伦为本书作的题词、重庆市街道图、景点图。书页内有当时在重庆的各银行的业务范围和地址的广告，也有很多厂矿和产品的广告．——书目来源：重庆图书馆

川西北步行记／王成敬著．——上海：文通书局，1947．——1942年涪江流域考察日记。书中涉及该地区地理、气候、人口、民族、风俗、经济、文化．——书目来源：重庆图书馆、南京图书馆、四川省图书馆

／王成敬著．——贵阳：文通书局，1947.9．——书目来源：上海图书馆

当代人物／苏季常编．——［出版地不详］：故事杂志社，1947.5．——收录有：二二国共对打名将——陈连仲与刘伯承．——书目来源：天津图书馆、北京大学图书馆、吉林省图书馆等

法廷証番号2593：重慶同志への通電（汪精衛）.「同生共死（時局参考資料25輯）」抜萃／［作者不详］．——［出版地不详］：［出版者不详］，1947.5．——シリーズ名 文書名：GHQ/SCAP Records, International Prosecution Section = 連合国最高司令官総司令部国際検察局文書；Entry No. 327 Court Exhibits in English and Japanese, IPS, 1945-47。原所蔵機関：米国国立公文書館（RG331）．——书目来源：日本国立国会图书馆

方文培教授任教国立四川大学十周年纪念册 / 方文培教授任教国立四川大学十周年纪念筹备会编. —— 成都：方文培教授任教国立四川大学十周年纪念筹备会，1947. —— 方文培（1899—1983），字植夫，乳名寿生，重庆忠县人. —— 书目来源：国家图书馆

冯氏族谱：[**重庆忠县**] / 冯臣诩，冯治培等. —— [出版地不详]：[出版者不详]，1947，木活字版. —— 书目来源：中国家谱编印基地

桂渝郊外 / 萨空了著. —— [出版地不详]：春风出版社，1947. —— 书目来源：重庆图书馆

火烧的都门 / 无名氏. —— 上海：真美善图书出版公司，1947. —— 描写重庆大轰炸. —— 书目来源：重庆图书馆、国家图书馆、南京图书馆、四川省图书馆

记刘伯承将军 / 张香山等著. —— [涉县]：华北新华书店，1947.7. —— 书目来源：重庆图书馆

零墨新笺 / 杨宪益著. —— 上海：中华书局股份有限公司发行，1947.11. —— 本书是根据在重庆北碚时所写的文史考证文章编成. —— 书目来源：南京图书馆、重庆图书馆、国家图书馆、温州市图书馆、首都图书馆

秦良玉 / 黄次书编著. —— 上海：中华书局，1947. —— 分秦良玉时代的社会背景、秦良玉的幼年时代、秦马联姻后的士卒训练、秦良玉承袭土司、援辽之役、秦良玉之北上勤王、秦良玉的晚节等12章。书前附许崇灏序和作者写书意图，附忠州秦氏家乘秦太保忠贞侯家传、马氏世系、秦氏世系等. —— 书目来源：重庆图书馆、南京图书馆、四川省图书馆、广西壮族自治区图书馆

　　　 / 黄次书编著. —— 上海：中华书局，1947.4. —— 书目来源：上海图书馆

　　　 / 黄次书编著. —— 上海：中华书局，1947.12. —— 书目来源：上海图书馆

琼崖志略 / 许崇灏. —— 重庆：正中书局，1947.4. —— 序言：民国三十四年四月许崇灏于重庆新亚细亚学会. —— 书目来源：中国科学院地理科学与资源研究所图书馆、中国社会科学院图书馆

蜀龟鉴：张献忠祸蜀记 / 石溪编. —— 成都：经纬书局，1947. —— 其他题名：张献忠祸蜀记. —— 书目来源：重庆图书馆

外国史大纲／方豪编著．——上海：正中书局，1947．——书目来源：重庆图书馆、南京图书馆、四川省图书馆

／方豪编著．——上海：正中书局，1947.1．——书目来源：南京图书馆

／方豪编著．——［出版地不详］：正中书局，1947.1．——书目来源：上海图书馆、四川大学图书馆

王大牛传／张默生．——上海：东方书社，1947．——书目来源：重庆图书馆

新疆见闻／卢前著．——南京：中央日报社，1947．——著于重庆．——书目来源：重庆图书馆、国家图书馆、南京图书馆

／卢前著．——南京：中央日报社，1947.7．——著于重庆．——书目来源：上海图书馆

新眼界／杨钟健．——［出版地不详］：商务印书馆，1947.10．——代序：杨钟键由北碚临行书。出国之前在重庆的文章．——书目来源：复旦大学图书馆、苏州大学图书馆、四川师范大学图书馆、武汉大学图书馆

异行传 第 2 集 厚黑教主传／张默生．——上海：东方书社，1947．——书目来源：重庆图书馆

中国史学之进化／周谷城著．——香港：生活书店，1947．——中国史学评论集，收论文 8 篇，其中有《建设的文化工作论》《评冯友兰氏之"新理学"》《评熊十力之"新唯识论"》《评斯坦因氏古代中亚之遗迹》《中国史学之进化》等．——书目来源：国家图书馆

／周谷城著．——香港：生活书店，1947.12．——附参考书籍．——书目来源：上海图书馆

1948 年

北碚图书馆专号九篇／中国地理研究所地理杂志社编．——［出版地不详］：［出版者不详］，1948，铅印本——此书即是从《北碚图书馆志稿》中抽出 9 篇志稿，单独印成专刊．——书目来源：北碚区图书馆

（重庆万州）左氏族谱三卷／左自任等纂修．——［出版地不详］：［出版者不详］，1948，铅印本．——书目来源：重庆图书馆（存二卷：一至二）

（民国）奉节县志稿十五卷 / 毛子献总纂；周子游整理缮写．——1948年抄本．——四册．——书目来源：出自《奉节县志》，四川省奉节县志编纂委员会编，方志出版社，1995年，第702页

奉节县食货志一卷 / （清）曾秀翘修；（清）杨德坤等纂．——民国年间四川省银行经济研究所抄本．——书目来源：重庆图书馆

抗战建国大画史 / 傅润华主编．——上海：中国文化信托服务社，1948．——作者简介：傅润华（1910—1972），字天正，重庆长寿人．——书目来源：南京图书馆、广西壮族自治区图书馆

／傅润华主编．——上海：中国文化信托服务社，1948.4．——书目来源：重庆图书馆、上海图书馆

／傅润华主编．——上海：中国文化信托服务社，1948.7．——书目来源：重庆图书馆

抗战军人忠烈录（第1辑） / 曾国杰编辑．——[出版地不详]：国防部史政局，1948.3．——介绍抗战时期死亡的国民党军队的将领张自忠等162人，并有遗像．——书目来源：福建师范大学图书馆、贵州大学图书馆、广东省立中山图书馆、吉林省图书馆

人民解放军将领印象记 / 李方力编．——[出版地不详]：豫皖苏新华书店，1948．——收介绍人民解放军将领朱德、彭德怀、刘伯承、林彪、贺龙、陈毅、粟裕、王震的文章8篇．——书目来源：山东大学图书馆、河南大学图书馆、苏州图书馆、中共江苏省委党校图书馆、中共山东省委党校图书馆

四川古代史 / 吴致华著．——成都：学生导报社，1948．——附录：扞閟攷．——书目来源：重庆图书馆、南京图书馆、四川大学图书馆

张上将自忠纪念集 / 张上将自忠传记编纂委员会编辑．——[上海]：张上将自忠纪念委员会，1948.9．——全1册．——书目来源：广东省立中山图书馆、苏州图书馆、嘉兴学院图书馆、天津图书馆、中国社会科学院图书馆

中国当代名人传 / 傅润华主编．——上海：世界文化服务社，1948．——书目来源：南京图书馆

／傅润华主编．——上海：世界文化服务社，1948.6．——书目来源：重庆

图书馆、上海图书馆

/傅润华主编.——上海：世界文化服务社，1948.7.——书目来源：重庆图书馆

1949 年

南京怎样解放的/阎庆甲等撰.——南京：老百姓出版社，1949.5.——收有《人民市长刘伯承》.——书目来源：中国社会科学院图书馆、吉林省图书馆、南京大学图书馆

南泉纪，又名，南泉导游/时燮平编.——重庆：南泉书店，1949.——内容分总说、地势、社会概况、名胜、食宿和游览日程等六章，书前附作者亲手绘制的南泉形势图，张恨水、穆济波和傅余生三人所撰《南泉小识》一文，以及龚伯皋等人的序和作者自序.——书目来源：重庆图书馆

世界通史/周谷城著.——上海：商务印书馆，1949.——书前冠：弁言。本书原为作者在复旦大学文法学院讲授世界史的讲稿。每册为一篇。第1篇：远古文化之发展。第2篇：亚欧势力之往还。第3篇：世界范围之扩大.——书目来源：国家图书馆、南京图书馆

四川概况/晋绥分局城工部编.——[出版地不详]：晋绥分局城工部，1949.——书目来源：重庆图书馆

四川省概况/中国人民解放军西南服务团研究室.——[出版地不详]：中国人民解放军西南服务团研究室，1949.——分概说、行政区划与人口、伪政治机构、社会团体、少数民族5编。附松潘草地地理简要.——书目来源：重庆图书馆

陶行知/麦青著.——上海：生活·读书·新知上海联合发行所，1949.——新中国百科小丛书.——书目来源：重庆图书馆、南京图书馆、四川大学图书馆

（民国）**新修铜梁县志十一卷**/郭朗溪主修；张佐周等纂.——1949年手抄本.——作者简介：郭朗溪（1882—1958），名锡柱，重庆铜梁县永嘉乡人。张佐周（1885—1956），名家骏，重庆铜梁县人.——书目来源：铜梁县文化馆

吴玉章同志革命故事/何其芳著.——[出版地不详]：东北新华书店辽

东分店，1949. ——书目来源：吉林省图书馆、山西省图书馆

／何其芳著. ——无锡：新华书店，1949. ——书目来源：上海图书馆

／何其芳著. ——太原：太岳新华书店，1949.3. ——书目来源：重庆图书馆、国家图书馆、山西省图书馆

／何其芳著. ——［出版地不详］：中原新华书店，1949. ——书目来源：重庆图书馆、浙江省图书馆

向江南进军（画刊）／中国人民解放军第二野战军政治部编辑. ——［出版地不详］：人民战士出版社，1949. ——收1949年第二野战军渡江作战的图片200余幅。其中多幅反映刘伯承的活动。附简短说明，并有短评. ——书目来源：重庆数字图书馆

一个美国人看旧中国／（美）格兰姆·贝克著. ——［出版地不详］：美国，1949. ——书中"自杀性的恶性循环、难以形容的微笑、物以类聚、工合中条战役"四章，收有《慢性自杀的腐朽统治——大后方见闻》，着重写了重庆各方面状况. ——作者简介：重庆数字图书馆

新政协重要人物志／读书出版社编. ——［出版地不详］：五洲书报社，1949.6. ——收录有关于刘伯承的内容. ——书目来源：重庆数字图书馆

忠县乡土志／陈德甫编. ——忠县：墨稼轩苏裱石印店印，1949.6. ——为忠县的初级中学编写的乡土教材. ——书目来源：首都图书馆、中国人民大学图书馆

出版时间不详

巴县乡土地理志□□卷／□□修纂. ——民国石印本. ——内容迄至民国八年（1919年）. ——书目来源：重庆中国三峡博物馆

巴县学产图说／［作者不详］. ——［出版项不详］. ——三卷. ——书目来源：重庆市档案馆

巴县志采访册／巴县文献委员会编. ——民国稿本. ——书目来源：重庆图书馆

北碚游览指南／［作者不详］. ——［出版项不详］. ——这本《北碚游览指南》分为北碚小志、游程向导、游览处所、名胜概要、旅客须知和物产一览

6 部分，比较全面地介绍了当时北碚的经济文化事业、名胜古迹和各地物产.
——书目来源：重庆图书馆

北美回忆录 / 张树霖译 . —— ［出版项不详］. ——作者简介：张树霖（？—1969），重庆南川人 . ——书目来源：《南川县志》第 797 页

程中丞奏稿 / 程德全 . —— ［出版项不详］. ——书目来源：《云阳县志》第 1096 页

重庆市区街道详图 四川省水陆交通图 / ［作者不详］. —— ［出版项不详］. ——书目来源：重庆市档案馆

重庆乡土志不分卷 / ［作者不详］编 . ——清末民初稿本 . ——一册 . ——是书记事至民国七年（1918 年）. ——书目来源：重庆图书馆

重庆掌故 / 王秉诚著 . —— ［出版项不详］. ——书目来源：《重庆文化艺术志》第 584 页

重庆掌故 / ［作者不详］. —— ［出版项不详］. ——书目来源：重庆市档案馆

重庆至西宁沿途调查概况 / ［作者不详］. —— ［出版项不详］. ——书目来源：国家图书馆（存目）

川、陕、甘、青、康、滇、黔、湘、鄂边区简图 、重庆市街道图、东洋历史地图 / ［作者不详］. —— ［出版项不详］. ——书目来源：重庆市档案馆

赐福屡笔记 / 程德全 . —— ［出版项不详］. ——书目来源：《云阳县志》第 1096 页

大重庆 / 王泽民著 . —— ［出版地不详］：教育部民众读物编审委员会，［出版时间不详］. ——书目来源：重庆图书馆、首都图书馆

大足石刻概论 / 陈习删撰 . ——重庆：大足文中石印社，民国石印本 . ——一册 . ——书目来源：《民国重修大足县志》

大足石刻图征初编 / ［作者不详］. —— ［出版项不详］. ——民国重修《大足县志》卷首 . ——书目来源：《大足县志》第 187 页

民国重修大足县志勘误表 / ［作者不详］. —— ［出版项不详］. ——书目来源：重庆市档案馆

地理救亡 / 谭定图 . —— ［出版项不详］. ——书目来源：《石柱县志》第 618 页

读史平反论 / 张森楷 . —— ［出版项不详］. ——自光绪三年（1877 年）至光绪二十六年（1900 年）. ——书目来源：《合川县志》第 728 页

读史随笔 / 戴礼堂 . ——底稿，未能成书 . ——作者简介：戴礼堂（1869—1948），名馨，字腾兰，号礼堂，重庆荣昌人 . ——书目来源：《荣昌县志》第 1025 页

烽遂考 / 贺昌群著 . —— ［出版项不详］. ——书目来源：《四川省志 人物志》第 618 页

公孙龙子 / 吴毓江 . —— ［出版项不详］. ——作者简介：吴毓江（1898—1977）又名继刚，重庆秀山县人，曾任《四川日报》主笔 . ——书目来源：《秀山县志》第 633 页

攻渝纪事一卷 /（明）徐如珂撰；（清）陈湖逸士辑 . ——上海：上海锦章图书局荆驼逸史，民国石印本 . ——作者简介：徐如珂，字季鸣，吴县（今江苏苏州）人。明万历二十三年（1595 年）进士 . ——书目来源：中山大学图书馆

巩固抗日民主根据地及其各种政策 / 杨尚昆著 . —— ［出版项不详］. ——分建立根据地与巩固根据地，决定抗日根据地各种基本政策的原则、华北的经济状况与各阶级的关系、抗日民主政权及其各种基本政策、领导问题 5 部分 . ——作者简介：杨尚昆（1907—1998），重庆潼南人 . ——书目来源：重庆数学图书馆

古陶图说 / 颜实甫著 . —— ［出版项不详］. ——书目来源：《江津文史资料选辑》第 5 辑第 45 页

国朝全蜀贡举备考（蜀进士题名总录）九卷 /（清）孙桐生辑；（清）赵增荣重辑 . ——民国抄本 . ——作者简介：孙桐生（1824—1904），字筱峰，号卧云主人，四川绵州（今绵阳）人 . ——书目来源：重庆中国三峡博物馆

国民政府委员杨沧白先生行状 / ［作者不详］. —— ［出版项不详］. ——介绍杨沧白先生的生平事迹 . ——书目来源：重庆图书馆

黑暗的重庆统治 / ［作者不详］. ——重庆：群众出版社，［194—？］. ——

时论选集 25.——书目来源：国家图书馆、吉林省图书馆

黑龙江通志/李麟士.——［出版项不详］.——分纂《地理》《民族》《社稷》等篇.——书目来源：《巫溪县志》第 688 页

（民国）重修江北厅志采访表略□□卷/江北县志局辑.——民国铅印本.——书目来源：南京图书馆、四川省图书馆

江北厅陈氏宗谱□□卷/（□）□□修.——民国年间修.——江北厅即今重庆江北区.——书目来源：重庆湖广会馆

（民国）江北县志稿十卷/罗超凡，戴正诚等撰.——民国稿本.——存十五册.——作者简介：罗超凡，江北县（今重庆江北区）人。曾任县救济院院长。戴正诚，字亮吉，重庆江北人.——书目来源：重庆图书馆

江津涂氏家乘□□卷/（□）□□修.——民国年间修.——一册.——书目来源：上海图书馆

较场口二一〇事件/［作者不详］.——［出版项不详］.——书目来源：重庆市档案馆

巾帼英雄秦良玉/赵焕亭著.——［出版地不详］：新天津报馆，［出版时间不详］.——书目来源：重庆数字图书馆

（咸丰）开县志二十七卷首一卷/（清）李肇奎等修；（清）陈昆等纂.——［出版地不详］：［出版者不详］，民国重印本.——清咸丰三年（1853 年）刻.——作者简介：李肇奎，陕西三原县人。附贡生。清咸丰三年（1853 年）任开县知县。陈昆（1809—1873），又名枝竹，号友松，重庆开县人.——书目来源：北碚区图书馆

抗战回忆录/沈起予著.——［出版项不详］.——书目来源：《新蜀报》连载

来华助战美空军素描/胡率尔著.——［出版地不详］：中大出版社，［出版时间不详］.——记述抗战期间美空军人员来华协同对日作战的简况。收《陈纳德空军少将》《美志愿队和第十四航空队》《宪兵》等 22 篇文章。曾在《上海日报》上刊载过.——书目来源：上海图书馆

来里尖山太和场易氏族谱□□卷/易显珣撰.——民国刻本.——四册.

——作者简介：易显珣，合州（今重庆合川区）人。生平事迹不详．——书目来源：《民国新修合川县志·掌录十七·艺文一》

李芋仙传／陈三立，柳亚子等．——［出版项不详］．——同光体诗派领袖陈三立、南社诗派领袖柳亚子等先后撰写了《李芋仙传》．——书目来源：《巴蜀近代诗词》卷二

礼园杂记／李湛阳著．——上海：聚珍仿宋印书局，［出版时间不详］．——收录清 1644—1911 年。礼园在四川巴山，重庆著名私家园林，原名宜园．——作者简介：李湛阳，字劲风，昭通人。光绪甲午副贡，官广东候补道．——书目来源：重庆中国三峡博物馆、国家图书馆

历朝履霜录／张森楷．——［出版项不详］．——自光绪三年（1877 年）至光绪二十六年（1900 年）．——书目来源：《合川县志》第 728 页

历代地名变迁考／戴礼堂．——［出版项不详］．——底稿，未能成书．——书目来源：《荣昌县志》第 1025 页

历代舆地沿革表／张森楷．——［出版项不详］．——自光绪三年（1877 年）至光绪二十六年（1900 年）．——书目来源：《合川县志》第 728 页

历史邦交录／张森楷．——［出版项不详］．——自光绪三年（1877 年）至光绪二十六年（1900 年）．——书目来源：《合川县志》第 728 页

联省自治与非法统一之战争／李雪琴．——［出版项不详］．——作者简介：李雪琴（1873—1935），名世昌，綦江县三江镇人．——书目来源：《綦江县志》第 688 页

（民国）梁山县志稿不分卷／□□纂．——民国稿本．——十三册．——该稿本包括地理沿革、寨堡、场镇、庙宇、古迹、学校、党务、宗教、氏族、大年、人物、艺文、文献等 13 个门类．——书目来源：重庆图书馆

廖氏家谱□□卷／［作者不详］修．——民国年间修．——书目来源：重庆湖广会馆

刘邓田等之内乱／李雪琴．——［出版项不详］．——书目来源：《綦江县志》第 688 页

刘袁反攻／李雪琴．——［出版项不详］．——书目来源：《綦江县志》第

688 页

陆军大学校欧洲战史讲义／刘展绪，郭汝瑰讲．——［出版项不详］．——讲述 1914—1918 年之欧战史。其他题名：欧洲战史讲义．——作者简介：郭汝瑰（1907—1997），重庆铜梁县（今重庆铜梁）人。刘展绪（1906—1951），号迪强，四川内江人。少将．——书目来源：重庆图书馆

南川县全图／龙舜臣绘图．——［出版项不详］．——为民国《南川县志》所绘制，是第一张用近代科学方法绘制的南川平面图．——作者简介：龙舜臣（1892—1945），字龙鹏，重庆南川县人．——书目来源：《南川县志》第 723 页

廿四史批注／张森楷著．——稿本．——《廿四史校勘记》．——书目来源：《北碚文史资料》第 9 辑第 159 页

念阳徐公定蜀记一卷／（明）文震孟撰．——上海：上海锦章图书局，民国石印本．——一册。出自《荆驼逸史丛书》．——作者简介：文震孟（1574—1636），字文起，江苏吴县人。文征明曾孙．——书目来源：中山大学图书馆

女诗人薛涛／傅润华编著．——［出版项不详］．——书目来源：《四川省志 人物志》第 628 页

女英雄秦良玉／中华平民教育促进会编．——［出版地不详］：中华平民教育促进会，［出版时间不详］．——中华平民教育促进会，简称平教会，创办于 1923 年。抗战时期在重庆歇马场开办乡村建设育才院．——书目来源：重庆数字图书馆

陪都各界追悼戴雨农先生专辑／［作者不详］．——［出版项不详］．——书目来源：重庆市档案馆

平蜀纪事一卷／（明）钱谦益撰．——上海：上海锦章图书局，民国石印本．——出自《荆驼逸史丛书》．——作者简介：钱谦益（1582—1664），字受之，号牧斋，晚号蒙叟，又号东涧遗老。江苏常熟人．——书目来源：中山大学图书馆

七君子抗战文集／沈钧儒等著．——［出版地不详］：明明书局，［出版时间不详］．——作者简介：沈钧儒（1875—1963），字秉甫，号衡山，浙江嘉兴人。1938 年 10 月到重庆，抗战时期寓居重庆．——书目来源：云南大学图书

馆、上海城市管理职业技术学院图书馆

祁阳伍氏族谱□□**卷**／［作者不详］修．——民国年间抄本．——书目来源：重庆湖广会馆

（民国）**黔江县县政概况**／黔江县政府编．——民国稿本．——书目来源：黔江县档案局（馆）

前尘琐记／任鸿隽．——［出版项不详］．——自传体专著．——书目来源：《任鸿隽谈教育》第92页

清代传记丛刊·55·清代画史增编／盛叔清辑．——［出版地不详］：明文书局，［出版时间不详］．——收录：竹禅．——书目来源：广东省立中山图书馆

邱氏族谱不分卷／［作者不详］修．——民国石印本．——书目来源：四川省图书馆

渠县志／钟稺琚．——［出版项不详］．——作者简介：钟稺琚（1886—1963），名正懋，字子琚，重庆永川人．——书目来源：《永川县志》第914页

泉友录／罗伯昭．——［出版项不详］．——书目来源：《中华文化名人录》

《人表校勘记》二书例言／张森楷．——［出版项不详］，石印．——书目来源：《合川县志》第728页

人鉴心相篇／郎承诜．——［出版项不详］．——晚年治宋学，集此书，未刊行．——书目来源：《丰都县志》第660页

三国志音义／张森楷．——［出版项不详］．——自光绪三年（1877年）至光绪二十六年（1900年）．——书目来源：《合川县志》第728页

三省山内风土杂识一卷／（清）严如煜撰．——民国王云五丛书集成初编本．——作者简介：严如煜（1759—1826），字乐园，湖南溆浦人。清代地理学家．——书目来源：国家图书馆、北京大学图书馆、上海图书馆、南京图书馆

社会发展史简明教程／邓初民．——［出版项不详］．——书目来源：《重庆抗战纪事》第249页

石城山人年谱／涂凤书．——［出版项不详］．——作者简介：涂凤书

（1874—1940），字子厚，名起敦（晚号石城山人），重庆云阳县人．——书目来源：《石城山人文集》（清华大学出版社，2011）

史记新校注／张森楷．——［出版项不详］．——书目来源：《张森楷和他的史学巨制》（张静澄．《文史杂志》2008 年第 5 期）

世界古代史／吴宓．——［出版项不详］．——书目来源：《北碚地方志》第 545 页

蜀乱一卷／（清）欧阳直著．——扬州古旧书店辑抄本．——作者简介：欧阳直（1620—?），字公卫，号淇竹，四川广安人．——书目来源：中国人民大学图书馆、山东大学图书馆

／（清）欧阳直著．——［出版项不详］．——一册．——书目来源：吉林大学图书馆、重庆中国三峡博物馆

蜀燹死事者略传□□**卷**／（清）余鸿观撰．——［出版项不详］．——民国满清野史丛书本．——一册。此书收录《满清野史》第四十七册．——书目来源：云南大学图书馆

说苑校证 20 卷／向宗鲁．——［出版项不详］．——书目来源：《四川省志人物志》第 480 页

思痛录／邹容辑．——［出版项不详］．——书前有序；辑有《北使纪略》《江阴城守记》《扬州十日记》《嘉定屠城记略》等 6 篇．——书目来源：国家图书馆

四川地理／张克林，李至刚合编．——成都：中央陆军军官学校成都分校，［出版时间不详］．——分概论、交通、农林—畜牧、工业、矿业、边地的情况、对外关系 7 个部分．——书目来源：重庆图书馆

四川地理志／白眉初著．——［出版项不详］．——书目来源：《江津文史资料选辑》第 1 辑第 123 页

四川各县瓷器瓷土调查报告／伍德声著．——成都：四川省政府建设厅，［出版时间不详］．—— 对江津、巴县、江北、璧山、铜梁、荣昌等县进行了调查．——书目来源：重庆图书馆、国家图书馆

四川各县历代沿革表不分卷／丁晫超辑．——民国稿本．——该书主要转抄

《四川通志》《四川郡县志》等书中的沿革表而成.——书目来源：四川省图书馆

四川历代地理沿革表 / 张森楷.——［出版项不详］.——书目来源：《张森楷和他的史学巨制》（张静澄.《文史杂志》2008 年第 5 期）

四川綦江县续志 4 卷 / 戴子仁.——［出版项不详］.——清光绪十八年续修，后因变革之乱，志稿遂失。民国三年子仁再次搜检残稿，重辑续志，并补至宣统三年而止。民国二十七年始由邑人筹资刊印.——作者简介：戴子仁（1839—1915），又名哲纶，别号吉双，重庆綦江人.——书目来源：重庆市档案馆

四川儒林文苑传 / 戴子仁.——［出版项不详］.——书目来源：《綦江县志》第 670 页

四川省第一期各县旧制度器调查折合表 / ［作者不详］.——［出版项不详］.——书目来源：重庆图书馆

（民国）四川通志□□卷 / 宋育仁等修.——民国稿本.——该通志为手稿本，分建置、舆地、图经、食货、官政、礼俗、学校、艺文、人物等九志，共 267 册，后有部分散佚，实存约 240 余册.——作者简介：宋育仁（1857—1931），字芸子，晚号道复，四川富顺人。中国早期资产阶级改良主义思想家，重庆维新运动倡导者，被誉为四川"睁眼看世界第一人".——书目来源：四川省图书馆

四川通志 / 龚煦春编纂.——［出版项不详］.——作者简介：龚煦春（1863—1937），四川井研县人.——书目来源：《四川省志 人物志》第 795 页

四川通志 / 宋育人主修.——［出版项不详］.——1931 年写成初稿.——书目来源：《四川省志 人物志》第 458 页

唐代文化之东渐与日本文明的开发 / 贺昌群著.——［出版项不详］.——书目来源：《四川省志 人物志》第 618 页

通鉴校勘记 14 卷，附《胡注质疑》一卷 / 张森楷.——［出版项不详］.——自光绪三年（1877 年）至光绪二十六年（1900 年）.——书目来源：《合川县志》第 728 页

通史人表 269 卷／张森楷.——［出版项不详］.——自光绪三年（1877年）至光绪二十六年（1900 年）.——书目来源：《合川县志》第 728 页

（民国）万县图志四堡采访稿／□□修纂.——民国稿本.——一册.——书目来源：重庆图书馆

（民国）再续万县志稿□□卷／□□修纂.——民国稿本.——十册.——书目来源：重庆图书馆

王若飞 叶挺 黄齐生 秦邦宪 邓发 李绍华诸先生事略／周恩来.——［出版项不详］.——书目来源：Berlin State Library（德国柏林国家图书馆）、中共江苏省委党校图书馆

（嘉庆）巫山县志不分卷／（清）□□纂修.——民国抄本.——记事至清嘉庆十七年（1812 年）.——书目来源：北京师范大学图书馆、山东大学图书馆

吴佩孚图川／李雪琴.——［出版项不详］.——书目来源：《綦江县志》第 688 页

武训传／段绳武编.——北碚：北温泉中国辞典馆，［出版时间不详］.——书目来源：《北碚文史资料》第 4 辑"抗日战争时期的北碚"第 419 页

西南印象／赵君豪编.——［出版项不详］.——收西南各省游记 17 篇，其中有张恨水《重庆旅感录》等.——书目来源：复旦大学图书馆、长沙理工大学图书馆、浙江财经大学图书馆、西北师范大学图书馆

西洋史／冯承泽.——［出版地不详］：［出版者不详］，清末民初.——书目来源：《忠县志》第 706 页

《县志采访表》1 册／戴礼堂编.——［出版项不详］.——注：增修《荣昌县志》，1925 年.——书目来源：《荣昌县志》第 1025 页

新绘沿海长江险要图／［作者不详］.——［出版项不详］.——分沿海和长江两部分，收中国沿海图、黄海北岸图、辽东海湾图、渤海门户水道图、扬镇下游图、江阴口炮台图、池州下游图等 27 幅.——书目来源：重庆图书馆

《形胜险要图》若干卷／张森楷.——［出版项不详］.——自光绪三年（1877 年）至光绪二十六年（1900 年）.——书目来源：《合川县志》第 728 页

秀山公牍 5 卷／吴光耀.——［出版项不详］.——作者简介：吴光耀

（1859—1935），字华峰，别号吴绛，三味老人。生于湖北，病逝于成都。1899年入川讲学。一生著述颇丰．——书目来源：《永川县志》第892页

许书馀义尊闻记 ／ 钟稚琚．——［出版项不详］．——与章太炎研究许慎《说文解字》的论述．——书目来源：《永川县志》第914页

耀麓类稿，又名，**曜麓书稿** ／ 刘贞安．——［出版项不详］．——作者简介：刘贞安（1870—1934），字彦恭、问竹，号伏庵，云阳县人．——书目来源：《云阳县志》第1159页

一二两军之内争 ／ 李雪琴．——［出版项不详］．——书目来源：《綦江县志》第688页

宜昌到重庆 ／ 赵循伯著．——［出版项不详］．——书目来源：重庆数字图书馆

益部谈资三卷／（明）何宇度著．——［出版地不详］：商务印书馆，［出版时间不详］．——民国商务印书馆丛书集成初编本．——作者简介：何宇度，字仁仲，安陆（今湖北安陆）人。明万历年间任官夔州通判．——书目来源：中国国家图书馆、上海图书馆、北京大学图书馆、云南大学图书馆

佚文 1 卷 ／ 向宗鲁．——［出版项不详］．——书目来源：《四川省志 人物志》第480页

印度的发现 ／ 尼赫鲁著；张树霖等译．——［出版项不详］．——书目来源：《南川县志》第797页

高级印度古代史 ／ 张树霖等译．——［出版项不详］．——民国与复旦大学两教授合译．——书目来源：《南川县志》第797页

永川公牍 10卷 ／ 吴光耀．——［出版项不详］．——书目来源：《永川县志》第892页

游历俄罗斯边圉杂记 ／ 邹济．——手稿．——作者简介：邹济（1879—1940），字活渠，名远洋，又名大曲，重庆巫溪人．——书目来源：《巫溪县志》第692页

云阳县图志 ／ 刘贞安编．——［出版项不详］．——书目来源：《云阳县志》第1159页

民国云阳志 42 卷／刘贞安，郭文珍总纂．——［出版项不详］．——书目来源：《云阳县志》第 1159 页

章炳麟造并篆额、于右任书邹容墓表／章炳麟造；于右任书．——［经折装］，尚书山房，［出版时间不详］．——书目来源：《邹容集》

张自忠将军纪念集／［作者不详］．——［出版项不详］．——书目来源：《重庆文史资料丛刊·重庆抗战纪事》第 121 页

治川纲要／秦肃三．——晚年著书．——书目来源：《忠县志》第 683 页

中国八年抗战大画史／傅润华，傅天齐合编．——［出版项不详］．——书目来源：《四川省志 人物志》第 628 页

中国古陶图说／颜实甫撰辑．——［出版项不详］．——书目来源：《四川省志 人物志》第 906 页

中国之行／（美）费正清著．——［出版项不详］．——内有"在重庆安顿下来"、"1943 年——蒋介石开始失去民心"等章，这些是费正清在抗战期间以美国官员身份撰写的报告．——书目来源：重庆数字图书馆

钟氏族谱□□卷／（□）□□修．——民国年间修．——书目来源：重庆湖广会馆

资治通鉴／杨宪益译．——［出版项不详］．——书目来源：《北碚文史资料》第 4 辑 "抗日战争时期的北碚" 第 412 页

族范志／熊国璋．——晚年著书．——作者简介：熊国璋（1874—1949），字特生，谱名焕岜，号两周山人，也称周溪道人，重庆万县人．——书目来源：《万县文史资料》第 1 辑第 8 页

足迹——四川大旅行记／（日）东亚同文书院．——东亚同文书院第二十六期．——书目来源：《浪淘英雄三峡纤夫的文化阐释》第 146 页

◎N 自然科学总论

1924 年

科学原理／（日）平林初之辅著；周梵公译；任鸿隽校．——上海：商务印

书馆，1924.——书目来源：重庆图书馆、南京图书馆、首都图书馆

／（日）平林初之辅著；周梵公译；任鸿隽校.——上海：商务印书馆，1926.——少年百科全书第2类.——书目来源：重庆图书馆、南京图书馆

／（日）平林初之辅著；周梵公译；任鸿隽校.——上海：商务印书馆，1933，国难后1版.——书目来源：重庆图书馆、南京图书馆、首都图书馆

／（日）平林初之辅著；周梵公译；任鸿隽校.——［出版地不详］：商务印书馆，1934，国难后2版.——书目来源：重庆图书馆、国家图书馆

1925 年

常见事物 ／王昌谟等编译；任鸿隽校订；钱江春整理.——［出版地不详］：商务印书馆，1925.——书目来源：重庆三峡学院图书馆、成都图书馆、四川师范大学图书馆、天津图书馆

1927 年

科学概论 ／任鸿隽著.——上海：商务印书馆，1927.——书目来源：重庆图书馆

／任鸿隽著.——上海：商务印书馆，1928.——书目来源：重庆图书馆、南京图书馆

／任鸿隽著.——上海：商务印书馆，1929.——书目来源：重庆图书馆、南京图书馆

1929 年

现代科学进化史 ／徐守桢著；任鸿隽校.——上海：商务印书馆，1929.——书目来源：广西壮族自治区图书馆

／徐守桢著；任鸿隽校.——上海：商务印书馆，1930.——书目来源：重庆图书馆、广西壮族自治区图书馆

／徐守桢著；任鸿隽校.——上海：商务印书馆，1931.——书目来源：重庆图书馆

／徐守桢著；任鸿隽校.——上海：商务印书馆，1932.——书目来源：重庆图书馆、南京图书馆

1933 年

中国科学社第十八次年会纪事录/［中国科学社］编．——［北碚］：［中国科学社］，［1933］．——包括年会纪事、社员提议案件、各部报告、川中各日报之时论等。后附美国分社年会纪事录。该年会在重庆举行．——书目来源：重庆图书馆

1934 年

科学通论/中国科学社编辑．——上海：中国科学社，1934.1．——收任鸿隽著《科学精神论》《科学与近世文化》《何谓科学家》《说合理的意思》《科学方法讲义》《发明与研究一》《发明与研究二》《科学与教育》《科学与实业》《科学与工业》《说中国无科学之原因》《吾国学术思想之未来》《外国科学社及本社之历史》《中国科学社之过去及将来》．——书目来源：复旦大学图书馆、兰州大学图书馆、广西大学图书馆

1937 年

中国西部科学院工作报告/中国西部科学院编．——重庆：中国西部科学院，1937．——书目来源：北碚区图书馆

1938 年

中国西部科学院工作报告/中国西部科学院编．——重庆：中国西部科学院，1938．——书目来源：北碚区图书馆

1940 年

中华自然科学社概况/［作者不详］．——重庆：中华自然科学社，1940．——书目来源：国家图书馆

1942 年

科学之新趋势/严鸿瑶．——重庆：独立出版社，1942．——书目来源：国家图书馆、上海图书馆、南京图书馆

/严鸿瑶．——上海：独立出版社，1942.6．——序言：1941年2月15日于重庆．——书目来源：中国地质图书馆、广东省立中山图书馆、苏州大学图

书馆

1943 年

百科常识表解 / 叶育之著. ——成都：复兴书局，1943. ——书目来源：南京图书馆

高级小学自然 第四册 / 吴大钧，叶溯中主编；张达善等编订. ——上海：正中书局，1943. ——书目来源：国家图书馆

／叶溯中，朱元懋编著；叶楚伧，陈立夫主编. ——上海：正中书局，1946.2. ——书目来源：国家图书馆

科学概论 / 翁文灏等讲. ——重庆：中央训练团党政高级训练班，1943.6. ——书目来源：重庆图书馆、上海图书馆、四川省图书馆

1945 年

Chinese Science. ［With illustrations.］/ Joseph Needham ［李约瑟］. ——London：Pilot Press，1945. ——中国科学：插图本. ——作者简介：李约瑟（1900—1995），原名约瑟夫·尼达姆（Joseph Needham），取汉名李约瑟，字丹耀，号十宿道人、胜冗子。英国生物化学家、科学史家和中国科技史家。1942—1946 年，任英国驻华使馆科学参赞。1943 年 3 月 21 日至 1944 年在重庆。1943 年 6 月，中英科学合作馆在重庆正式建立，亲任馆长. ——书目来源：英国国家图书馆

／ Joseph Needham ［李约瑟］. ——［S. l.］：Pilot Press，1945. ——中国科学. ——书目来源：英国国家图书馆

1946 年

科学与科学思想发展史（2 册）/ 丹丕尔·惠商著；任鸿隽，李珩，吴学周合译. ——重庆：商务印书馆，1946. ——重庆图书馆、四川大学图书馆、广西壮族自治区图书馆

／丹丕尔·惠商著；任鸿隽，李珩，吴学周合译. ——重庆：商务印书馆，1947. ——书目来源：重庆图书馆、南京图书馆、广西壮族自治区图书馆

科学运动文稿 / 吴藻溪编著. ——重庆：农村科学出版社，1946. ——分 4

编，论及科学运动的基本理论、方案、纲领及史实等。第4编附录若干团体各个人正式发表的关于科学或和平民主运动的文稿. ——作者简介：吴藻溪（1904—1979），又名吴涵，湖北省崇阳县人。为九三学社主要发起人之一。在重庆曾参与发起中国民主宪政促进会. ——书目来源：重庆图书馆

1947 年

战时中国之科学/（英）李约瑟（J. Needham）著；徐贤恭，刘建康译. ——上海：中华书局，1947. ——收有战时之重庆科学界、战时与平时之国际科学合作（在北碚对中国科学社年会讲演词，1943 年 7 月）. ——书目来源：南京图书馆、重庆图书馆、国家图书馆、浙江图书馆

中国科学史举隅/ 张孟闻著. ——上海：中国文化服务社，1947. 2. ——作者简介：张孟闻（1903—1993），浙江省宁波市人。1943—1946 年在重庆. 1943 年岁杪序于北碚. ——书目来源：重庆数字图书馆

1948 年

Science outpost：Papers of the Sino – British science co – operation office, (British Council scientific office in China) 1942 – 1946 / edited by Noeël Joseph Terence Montgomery Needham and Dorothy Mary Needham form. Moyle. ——London：Pilot Press, 1948. ——［With plates and a map.］. ——科学前哨：中英科学合作馆文件集（1942—1946）。1943 年 6 月中英科学合作馆在重庆正式建立. ——书目来源：英国国家图书馆

/ edited by Noël Joseph Terence Montgomery Needham and Dorothy Mary Needham form. Moyle. ——［S. l.］：Pilot P.，1948. ——书目来源：英国国家图书馆

现代科学发明谈/（英）威廉布拉格著；任鸿隽译. ——上海：商务印书馆，1948. ——英国文化丛书. ——书目来源：重庆图书馆、南京图书馆

/（英）布拉格（W. H. Bragg）等撰；任鸿隽译；英国文化委员会编辑. ——［出版地不详］：商务印书馆，1949. 9. ——书目来源：复旦大学图书馆、上海社会科学院图书馆、天津图书馆

/（英）威廉布拉格著；任鸿隽译. ——上海：商务印书馆，1949. ——英国文化丛书. ——书目来源：重庆图书馆

◎O 数理科学和化学

1913 年

应用数题新解／卢作孚．——重庆：中西书局，1913．——作者简介：卢作孚（1893—1952），原名魁先，别名卢思，重庆合川人．——书目来源：《西安晚报》2016－6－13 第 20 版

1914 年

数学难题解／卢作孚著．——重庆：铅印局，1914．——书目来源：《四川省志 人物志》第 402 页

1925 年

趣味的化学实验法／刘世凯［楷］编译．——北京：北京师范大学，1925．——书目来源：南京图书馆、国家图书馆、首都图书馆

／刘世楷译．——天津：百城书局，1934.9，再版．——题名：趣味的化学实验．——书目来源：孔夫子旧书网

日用珠算学习法／熊季光编．——上海：商务印书馆，1925．——作者简介：熊季光（1903—1991），重庆江津人．——书目来源：首都图书馆

1927 年

珠算讲义／李文煦．——［出版地不详］：［出版者不详］，1927．——散佚．——作者简介：李文煦（1877—1952），字芳春，重庆彭水县人．——书目来源：《中国珠算大全》（佘宁旺主编）第 210 页

1930 年

电学原理 教本／（美）裴济（L. Page），（美）亚丹姆斯（N. I. Adams）著；杨肇燫译述．——上海：商务印书馆，1930．——作者简介：杨肇燫（1898—1974），曾用名杨季、杨寄凡，字季璠，重庆潼南县人．——书目来源：四川省图书馆、广西壮族自治区图书馆

1931 年

化学实验讲义：卷上 / 刘世楷编. —— 吉林：世界文化书社，1931. —— 作者简介：刘世楷（1897—1966），号仲则，四川万县人. —— 书目来源：重庆图书馆

1934 年

物理学名词 / 国立编译馆编订. —— [上海]：商务印书馆，1934. —— 杨肇燫为该书编委会主任委员. —— 书目来源：重庆图书馆、天津图书馆、国家图书馆、浙江图书馆、江西省图书馆、上海图书馆采编中心、首都图书馆

/ 国立编译馆编订. —— [上海]：商务印书馆，1934，再版. —— 书目来源：南京图书馆、国家图书馆、首都图书馆

1935 年

变分法 / 何鲁，段子燮著. —— 上海：商务印书馆，1935.6. —— 书目来源：南京图书馆、辽宁省图书馆、重庆图书馆、国家图书馆、江西省图书馆、浙江图书馆、首都图书馆

/ 何鲁，段子燮著. —— 北京：商务印书馆，1935. —— 书目来源：兰州大学图书馆、安徽师范大学图书馆、中山大学图书馆

日用珠算 / 熊季光编. —— 上海：商务印书馆，1935.1，再版. —— 中、下册. —— 书目来源：重庆图书馆

/ 熊季光编. —— 上海：商务印书馆，1935.9. —— 下册. —— 书目来源：重庆图书馆

1936 年

高等物理学 / 周均时译. —— [出版地不详]：商务印书馆，1936. —— 与姚启钧合译德国韦尔斯的此书. —— 作者简介：周均时（1892—1949），又名烈明、君实，四川遂宁人，曾任重庆民革川东分会负责人，死于"11·27"大屠杀. —— 书目来源：《四川省志 人物志》第503页

建国教科书高级中学平面解析几何学 / 余介石编著；何鲁校订. —— [出版地不详]：正中书局，1936. —— 书目来源：吉林省图书馆、重庆图书馆

物质之新观念 上下／（英）C. G. Darwin 著；杨肇燫译述；王云五主编．——上海：商务印书馆，1936.3．——万有文库第二集七百种．——书目来源：四川省图书馆

／（英）达尔温著；杨肇燫译．——上海：商务印书馆，1936.3．——书目来源：四川省图书馆、广西壮族自治区图书馆

／（英）达尔温著；杨肇燫译．——上海：商务印书馆，1939．——书目来源：贵州省图书馆

1937 年

实验物理学小史／（美）C. T. Chase 著；杨肇燫译．——上海：商务印书馆，1937．——书目来源：四川省图书馆

／（美）C. T. Chase 原著；杨肇燫译述；王云五主编．——上海：商务印书馆，1937.3．——上下。万有文库第二集七百种．——书目来源：四川省图书馆

／（美）C. T. Chase 著；杨肇燫译．——［出版地不详］：商务印书馆，1941．——自然科学小丛书．——书目来源：四川省图书馆

1940 年

电学原理／（美）裴济（L. Page），（美）亚丹姆斯（N. I. Adams）撰；杨肇燫译．——［上海］：商务印书馆，1940.6，初版．——下．——书目来源：成都图书馆、四川工程职业技术学院图书馆

／（美）裴济（L. Page），（美）亚丹姆斯（N. I. Adams）撰；杨肇燫译．——［上海］：商务印书馆，1940.8．——上．——书目来源：西南大学图书馆

珠算教材／李文煕．——［出版地不详］：［出版者不详］，1940．——散佚．——书目来源：《中国珠算大全》（佘宁旺主编）第 210 页

1942 年

施盖二氏解析几何原理／（美）P. F. Smith，（美）A. S. Gale 著；余介石等译；何鲁校．——成都：建国书局，1942．——书目来源：南京图书馆、重庆图书馆

珠算教材提要／李文煕．——［出版地不详］：［出版者不详］，1942．——散佚．——书目来源：《中国珠算简史》（李培业著，2007）

1943 年

葛斯龙三氏微积分 校订本 / W. A. Granville 原著；P. F. Smith, W. R. Longley 重编；何鲁校阅；余介石，李绪文，张伯康译订. —— [出版地不详]：建国书局，1943.12. ——书目来源：西南交通大学图书馆

三 S 立体几何学 / （美）舒尔茨（Schultze）著；徐曼英译述；余介石主编；何鲁校订. —— [出版地不详]：兼声编译社，1943. ——书目来源：重庆数字图书馆

1944 年

电工仪器及量度 / 杨肇燫编译. ——上海：电工图书出版社，1944. ——书目来源：重庆数字图书馆

新中国教科书高级中学平面解析几何学（第 2 册） / 余介石编著；何鲁校订. —— [出版地不详]：正中书局，1944. ——书目来源：广东省立中山图书馆、天津图书馆、吉林省图书馆

/ 余介石编著；何鲁校订. —— [出版地不详]：正中书局，1946.11. ——书目来源：天津图书馆

1945 年

瓦特小时计 / （美）O. J. Bush 著；庄标文，杨肇燫编译. —— [上海]：电工图书出版社，1945.1，初版. ——书目来源：湖北省图书馆、江西省图书馆

/ （美）O. J. Bush 著；庄标文，杨肇燫编译. —— [上海]：电工图书出版社，1945.1，初版. ——书目来源：孔夫子旧书网

1947 年

珠算撮要 / 李文煦. —— [出版地不详]：[出版者不详]，1947. ——散佚. ——书目来源：《中国珠算大全》（佘宁旺主编）第 210 页

1948 年

电学理论 / （德）M. 亚伯拉罕（Abraham）著；杨肇燫译. ——上海：中华书局，1948. ——乙酉学社丛书第一集。译时主要采用德文原著，也参照英译本. ——书目来源：重庆数字图书馆

/（德）爱伯拉罕（Abraham）著；杨肇燫译．——上海：中华书局，1949．——书目来源：重庆图书馆

定压气体克分子热容量与克分子气化热之关系/ 彭光钦著．——重庆：经济部重庆工业试验所，1948．——作者简介：彭光钦（1906—1991），重庆长寿县人．——书目来源：南京图书馆

分子之形态与行为——分子之"旋转容积"假说/ 彭光钦著．——重庆：经济部重庆工业试验所，1948．——书目来源：南京图书馆

马莱氏（Mahler）燃烧公式之修正/ 彭光钦著．——重庆：经济部重庆工业试验所，1948．——书目来源：南京图书馆

芒硝之分析与提纯/ 彭光钦，李培坤著．——重庆：经济部重庆工业试验所，1948．——书目来源：南京图书馆

出版时间不详

相关算法大意/ 刘世楷著．——［出版项不详］．——书目来源：《万县市文史资料选辑》第2辑第26页

乙酉丛书/ 杨肇燫组织．——［出版项不详］．——1945—1947年间，杨肇燫组织专家商定译出乙酉学社丛书第一集，陆续于1947年后出版——书目来源：《四川省志 人物志》第906页

◎P 天文学、地理科学

1925年

奇象 上中下/ 孔祥鹅，周育民，朱厚锟编译；任鸿隽，秉志，沈奎校订．——上海：商务印书馆，1925.1．——书目来源：重庆图书馆、国家图书馆、南京图书馆

1926年

地球/ 王昌谟，孔祥鹅，朱厚锟编译；任鸿隽，沈奎，秉志校订．——上

海：商务印书馆，1926.11.——上下册，收《地球的成形》等47篇科学知识文章.——书目来源：兰州大学图书馆、河南省社会科学院图书馆

／王昌谟编译；任鸿隽，秉志等校订.——上海：商务印书馆，1926.——增加《光是什么做成的》等三篇.——书目来源：西南大学图书馆、复旦大学图书馆、成都图书馆、天津图书馆

1929年

矿物学 ／ 杜若诚编；翁文灏，任鸿隽校订.——上海：商务印书馆，1929.——书目来源：重庆图书馆、国家图书馆、浙江图书馆、江西省图书馆

1930年

气象年报 ／ 刘世楷编.——长春：吉林大学气象月刊社，1930.——书目来源：国家图书馆

1931年

四川重庆附近地质构造及石油 ／ 哈安姆（A. Heim）著；李殿臣译.——[出版地不详]：两广地质调查所，1931.——书目来源：上海社会科学院图书馆、广东省立中山图书馆、天津图书馆

1932年

中国西部科学院理化研究所煤炭分析总报告 ／ 李乐元等编.——[出版地不详]：中国西部科学院理化研究所，1932，影印本.——书目来源：浙江图书馆

1933年

重庆南川间地质志 ／ 常隆庆著.——北碚[重庆]：中国西部科学院地质研究所，1933.——油印本。主要讨论的是由重庆到南川金佛山一带的地质，尤其是金佛山地质。分为杂记（主要有区域、河流及交通、气候等）、地质构造、地层系统（古生代、中生代、较新地层）、地文、矿产（万盛场、南川、金佛山煤田）五章。书后附重庆南川间地质图、南川金佛山地质图2张地图和4张地形照片.——书目来源：重庆图书馆、南京大学图书馆

四川嘉陵江三峡地质志 ／ 常隆庆，罗正远著.——重庆：中国西部科学院

地质研究所，1933．——书目来源：国家图书馆

四川嘉陵三峡地质志 第 1 卷 第 2 号／常隆庆，罗正远著．——［北碚］：［中国西部科学院地质研究所］，1933．——书目来源：重庆图书馆

1934 年

四川矿产勘查纪实／刘丹梧著．——成都：协美印刷公司，1934．——卷首有题词及杨公兆序。书后附勘误表。调查江津县、荣昌县等二十余处矿产．——书目来源：重庆图书馆、国家图书馆

／刘丹梧著．——成都：协美印刷公司，1934.11．——书目来源：上海图书馆

1935 年

大气温度／（日）国富信一；沈懋德译；王云五主编．——［上海］：商务印书馆，1935.3．——万有文库第二集七百种．——书目来源：重庆数字图书馆、湖州市图书馆

大气压力／（日）国富信一；沈懋德译；王云五主编．——［上海］：商务印书馆，1935.3．——万有文库第二集七百种．——书目来源：重庆数字图书馆、湖州市图书馆、安徽大学图书馆

大气中之光电现象／（日）国富信一著；沈懋德译．——［上海］：商务印书馆，1935.3．——作者简介：沈懋德（1894—1931），重庆巴县人．——书目来源：中共四川省委党校图书馆、天津图书馆、广东省立中山图书馆、贵州省图书馆、黑龙江省图书馆、北京大学图书馆

湿度／（日）国富信一；沈懋德译；王云五主编．——［上海］：商务印书馆，1935.3．——万有文库第二集七百种．——书目来源：重庆数字图书馆

四川地质调查报告书／全国经济委员会公路处，国立中央大学地质学系，实业部地质调查所等编．——北平：实业部地质调查所，1935．——内收：《重庆綦江间地质矿产》（李学清等）、《涪陵彭水间地层纪要》（李春昱）、《峨眉山地质补遗》（李春昱、巴勒加）、《万县达县及梁山县地质矿产》（李春昱、林文英）等 4 篇章。附录《宜昌黄陵庙葛洲坝二处筑南问题》（李学清等）、《四川地质构造与公路建筑》（林文英）．——书目来源：重庆图书馆、上海图书

馆、南京图书馆

1937 年

綦江铁矿志 / 李贤诚著 . ——重庆北碚：中国西部科学地质研究所，[出版时间不详] . ——以作者为首的一行人在綦江县全境及巴县一部分进行调查，此次调查是受实业部地质调查所所长翁詠霓先生之委托派人赴綦江铁矿的，历时 4 个月。书后半部分主要介绍了綦江铁矿分布、种类、成分、冶炼及其如何办矿铁厂等。其中书中附有照片 19 幅、插图 10 幅、地质图 3 幅。书后附有关于开发綦江铁矿的建议 . ——书目来源：重庆图书馆、国家图书馆

四川省叙南六县及永宁一带地质矿产调查简报 / 四川省政府建设厅编辑 . ——成都：四川省政府建设厅，1937. ——1936 年中国西部科学院受四川省建设厅委托，调查川东及川南一带地质铁矿之调查。此为第一组调查之结果 . ——书目来源：南京图书馆

/ 四川省政府建设厅编辑 . ——成都：四川省政府建设厅，1938. ——书目来源：重庆图书馆

1938 年

川西南地质矿产调查报告 / 四川省政府建设厅编 . ——成都：四川省政府建设厅，1938. ——一般性附注 四川资源调查报告之一。内分序言、调查区域及其形势之大概、地层系统、地质构造、经济地质、矿产概况、开发之刍议等 7 部分 . ——书目来源：国家图书馆（缩微）、上海图书馆、南京图书馆

/ 四川省政府建设厅编 . ——成都：四川省政府建设厅，[出版时间不详] . ——书目来源：重庆图书馆

嘉陵江下游煤矿视察报告 / 经济部工矿调整处编 . ——[出版地不详]：经济部工矿调整处，1938. ——书目来源：国家图书馆、南京图书馆

江巴富泸间地质矿产调查报告 / 四川省政府建设厅编辑 . ——成都：四川省政府建设厅，1938. ——为四川重要煤田地带，包括江北、巴县、合川、璧山、江津、永川、大足、铜梁等 12 县的矿产地质调查资料，有地质构造、地层系统、矿业及矿产等内容 . ——书目来源：重庆图书馆、国家图书馆（缩微）、南京图书馆

气候学／胡焕庸著．——长沙：国立编译馆，1938．——书目来源：贵州省图书馆

／胡焕庸著．——［出版地不详］：国立编译馆，1938.3．——书目来源：上海图书馆

／胡焕庸著．——重庆：国立编译馆，1944．——书目来源：南京图书馆

／胡焕庸著．——［出版地不详］：国立编译馆：商务印书馆发行，1944.6．——书目来源：上海图书馆

四川省地质调查所矿产专报　第1号／李春昱等著．——重庆小龙坎：［出版者不详］，1938．——嘉陵江沱江下游间煤田．——作者简介：李春昱（1904—1988），河南卫辉人，1937年12月—1945年生活在重庆．——书目来源：江西省图书馆

四川省万县云阳奉节巫山四县长江南岸地质矿产／苏孟守，萧有钧著．——成都：四川省政府建设厅，1938．——封面题名：万云奉巫四县长江南岸地质矿产调查．——书目来源：重庆图书馆

由珊瑚化石成长率推测更新统前后期太平洋西／马廷英著．——［重庆］：中国地质学会，1938．——作者简介：马廷英（1899—1979），辽宁省金县人，抗战时期生活在重庆．——书目来源：重庆图书馆

中国气候资料／［作者不详］．——［重庆］：国立中央大学地理系，1938．——书目来源：重庆图书馆、广东省立中山图书馆

1939 年

北碚地质志／王朝均，李跃曾等著．——［出版地不详］：［出版者不详］，［1939］．——1939年经济部中央地质调查所迁居北碚时所写．——书目来源：《北碚文史资料》第4辑"抗日战争时期的北碚"第7页

南川綦江地质／潘钟祥，彭国庆著．——［出版地不详］：［出版者不详］，1939．——四川地质调查所地质丛刊，第2号．——书目来源：重庆图书馆

1940 年

华蓥山地质／李春昱，孙明善，杨登华著．——［出版地不详］：［出版者

不详]，[1940] . ——作者简介：李春昱（1904—1988），河南卫辉人，1937 年12 月—1945 年生活在重庆. ——书目来源：国家图书馆

控制四川雨量的三个主因 / 吕炯著. ——重庆北碚：国立中央研究院气象研究所，1940. ——书目来源：重庆图书馆

亚洲最后第四纪冰期及气候变迁之原因 / 马廷英著. ——[重庆]：中国地质学会，1940. ——作者简介：马廷英（1899—1979），辽宁省金县人，抗战时期生活在重庆. ——书目来源：重庆图书馆

1941 年

四川省煤矿概况 / 李陶著. ——成都：四川省政府建设厅，1941. ——记述嘉沱区、东川北区、万巫区、涪长忠梁区、涪西区、彭水涪陵间、酉阳秀山间、綦南区等煤田概况，各煤矿区的范围、储量、煤质、产量、运输等情况。末附储量、产量、主要销场表及参考材料。书前有李春昱的弁言。书后附储量、产量、主要销场表及参考资料. ——书目来源：重庆图书馆、国家图书馆

四川省铁矿概略 / 侯德封，苏孟守著. ——成都：四川省政府建设厅，1941. ——介绍该省綦江、涪陵、彭水、巫山、奉节、开县、万县、铜梁、巴县、江北、荣昌等县矿床及铁矿情况。附四川铁矿储量总表、四川生铁产量及炼铁能力表、重庆生铁市价表等. ——书目来源：重庆图书馆

四川省之自然环境 / 四川省政府统计处编. ——四川：四川省政府统计处，1941. ——综述疆界与面积、地势、气候、地质、土壤等。附：地图，地势、温度分布、雨量分布、地质等图表. ——书目来源：重庆图书馆、国家图书馆（缩微）、上海图书馆、南京图书馆

西康地质调查旅行记 / 李承三著. ——重庆：独立出版社，1941. ——作者简介：李承三（1899—1967），号继五，河北涉县人，1938—1949 年任四川地质调查所与中央地质调查所所长. ——书目来源：重庆图书馆

中国地质学会概况 / 计荣森编. ——[出版地不详]：中国地质学会，1941.8 编，1942.1 印. ——抗战时期，该地质学会曾假小龙坎四川省地质调查所讲演室、北碚经济部地质调查所讲演室等地举行会议，第十七次年会亦在重庆举行。第一日上午开会于沙坪坝重庆大学大礼堂. ——书目来源：重庆图书

馆、中国地质大学（武汉）图书馆

中国矿业纪要 西南区：民国二十四年至二十九年（第六次）／重庆北碚经济部中央地质调查所编．——［出版地不详］：国立北平研究院地质学研究所印行，1941.4.——书目来源：重庆图书馆、北碚区图书馆

中央地质调查所概况·二十五周年纪念／中央地质调查所编．——［出版地不详］：中央地质调查所，1941.10.——1940年10月中央地质调查所昆明办事处撤销，迁至北碚附近之天生桥。因水电装置不易，1941年3月复迁至重庆小龙坎四川省地质调查所内．——书目来源：重庆图书馆、中国地质大学（武汉）图书馆、嘉兴学院图书馆、南京大学图书馆

1942 年

北川铁路沿线煤矿区区域地理／杨克毅，钟功甫著．——重庆北碚：中国地理研究所，1942.——有地质与开矿事业，地形与土地利用等．——书目来源：重庆图书馆

峨眉山之气候／胡焕庸著．——［出版地不详］：国立中央大学川西科学考查团，1942.——作者简介：胡焕庸（1901—1998），江苏宜兴人。抗战期间在重庆生活．——书目来源：重庆图书馆

国立中央研究院气象研究所三十一年度工作报告／［作者不详］．——［重庆］：国立中央研究院气象研究所，［1942］，油印本．——书目来源：国家图书馆

嘉陵江三峡地区与地形和温泉的关系 暂行本／李承三著．——北碚：中国地理研究所，1942，石印本．——作者简介：李承三（1899—1967），号继五，河北涉县人，1938—1949年任四川地质调查所与中央地质调查所所长．——书目来源：国家图书馆（存目）

1943 年

奥陶纪气候及当时欧亚与北美大陆相对位置论／马廷英著．——福建：福建省银行印刷，1943.——作者简介：马廷英（1899—1979），辽宁省金县人，抗战时期生活在重庆．——书目来源：重庆图书馆、国家图书馆（缩微）

南川地质旅行指南 / 尹赞勋，李星学编．——重庆：中国地质学会，1943．——书目来源：重庆图书馆、南京图书馆

泥盆纪气候及当时诸大陆相对位置论 / 马廷英著．——福建：著者刊，1943．——书目来源：重庆图书馆、国家图书馆（缩微）

志留纪气候及当时诸大陆相对位置论 / 马廷英著．——［出版地不详］：［出版者不详］，1943．——书目来源：国家图书馆（缩微）、上海图书馆

1944 年

北碚测量实验区测量报告 / 陈永龄，龚谨等撰．——［出版地不详］：中国地理研究所大地测量组，1944．——书目来源：国家图书馆（存目）

北碚全境图 / 北碚地籍整理办事处制．——［出版项不详］．——书目来源：北碚区图书馆

国防与矿产 / 李春昱著．——重庆：商务印书馆，1944．——作者简介：李春昱（1904—1988），河南卫辉人，1937 年 12 月—1945 年生活在重庆．——书目来源：重庆图书馆、上海图书馆、四川大学图书馆、四川省图书馆

／李春昱著．——重庆：商务印书馆，1945．——书目来源：重庆图书馆

／李春昱著．——上海：商务印书馆，1946．——书目来源：上海图书馆、南京图书馆（作者不详）、四川大学图书馆

1945 年

中国矿业纪要 / 金耀华，白家驹编．——重庆北碚：经济部中央地质调查所，1945.12．——书目来源：北碚区图书馆

中国矿业纪要　重庆北碚：民国二十四年至三十一年（第七次） / 李春昱，白家驹等，经济部中央地质调查所编．——［重庆］：国立北平研究院地质研究所，1945．——书目来源：重庆图书馆、北碚区图书馆、重庆中国三峡博物馆、西南政法大学图书馆、重庆市档案馆、贵州省图书馆、广东省立中山图书馆

中国资源问题 / 李春昱讲．——重庆：中央训练团党政高级训练班，1945．——矿产方面．——书目来源：《民国时期文献联合目录》

中央地质调查所土壤研究室十五年来工作总报：民国十九年至三十四年／中央地质调查所编．——北碚：中央地质调查所，1945，油印本．——书目来源：上海图书馆采编中心

1946 年

川东地理考察报告／杨克毅等著．——重庆北碚：中国地理研究所，1946．——民国三十一年的春夏期间，杨克毅、谢觉民、朱克贵三人受命考察川东地理。由北碚出发，经重庆、木洞、忠县、万县等后，舍舟登陆西行，最后从合川回到北碚，历时 100 天。考察区域包括川东 22 个县市局地方，大致以长江与渠河及嘉陵江的一部分流域为范围。主要考察了这些地区的构造、地形、水系、气候、土壤、农业、物产、人口与聚落等方面的情况。有插图 16 幅，统计表 13 个．——书目来源：重庆图书馆

嘉陵江流域地理考察报告上下卷／林超等著．——北碚重庆：中国地理研究所，1946．——书目来源：重庆图书馆

1947 年

民国三十六年九月余在北欧时所见之北极光／冯简著．——重庆：中央广播事业管理处中央电波研究所，1947．——作者简介：冯简，抗战时期在重庆大学任教，1941 年至 1949 年担任工学院院长．——书目来源：《沙坪坝文史资料》第十六辑第 31 页、重庆图书馆

地质力学之基础与方法／李四光著．——上海：中华书局，1947．——1945 年 1—5 月在重庆大学和中央大学的六次著名演讲整理而成的著作．——作者简介：李四光（1889—1971），字仲揆，名四光，湖北黄冈人。1944 年 12 月—1945 年 11 月生活在重庆．——书目来源：重庆图书馆、南京图书馆

／李四光著．——上海：中华书局，1947.1．——书目来源：上海图书馆、南京图书馆

滇中区《矿产提要报告》／邓玉书．——[出版地不详]：[出版者不详]，1947．——作者简介：邓玉书（1916—1958），奉节县人．——书目来源：《奉节县志》第 844 页

滇中区北部二十五万分之一地质图／邓玉书．——[出版地不详]：[出

者不详]，1947.——书目来源：《奉节县志》第 844 页

云南金平蒙自一带十万分之一地质图 / 邓玉书.——[出版地不详]：[出版者不详]，1947.——书目来源：《奉节县志》第 843 页

1948 年

四川巴县石油沟綦江新盛场间油田地质报告 / 杨博泉，董南庭，温钦荣.——前矿产测勘处临时报告第 64 号，1948.——书目来源：《中国地质文献目录 1940—1955·第 1 编·国内及日本书刊部分》第 470 页

四川气候志 / 刘世楷编.——成都：四川省气象所，1948.——书目来源：《万县市文史资料选辑》第 2 辑第 26 页、重庆图书馆、四川大学图书馆

1949 年

竺可桢先生六旬寿辰纪念专刊 / 国立中央研究院气象研究所编.——[出版地不详]：国立中央研究院气象研究所，1949.5.——收有《北碚地磁志》.——书目来源：中国科学院自然科学史研究所图书馆、成都信息工程大学图书馆、浙江大学图书馆、广东省立中山图书馆、中国地质图书馆

出版时间不详

川康滇黔矿产资源概况表 / 重庆行辕民事处编.——重庆：重庆行辕民事处，[出版时间不详].——书目来源：国家图书馆

煤矿 / 郭楠，王晓青著.——[出版地不详]：[中国工程师学会]，[出版时间不详].——内收荣昌、嘉陵江、丰都等县的煤矿调查报告.——书目来源：重庆图书馆

普通矿物化学的简单鉴定法 / 孙镜清译.——陕西：陕西省工业试验，[出版时间不详].——作者简介：孙镜清（生卒不详），重庆江津人.——书目来源：重庆图书馆

綦江流域煤田调查报告 / 王恒源.——[出版项不详].——书目来源：重庆市档案馆

气象学 / 沈懋德著.——[出版项不详].——遗著.——书目来源：《四川省志 人物志》第 778 页

日本盐原化石植物群及日本海底寒水凝结物的时代与地质学上的意义 ／马廷英著．——［重庆］：中国地质学会，［出版时间不详］．——书目来源：重庆图书馆

石砫黔江及其邻区地质 ／侯德封著．——［出版项不详］．——民国二十九年十月至十二月钱尚忠、曹国权调查石柱、忠县、丰都，长江右岸区域。三十年四月至七月初，由作者四人继续向东南扩充工作。所完成地质图，包括石柱、黔江及忠县、丰都、彭水、酉阳等，占地面积32000平方公里。本书得到多位中外专家的指示。本书分为绪言、地形及其型成、地层、地质构造、矿产五部分内容。书后附有石柱黔江及其邻区地质图1幅。书中带有矿石的英文名称．——书目来源：重庆图书馆、国家图书馆

四川南部古蔺琪县间地质矿产 ／熊永先，罗正远著．——［出版项不详］．——作者简介：熊永先（1906—1958），字承烈，四川省大竹县人，1939年起在重庆小龙坎四川省地质调查所任职．——书目来源：《四川省志 人物志》第936页

四川省政府建设厅特派矿区测绘队简章 ／［作者不详］．——［出版项不详］．——内收四川省政府建设厅特派矿区测绘队简章（十二条）、四川省政府建设厅测绘队办事规则（二十一条）．——书目来源：重庆图书馆

万云奉巫四县长江北岸地质矿产调查 ／李陶，任绩编．——成都：四川省政府建设厅，［出版时间不详］．——书目来源：国家图书馆、南京图书馆

西康省地质调查报告 ／李承三等编．——［出版地不详］：西康省建设厅，［出版时间不详］．——书目来源：重庆图书馆

云南矿产志略 初稿 ／邓玉书主持．——［出版项不详］．——1949年，由刘锦新、高崇照、刘增乾、李希勋和邓家藩等综合汇编．——书目来源：《奉节县志》第844页

中国之地质工作 ／李春昱著．——南京：行政院新闻局，1947．——第八复本为精装合订本。介绍中国地质机关的成立与发展、地质工作在学术及实用上的贡献、今后的展望等．——书目来源：重庆图书馆、上海图书馆、南京图书馆

中西对照恒星图／吕子方．——［出版项不详］．——在任教暨南大学同时兼上海自然科学研究室主任，苏州工业学校三角天体测量训练班教授时特制．——作者简介：吕子方（1895—1964），巴县人．——书目来源：《邓少琴西南民族史地论集（下册）》（邓少琴著）第1096页

最近地质时代以降亚洲地理环境的变迁与中国黄土平原的形成／马廷英著．——［重庆］：中国地质学会，［出版时间不详］．——书目来源：重庆图书馆

◎Q 生物科学

1918年

进化之真象／陈长蘅纂．——北平：［出版者不详］，1918.3．——书目来源：国家图书馆

1923年

进化论与善种学／陈长蘅，周建人著．——上海：商务印书馆，1923．——书目来源：重庆图书馆、国家图书馆、南京图书馆、四川省图书馆

／陈长蘅，周建人著．——上海：商务印书馆，1924.11，再版．——书目来源：上海图书馆

／陈长蘅，周建人著．——上海：商务印书馆，1924.6，3版．——书目来源：四川师范大学图书馆、中国社会科学院图书馆

1926年

生命现象：上下／王昌谟，孔祥鹅，朱厚锟编译；任鸿隽，秉志，沈奎校订．——［出版地不详］：商务印书馆，1926.11．——书目来源：重庆图书馆、国家图书馆、江西省图书馆

／王昌谟，孔祥鹅，朱厚锟编译；任鸿隽，秉志，沈奎校订．——上海：商务印书馆，1933．——书目来源：重庆图书馆、首都图书馆

1929年

生物学与人类的进步／岑吟士（Jennings）著；彭光钦译．——上海：北新

书局，1929. ——书目来源：重庆图书馆、南京图书馆

1930 年

普通生物学/柏林根（Burliuggame）著；彭光钦译. ——上海：北新书局，1930. ——书目来源：重庆图书馆

/柏林根著；彭光钦译. ——上海：北新书局，1932. ——书目来源：重庆图书馆、南京图书馆

1931 年

猡猓标本图说 / 卢作孚采集. ——南京：国立中央研究院社会科学研究所，1931. ——此项标本是由四川峡防局义勇队深入该省西南边境采集所得。有猡猓种族略考及标本说明。有标本图 17 帧. ——书目来源：《四川省志 人物志》第402 页、重庆图书馆、国家图书馆

1933 年

社会进化与生物进化 /（英）班纳科克著；钟复光译. ——上海：神州国光社，1933. ——书目来源：南京图书馆、浙江图书馆

1934 年

四川嘉定峨眉鱼类之调查/ 张春霖，施怀仁著. ——重庆：中国西部科学院生物研究所，1934. ——中英两种文字. ——书目来源：浙江图书馆

四川嘉陵江下游鱼类之调查 / 中国西部科学院生物研究所编. ——[重庆]：中国西部科学院生物研究所，1934. ——本书是中国西部科学院生物研究所业刊第一号——四川嘉陵江下游鱼类之调查（由重庆—合川），具体内容由张春霖、施怀仁编写，并在民国二十三年一月出版发行。这里记载了重庆、合川的各科鱼类. ——作者简介：张春霖（1897—1963），字震东，原姓巴依特，蒙古族，河南开封人. ——书目来源：重庆图书馆

1935 年

大红瓢虫之生活史 / 陈方洁著. ——[出版地不详]：[出版者不详]，1935. ——作者简介：陈方洁（1906—1984），原名方级，字季白，重庆永川人.

——书目来源：四川省图书馆

四川鸣禽之研究 / 王希成著. ——重庆：中国西部科学院生物研究所，1935. ——书目来源：重庆图书馆、国家图书馆、四川省图书馆

1936 年

长江流域的鸟类 [1] / N. G. Gee 等著. ——上海：商务印书馆，1936.10. ——长江流域位置介于北带和南带的中间，是研究中国鸟类最有趣的地方。本书介绍的主要有鹏鹉目、欧鹳目、鹅目、隼目、鸡目、鹤目、千鸟目、郭公目、佛法僧目九种. ——书目来源：重庆图书馆、四川大学图书馆、贵州省图书馆

/ N. G. Gee 等著. ——上海：商务印书馆，1937.4. ——英文题名：A key to the birds of the lower Yangtze Valley. ——书目来源：国家图书馆、上海图书馆、贵州省图书馆

/ N. G. Gee 等著. ——上海：商务印书馆，[出版时间不详]. ——英文题名：A key to the birds of the lower Yangtze Valley. ——书目来源：南京图书馆

长江流域的鸟类 [2] / N. G. Gee 等著. ——上海：商务印书馆，1936.10. ——英文题名：A key to the birds of the lower Yangtze Valley. ——长江流域位置介于北带和南带的中间，是研究中国鸟类最有趣的地方。本册书介绍的主要有雀目一种. ——书目来源：重庆图书馆、四川大学图书馆、贵州省图书馆

/ N. G. Gee 等著. ——上海：商务印书馆，1937.4. ——英文题名：A key to the birds of the lower Yangtze Valley. ——书目来源：国家图书馆、上海图书馆、贵州省图书馆

/ N. G. Gee 等著. ——上海：商务印书馆，[出版时间不详]. ——英文题名：A key to the birds of the lower Yangtze Valley. ——书目来源：南京图书馆

1941 年

成都平原树木检索表 / 方文培校阅. ——成都：四川省教育科学馆，1941.1. ——作者简介：方文培（1899—1983），字植夫，乳名寿生，重庆忠县官坝人. ——书目来源：南京图书馆、四川省图书馆

重庆附近之木本植物 / 李顺卿，姚开元，郑兆松等撰. ——[出版地不

详]：国立中央大学农学院森林系印行，1941.6.——书目来源：北碚区图书馆

1942 年

峨眉植物图志 / 方文培编.——[出版地不详]：国立四川大学，1942.——正式出版。民国二十八年始，经过4年时间，确定了峨眉山至少有3000多种植物，并选其珍贵、特有的植物200余种，编写出《峨眉山植物图志》2卷4册，用中英两种文字叙述，附植物图200多幅，而成为对峨眉山植物种类作出科学概括的第一人.——第1卷1号.——书目来源：《四川省志 人物志》第707页、四川省图书馆

／方文培编.——[出版地不详]：[出版者不详]，1942.——第1卷1号.——书目来源：四川省图书馆

／方文培编.——成都：[出版者不详]，[1944].——第1卷第2号.——书目来源：四川省图书馆

／方文培编.——[出版地不详]：[出版者不详]，[1944].——第1卷第2号.——书目来源：四川省图书馆

／方文培编.——成都：四川大学，1945—1946.——第1卷—第2卷.——书目来源：四川大学图书馆

／方文培编.——[出版地不详]：[出版者不详]，1945—1946.——第2卷第1—2号.——书目来源：四川省图书馆

／方文培编.——[出版地不详]：[出版者不详]，[1945].——第2卷第1—2号.——书目来源：四川省图书馆

／方文培.——[出版项不详].——2卷4册.——书目来源：《忠县志》第701页、四川省图书馆

／方文培编.——[出版地不详]：国立四川大学，[出版时间不详].——书目来源：四川省图书馆

／方文培编.——成都：四川大学出版社，[出版时间不详].——书目来源：四川省图书馆

／方文培编.——[出版项不详].——第2卷1号.——书目来源：四川省图书馆

国立中央研究院动植物研究所民国三十一年度事业计划/［作者不详］.——［重庆］：国立中央研究院，［1942］，油印本.——书目来源：国家图书馆（存目）

国立中央研究院动植物研究所所务报告：民国三十一年一月至十二月/［作者不详］.——［重庆］：国立中央研究院动植物研究所，［1942］，油印本.——书目来源：国家图书馆

1943 年

生物制品学讲义／周绪德.——未正式出版，1943年后，1947年前.——作者简介：周绪德（1913—1975），名润吾，重庆永川人.——书目来源：《永川县志》第926页

细菌实验教程／周绪德.——［出版地不详］：华西大学医学院，1943.——书目来源：《永川县志》第926页

1945 年

普通植物学／郝景盛，赵为楣著.——重庆：中华书局，1945.——作者简介：郝景盛（1903—1955），河北正定人，曾在重庆生活.——书目来源：重庆图书馆

／郝景盛，赵为楣著.——重庆：中华书局，1946.——书目来源：南京图书馆

／郝景盛，赵为楣著.——上海：中华书局，1946.9.——书目来源：上海图书馆

中国裸子植物志／郝景盛著.——重庆：正中书局，1945.——书目来源：重庆图书馆

／郝景盛著.——［出版地不详］：正中书局，1945.——书目来源：南京图书馆

／郝景盛著.——重庆：正中书局，1947.——书目来源：南京图书馆

／郝景盛著.——上海：正中书局，1947.——书目来源：重庆图书馆、南京图书馆

中国木本植物属志／郝景盛著.——重庆：中华书局，1945.——书目来

源：重庆图书馆、广西壮族自治区图书馆

／郝景盛著．——重庆：中华书局，1946．——书目来源：南京图书馆

／郝景盛著．——上海：中华书局，1946.10．——书目来源：上海图书馆

出版时间不详

北碚菊科植物志／钱崇澍著．——上海：复旦大学出版社，[出版时间不详]．——《复旦学报》抽印本．——书目来源：国家图书馆

细菌学实验操作技术（未完成稿）／周绪德．——因1947年出国留学未能完成．——书目来源：《永川县志》第926页

◎R 医学、卫生

1914年

草木便方一元集二卷／（清）刘善述著．——成都：裴氏，1914，刻本．——作者简介：刘善述，名兴，字善述，以字行，合州（今重庆合川区）人。清同治光绪时人。刘氏在学术上最重视药学，认为医之大端，无非脉经、方剂、药物三者而已。审脉虽详，处方虽妙，若药物不良，亦难以奏效。于是在读书临证之余，倾全力搜罗川东土产草木金石等药，察其来源，究其性质，附以方剂．——书目来源：国家图书馆

1918年

瘟病鼠疫问题解决／冉雪峰．——[出版地不详]：[出版者不详]，1918．——作者简介：冉学峰（1877—1963），又写作冉雪峰，原名敬典，后更名剑虹，号雪峰，别号恨生，重庆巫山人。冉氏思想可以概括为"一融三合"。一融，即伤寒与温病"整个会通"；三合，即哲学与科学、中医与西医、理论与实践相结合。主张中西医之间相互交流．——书目来源：《四川省志 人物志》第555页

1925年

两性卫生学／周泽昭著．——[出版地不详]：[出版者不详]，1925．——

在广东中山大学学习期间写成．——作者简介：周泽昭（1901—1990），重庆江津人，医学家．——书目来源：《江津文史资料选辑》第 11 辑第 107 页

婴儿哺育法／周泽昭著．——［出版地不详］：［出版者不详］，1925．——在广东中山大学学习期间写成．——书目来源：《江津文史资料选辑》第 11 辑第 107 页

1926 年

秦氏医通 8 卷／秦良翰．——遂宁：昌明石印社刊，1926．——分为元、善、哼、嘉、利、和、负、干等 8 部，内容为《神农本草经》《黄帝内经》《灵枢御经》《扁鹊难经》《王氏脉经》《秦氏六经》《医学一贯》等。民国．——作者简介：秦良翰（1856—1935），字中和，潼南县三汇乡人．——书目来源：《潼南县志》第 913 页

1929 年

易华堂医案／易华堂．——永川：昌州协盛和石印铺印，1929．——作者简介：易华堂（1857—1929），名荣信，重庆永川人．——书目来源：《重庆市志人物志》

1931 年

医学入门二卷／周本一撰．——成都：［出版者不详］，1931，铅印本．——作者简介：周本一（1839—1914），字伯贞，重庆长寿县人。清光绪十四年（1888 年）举人，清末著名医家．——书目来源：上海图书馆

1933 年

公余医录抄六卷／（清）陈念祖撰；（清）刘绍熙编．——［出版地不详］：民福公司，1933，铅印本．——作者简介：陈念祖，福建长乐人。清道光时举人，官灵石县知县。刘绍熙（1840—1905），字庶咸，合州（今重庆合川区）人。州庠生，后充增广生员．——书目来源：国家图书馆、吉林省图书馆、重庆图书馆

峡防局廿二年种痘报告书／峡防特务学生队编．——重庆：江巴璧合特组峡防局，1933．——内有筹备经过、组织系统表、工作人员一览表、实施概况等

内容.——书目来源：重庆图书馆

中医与科学，又名，中药性类概说/ 谭次仲著.——[出版地不详]：[出版者不详]，1933 刊.——其他题名：中药性类概说，约成书于1931 年.——书目来源：《中国医籍大辞典》（裘沛然主编）1408 页

/ 谭次仲著；周复生校.——重庆：中西医药图书社，1947.——书目来源：重庆图书馆

1934 年

重庆科学针灸研究所概况 / 科学针灸研究所编.——重庆：科学针灸研究所，1934.——内分简介、工作进行计划大纲、本所沿革概略、本所组织概要、本所大事记、针灸推拿之特效病症、针灸学理简说、工作摘要、本所希望等9节。封面题名：针灸研究所概况.——书目来源：重庆图书馆

1935 年

重庆国粹医馆医药特刊/ 郭又生编.——重庆：[出版者不详]，1935.——内有宣言、法规、公牍、函简、赠词、附录等内容。书后附医圣心传卷叙、医圣心传卷之一（邹趾痕撰）.——书目来源：国家图书馆

1936 年

病机临证分析/ 任应秋著.——[出版地不详]：[出版者不详]，1936.——作者简介：任应秋（1914—1984），字鸿宾，重庆江津人.——书目来源：南京图书馆

参观访问印度防治鼠疫的报告 / 陈文贵.——[出版地不详]：[出版者不详]，1936.——作者简介：陈文贵（1902—1974），名愠愧，重庆永川人.——书目来源：《永川县志》第923 页

重庆电疗院诊疗概要 / 重庆电疗院编.——重庆：重庆电疗院，1936.——民国二十二年十一月在莲花池六号创办重庆电疗院，医治各种疑难重症。为此特将各项电疗器械的效能及其治疗症状情形，摄录编印成册，作为就医的指南。后附有该院每年夏季送打防疫诊的通知.——书目来源：重庆图书馆

国医舌诊学 / 邱明扬.——上海：中华书局，1936，初版；1955，重版.

——作者简介：邱明扬（1904—1967），又名骏声，重庆梁平县人．——书目来源：《梁平县志》第 718 页

1937 年

急救手册 / 周泽昭著．——［出版地不详］：［出版者不详］，1937．——书目来源：《江津文史资料选辑》第 11 辑第 107 页

战争毒气病的病历与治疗 / 周泽昭著．——［出版地不详］：［出版者不详］，1937．——书目来源：《江津文史资料选辑》第 11 辑第 107 页

1938 年

战时医药 / 教育部社教司编．——重庆：正中书局，1938．——书目来源：西北师范大学图书馆、河南大学图书馆

1939 年

学校卫生教育 / 金宝善讲．——［出版地不详］：中央训练团，1939．——书目来源：重庆图书馆

/ 金宝善讲．——［出版地不详］：中央训练团，1940．——书目来源：重庆图书馆

/ 金宝善讲．——重庆：中央训练团，1940.1．——书目来源：南京图书馆

战时地方卫生行政概要 / 金宝善讲．——重庆：中央训练团党政高级训练班，1939.12．——中央训练团，于 1939 年初自湖南迁到桂林、重庆。党政训练班第一期于 1940 年 3 月 1 日在重庆南温泉开办（该日即为团庆），第二、三期迁至重庆近郊浮图关上，自第四期起又由关上迁至关下．——书目来源：南京图书馆

/ 金宝善讲．——［出版地不详］：中央训练团，1940.3．——书目来源：重庆图书馆

/ 金宝善讲．——［出版地不详］：中央训练团，1940.12．——书目来源：重庆图书馆

1940 年

重庆市卫生局工作报告　廿九年三月至八月 / 重庆市卫生局编．——重

庆：重庆市卫生局，1940. ——针对环境卫生的整理，医疗防疫之设施，促进建康历行卫生教育以及防止霍乱和空袭救护等方面作出的工作总结报告。附有防疫、接种、诊病人数、传染病、诊疗、收取垃圾、收检死鼠、出生婴孩、死亡人数等方面的统计表. ——书目来源：重庆图书馆

四川鼠患及肃清方法 / 曾省等执笔. ——四川：四川地方实际问题研究会，1940. ——书目来源：重庆图书馆

1941 年

常德鼠疫调查报告书 / 陈文贵. ——［出版地不详］：［出版者不详］，1941. ——被军医署改署名为该署顾问伯少士的报告. ——书目来源：《永川县志》第923页

重庆市卫生局工作报告　廿九年九月至卅年二月 / 重庆市卫生局编. ——重庆：重庆市卫生局，1941. ——针对医疗、防疫、救护、环境卫生、保健、公共卫生方面作出的工作总结报告。包括市民医院、市立诊疗所、市立流动医疗队、治疟防疟、霍乱伤寒痢疾等预防苗之注射、夏季防疫医院之筹划、法定传染病之管理等内容。附有门诊及住院病人、附市属医疗机关一览表及工作年报表、传染病、收取垃圾、出生婴孩、死亡人数等类统计表. ——书目来源：重庆图书馆

伤寒金匮条释 / 李彦师. ——［出版地不详］：［出版者不详］，1941—1946年完成初稿，1957年出版. ——1957年将三易其稿的《伤寒金匮条释》寄北京人民卫生出版社出版，颇受医界赞许。此书供不应求，曾再版. ——作者简介：李彦师（1906—1978），名培华，字兴志，今大足曲水乡人. ——书目来源：《大足县志》第196页

社会部重庆市空袭服务临时保健院工作报告 / 社会部重庆市空袭服务临时保健院编. ——［重庆］：［社会部重庆市空袭服务临时保健院］，［1941］. ——［中华民国三十年一月至九月］. ——书目来源：国家图书馆

/ 社会部重庆市空袭服务临时保健院编. ——［重庆］：［社会部重庆市空袭服务临时保健院］，［1941］. ——［中华民国三十年十月］. ——书目来源：国家图书馆

/社会部重庆市空袭服务临时保健院编. ——[重庆]：[社会部重庆市空袭服务临时保健院]，[1941]. ——[中华民国三十年十一月]. ——书目来源：国家图书馆

县卫生行政/胡定安编著. ——重庆：中央政治学校研究部，1941. ——作者简介：胡定安（1898—1965），原名赟，字定安，浙江吴兴人. ——书目来源：重庆图书馆、南京图书馆、贵州省图书馆

/胡定安编著. ——[出版地不详]：中央政治学校研究部，1941. ——书目来源：Stanford University（斯坦福大学）图书馆、广东省立中山图书馆、贵州省图书馆

医政漫谈/陈果夫. ——金华：国民出版社，1941. ——书目来源：重庆图书馆、四川省图书馆

/陈果夫. ——重庆：天地出版社，1943. ——书目来源：重庆图书馆

/陈果夫. ——[出版地不详]：天地出版社，[1944.2]. ——原名，你的病好了吗？. ——书目来源：重庆图书馆

/陈果夫. ——成都：天地出版社，[出版时间不详]. ——书目来源：西南大学图书馆

/陈果夫. ——重庆：天地出版社，[出版时间不详]. ——书目来源：南京图书馆

中国预防医学研究所论文（第1号）国产药物雄黄灭菌效力研究/邵象伊，高梅芳著. ——北碚：中国预防医学研究所编辑部，1941.4. ——作者简介：邵象伊（1909—1990），浙江杭州人。1939年5月—1946年9月18日在重庆北碚。高梅芳抗战时期在重庆北碚. ——书目来源：北碚区图书馆

中国预防医学研究所论文（二）北碚钩虫病初步报告/洪式闾等著. ——重庆：北碚中国预防医学研究所，1941.1. ——书目来源：北碚区图书馆

1942年

北碚霍乱防治经过报告/北碚管理局卫生院，江苏医学院附设公共卫生事务所合编. ——北碚[重庆]：北碚管理局卫生院、江苏医学院附设公共卫生事务所，1942. ——书目来源：国家图书馆

社会部重庆游民训练所三年工作概况 / 王培源撰述. ——重庆：社会部重庆游民训练所，1942，石印本. ——书目来源：国家图书馆

卫生行政 / 金宝善. ——重庆：中央训练委员会，1942. ——书目来源：重庆图书馆、贵州省图书馆

学生营养卫生问题 / 金宝善. ——［重庆］：中央训练团党政训练班，1942. ——书目来源：重庆图书馆

／金宝善. ——重庆：中央训练团，1942.11. ——书目来源：南京图书馆

中国预防医学研究所论文 第三、四、五号合刊 / 中国预防医学研究所编辑部编. ——［出版地不详］：中国预防医学研究所编辑部，1942. ——此书第三号为《北碚钩虫病第一回驱虫成绩报告》（李非白）、第四号为《略论人分裂胞虫——Isospora hominis 之病原性与治疗》（洪式闾、杨复曦）、第五号为《涪江下游毛样线虫病调查报告》（洪式闾、李非白）. ——书目来源：宁夏图书馆、北京中医药大学图书馆、福建卫生职业技术学院图书馆

中国预防医学研究所论文（第 6 号）自家血球吞食作用之初步实验报告 / 褚葆真，周牵中著. ——北碚：中国预防医学研究所编辑部，1942.4. ——作者简介：褚葆真、周牵中，抗战时期在重庆. ——书目来源：北碚区图书馆

1943 年

北碚所见类似动物疟虫初步报告 中英对照 第 7 号 / 洪式闾著. ——［出版地不详］：中国预防医学研究所，1943. ——书目来源：国家图书馆

儿童卫生歌 / 陈果夫著. ——重庆：正中书局，1943.5，16 版. ——1942 年 8 月陈果夫于巴县小温泉. ——书目来源：北碚区图书馆、西南大学图书馆

民族健康之医学基础 / 胡定安编著. ——金华：正中书局，1943. ——书目来源：重庆图书馆

／胡定安编著. ——重庆：正中书局，1943.5. ——书目来源：南京图书馆

实施新县制与卫生建设 / 金宝善讲. ——重庆：中央训练团党政高级训练班，1943. ——书目来源：重庆图书馆

／金宝善讲. ——重庆：［出版者不详］，1943.4. ——书目来源：重庆图书馆、南京图书馆

战时军民营养问题 / 金宝善著. ——重庆：中央训练团党政训练班，1943. ——书目来源：重庆图书馆

中华医学会第六届大会手册 / 中华医学会编. ——[出版地不详]：中华医学会，1943. ——内分绪论、中华医学会之回顾与前瞻、第六届大会会员须知等部分。附录陪都概况介绍. ——书目来源：温州医科大学图书馆

1944 年

卫生行政问题 / 金宝善. ——重庆：中央训练团党政高级训练班，1944.3. ——书目来源：南京图书馆

仲景脉学法案 / 任应秋著. ——[出版地不详]：[出版者不详]，1944. ——书目来源：《四川省志 人物志》第716页

1945 年

耳鼻喉保健法 / 马客谈编译. ——重庆：中华书局，1945. ——书目来源：重庆图书馆、南京图书馆

/ 马客谈编译. ——上海：中华书局，1946. ——书目来源：重庆图书馆

/ 马客谈编译. ——上海：中华书局，1949. ——书目来源：重庆图书馆、南京图书馆

任氏传染病学 / 任应秋著. ——[出版地不详]：[出版者不详]，1945. ——书目来源：《四川省志 人物志》第716页

/ 任应秋著；任鸿都等校. ——重庆：任应秋医室，1946. ——书目来源：陕西中医药大学图书馆

牙齿保健法 / 马客谈编译. ——重庆：中华书局，1945. ——书目来源：重庆图书馆、上海图书馆、南京图书馆

/ 马客谈编译. ——上海：中华书局，1946. ——书目来源：重庆图书馆、国家图书馆、上海图书馆、南京图书馆

/ 马客谈编译. ——上海：中华书局，1949. ——书目来源：重庆图书馆

中央国医馆医务人员训练班讲义 / 赵峰樵等编. ——[重庆]：中央国医馆，[1945]. ——书目来源：南京图书馆、重庆图书馆、国家图书馆

1946 年

民族与卫生 / 胡定安，司马渽著．——上海：商务印书馆，1946．——书目来源：重庆图书馆

／胡定安，司马渽著．——［出版地不详］：商务印书馆，1947．——书目来源：南京图书馆

四川国医学院概况 / 四川国医学院编．——四川：四川国医学院，1946．——介绍该院设立经过以及教育计划等情况，附民国三十五年春季招生简章。李肇甫任四川国医学院董事长，孔健民、朱之洪等任董事。孔健民（1895—1959），原名繁熙，重庆巴县人．——书目来源：重庆图书馆

野战外科 / 周泽昭著．——［出版地不详］：［出版者不详］，1946．——书目来源：《江津文史资料选辑》第 11 辑第 107 页

实用中国小儿科学 / 胡光慈著．——重庆：新中华医药月刊社，1946．——作者简介：胡光慈（1910—1975），又名胡永恭，湖北江陵人，1938 年后在重庆生活工作．——书目来源：重庆图书馆、南京图书馆

1947 年

眼睛的保健 / 马客谈主编．——上海：中华书局，1947．——书目来源：南京图书馆

中国医学精华 / 胡光慈著．——重庆：胡光慈医师诊所，1947．——书目来源：重庆图书馆

／胡光慈著．——［出版地不详］：［出版者不详］，1947．——书目来源：《四川省志 人物志》第 912 页

／胡光慈著．——重庆：胡光慈医师诊所，1948．——书目来源：南京图书馆

中医经验处方精华 / 王祖雄编著．——重庆：新中华医学会，1947．——作者简介：王祖雄（1918—?），江苏江阴县人，抗战期间在重庆生活，我国著名的中医内科专家．——书目来源：重庆图书馆、南京图书馆

1948 年

北碚澄江镇钩虫病防治报告 / 洪式闾等著．——［出版地不详］：热带病

研究所，1948.——书目来源：国家图书馆、湖南图书馆、浙江省图书馆

国立中央研究院医学研究所筹备处概况：民国三十三年—民国三十七年六月／［作者不详］.——［出版地不详］：国立中央研究院，［1948？—1949？］.——书目来源：上海图书馆采编中心

中央卫生实验院概况／［中央卫生实验院］编.——［出版地不详］：［出版者不详］，1948.——书目来源：重庆图书馆

出版时间不详

本草新编／戴益生著.——［出版项不详］.——作者简介：戴益生（1865—1954），重庆江津人.——书目来源：《江津文史资料选辑》第11辑第152页

本经便读一卷（辑本）／（清）黄钰撰；（清）陈念祖辑.——上海：上海锦章图书局，民国石印本.——一册.——作者简介：黄钰（1817—1886），字天锦，号宝臣，重庆璧山人。敏而好学，乡试中举。陈念祖，福建长乐人。清道光时举人，官灵石县知县.——书目来源：国家图书馆

草药歌括／祝春海.——传抄于世.——作者简介：祝春海（1888—1977），字苾之，重庆铜梁县人.——书目来源：《铜梁县志》第752页

察面观行法／冯登庸.——［出版项不详］.——作者简介：冯登庸（1818—1914），字峰珍，重庆开县人.——书目来源：《开县县志》第535页

程氏家传药性歌／程琪芝.——［出版项不详］.——医论.——作者简介：程琪芝（1841—1914），号萱亭，又名琪芝，重庆黔江人.——书目来源：《黔江县志》第657页

传染病学问答／姚锦云.——［出版项不详］.——已佚.——作者简介：姚锦云（1890—1964），字崇农，乡人称"姚二先生"，重庆忠县人.——书目来源：《忠县志》第689页

大同方剂学／冉学峰著.——［出版项不详］.——书目来源：《四川省志人物志》第555页

大同生理学／冉学峰著.——［出版项不详］.——书目来源：《四川省志人物志》第555页

大同药物学／冉学峰著.——［出版项不详］.——书目来源：《四川省志

人物志》第 555 页

大小定风珠的应用 / 邱甸成．——手抄本．——作者简介：邱甸成（1889—1967），重庆潼南县人．——书目来源：《潼南县志》第 903 页

得心应手 / 罗保辉．——［出版项不详］．——专医杂病．——作者简介：罗保辉（1896—1966），重庆石柱人．——书目来源：《石柱县志》第 618 页

冯氏医案 / 冯登庸．——［出版项不详］．——乏资未刊，但广为门人后学抄存．——书目来源：《开县县志》第 535 页

妇科杂症 / 邱甸成．——手抄本．——书目来源：《潼南县志》第 903 页

妇科摘要 / 戴益生著．——［出版项不详］．——书目来源：《江津文史资料选辑》第 11 辑第 152 页

妇科指南 存四卷 / 梁焕然．——［出版项不详］．——作者简介：梁焕然（1858—1928），原名梁用光，云阳县凤鸣乡人．——书目来源：《云阳县志》第 1157 页

古今方歌 / 杨谦受．——［出版项不详］．——作者简介：杨谦受（1865—1952），名燮元，重庆大足人．——书目来源：《大足县志》第 170 页

国防中药学 / 冉学峰著．——［出版项不详］．——书目来源：《四川省志 人物志》第 555 页

鹤膝风 / 易华堂．——［出版项不详］．——案例，收入《全国名医验案类编·初集·风淫病案》（江苏何廉臣，上海大东书局，1929 年 3 月出版）．——作者简介：易华堂（1857—1929），名荣信，重庆永川人．——书目来源：《重庆市志 人物志》

活人秘诀 / 蒲玉溪著，曾时中汇编．——［出版项不详］．——曾时中为蒲玉溪徒弟，将师传经验及秘方汇编而成．——作者简介：蒲玉溪（1828—1913），铜梁县岚峰乡人．——书目来源：《铜梁县志》第 757 页

霍乱症与痧症鉴别及治疗法 / 冉学峰著．——［出版项不详］．——书目来源：《四川省志 人物志》第 555 页

金匮要略详解 / 邹趾痕著．——［出版项不详］．——作者简介：邹趾痕（1851—1938），名代权，字子衡，重庆人．——书目来源：《四川省志 人物志》

第 796 页

金匮直解 / 杨谦受 . —— ［出版项不详］. ——书目来源：《大足县志》第 170 页

锦方选粹集成 / 张乐天 . —— ［出版项不详］. ——作者简介：张乐天（1880—1962），重庆永川人 . ——书目来源：《永川县志》第 911 页

临床心得　一卷 / 黄致中 . —— ［出版项不详］. ——1981 年此稿被特大洪水冲没 . ——作者简介：黄致中（1884—1963），铜梁安居镇人 . ——书目来源：《铜梁县志》第 762 页

临症病录 / 沈骥良 . —— ［出版项不详］. ——作者简介：沈骥良（1899—1972），字士琪，重庆忠县花桥人 . ——书目来源：《忠县志》第 696 页

临症处方歌括 / 孔健民 . ——40 年代初，四川国医学院任教时编撰的讲义 . ——书目来源：《杏林名师——成都中医药大学 50 周年校庆版》第 11 页

临症要览 / 沈骥良 . —— ［出版项不详］. ——书目来源：《忠县志》第 696 页

灵枢微言详解 / 邹趾痕著 . —— ［出版项不详］. ——书目来源：《四川省志 人物志》第 796 页

六经撮要 / 杨谦受 . —— ［出版项不详］. ——书目来源：《大足县志》第 170 页

六经定法 / 冯登庸 . —— ［出版项不详］. ——书目来源：《开县县志》第 535 页

六经论　一卷 / 黄致中 . —— ［出版项不详］. —— 1981 年此稿被特大洪水冲没 . ——作者简介：黄致中（1884—1963），重庆铜梁人 . ——书目来源：《铜梁县志》第 762 页

麻疹商榷正续篇 / 冉学峰著 . —— ［出版项不详］. ——书目来源：《四川省志 人物志》第 555 页

麻疹治疗纲要 / 沈骥良 . —— ［出版项不详］. ——书目来源：《忠县志》第 696 页

梅毒治疗学 / 汪代玺，顾元晖译 . —— ［出版项不详］. ——作者简介：汪

代玺（1893—1951），字如洋，绰号洋人，重庆璧山人．——书目来源：重庆图书馆

名医述要 / 戴益生著．——［出版项不详］．——书目来源：《江津文史资料选辑》第 11 辑第 152 页

内经句解 / 祝春海．——十余章。传抄于世．——作者简介：祝春海（1888—1977），字莐之，重庆铜梁县人．——书目来源：《铜梁县志》第 752 页

疟疾三字经 / 罗民友著．——［出版项不详］．——此书编入《罗氏四嚣斋医学丛书》．——作者简介：罗民友（1884—1943），字燮元，重庆江津县人．——书目来源：《江津文史资料选辑》第 11 辑第 155 页

七序山房医案　10 卷 / 梁露仙．——手稿。焚毁于"文化大革命"中．——作者简介：梁露仙（1899—1954），字凝治，重庆忠县人．——书目来源：《忠县志》第 708 页

求真药性四百味 / 冯登庸．——［出版项不详］．——书目来源：《开县县志》第 535 页

伤寒串解三字经 / 罗民友著．——［出版项不详］．——此书编入《罗氏四嚣斋医学丛书》．——书目来源：《江津文史资料选辑》第 11 辑第 155 页

伤寒简释 / 刘贤才．——［出版项不详］．——作者简介：刘贤才（1898—1977），字绍勋，石柱县悦来乡人．——书目来源：《石柱县志》第 618 页

伤寒经口诀 / 冯登庸．——［出版项不详］．——书目来源：《开县县志》第 535 页

伤寒六经辨证歌括 / 吴偶逸祖父与父亲撰写．——［出版项不详］．——作者简介：吴偶逸（1890—1958），字藕伊，重庆酉阳县人．——书目来源：《酉阳县志》第 642 页

伤寒论详解 / 邹趾痕著．——［出版项不详］．——书目来源：《四川省志·人物志》第 796 页

伤寒选注 / 戴益生著．——［出版项不详］．——书目来源：《江津文史资料选辑》第 11 辑第 152 页

伤寒直解 / 杨谦受．——［出版项不详］．——书目来源：《大足县志》第

170 页

生育并通 / 谭道文. ——未刊印。解放后. ——作者简介：谭道文（1898—1960），字晚荻，号亚葛，曾以懒樵山人、孤牧山人自称，石柱土家族自治县三教寺（今三益乡）人. ——书目来源：《石柱县志》第 610 页

时病辑览 / 杨谦受. ——[出版项不详]. ——书目来源：《大足县志》第 170 页

水肿病治疗体会 / 沈骥良. ——[出版项不详]. ——书目来源：《忠县志》第 696 页

素问微言详解 / 邹趾痕著. ——[出版项不详]. ——书目来源：《四川省志 人物志》第 796 页

孙邈变通 / 谭道文. ——未刊印。解放后. ——书目来源：《石柱县志》第 610 页

汤头歌括用药法 / 易华堂. ——手抄本. ——书目来源：《重庆市志 人物志》

天年医社丛稿 / 邹趾痕著. ——[出版项不详]. ——书目来源：《四川省志 人物志》第 796 页

丸药提要 / 陈玉书编写. ——[出版项不详]. ——重庆桐君阁介绍产品的资料. ——书目来源：《南岸区文史资料选辑》第 2 辑第 8 页

万汇同归 / 姚锦云. ——[出版项不详]. ——书目来源：《忠县志》第 689 页

温病方歌 / 罗民友著. ——[出版项不详]. ——此书编入《罗氏四器斋医学丛书》. ——书目来源：《江津文史资料选辑》第 11 辑第 155 页

温病评要 / 罗民友著. ——[出版项不详]. ——此书编入《罗氏四器斋医学丛书》. ——书目来源：《江津文史资料选辑》第 11 辑第 155 页

温病提要 / 徐少垣. ——[出版项不详]. ——晚年著，遗作 1960 年经县卫生协会整理铅印，内部发行. ——作者简介：徐少垣（1886—1936），江西人，后迁居于石柱县. ——书目来源：《石柱县志》第 618 页

温病提要歌括 / [吴偶逸祖父与父亲] 撰写. ——[出版项不详]. ——书

目来源:《西阳县志》第 642 页

瘟病歌诀 / 戴益生著．——［出版项不详］．——书目来源：《江津文史资料选辑》第 11 辑第 152 页

西溪夜话录 / 罗民友著．——［出版项不详］．——此书编入《罗氏四嚣斋医学丛书》．——书目来源:《江津文史资料选辑》第 11 辑第 155 页

细菌学历代发明考 / 罗民友著．——［出版项不详］．——此书编入《罗氏四嚣斋医学丛书》．——书目来源:《江津文史资料选辑》第 11 辑第 155 页

详辨天雄地黄论 / 程琪芝．——［出版项不详］．——医论．——书目来源:《黔江县志》第 657 页

小儿诸症 / 谭道文．——未刊印．——书目来源:《石柱县志》第 610 页

新增八反歌 / 程琪芝．——［出版项不详］．——医论．——书目来源:《黔江县志》第 657 页

药性捷诀论 / 程琪芝．——［出版项不详］．——医论．——书目来源:《黔江县志》第 657 页

药性新编便记 / 杨谦受．——［出版项不详］．——书目来源：《大足县志》第 170 页

医方便览歌括（3 卷）/ 梁露仙．——手稿。焚毁于"文化大革命"中．——书目来源:《忠县志》第 708 页

医家要记 / 杨谦受．——［出版项不详］．——书目来源：《大足县志》第 170 页

医括总诀 / 冯登庸．——［出版项不详］．——书目来源：《开县县志》第 535 页

医囊捲缩 / 冯登庸．——［出版项不详］．——书目来源：《开县县志》第 535 页

医学便记三字经 / 杨谦受．——［出版项不详］．——书目来源：《大足县志》第 170 页

医学教授法 / 李俊卿．——［出版项不详］．——教材．——作者简介：李俊卿（1864—1934），名长灼，亦字崇源，重庆大足人．——书目来源：《大足

县志》第 170 页

医学精存 / 罗民友著. ——［出版项不详］. ——此书编入《罗氏四嚣斋医学丛书》. ——书目来源：《江津文史资料选辑》第 11 辑第 155 页

医学信心录 / 戴益生著. ——［出版项不详］. ——书目来源：《江津文史资料选辑》第 11 辑第 152 页

医学要义（修订本）/［吴偶逸祖父与父亲］撰写. ——［出版项不详］. ——书目来源：《酉阳县志》第 642 页

医学杂俎 / 罗民友著. ——［出版项不详］. ——此书编入《罗氏四嚣斋医学丛书》. ——书目来源：《江津文史资料选辑》第 11 辑第 155 页

医踪回首 / 沈骥良. ——［出版项不详］. ——书目来源：《忠县志》第 696 页

阴阳辨证 / 易华堂. ——手抄本. ——书目来源：《重庆市志 人物志》

应用方剂学 / 李重人. ——［出版地不详］：［出版者不详］，抗战时期. ——医书。集古今验方 200 余方. ——书目来源：《奉节县志》第 847 页、《四川省志 人物志》第 879 页

增补时方歌 / 罗民友著. ——［出版项不详］. ——此书编入《罗氏四嚣斋医学丛书》. ——书目来源：《江津文史资料选辑》第 11 辑第 155 页

振务委员会中央国医馆设立中医救护医院工作报告书 / 张锡君报告. ——重庆：中医救护医院，［出版时间不详］. ——介绍了该院的创办缘起、扩充经过、内部组织等情况。附中医救护医院章程、中医救护医院疾病统计表等. ——作者简介：张锡君（1913—?），江苏无锡人，曾任重庆市一、二中医学院院长. ——书目来源：重庆图书馆

中风临症效方选注 / 冉学峰著. ——［出版项不详］. ——书目来源：《四川省志 人物志》第 555 页

中国古代医史 / 孔健民. ——40 年代初，四川国医学院任教时编撰的讲义. ——书目来源：《杏林名师——成都中医药大学 50 周年校庆版》第 11 页

中国医史 / 孔健民. ——40 年代初，四川国医学院任教时编撰的讲义. ——书目来源：《杏林名师——成都中医药大学 50 周年校庆版》第 11 页

中央国医馆医务人员训练班同学录 / 焦易堂署. ——重庆：中央国医馆，[1911—1949]. ——书目来源：重庆图书馆

中药歌括 / 祝春海. ——传抄于世. ——书目来源：《铜梁县志》第 752 页

中药三易歌 / 罗民友著. ——[出版项不详]. ——此书编入《罗氏四器斋医学丛书》. ——书目来源：《江津文史资料选辑》第 11 辑第 155 页

中医骨科学 / 张乐天. ——[出版项不详]. ——未完成稿. ——作者简介：张乐天（1880—1962），重庆永川人. ——书目来源：《永川县志》第 911 页

◎S 农业科学

1929 年

巴县建设局农林试验场计划书 / 巴县建设局编. ——巴县 [重庆]：巴县建设局，1929. ——农林试验场是由巴县实业局农事试验场和森林苗圃改组而成的，位于浮图关，面积一百多亩. ——书目来源：重庆图书馆

种棉浅说 / 国民革命军第二十一军部编. ——四川：国民革命军第二十一军部，1929. ——重庆上都邮街协记石印纸庄代印. ——书目来源：重庆图书馆

1930 年

蚕桑浅说 / 夏江秋. ——[出版地不详]：[出版者不详]，1930，石印小册子. ——书目来源：《綦江县志》第 686 页

油桐栽培法 / 刘选青，黄伯易编. ——[巴县]：巴县建设局农业推广部，1930. ——巴县建设局农业推广教育组第 4 期教材. ——书目来源：重庆图书馆

油桐栽培法 / 夏江秋. ——[出版地不详]：[出版者不详]，1930，石印小册子. ——作者简介：夏江秋（1890—1946），又名锡珍、宪虞，重庆綦江县人. ——书目来源：《綦江县志》第 686 页

植树浅说 / 夏江秋. ——[出版地不详]：[出版者不详]，1930，石印小册子. ——书目来源：《綦江县志》第 686 页

种棉浅说 / 夏江秋. ——[出版地不详]：[出版者不详]，1930，石印小

册子. ——书目来源:《綦江县志》第 686 页

1931 年

犁蜂 / 陈方洁. ——[出版地不详]:[出版者不详],1931—1946 年间,在浙江大学农学院、中华农学会、农林部等单位主办的刊物上发表. ——书目来源:《永川县志》第 940 页

1932 年

四川中心农事试验场园艺科事业计划大纲 / 四川中心农事试验场园艺科编. ——[出版地不详]:美利利印刷公司,1932. ——书目来源:重庆图书馆

1933 年

桑螟 / 陈方洁著. ——[出版地不详]:浙江省昆虫局,1933. ——书目来源:西南大学图书馆

/ 陈方洁等著. ——杭州:浙江省昆虫局,1933.10. ——书目来源:南京图书馆

四川中心农事试验场农业化学部事业计划大纲 / 四川中心农事试验场编. ——四川:四川中心农事试验场,1933. ——书目来源:重庆图书馆

四川中心农事试验场农艺部事业计划大纲 / 四川中心农事试验场编. ——四川:四川中心农事试验场,1933. ——书目来源:重庆图书馆

四川中心农事试验场畜牧部事业计划大纲 / 四川中心农事试验场编. ——四川:四川中心农事试验场,1933. ——书目来源:重庆图书馆

四川中心农事试验场园艺部事业计划大纲 / 四川中心农事试验场园艺部编. ——四川:四川中心农事试验场园艺部,1933. ——书目来源:重庆图书馆

植物病虫问题解答汇录　2　浙江省昆虫局特刊 / 陈方洁,陆瑜著. ——[出版地不详]:浙江省昆虫局,1933. ——书目来源:重庆数字图书馆

/ 陈方洁等著. ——杭州:浙江省昆虫局,1933.10. ——书目来源:南京图书馆

中国畜牧事业之一瞥 / 陈万聪. ——[出版地不详]:[出版者不详],1933. ——作者简介:陈万聪(1899—1975),字希恒,重庆忠县人. ——书目

来源：《忠县志》第 697 页

1934 年

四川中心农事试验场农业化学科事业计划大纲 / 四川中心农事试验场编 . ——四川：四川中心农事试验场，1934. ——书目来源：重庆图书馆

粟作育种法之研究 / 李先闻著 . ——开封：河南大学农学院，1934. ——作者简介：李先闻（1902—1976），重庆江津人 . ——书目来源：华南农业大学图书馆

中国西部科学院农林研究所二十二年度报告 / 中国西部科学院农林研究所编 . ——［出版地不详］：中国西部科学院生物研究所，1934. ——内分：总务、气象、作物、畜牧、林垦、养蚕报告等 8 个部分 . ——书目来源：重庆图书馆

1935 年

巴县农林试验场经营计划书 / 陈伯宣拟 . ——巴县［重庆］：巴县农林试验场，1935. ——本计划书巴县农林试验场主任陈伯宣在民国二十三年八月拟写，二十四年三月付印。巴县农林试验场创办于民国四年冬，民国九年增设苗圃，面积 200 多亩。这份计划书内分设计要旨和部分区划二节，其中部分区划又分为农艺、森林、园艺、畜养、农林制造、气象、推广几部分 . ——书目来源：重庆图书馆

两年来之四川中心农事试验场 / 陈让卿编著 . ——四川：四川中心农事试验场，1935. ——试验场址在巴县磁器口附近。介绍该场农艺科、园艺科、畜产科、兽医科、病虫害科、农业化学科、农业推广科、测候所、农业调查委员会、农业技术人员训练学校的概况 . ——书目来源：重庆图书馆、国家图书馆（缩微）、上海图书馆

1936 年

家蚕品种改良法 / 熊季光，李绍宜编著 . ——上海：商务印书馆，1936. ——本书分上下两篇：上篇论述家蚕品种改良之一般问题；下篇详述家蚕品种改良的各种方法 . ——书目来源：重庆图书馆、国家图书馆、南京图书馆、四川省图书馆

/ 熊季光，李绍宜编著 . ——上海：商务印书馆，1939. 9. ——书目来源：上海图书馆

家庭农艺 / 杨开渠编著 . ——南京：正中书局，1936. ——阐述农业和环境，介绍蔬菜、果树、花卉的栽培，蜂、猪、鸡、蚕的饲养方法等 . ——作者简介：杨开渠（1902—1962），自号顽石，浙江省诸暨县人，1935—1936 年在重庆生活，农业教育家、水稻专家 . ——书目来源：重庆图书馆

/ 杨开渠编著 . ——上海：正中书局，1936. 2. ——书目来源：南京图书馆

农林种子学 / （日）近藤万太郎，杨开渠 . ——上海：商务印书馆，1936. ——书目来源：南京图书馆

四川省家畜保育所近况概述 / 四川省家畜保育所 . ——成都：四川省家畜保育所，1936. ——书目来源：重庆图书馆

1937 年

川东农业调查 / 叶懋编 . ——四川：四川省政府建设厅，1937. ——上编。有调查缘起及经过、自然环境、田场经营等内容 . ——书目来源：重庆图书馆

/ 叶懋，王嘉谟编 . ——四川：四川省政府建设厅，1939. ——上编。总体上记载了川东农业调查的缘起、经过及筹划，以及对川东地区自然环境、人口、教育、农业、牧业及农佃制度等情况的调查和统计分析报告 . ——书目来源：重庆图书馆

/ 叶懋，王嘉谟编 . ——四川：四川省政府建设厅，1939. ——下编。分别记载了荣昌、大足、永川、武胜、合川、铜梁、璧山、江津、綦江、巴县、江北、长寿、涪陵、丰都、忠县、梁山、垫江、渠县，川东地区 18 县疆域、沿革、地势、雨量、面积、土壤、人口、田赋、田场大小、田场杂工、食粮、田权分配、副业、生活程度、借贷、度量衡及农谚等 . ——书目来源：重庆图书馆

南川县金佛山垦殖计划书 / 重庆北碚实验区署编 . ——编者印行，1937. ——书目来源：北碚区图书馆

四川旱荒特辑 / 益坚编 . ——重庆：重庆中国银行，1937. ——有旱荒概况、旱荒中各界及各市县之求雨情形概况、旱荒之教育、川中旱荒标本救治办

法之建议、重庆中国银行出版刊物名录等内容．——书目来源：重庆图书馆

四川省二十五年至二十六年旱灾视察报告 / 四川省粮食调整委员会编．——成都：四川省粮食调整委员会，1937．——包括各路视察日程、35县概况及一般现象、各县灾况、救灾管见。附省府办理救灾经过、饥民食品表等．——书目来源：重庆图书馆

西瓜栽培法 / 张博和，邓文俊著．——［出版地不详］：中国西部科学院农林研究所发行，1937.3．——书目来源：北碚区图书馆

1938年

二十六年四川省棉产调查报告 / 四川省棉作试验场编．——四川：四川省棉作试验场，1938．——内分5章。介绍该省棉产概况、棉农副业、棉作病虫害以及棉花的捐税、市价等．——书目来源：重庆图书馆

江津之柑桔 / 郭益进著．——［江津］：津江址场，1938．——有江津柑桔栽培的历史与分布（附江津柑桔分布图）、气候及土质、栽培方法、品种（附各品种图十张）、采收及贮藏等内容．——书目来源：重庆图书馆、贵州省图书馆

/ 郭益进著．——江津：四川省园艺试验场，1938.4．——书目来源：北碚区图书馆

经济部中央农业实验所民国廿四及廿五两年度治虫工作报告 / 经济部中央农业实验所编．——重庆：经济部中央农业实验所，1938．——（经济部）中央农业实验所特刊第20号．——书目来源：国家图书馆

四川柑橘调查 / 四川省政府建设厅编辑．——成都：四川省政府建设厅，1938．——针对巴县、合川、南充、蓬溪4个县所柑橘的种类及品种，以及其栽培方法、病虫害之为害情形及防除方法、生产统计、销路及贩卖情形和加工制造方面进行了较全面的调查，并提出了改良意见．——书目来源：重庆图书馆

四川省农业改进所重庆森林事务所二十七年度工作报告 / 四川省农业改进所重庆森林事务所［编］．——［出版地不详］：四川省农业改进所，1938．——书目来源：国家图书馆

1939 年

二十七年四川省棉产调查报告，又名，四川省农业改进所二十七年四川省棉产调查报告 / 四川省农业改进所编.——四川：四川省农业改进所，1939.——抗战建国时期棉布生产极为重要，四川省农业改进所棉作实验场自1936年春成立后即进行相关调查。此报告分为绪言、调查经过、棉产概况、棉农副业、棉作病虫害、棉花捐税、各期棉花生长情形、棉花市价8节.——书目来源：重庆图书馆、国家图书馆、四川大学图书馆

北碚土壤志 / 侯光炯著.——[出版地不详]：[出版者不详]，[1939].——1939年经济部中央地质调查所迁居北碚时所写.——书目来源：《北碚文史资料》第4辑"抗日战争时期的北碚"第7页、重庆图书馆

改良稻种"南特号"试验及推广成绩报告 / 经济部中央农业试验所稻作系编.——[重庆]：经济部中央农业实验所，1939.——书目来源：国家图书馆

国立中央大学农学院之良改棉种 / 俞启葆著；冯泽芳校.——重庆：国立中央大学农学院，1939.——书目来源：国家图书馆

金佛山移垦区第一期工作概况 / [作者不详].——[重庆]：[出版者不详]，[1939].——有金佛山移垦区移垦实施方案、清理金佛山荒地办法、金佛山第一垦区（观音岩）垦民概况等内容.——书目来源：重庆图书馆

经济部中央农业实验所民国二十五年全国蝗患调查报告 / 吴福桢，陆培文著.——荣昌：经济部中央农业实验所，1939.——书目来源：重庆图书馆、国家图书馆

四川省农业改进所概况 / 四川省农业改进所编.——重庆：四川省农业改进所，1939.——书目来源：重庆图书馆

四川省农业改进所施政报告 / 四川省农业改进所编.——重庆：四川省农业改进所，1939.——书目来源：重庆图书馆

四川省油菜推广实施计划：农业专刊第一号 / 四川省农业改进所编.——成都：四川省农业改进所，1939.——有推广区域及面积、推广办法、肥料贷款实施办法、油菜肥料贷款表等内容.——书目来源：重庆图书馆、南京图书馆

四川省之柑橘 / 章文才著. ——成都：金陵大学农学院，1939. ——介绍了四川柑橘栽培在历史上的重要作用、四川省柑橘栽培之区域及产量、四川省之气候及地势对于柑橘栽培的关系、四川省柑橘现在及将来之市场、四川省柑橘之品种、繁殖及育苗、果园之栽培及管理等. ——书目来源：重庆图书馆

四川植棉浅说 / 经济部中央农业实验所编. ——四川：四川省经济部中央农业实验所，1939. ——经济部中央农业实验所浅说. ——书目来源：国家图书馆

中农廿八小麦之改良经过 / 沈骊英著. ——荣昌：经济部中央农业实验所，1939. ——并列正题名 Breeding of the national research 28 wheat. ——书目来源：南京图书馆、国家图书馆、首都图书馆

1940 年

抗战以来中央农业实验所植物病虫害系工作概况 / 农林部中央农业实验所编. ——荣昌：农林部中央农业实验所，1940. ——书目来源：重庆图书馆、广东省立中山图书馆、国家图书馆

林产利用术语释义 / 唐燿编译. ——［重庆］：经济部中央工业试验所木材试验室、农产促进委员会，1940. ——作者简介：唐燿（1905—2008），江苏省江都县人。1939年9月，在重庆北碚草创了中国第一个国家级的木材研究机构"中工所木材试验室"，至1952年西南木材试验馆迁到北京. ——书目来源：国家图书馆

木材力学试验指导 / 唐燿编著. ——［重庆］：经济部中央工业试验所木材试验室、农产促进委员会，1940. ——书目来源：国家图书馆

木材之力学试验 / 唐燿著. ——［重庆］：经济部中央工业试验所木材试验室、农产促进委员会，1940. ——书目来源：国家图书馆

农民经验调查录 / 教育部编. ——［重庆］：教育部，1940，40页. ——第1、2册. ——书目来源：广东省立中山图书馆、南京师范大学图书馆、河南大学图书馆、贵州省图书馆、天津图书馆

/ 教育部编. ——［出版项不详］，118页. ——第1册. ——书目来源：云南农业大学图书馆

/教育部编.——［出版项不详］，69页.——第2册.——书目来源：重庆数字图书馆

/教育部编.——［出版项不详］，94页.——第3册.——书目来源：广东省立中山图书馆、南京农业大学图书馆

四川省农业改进所廿八年蚕业推广报告/四川省农业改进所编.——［出版地不详］：四川省农业改进所印，1940.——书目来源：重庆数字图书馆

四川省农业改进所二十八年度施政报告主要事绩作业细目/四川省农业改进所编.——［出版地不详］：［出版者不详］，1940.——书目来源：国家图书馆

四川省农业改进所二十八年度四川棉作推广/四川省农业改进所，中农所四川工作站编.——四川：四川省农业改进所，1940.——农林丛刊。书末附四川省农业改进所二十八年份推广人员棉作部分工作旬历.——书目来源：重庆图书馆、国家图书馆

四川省水稻品种检定调查初步报告　上中篇/四川省农业改进所，中央农业实验所四川工作站编.——成都：中央农业实验所四川工作站，1940.——农林丛刊.——书目来源：重庆图书馆

四川烟草调查/莫钟骏编.——四川：农业改进所，1940.——农业经济丛刊。内收该省烟草生产、制造、运输、贸易等方面的调查统计材料.——书目来源：重庆图书馆、南京图书馆

四川预防旱灾办法/四川省政府编.——成都：四川省政府，1940.——有从农业方面预防旱灾办法、从水利方面预防旱灾办法、从合作方面预防旱灾办法、从粮食管理方面救济荒歉办法等内容，附第三五八次省务会议本案全案、四川省防旱实施计划纲要、四川省水利局对于预防本省旱灾救济粮食生产意见书等.——书目来源：重庆图书馆

影响木材力学性质诸因子/唐燿编著.——［重庆］：经济部中央工业试验所木材试验室、农产促进委员会，1940.——书目来源：国家图书馆

中国林产实验馆计划书草案/唐燿编著.——［重庆］：经济部中央工业试验所木材试验室、农产促进委员会，1940.——书目来源：国家图书馆

中央工业试验所木材试验室计划纲要／唐燿编著．——［重庆］：经济部中央工业试验所木材试验室、农产促进委员会，1940．——书目来源：国家图书馆

1941 年

稻苞虫防治浅说／［作者不详］．——荣昌：农林部中央农业实验所，1941．——书目来源：国家图书馆

经济部中央工业试验所木材试验室报告 一／经济部中央工业试验所木材试验室编．——［重庆］：经济部中央工业试验所木材试验室，1941．——书目来源：国家图书馆

橘天牛之初步研究／陈方洁著．——四川：四川省农业改进所农事实验总场，1941．——并列题名：A preliminary Study on Citrus Cerambycid Nadezdiella cantori（Hope）．——书目来源：南京图书馆、重庆图书馆

木材技术丛编 一／唐燿编．——［重庆］：经济部中央工业试验所木材试验室，1941．——书目来源：国家图书馆

木林之密度及比重 青杠比重之初步试验／中央工业试验所木材试验室编．——［重庆］：中央工业试验所木材试验室，1941．——中国木材物理性质试验报告．——书目来源：国家图书馆

木林之收缩 青杠收缩之研究／唐燿编译；经济部中央工业试验所木材试验室编．——［重庆］：经济部中央工业试验所木材试验室，1941．——书目来源：国家图书馆

木林之水分 青杠含水量之分布／唐燿编译；中央工业试验所木材试验室编．——［重庆］：中央工业试验所木材试验室，1941．——书目来源：国家图书馆

四川畜产／［陈兆耕，许宗岱］编．——成都：［四川省农业改进所］，1941．——潘鸿声主持，徐文园等调查。内分6编。概述该省猪鬃、牛皮、羊皮、兔皮、羊毛、鸭毛的情况，包括生产、运输、贸易、加工及用途．——书目来源：重庆图书馆、南京图书馆

／陈兆耕，许宗岱编．——［成都］：［四川省农业改进所］，［出版时间不

详］.——书目来源：重庆图书馆

四川之肥料／陈禹平著.——成都：四川省政府建设厅，1941.——书目来源：重庆图书馆、南京图书馆、贵州省图书馆

绥西移垦记／段绳武编纂.——［重庆］：通俗印刷所，1941.——作者简介：段绳武（1896—1940），原名承泽，字绳武，河北人，1938—1940年在重庆生活.——书目来源：南京图书馆、四川省图书馆

植树节专刊／四川省政府建设厅秘书室编审股主编.——成都：四川省政府建设厅询问处，1941.——有四川省各县苗圃二十九年度概况调查内容.——书目来源：重庆图书馆、国家图书馆（缩微）、南京图书馆、四川大学图书馆

治螟指导手册／［农林部中央农业实验所］编.——荣昌：［农林部中央农业实验所］，1941.——书目来源：国家图书馆（存目）

中国木材用途之初步记载 一 木材之干燥／唐燿著.——［重庆］：经济部中央工业试验所木材试验室，1941.——书目来源：国家图书馆

1942 年

国产重要木材之基本比重及计算出之力学抗强／唐燿，屠鸿远著.——［重庆］：经济部中央工业试验所木材试验室，1942.——书目来源：重庆图书馆

抗战以来农林部中央农业实验所植物病虫害系工作概况 第2辑／农林部中央农业实验所编.——荣昌：农林部中央农业实验所，1942.——书目来源：重庆图书馆、国家图书馆

抗战以来中央农业实验所植物病虫害系工作概况 第2辑／谢家声，沈宗翰合辑.——［重庆］：农业部中央农业实验所，1942.——书目来源：广东省立中山图书馆

氯化苦熏蒸法须知／农林部中央农业实验所编.——重庆：农林部中央农业实验所，1942.——书目来源：重庆图书馆

木材力学抗强在纤维饱和度下调整之方法／中央工业试验所木材试验室编译.——［重庆］：中央工业试验所木材试验室，1942.——书目来源：国家图书馆（存目）

木材试验室概况／唐燿编著.——［重庆］：经济部中央工业试验所，

1942. ——书目来源：南京图书馆、重庆图书馆、国家图书馆

四川省农业统计资料索引 / 四川省农业改进所统计室编. ——成都：四川省农业改进所统计室，1942—1948？. ——书目来源：国家图书馆

四川省栽桑在自然界之探讨 / 赵鸿基. ——重庆：国立中央大学农学院，1942. ——论述四川省栽桑与植物分布之关系、经营桑苗圃之指标杂草、山地栽培之指标植物、荒地造成桑林之指标植物等4个问题. ——书目来源：重庆图书馆

四川小麦之调查试验与研究 / 蔡旭主编. ——成都：四川省农业改进所，1942. ——作者简介：蔡旭（1911—1985），江苏武进人. ——书目来源：重庆图书馆

五年来之柑橘害虫防治工作 / 陈方洁. ——成都：四川省农业改进所，1942. ——书目来源：《永川县志》第940页 南京图书馆

1943 年

蚕豆遗传之初步研究报告 / 华兴鼐著. ——重庆：农林部中央农业实验所，1943. ——并列正题名 Genetical study of vicia faba—a preliminary report. ——书目来源：国家图书馆

复兴关附近高地灌溉工程初步计划书 / 姜国干 计划. ——[重庆]：行政院水利委员会水利示范处，1943，晒印本. ——书目来源：国家图书馆

棉之不孕籽研究 / 王培祺编著. ——重庆：农林部中央农业实验所，1943. ——书目来源：国家图书馆

四川两季谷之试验研究与示范推广 / 四川省农业改进所稻麦改良场，中央农业实验所编. ——成都：四川省农业改进所稻麦改良场，1943. ——书目来源：重庆图书馆

四川林业之动向 / 胡子昂等著. ——[出版地不详]：[出版者不详]，1943. ——有今年的造林运动、四川省林业改进实施方案、重要法令等内容. ——书目来源：重庆图书馆

四川棉业之希望 / 四川政府建设厅秘书室编审股编. ——四川：四川政府建设厅秘书室编审股，1943. ——介绍"德"字棉的来历及其优点，以及栽培、

管理方法．——书目来源：重庆图书馆

四川省农业改进所病虫防治督导团三十一年年报／四川省农业改进所病虫防治督导团．——重庆：四川省农业改进所，1943．——四川省农业改进所报告．——书目来源：重庆图书馆

四川省农业统计资料索引：第三号／四川省农业改进所统计室编．——成都：四川省农业改进所统计室，1943．——书目来源：重庆图书馆

四川省之畜牧兽医事业／四川省政府建设厅秘书室编审股主编．——四川：四川省政府建设厅秘书室编审股，1943．——书目来源：重庆图书馆、国家图书馆（缩微）

四川食粮作物的改进与增产／四川省政府建设厅秘书编审股编．——四川：四川省政府建设厅，1943．——有五年来之川农所稻麦改良场、推行两季谷制度以增加生产、迟栽晚稻以防春旱、介绍示范推广之七个优良水稻品种等内容．——书目来源：重庆图书馆、国家图书馆（缩微）

／四川省政府建设厅秘书编审股编．——成都：四川省政府建设厅，1943．——书目来源：重庆图书馆

四川植棉浅说／四川省农业改进所棉作试验场编．——四川：四川省农业改进所，1943．——经济部中央农业实验所浅说．——书目来源：重庆图书馆

油桐、乌桕、白杨、麻栎造林浅说／四川省农业改进所编．——四川：四川省农业改进所，1943．——书目来源：重庆图书馆

中国粮食地理／吴传钧．——重庆：商务印书馆，1943.4．——抗战期间写于重庆．——作者简介：吴传钧（1918—2009），别号任之，江苏苏州人。1936年考入中央大学地理系。1941年7月获得理学学士学位后，考入本校研究生院，成为该院地理学专业第一位硕士生。1943年7月获得理科硕士学位，毕业后留校当讲师．——书目来源：重庆图书馆、西南政法大学图书馆

／吴传钧．——重庆：商务印书馆，1943，渝版．——书目来源：重庆图书馆、国家图书馆、上海图书馆

／吴传钧．——重庆：商务印书馆，1945.5，再版．——书目来源：四川大学图书馆

中国西南林区交通用材勘查总报告/ 唐燿著. —— [出版地不详]：交通部林木勘查团、农林部林木勘查团，1943.12. ——1942 年秋，考察川、黔、桂、湘主要林区。有"綦江铁路枕木之供应"一章. ——书目来源：重庆图书馆

1944 年

德字棉之试验结果及其推广成绩 / 胡竟良著. ——重庆：农林部中央农业实验所，1944. ——书目来源：国家图书馆

贵州柑橘之经济地理 / 周永林著. —— [出版地不详]：[出版者不详]，1944. ——内容分"种类、产区及分布、产量等". ——作者简介：周永林（1919—2014），重庆人. ——书目来源：《农场经营指导通讯》第二卷十一、十二期抽印本

国防与农业 / 董时进著. ——重庆：商务印书馆，1944. ——书目来源：重庆图书馆、广西壮族自治区图书馆

/ 董时进著. ——上海：商务印书馆，1945. ——书目来源：四川大学图书馆

/ 董时进著. ——重庆：商务印书馆，1945.12. ——书目来源：上海图书馆

/ 董时进著. ——上海：商务印书馆，1945.12. ——书目来源：重庆图书馆

/ 董时进著. ——上海：商务印书馆，1947. ——书目来源：重庆图书馆、南京图书馆

/ 董时进著. —— [出版地不详]：商务印书馆，1947. ——书目来源：四川大学图书馆、四川省图书馆

/ 董时进著. ——上海：商务印书馆，1947.3. ——书目来源：上海图书馆

四川省农业改进所病虫防治督导团三十二年年报 / 四川省农业改进所病虫防治督导团. ——四川：四川省农业改进所，1944. ——四川省农业改进所报告. ——书目来源：重庆图书馆、国家图书馆

四川省农业统计资料索引：第六、七号 / 四川省农业改进所统计室编. ——成都：四川省农业改进所统计室，1944. ——书目来源：重庆图书馆

中国林业建设 / 郝景盛著. ——重庆：中国文化服务社，1944. ——书目来

源：重庆图书馆、南京图书馆

竹材之物理性质及力学性质初步试验报告：附西文摘要/ 梁希，周光荣等编著. ——重庆：中央工业实验所，1944. ——书目来源：国家图书馆

1945 年

从地力测定实验结果讨论我国施用氮磷钾三种肥料之普及性/ 叶红才，陈华癸编著. ——北碚：农林部中央农业实验所，1945，石印本. ——书目来源：国家图书馆

经济部中央工业试验所木材试验馆五年来工作概况及成效：二十九年至三十三年/ 唐燿著. ——［出版地不详］：经济部中央工业试验所，1945. ——书目来源：国家图书馆（存目）

水稻品种间杂交着粒率之研究/ 管相桓，冯天铭，涂敦鑫著. ——［出版地不详］：四川省农业改进所稻麦改良场，1945. ——作者简介：冯天铭（1909—1996），万县人. ——书目来源：国家图书馆

四川省农情报告/ 四川农业改进所统计室编. ——成都：四川农业改进所统计室，1945. ——1943—1945 年. ——书目来源：重庆图书馆

/ 四川农业改进所统计室编. ——成都：四川农业改进所统计室，1945. ——八卷·一十二期. ——书目来源：重庆图书馆

/ 四川农业改进所统计室编. ——成都：四川农业改进所统计室，1946. ——九卷：八、九、十期. ——书目来源：重庆图书馆

四川省农业统计资料索引：第九号/ 四川省农业改进所统计室编. ——成都：四川省农业改进所统计室，1945. ——书目来源：重庆图书馆

1946 年

北碚扶植自耕农示范区纪实/ 樊克恩编. ——［出版地不详］：中国农民银行土地金融处，1946. ——书目来源：Stanford University（斯坦福大学）图书馆

林学概论/ 郝景盛著. ——重庆：商务印书馆，1946. ——书目来源：重庆图书馆

／郝景盛著. —— [出版地不详]：商务印书馆，1946.3. ——书目来源：西南大学图书馆

造林学 ／郝景盛著. ——上海：商务印书馆，1946. ——书目来源：重庆图书馆

／郝景盛著. ——上海：商务印书馆，1947. ——书目来源：重庆图书馆

1947 年

西瓜栽培法 ／张博和，邓文俊著. —— [出版地不详]：中国西部科学院农林研究所，1947. ——从性状、气候及土壤、整土、播种、灌溉、施肥、排水等15个方面介绍西瓜的栽培方法. ——作者简介：张博和，原名世珍，四川江安县人，1932年曾被聘任兼善中学校长. ——书目来源：重庆图书馆

1949 年

重庆印度榕橡胶乳浆之周年分析 ／高国经，叶毓铭等编. —— [出版地不详]：[出版者不详]，1949.1. ——书目来源：华南农业大学图书馆

出版时间不详

重庆附近之药用植物及其繁殖法 ／于达准，席与增著. —— [出版地不详]：军政部军医署药苗种植场，[出版时间不详]. ——书目来源：国家图书馆、南京图书馆

江津之柑桔 ／陈方洁. —— [出版项不详]. ——书目来源：《永川县志》第940页

农艺科事业计划大纲 ／[作者不详]. ——重庆：四川中心农事试验场，[出版时间不详]. ——书目来源：南京图书馆

四川棉产资料 ／[作者不详]. —— [出版项不详]. ——抄本。有棉产估计（1935.9）、棉纺织业概况（1938）、棉田面积（1938）、各县平均皮棉产量（1938）、纤维长度表、天灾损失表（1927—1936）等内容. ——书目来源：重庆图书馆

四川省第三区各县征工修筑塘堰各项规则及注意事项（附各种格式）／[作者不详]. —— [出版项不详]. ——书目来源：重庆市档案馆

四川省农业改进所甘蔗试验场浅说 / 四川省农业所编. ——内江：四川省农业改进所，[出版时间不详]. ——书目来源：重庆图书馆

四川省战时增加粮食生产方案 / 四川省政府建设厅编. ——四川：四川省政府建设厅，[出版时间不详]. ——书目来源：重庆图书馆

四川西南部二十种林木之生长研究 / 郑止善编. ——四川：四川省农业改进所林业试验场，[出版时间不详]. ——书目来源：重庆图书馆

四川榨菜 / 傅益水著. ——[出版地不详]：教育部民众读物编审委员会，[出版时间不详]. ——书目来源：重庆图书馆

四川中心农事试验场农艺科事业计划大纲 / 四川中心农事试验场编. ——重庆：四川中心农事试验场，[出版时间不详]. ——书目来源：重庆图书馆

四川中心农事试验场畜产科事业计划大纲 / 四川中心农事试验场编. ——四川：四川中心农事试验场，[出版时间不详]. ——试验场址在巴县磁器口附近. ——书目来源：重庆图书馆

中美农业技术合作团关于北碚扶植自耕农示范区视察报告 / [作者不详]. ——[出版项不详]. ——书目来源：国家图书馆（存目）

◎T 工业技术

1924 年

车床木工 / （美）哥尔德（M. J. Golden）著；郭元梁译；任鸿隽校订. ——[出版地不详]：商务印书馆，1924. ——书目来源：湖北省图书馆、天津图书馆、四川邮电职业技术学院图书馆

1925 年

交流发电机 / 刘肇龙编. ——[出版地不详]：中国商务印书馆，1925—1928. ——作者简介：刘肇龙（1898—1972），原名兆龙，重庆北碚人. ——书目来源：《北碚地方志》第 545 页

水车学 / 刘肇龙编. ——[出版地不详]：中国商务印书馆，1925—1928

间.——书目来源：《北碚地方志》第 545 页

水力学 / 刘肇龙编.——［出版地不详］：中国商务印书馆，1925—1928 间.——书目来源：《北碚地方志》第 545 页

扬子江技术委员会第四期年终报告 / 扬子江技术委员会编.——南京：扬子江技术委员会，1925.——有弁言、测量报告。公布第 4 号.——书目来源：重庆图书馆、上海图书馆

直流发电机 / 刘肇龙编.——［出版地不详］：中国商务印书馆，约 1925—1928 间.——书目来源：《北碚地方志》第 545 页

/ 刘肇龙著.——上海：中华书局，1937.——分 13 章，介绍电机的构造和使用方法等。每章末附例题及练习题.——书目来源：重庆图书馆、国家图书馆

/ 刘肇龙著.——［出版地不详］：中华书局，1941.——书目来源：南京图书馆

1926 年

扬子江技术委员会第五期年终报告 / 扬子江技术委员会编.——南京：扬子江技术委员会，1926.——中英文本。有弁言、公牍摘要及测量报告等。附图表。公布第 5 号.——书目来源：重庆图书馆、国家图书馆、上海图书馆

1928 年

电气建国 / 赵松森编.——南京：电话总局，1928.——本书陈述了电气建国的计划.——作者简介：赵松森（？—1951），名宗汉，重庆大足人.——书目来源：重庆图书馆

1931 年

机枪原理 / 沈士麟.——［出版地不详］：［出版者不详］，1931.——作者简介：沈士麟（1899—1975），号芷人，笔名沈默士，重庆忠县人.——书目来源：《忠县志》第 698 页

考察四川化学工业报告 / 孙学悟著.——塘沽：黄海化学工业研究社，1931.——书目来源：重庆图书馆

／孙学悟著.——［出版地不详］：中国科学社，1931.——书目来源：《文史资料第 4 辑 孙学悟》（政协威海市环翠区文史资料研究委员会）

／孙学悟著.——塘沽：黄海化学工业研究社，1949.——原载《科学》杂志第 15 卷第 11 期第 1753—1762 页。丛编：研究报告.——书目来源：南京图书馆

1932 年

（綦江县）全县水利建设规划图 ／夏江秋.——［出版地不详］：［出版者不详］，1932 年规划图.——书目来源：《綦江县志》第 686 页

1933 年

水力 ／黄辉著.——［出版地不详］：中国工程师学会四川考察团，1933.——有四川水力概论和对灌县、长寿县等地的水力考察报告.——书目来源：重庆数字图书馆

1934 年

四川煤炭化验第一次报告 ／李乐元，徐崇林编.——［出版地不详］：大学出版社，1934.——书目来源：重庆数字图书馆

中国工程师学会四川考察团石油组考察四川石油之报告 ／陆贯一撰稿.——四川：中国工程师学会四川考察团石油组，1934.——书目来源：重庆图书馆、国家图书馆

1935 年

四川专号 ／赵正平编.——上海：新中国建设学会，1935.——《复兴月刊》第 3 卷第 6—7 期合刊.——书目来源：国家图书馆

1936 年

河工学讲义 ／曾鸿编.——成都：中央陆军军官学校成都分校土木工程训练班，1936.——内分绪论、河的通性、治河计划、防砂工、低水工、高水工、抢险工、复旧工、运河、灌溉共 10 章及附录.——作者简介：曾鸿（1884—1950），字仲湛，名仁恩，重庆潼南县人.——书目来源：重庆图书馆

四川水利初步计划／邵从燊著．——天津：鸿记华丰印字馆，1936．——书目来源：南京图书馆

／邵从燊著．——天津：荣华工程公司，1936．——书目来源：重庆图书馆

1937 年

犍为沫溪炼焦厂考察报告／李乐元著．——北碚：中国西部科学院理化研究所印行，1937.12．——书目来源：北碚区图书馆

四川煤炭之分析／李乐元编．——重庆北碚：中国西部科学院理化研究所，1937．——书目来源：复旦大学图书馆、南京大学图书馆

／李乐元编．——重庆北碚：中国西部科学院理化研究所，1937.3．——中国西部科学院理化研究所丛刊；第二号。自《中国化学工程杂志》第4卷第1期抽印。有煤样的分布、川煤分析结果、焦炭的分析、川煤的储量与产量等内容．——书目来源：上海图书馆

1938 年

导淮入江水道三河活动坝模型试验报告书／重庆经济部中央水工试验所编印．——[出版地不详]：[出版者不详]，1938.8．——书目来源：北碚区图书馆

四川煤炭分析续报／李乐元等著．——重庆北碚：中国西部科学院理化研究所，1938．——书目来源：南京大学图书馆

1939 年

川煤低温蒸馏试验／李乐元．——重庆：中国西部科学院理化研究所，1939．——书目来源：国家图书馆、西南政法大学图书馆

经济部矿冶研究所工作概况／经济部矿冶研究所编．——[重庆]：经济部矿冶研究所，1939．——书目来源：南京图书馆、国家图书馆

綦江工程概要／綦江工程局编．——綦江：綦江工程局，1939．——书目来源：重庆图书馆

四川长寿龙溪河水力发电厂拦河坝模型试验／经济部中央水工试验所编．——重庆：经济部中央水工试验所，1939．——书目来源：重庆图书馆

四川长寿龙溪河水力发电厂拦河坝模型试验报告书／经济部中央水工试验所编．——重庆：经济部中央水工试验所，1939．——书目来源：重庆数字图书馆

／［作者不详］．——重庆：经济部中央水工试验所，1939.2．——书目来源：上海图书馆、南京图书馆

四川綦江之土布业／赵永余，张宗弼，刘大钧．——［出版地不详］：［出版者不详］，1939.6．——书目来源：上海图书馆

四川省水利局概况／四川省水利局编．——成都：四川省水利局，1939．——书目来源：重庆图书馆

四川省水利局民国二十八的年度施政纲要／四川省水利局编．——成都：四川省水利局，［1939］．——书目来源：重庆图书馆

整理綦江工程概要／綦江工程局编．——綦江：綦江工程局，1939．——附书前有綦江工区图及施工照片．——书目来源：南京图书馆

1940 年

重庆郊外市场营造委员会工作报告：民国二十九年九月至三十年二月／重庆郊外市场营造委员会编．——重庆：重庆郊外市场营造委员会，1940．——有唐家沱市场施工经过、道路工程施工概况、房屋工程之施工概况、防空洞工程之施工概况、下水道与水井之施工概况、公构建筑工程之施工概况等内容．——书目来源：重庆图书馆

重庆市工务局工作报告：廿九年三月至八月／重庆市工务局编．——重庆：重庆市工务局，1940．——有两浮路工程、回龙乡公墓设计、城区道路系统计划、城区下水道、望龙门平民住宅计划、测量市区街道系统等内容．——书目来源：重庆图书馆

重庆市工务局工作报告：廿九年九月至三十年二月／重庆市工务局编．——重庆：重庆市工务局，1940．——有浮新路工程、大梁子至玉带街太平巷马路工程、较场口至南纪门太平巷马路工程、重庆市各区养路工程统计表、改善自来水公司业务等内容．——书目来源：重庆图书馆

重庆市营建委员会工作报告／重庆市营建委员会编．——［重庆］：［重庆

市营建委员会], 1940. ——有平民住宅之施工经过、唐家沱市场之施工经过、黄桷坪市场之施工经过、征租土地事项、租佃情形、经费收支情形等内容. ——书目来源：重庆图书馆

经济部矿冶研究所附设试验厂工作概况 / 经济部矿冶研究所编. ——[出版地不详]：经济部矿冶研究所, 1940. ——书目来源：国家图书馆

四川省石油调查报告 日文 / [陆贯一编]. ——[出版地不详]：中支建设资料委员会, 1940. ——编译汇报第16编一册. ——书目来源：重庆数字图书馆

1941 年

北碚市区建筑规则 / 北碚月刊社. ——[重庆]：三峡实验区署印行, 1941. ——北碚月刊3卷8号附刊. ——书目来源：北碚区图书馆

/ [作者不详]. ——[出版地不详]：[出版者不详], 1941.1. ——书目来源：重庆市档案馆

重庆市建筑规则 / 吴华甫编. ——重庆：重庆市工务局, 1941. ——附非常时期重庆市建筑补充规则. ——书目来源：重庆图书馆、国家图书馆、上海图书馆、南京图书馆、四川省图书馆

馥记营造厂重庆分厂成立三周年纪念册 民国三十年春 / 馥记营造厂重庆分厂编. ——重庆：馥记营造厂重庆分厂, 1941. ——书目来源：重庆图书馆、国家图书馆

国产造纸纤维之显微化学分析 / 张永惠, 李鸣皋编著. ——[出版地不详]：经济部中央工业试验所, 1941. ——中国造纸原料之研究 二 造纸原料. ——书目来源：国家图书馆

国产造纸原料之化学组成 / 张永惠著. ——重庆：经济部中央工业试验所, 1941, 再版. ——中国造纸原料之研究 一 并列正题名 Study of Chinese Paper Making Raw Materials 1. ——书目来源：南京图书馆、重庆图书馆

经济部中央水工试验所概况 / [经济部中央水工试验所]编. ——[重庆]：经济部中央水工试验所, [1941]. ——书目来源：南京图书馆、首都图书馆

经济部中央水工试验所水文测验规范 / 经济部中央水工试验所编. ——重庆：经济部中央水工试验所，1941. ——书目来源：国家图书馆

经济部资源委员会四川省政府万县水电厂三周年事业概况 / 万县水泥厂编. ——[出版地不详]：[出版者不详]，1941. ——书目来源：重庆图书馆

荣昌高桥泸县瓦厂间水力勘查纪实 / 苏孟守著. ——[出版地不详]：[出版者不详]，[1941]. ——民国二十九年五月下旬，四川省地质调查所的苏孟守在赴荣昌泸县间古佛山一带经过高桥铁厂时，从高桥沿濑溪河而下，直到泸县的瓦厂止，将调查所得，编写成这份水力勘察纪实。本书为《地质评论》抽印本. ——书目来源：重庆图书馆

杉木柏木碱法蒸煮之研究 / 张永惠等编著. ——重庆：经济部中央工业试验所，1941. ——中国造纸原料之研究 三 造纸. ——书目来源：国家图书馆

新食谱 第一册 重庆日常膳食种类数量成分表 / 任邦哲，林园镐编. ——重庆：行政院营养改进运动，1941. ——书目来源：南京图书馆、重庆图书馆、国家图书馆

手工制造锅炉 / 顾毓琭等编著. ——[出版地不详]：经济部中央工业试验所，1941. ——并列正题名 Handicraft manufacturing of builers. ——书目来源：南京图书馆、湖南图书馆、国家图书馆

铁盐鞣革初步研究报告 / 杜春晏，黎煜明著. ——[出版地不详]：经济部中央工业试验所，1941. ——书目来源：南京图书馆、重庆图书馆、国家图书馆

中国工程师学会重庆分会会员通讯录 / 中国工程师学会编. ——重庆：中国工程师学会重庆分会，1941. ——书目来源：重庆图书馆

中建电机制造厂重庆分厂电气器材出品一览表 / 中建电机制造厂重庆分厂订. ——重庆：中建电机制造厂重庆分厂，1941. ——本表内的品种有马达起动器、油开关、低压刀开关等. ——书目来源：重庆图书馆

1942 年

本所制革工业之研究与试验 / 杜春晏著. ——重庆：经济部中央工业试验所，1942. ——并列正题名 Study of tanning industry by the national bureau of industrial research. ——书目来源：国家图书馆

重庆市工务局工作报告　三十年九月至三十一年二月 / 重庆市工务局编. ——重庆：重庆市工务局，1942. ——此份是重庆市公务局三十年九月到三十一年二月的工作报告。有工程（新路工程、改善工程、养路工程、杂项工程）、公用（交通、水电、公园及其他）、营造、测量与设计等内容. ——书目来源：重庆图书馆

大中大华二闸坝竣工纪念册 / 导淮委员会綦江水道工程局编. ——［出版地不详］：导淮委员会綦江水道工程局，1942. ——内容有綦江工区图、水道工程说略、计划大纲等. ——书目来源：重庆图书馆

国立中央研究院工程研究所民国三十一年度工作概要 / ［作者不详］. ——［重庆］：国立中央研究院工程研究所，［1942］，油印本. ——书目来源：国家图书馆

经济部矿冶研究所四年来之工作概况 / 经济部矿冶研究所编. ——［出版地不详］：经济部矿冶研究所，1942. ——书目来源：国家图书馆

盐碱试验室概况 / 戈福祥著. ——重庆：经济部中央工业实验室，1942. ——书目来源：重庆图书馆、国家图书馆

战后都市计划导论 / 郑梁. ——重庆：新建筑社，1942. ——全书分为"挽近都市计划的二大主潮"、"论都市人口的集散"、"论战后都市计划"三篇。并附录"三十年来之中国市政工程"、"论陪都建设计划的二大要点". ——书目来源：重庆图书馆、西南大学图书馆

1943 年

防毒木门门幕制造图 / 韩儒倬设计；航空委员会防空总监部编. ——［出版地不详］：航空委员会防空总监部，［1943］. ——重庆防空洞防毒门幕检验纪要. ——书目来源：首都图书馆

工业建设问题 / 翁文灏等讲. ——［出版地不详］：中央训练团，1943.12. ——中央训练团党政训练班讲演录. ——书目来源：重庆图书馆、上海图书馆、南京图书馆、四川省图书馆

抗战六年来我国工业技术之进步 / 中国工业经济研究所编. ——［出版地

不详]：中国工业经济研究所，1943.——书目来源：吉林省图书馆、重庆图书馆、国家图书馆、上海图书馆采编中心

木材草类碱法蒸煮及漂白之研究 / 张永惠，洪盈编著.——[出版地不详]：经济部中央工业试验所，1943.——中国造纸原料之研究 四 造纸.——书目来源：国家图书馆

四川省水利之进展 / 四川省政府建设厅秘书室编审股主编.——四川：四川省政府建设厅秘书室编审股，1943.——概述该省在灌溉、航运、水力、防洪及新兴水利工程等方面的进展情况。附四川都江堰水利概要、四川省旧有各大堰概况表.——书目来源：重庆图书馆、国家图书馆（缩微）

四川手工纸业调查报告 / 钟崇敏等编撰.——重庆：中国农民银行经济研究处，1943.——概述该省夹江、铜梁、梁山、广庆四县手工纸业生产情况，包括种类、品质、产量、销区、成本、价格、纸业贷款等项内容.——书目来源：重庆图书馆、南京图书馆、四川大学图书馆

/ 钟崇敏等编撰.——重庆：中国农民银行经济研究处，1943.2.——书目来源：上海图书馆

/ 钟崇敏.——重庆：中国农民银行经济研究处，1943.6.——书目来源：南京图书馆

天府煤矿概况 / 天府矿业股份有限公司编.——重庆：大东书局，1943.——书目来源：重庆图书馆

/ 天府矿业股份有限公司编.——重庆：大东书局，1944.——书目来源：南京图书馆、四川省图书馆

/ 天府矿业股份有限公司编.——重庆：天府矿业股份有限公司，1944.1.——书目来源：北碚区图书馆、重庆中国三峡博物馆

我国盐业所用钢绳及试造之研究 / 吴有荣著.——重庆：经济部中央工业试验所，1943.——并列题名：The Study of the steel wire Ropes for our Solt Administration And Its Manufacturing.——书目来源：重庆图书馆

中国矿冶工程学会会员录 / 中国矿冶工程学会编.——重庆：中国矿冶工程学会，1943.——书目来源：国家图书馆

中央水利实验处概况 / 中央水利实验处编 . —— [南京]：中央水利实验处，1943，油印本 . ——书目来源：国家图书馆

中央水利实验处河工实验区计划书 / [中央水利实验处] . —— [出版地不详]：中央水利实验处，[1943]，油印本 . ——书目来源：国家图书馆

1944 年

重庆沙坪坝小龙坎给水工程初步计划书 / [区庆洪] 计划 . —— [重庆]：行政院水利委员会水利示范处，1944. ——晒印本 . ——书目来源：国家图书馆

重庆市工业普查报告 / 重庆市政府编 . ——重庆：重庆市政府，1944. ——本辑分三篇，有普查之方法及经过、各分业概述、统计表等内容 . ——书目来源：重庆图书馆

/ 重庆市政府编 . ——重庆：重庆市政府，1944.6. ——第一辑：纺织业 . ——书目来源：南京图书馆

大常闸坝竣工纪念册 / 张伦官编 . —— [出版地不详]：导淮委员会綦江水道工程局，1944. ——有綦江工区图、綦江水道工程说略、大常闸坝主要工程及材料数量统计表、智仁勇信严中华七闸主要工程数量统计表等 . ——书目来源：重庆数字图书馆

大足县道工程监工手册 / 大足县筑路委员会编印 . —— [重庆]：[大足县筑路委员会]，1944.1. ——书目来源：北碚区图书馆、重庆市档案馆

第一区机器工业同业公会会员工厂出品一览 / 第一区机器工业同业公会 . —— [出版地不详]：第一区机器工业同业公会，1944. ——书目来源：重庆图书馆、重庆市档案馆

炼铝专刊 / 朱玉仑等著；重庆经济部矿冶研究所编 . —— [出版地不详]：[出版者不详]，1944 . ——书目来源：广东省立中山图书馆

龙溪河水力发电工程 / 资源委员会龙溪河水力发电厂工程处编 . —— [出版地不详]：资源委员会龙溪河水力发电厂工程处，1944.5. ——书目来源：重庆图书馆、重庆市档案馆

南川农田水利查勘报告 / [作者不详] . ——重庆：南川隆化印刷所，1944. ——书目来源：重庆图书馆

蒸汽莫理耳图解 / 金锡如绘制 . —— 重庆：[国立重庆大学机械系]，1944 . —— 作者简介：金锡如（1905—2001），辽宁人，1934—1949 年在重庆生活。1939 年后任教于重庆大学 . —— 书目来源：重庆图书馆

中国工程师学会大渡口分会工程讨论（第 2 集） / 杨继曾 . —— 重庆：钢铁厂迁建委员会，1944 . —— 书目来源：重庆图书馆

中国工业化的轮廓 / 翁文灏著 . —— 重庆：中周出版社，1944.9 . —— 内有中国工业化的目的、以农立国以工建国并行不悖、中国民族能力是否胜任、天然富源是否容许工业化、建设区域的问题、规模及所需之资金、战后工业政策的原则、中国工业政策纲要试拟案、建设应有的精神等内容 . —— 书目来源：重庆图书馆、上海图书馆、四川省图书馆

中央水利实验处第一第二两水利查勘队三十二年度查勘报告书 / [作者不详] . —— [出版地不详]：中央水利实验处，1944，油印本 . —— 书目来源：国家图书馆

1945 年

翻砂座谈会录（第一届第一期） / 兵工署翻砂座谈会编 . —— 重庆：重庆钢铁厂迁建委员会，1945.3 . —— 书目来源：北碚区图书馆

抗战以来之重庆制革工业 / 徐崇林著 . —— 重庆：第一区制革工业同业公会，1945 . —— 书目来源：重庆图书馆

普通冶金学 / 蒋导江著 . —— 重庆：商务印书馆，1945 . —— 作者简介：蒋导江（1903—1984），湖北人，1943—1949 年在重庆生活 . —— 书目来源：重庆图书馆

/ 蒋导江著 . —— 重庆：商务印书馆，1946 . —— 书目来源：重庆图书馆

/ 蒋导江著 . —— 上海：商务印书馆，1947 . —— 书目来源：南京图书馆

扬子江水利委员会十年来之工作概况 / 扬子江水利委员会编 . —— [出版地不详]：扬子江水利委员会，1945 . —— 介绍该会十年来在查勘、测量、计划及工程等方面的工作情况 . —— 书目来源：重庆图书馆

1946 年

重庆煤气制造厂计划 / 罗冕设计 . —— [出版地不详]：中国工矿建设公

司，1946.——书目来源：重庆图书馆

经济部矿冶研究所燃料专刊／朱玉仑等编著.——北碚：经济部矿冶研究所，1946.——书目来源：国家图书馆

开发四川省水利计划大纲／［作者不详］.——［出版地不详］：［出版者不详］，［1946］.——1946年，郑献征、彭勋武、王介祺等积极倡导，争取将玉滩建库工程列入《开发四川省水利计划大纲》.——作者简介：郑献征（1900—1969），名琛瑞，号献征，重庆荣昌县人.——书目来源：《荣昌县志》第1040页

三十年来之中国工程 中国工程师学会三十周年纪念刊／中国工程师学会编，吴承洛总编.——［出版地不详］：中国工程师学会，1946.8，初版.——书目来源：嘉兴学院图书馆

／中国工程师学会编，吴承洛总编.——南京：京华印书馆1946，再版.——书目来源：天津图书馆、成都图书馆、贵州省图书馆等有藏

／中国工程师学会编，吴承洛总编.——［出版地不详］：中国工程师学会，1948.1，再版.——书目来源：重庆图书馆

瓦特小时记／（美）O. J. Bush 著；庄标文，杨肇燫编译.——上海：电工图书出版社，1946.——作者简介：杨肇燫（1898—1974），曾用名杨季潘、杨寄凡，重庆潼南县人.——书目来源：辽宁省图书馆、重庆图书馆、天津图书馆、国家图书馆、首都图书馆

／（美）O. J. Bush 著；庄标文，杨肇燫编译.——上海：电工图书出版社，1947，再版.——书目来源：首都图书馆

1947 年

长江三峡水利工程计划／行政院新闻局编.——［出版地不详］：行政院新闻局，1947.——三十三年五月，资源委员会聘请美国垦务局总设计师萨凡奇博士考察三峡水利资源后，编写了这本长江三峡水利工程计划书。此书大部分根据张光斗的《扬子江三峡水力发电计划筹备经过》，茅荣林的《YVA与今后建国》（三十五年十二月二日中央日报载）、《YVA与中国民主》（三十六年四月十七日中央日报载），侯德封的《两个YVA水利工程的侧面观》（三十六年

三月三十一日大公报载）编辑而成。主要分为前言、工作的进行、工程完成后预期的收获、结论四个方面。附张光斗《扬子江三峡水力发电计划筹备经过》和十张工程计划图. ——书目来源：重庆图书馆、上海图书馆、南京图书馆、四川省图书馆

重庆下水道工程／罗竟忠，张人俊合著. ——重庆市下水道工程处发行，1947. ——民国三十五年六月成立下水道工程筹备处，以罗竟忠为处长，毛里尔博士为顾问，同年十月正式开工，一期工程顺利完成。该书讲述重庆市下水道工程的沿革、资料搜集和整理、设计原则和采用根据、沟渠标准断面的设计、下水道附属建筑物与附属工程、旧有沟渠与新建下水道的系统、施工、下水道的使用与管理、组织及经费等。后附录有土石方工程规范书、建筑工程合同等16点和本书主要附图号名称对照表56张。书前有人物和工程现场的摄影图、重庆市下水道工程处下水道路线图. ——作者简介：罗竟忠（1903—1975），新津县人. ——书目来源：重庆图书馆、上海图书馆

电气事业／行政院新闻局编. ——［出版地不详］：行政院新闻局印，1947.7. ——书目来源：Stanford University（斯坦福大学）图书馆、复旦大学图书馆、贵州大学图书馆、上海社会科学院图书馆、广东省立中山图书馆

电信事业／行政院新闻局编. ——［出版地不详］：行政院新闻局印，1947.8. ——书目来源：Stanford University（斯坦福大学）图书馆、复旦大学图书馆、上海社会科学院图书馆、浙江大学图书馆

濑溪河水利工程勘测设计报告概要／郑献征批准，省水利局编. ——［出版地不详］：［出版者不详］，1947. ——书目来源：《荣昌县志》第1040页

陪都十年建设计划草案／陪都建设计划委员会编. ——重庆：陪都建设计划委员会，1947. ——重庆市市长张笃伦延揽国内外专家及社会贤俊，于民国三十五年二月组织陪都建设计划委员会，展开了大规模的调查工作，为草拟计划收集参考资料，穷三月之力，始成此草案。草案分为总论、人口分布、工商分析、土地重划、绿地系统、卫星市镇、交通系统、港务设备、公共建筑、居室规则、卫生设施、公用设备、市容整理、教育文化、社会事业和计划实施16部分，其轮廓以半岛为中心，沿江两岸60平方公里为本体，延及300平方公里之

全市，其项目首为交通，次为卫生，再次为市民福利设施。该书有大量图表，书前附张群、吴华甫等人所撰之序言六篇及胡子昂、傅光培等人的题词．——书目来源：重庆图书馆、上海图书馆、四川大学图书馆、广西壮族自治区图书馆

／陪都建设计划委员会．——重庆：陪都建设计划委员会，1947.7．——书目来源：上海图书馆

／陪都建设计划委员会著．——［出版项不详］．——书目来源：南京图书馆

扬子江、滦河、白河干支流堵口复堤工程 ／行政院新闻局编．——［出版地不详］：行政院新闻局，1947．——有扬子江口复堤工程计划，江汉干支堤堵口复堤工程，滦、白河水系堵口复堤工程等内容．——书目来源：重庆图书馆、国家图书馆、南京图书馆、四川省图书馆

以乙醇为溶剂测定植物油裂化产品碘价试验 ／彭光钦，温天时著．——重庆：经济部重庆工业试验所，1947．——作者简介：彭光钦（1906—1991），重庆长寿县人．——书目来源：国家图书馆（存目）

以乙醇为溶剂测定植物油裂化产品碘价之试验 ／彭光钦著．——重庆：经济部重庆工业试验所，1947．——书目来源：南京图书馆

1948 年

重庆市工业会会员名册 重庆市工业会成立大会提要 ／重庆市工业会筹备会编．——重庆：重庆市工业会筹备会，1948．——书目来源：重庆图书馆

工商部重庆工业试验所三十七年度工作概况 ／工商部重庆工业试验所编．——重庆：工商部重庆工业试验所，［1948］．——民国十七年，工商部为改良工业技术，鉴定工业成品，筹设了中央工业试验所，并于十九年正式成立。抗战时期，该所迁到重庆，战后，重庆在原有基础上，通过改组，于三十六年十二月成立重庆工业试验所。主要是研究工业原料，改良工业技术，鉴定工业成品，并研究改良结果，付诸试验与制造。本概况主要介绍该所三十七年度的沿革、任务、组织、各试验室的工作、各实验工厂的工作、技术咨询、工业资源之调查及技术资料的收集、出版等情况。附录：该所现有职员名册．——书目来源：重庆图书馆

/工商部重庆工业试验所编.——重庆：工商部重庆工业试验所，[出版时间不详].——书目来源：重庆图书馆

工商部重庆工业试验所研究专报 第九号分子之形态与行为二 水分子之聚合 /彭光钦，张而慈编.——重庆：工商部重庆工业试验所，1948.——书目来源：国家图书馆

工商部重庆工业试验所研究专报 第十号由农村副产物制造糠醛产量之比较/ 彭光钦著.——重庆：工商部重庆工业试验所，1948.——书目来源：南京图书馆、国家图书馆

工商部重庆工业试验所研究专报 第十二号桐硷制纯硷之研究/ 彭光钦著.——重庆：工商部重庆工业试验所，1948.——书目来源：南京图书馆

工商部重庆工业试验所研究专报合订本/[工商部重庆工业试验所编].——重庆：工商部重庆工业试验所，1948.——第八号：用折光滤测定汽油内芳香族烃之含量（刘言明）。第十一号：分子之形态与行为（三）盐类分子离子在任何浓度溶液中之显示容积（彭光钦、张尔慈）.——书目来源：国家图书馆

工业改进论文集 / 彭光钦著.——重庆：工商部重庆工业试验所，1948.——辑入论文9篇。《论四川工业建设》、《中国工业的遭遇和出路》、《突破经济难关》、《薪资问题的严重性》、《公用事业的危机》、《论生产贷款》、《培育工业人才》、《宜速设立生产局》、《重庆区工业上的几个现实问题》.——书目来源：重庆图书馆

陪都嘉陵江大桥修建筹款计画书 / 陪都嘉陵江大桥修建筹备处编.——重庆：陪都嘉陵江大桥修建筹备处，1948.——出版年、月据卷首弁言.——书目来源：重庆图书馆、国家图书馆

四川长寿龙溪河水力发电厂拦河坝模型试验报告书 /姚琢之，姜国干，俞世煜，蒋彭年，严镜海，李葆鉴.——南京：中央水利实验处水工报告编辑委员会，1948.5.——书目来源：上海图书馆

四川长寿桃花溪水电厂暗渠及引水管水流情形之探讨/ 姚琢之，姜国干，俞世煜，蒋彭年，严镜海，李葆鉴.——南京：中央水利实验处水工报告编辑

委员会，1948.5.——书目来源：上海图书馆

四川长寿县剪岗坝油苗简报/ 谢家荣.——前矿产测勘处临时报告第44号，1948.——书目来源：《中国地质文献目录 1940—1955·第1编·国内及日本书刊部分》第470页

四川江北郭家沱虹吸溢道模型试验报告书/ 姚琢之，姜国干，俞世煜，蒋彭年，严镜海，李葆鉴.——南京：中央水利实验处，1948.5.——书目来源：上海图书馆

扬子江小南海滩模型试验报告书/ 姚琢之，姜国干，俞世煜，蒋彭年，严镜海，李葆鉴.——南京：中央水利实验处，1948.5.——书目来源：上海图书馆

用折光率测定汽油内芳香族烃之含量 / 刘言明著.——重庆：工商部重庆工业试验所，1948.——书目来源：南京图书馆

由农村副产物制造糠醛产量之比较试验 / 彭光钦，温天时著.——重庆：工商部重庆工业试验所，1948.——书目来源：国家图书馆

渝工 / 经济部重庆工业试验所编.——［出版地不详］：［出版者不详］，1948.——书目来源：中国书网

蒸馏塔塔面积计算公式之拟定及蒸馏塔内计算蒸气速度之修正 / 黄彬文著.——重庆：经济部重庆工业试验所，1948.——书目来源：重庆数字图书馆

出版时间不详

一九四七年度西南水利工程概况 /［作者不详］.——［出版项不详］.——内收《各省贷款举办农田水利工程》《各航运整理工程》《修复船闸工程》《綦江航行出险情形》《开发水力工程》《各测量队测量成绩》等文章.——书目来源：重庆图书馆

重庆园林风景：［图集］/［作者不详］.——重庆：重庆市园林管理局，［出版时间不详］.—— 英文题名：Garden's scenery of Chongqing.——书目来源：上海图书馆

电相传真 / 成善谋翻译.——［出版项不详］.——作者简介：成善谋（1917—1949），四川合江县人，曾生活在重庆.——书目来源：《四川省志 人

物志》第 823 页

改良炼铁计划书／夏江秋．——［出版项不详］，1920—1924 年呈农商部、农矿部审核．——书目来源：《綦江县志》第 686 页

改良四川纸业之初步／顾鹤皋著．——四川：陆军二十一军中心工业试验所，［出版时间不详］．——作者简介：顾鹤皋（1904—1958），重庆铜梁县人．——书目来源：重庆图书馆

建设四川水利复兴中华民族／何北衡著．——［出版项不详］．——作者简介：何北衡（1896—1972），字恩枢，四川省德阳市罗江县人。1925 年，何北衡回重庆后，任王陵基江巴卫戍司令部的顾问。1926 年曾出任巴县知事（县长），后担任川东团务委员会主任委员。1928 年，担任川江航务管理处副处长，次年继任航务处长．——书目来源：重庆图书馆

聚兴诚银行自制电报简码／聚兴诚银行编．——［出版地不详］：聚兴诚银行，［出版时间不详］．——书目来源：重庆图书馆

龙溪河水力发电厂工程处工作报告（二十八、二十九、三十年度）／［作者不详］．——［出版项不详］．——书目来源：重庆市档案馆

龙溪河水力工程概况／［作者不详］．——［出版项不详］．——书目来源：重庆市档案馆

陪都建设计划初步草案提要／［作者不详］．——［出版项不详］．——书目来源：重庆市档案馆

四川省之棉织工业／赵循伯著．——［出版项不详］．——书目来源：重庆数字图书馆

天府矿厂建造洗炼设备概况／俞丐麟撰．——重庆：北碚天府煤矿，［出版时间不详］，油印本．——书目来源：北碚区图书馆

蓄电池／成善谋翻译．——［出版项不详］．——书目来源：《四川省志 人物志》第 823 页

中国工程师学会四川考察团报告／中国工程师学会编．——甘肃：中国工程学会，［出版时间不详］．——此书为中国工程师学会 1934 年 4 月赴川实地考察后而编写的报告书。收入照片甚多。文字部分包括公路、铁道、水利、水力、

电力、电讯、纺织、糖业、药物制造、地质煤铁概论、煤矿、石油、火井、盐业、钢铁、铜矿、水泥、油漆等方面的 18 篇调查报告，分别由赵履祺等 20 余人执笔。卷首有《筹备经过及考察行程》（恽震）一文. ——书目来源：重庆图书馆、国家图书馆

中国后方各省工业统计 / 李紫翔主编. —— ［出版项不详］. ——作者简介：李紫翔，安徽泾县人，在重庆购买政府经济部统计处工作期间主编. ——书目来源：《四川省志 人物志》第 669 页

中国全国工业协会重庆市分会会员名录 / ［作者不详］. —— ［出版项不详］. ——本名录有公司或厂矿名称、负责人、厂矿地址、办事处地址、电话五项。重庆市分会共有 348 名会员加入. ——书目来源：重庆图书馆

◎U 交通运输

1920 年

扬子江宜昌至重庆航道船长手册（Handbook for the Guidance of Shipmasters on the Ichang – Chungking Section of the Yangtze River）／（英）山缪尔·康奈尔·蒲兰田（Samuel Cornell Plant）著. ——上海：中国海关总税务司，1920（Shanghai：Statistical Dept. of the Inspectorate General of Customs，1920）. ——作者简介：山缪尔·康奈尔·蒲兰田（Samuel Cornell Plant，又译为"薄蓝田"和"普兰田"，1866—1921），英国商人，冒险家，清末随立德乐来华。清光绪二十六年（1900 年），蒲兰田驾驶蒸汽轮船成功穿越长江三峡，到达重庆，成为驾驶轮船打通湖北宜昌到重庆的长江上游（川江）航道的第一人。他为近代川江航运的开发做出了巨大贡献. ——书目来源：上海图书馆、英国国家图书馆

1923 年

川江图说集成 二卷 / 杨宝珊撰. ——重庆：中西书局，1923，石印本. ——二册。后附重庆万县分关章程、川江行船免碰章程、轮船悬灯说明书图、川江标杆救生船图. ——作者简介：杨宝珊，重庆江北人，川江轮船公司发起人之一. ——书目来源：北京师范大学图书馆、清华大学图书馆、复旦大学图书馆

1926 年

扬子江三峡一瞥（Glimpses of the Yangtze Gorges）/（英）山缪尔·康奈尔·蒲兰田（Samuel Cornell Plant）著.——上海：别发印书馆，1926（Shanghai: Kelly & Walsh, 1926）.——书目来源：上海图书馆、英国国家图书馆

1929 年

治下河水论一卷/（清）张鹏翮撰.——陈恒和扬州丛刻本，1929—1934.——《扬州丛刻》第七册.——书目来源：云南省图书馆

1931 年

川广铁道路线初勘报告 中英文本/丁文江，曾世英著.——［出版地不详］：实业部地质调查所、国立北平研究院地质学研究所，1931.11.——记述重庆—灰笋—迁江路线的地质、地貌情况，初勘的经过和方法.——书目来源：广东省立中山图书馆、贵州省图书馆、天津图书馆、中国社会科学院图书馆、吉林省图书馆

1932 年

綦渝公路线路图：测绘图/夏江秋.——［出版地不详］：［出版者不详］，1932.——书目来源：《綦江县志》第686页

引擎使用法 引擎专科 汽车驾驶法 汽车专科/赵慰祖编；冷雪樵校订.——上海：少年用品供应社，1932.——书目来源：国家图书馆

1934 年

四川陆上交通规划书/四川公路总局工务处制.——四川：四川公路总局工务处，1934.——内分前后两编：前编介绍道路网之设计，成万、成渝、渝陕、渝鄂等干线，梁石、长酉等支线，联络线的分布；后编介绍工程标准，工程经费估计以及分期建筑程序。附四川工路总局工程标准.——书目来源：重庆图书馆

1936 年

成渝铁路工程局包工章程/［作者不详］.——［出版地不详］：［出版者

不详], 1936. 10. ——书目来源：重庆市档案馆

成渝铁路工程局混凝土工程规范书 / [作者不详] . —— [出版地不详]：[出版者不详], 1936. 10. ——书目来源：重庆市档案馆

成渝铁路工程局铁路用地测量规程 / [作者不详] . —— [出版地不详]：[出版者不详], 1936. 11. ——书目来源：重庆市档案馆

成渝铁路工程局土石方工程规范书 / [作者不详] . —— [出版地不详]：[出版者不详], 1936. 10. ——书目来源：重庆市档案馆

成渝铁路工程局砖石工程规范书 / [作者不详] . —— [出版地不详]：[出版者不详], 1936. 10. ——书目来源：重庆市档案馆

成渝铁路工程局砖石工程规范书 / 成渝铁路工程局编 . —— [出版地不详]：成渝铁路工程局, 1936. ——有灰浆、砌石工程、普通方整砌石、特种方整砌石 8 个方面的内容 . ——书目来源：重庆图书馆

乘客须知 / 民生实业股份有限公司编 . ——重庆：民生实业股份有限公司, 1936. ——书目来源：重庆图书馆

1937 年

成渝铁路工程局房屋工程规范书 / [作者不详] . —— [出版地不详]：[出版者不详], 1937. 2. ——书目来源：重庆市档案馆

成渝铁路工程局土石方工程规范书 / [作者不详] . —— [出版地不详]：[出版者不详], 1937. 1. ——书目来源：重庆市档案馆

川江水道与航行 / 盛先良编著 . ——上海：编者自刊, 1937. ——本书多取材于（英）卜兰田所著 *Handbook for the guidance of shipmasters on the lchang - Chungking section of the yangtze river*（川江航行指南），中国航海学社（经售）。介绍川江航道各种自然条件、轮船情况、航标设置、引水员配备等。附万国海上航行避碰章程、渝叙间各地距离表、叙嘉间各地距离表、英尺与公尺对照表 . ——书目来源：中国科学院地理科学与资源研究所图书馆、中国社会科学院图书馆

金家崖王爷庙蜂窝子汤家沱铜罐驿郑家梁朱杨溪隧道工程补充说明书 / 铁道部成渝铁路工程局 . —— [出版地不详]：铁道部成渝铁路工程局,

1937. ——书目来源：重庆图书馆

扬子江航业 / 朱建邦著. ——上海：商务印书馆，1937. ——内分6编。论述长江的地理形势、水利状况，长江流域各运河及其他交通道路，上海、汉口等各重要商埠及航运、航业的进展，并阐述该流域的经济、交通与法律、商业政策的关系。此书原著为德文，曾刊于《东方舆论》杂志. ——书目来源：重庆图书馆、国家图书馆

/ 朱建邦著. ——上海：商务印书馆，1937.2. ——书目来源：上海图书馆、南京图书馆

1938 年

成渝铁路工程局津溪总段第三分段土石方工程承判单 / ［作者不详］. ——［出版地不详］：［出版者不详］，1938.7.24. ——书目来源：重庆市档案馆

川滇铁路宁冕支线叙昆干线西会支线测勘总报告书 / 刘宗涛编. ——［出版地不详］：编者刊，1938. ——书目来源：重庆图书馆

三年来之西南公路 ［1938］ / ［作者不详］. ——［出版地不详］：［出版者不详］，1938. ——书目来源：嘉兴学院图书馆

西南交通要览 / 西南导报社编. ——重庆：西南导报社，1938. ——书目来源：重庆图书馆

/ 西南导报社编. ——桂林：西南导报社，1939. ——书目来源：国家图书馆

/ 西南导报社编. ——重庆：西南导报社，1939，再版. ——书目来源：重庆图书馆

/ 西南导报社编. ——重庆：西南导报社，1939，3版. ——书目来源：重庆图书馆、南京图书馆

/ 西南导报社编. ——［出版地不详］：西南导报社，1939，3版. ——书目来源：南京图书馆

1939 年

嘉陵江水道查勘报告 / 经济部编. ——重庆：经济部，1939. ——书目来

源：国家图书馆

1940 年

三年来之西南公路 / 交通部西南公路管理处编订 . ——贵阳：交通部西南公路管理处，1940. ——书目来源：贵州省图书馆

/ 交通部西南公路管理处编订 . ——［出版地不详］：交通部西南公路管理处，［1940］. ——民国二十七年至二十九年。此书辑录大量档牍文书。内容分 11 章。除首 2 章介绍接管湘、黔、川、桂及滇川湘干线的经过，统一西南公路管理、建立管理机构的史实外，其余各章详述该路全线自成立统一管理机关三年来的道路工程建设、运输业务、机务、财务、路政、通讯、员工训练、福利等各方面的情况。附录：此书所引用的规章、办法、统计表等附件的索引 . ——书目来源：重庆图书馆

/ 交通部西南公路管理处编订 . ——［出版地不详］：交通部西南公路管理处，［出版时间不详］. ——书目来源：重庆图书馆、上海图书馆

四川綦江船闸模型试验报告书 / 经济部中央水工试验所编 . ——重庆：经济部中央水工试验所，1940. ——书目来源：重庆图书馆、贵州省图书馆

/ 经济部中央水工试验所编 . ——重庆：经济部中央水工试验所，1940.10. ——书目来源：上海图书馆、南京图书馆

1941 年

交通部綦江铁路工程处职员通讯录 / 交通部綦江铁路工程处编 . ——綦江［重庆］：交通部綦江铁路工程处，1941. ——有处长室、总务课、会计课、第一测量队等部门的职员通讯录 . ——书目来源：重庆图书馆

1942 年

最近之交通 / 张嘉璈讲 . ——［重庆］：中央训练团党政训练班，1942. ——中央训练团党政训练班讲演录 . ——书目来源：重庆图书馆、南京图书馆、吉林省图书馆、国家图书馆

1943 年

重庆市附近交通详图 / 金擎宇，阮国梁编制 . ——重庆：重庆求知图书社，

1943.——书目来源：国家图书馆

最近之交通/曾养甫讲.——［出版地不详］：中央训练团党政训练班，1943.——中央训练团党政训练班讲演录.——书目来源：国家图书馆

四川公路局报告/牛锡光著.——成都：四川公路局，1943.——书目来源：重庆图书馆

/牛锡光著.——成都：四川公路局，1944.——书目来源：重庆图书馆

1944 年

四川公路局报告/四川公路局编.——成都：四川公路局，1943.——书目来源：重庆图书馆

/四川公路局编.——成都：四川公路局，1944.——书目来源：重庆图书馆

西南公路史料/交通部公路总局西南公路工务局编.——［出版地不详］：交通部公路总局西南公路工务局，1944.——书目来源：重庆图书馆

中国的运河/史念海著.——重庆：史学书局，1944.——作者简介：史念海（1912—2001），字筱苏，山西平陆县东太臣村人。1941—1946年生活在重庆.——书目来源：重庆图书馆、上海图书馆、南京图书馆、贵州省图书馆

1945 年

长江上游宜渝段航行指南/民生实业公司编.——重庆：民生实业公司，1945.——有上水正常航线、下水正常航线、特殊水道、锚位、历年重大海损表、长江上游航行章程等内容.——书目来源：重庆图书馆

1946 年

成渝铁路工程局包工章程/［作者不详］.——［出版地不详］：［出版者不详］，1946.10.——书目来源：重庆市档案馆

成渝铁路工程局工程招标章程/成渝铁路工程局编.——［出版地不详］：成渝铁路工程局，1946.——内有工程招标章程、包工章程、砖石工程规范书、混凝土工程规范书等内容.——书目来源：重庆图书馆

成渝铁路工程局混凝土工程规范书/［作者不详］.——［出版地不详］：

[出版者不详]，1946.10.——书目来源：重庆市档案馆

成渝铁路工程局隧道工程规范书 ／［作者不详］.——［出版地不详］：[出版者不详]，1946.10.——书目来源：重庆市档案馆

成渝铁路工程局土石方工程规范书 ／［作者不详］.——［出版地不详］：[出版者不详]，1946.10.——书目来源：重庆市档案馆

成渝铁路工程局砖石工程规范书 ／［作者不详］.——［出版地不详］：[出版者不详]，1946.10.——书目来源：重庆市档案馆

交通警察手册 ／重庆市警察局编.——重庆：重庆市警察局，1946.——这是重庆市警察局在中华民国三十五年一月编印的交通警察手册，主要分交通警察的意义、交通警察的目的、交通警察服务要则、交通手势、交通管理及取缔事项、关于紧急事故的处置等部分。后附有违警罚法有关交通的条款、刑法有关交通的条款。这份手册的编写，是为了防止交通上发生危害，维持秩序，增进交通便利，保护交通设备，维护人民的交通安全、正确、愉快、迅速等。这有利于交通道路的正常运行和百姓的生命财产安全，也便利了交警处理各种问题，是重庆交通史上的一个进步.——书目来源：重庆图书馆

十五年来之交通概况 ／［作者不详］.——［出版地不详］：［出版者不详］，1946.——书目来源：西南大学图书馆

1947 年

长江区江湖航线公里里程表 ／交通部长江区航政局编.——［出版地不详］：交通部长江区航政局，1947.——书目来源：重庆图书馆

／交通部长江区航政局编.——［出版地不详］：交通部长江区航政局，1948.——全长江区航线里程表分川江、宜沪、湖南、湖北、江西等七区编订.——书目来源：重庆数字图书馆

成渝铁路工程局总工程司训示 ／邓益光编.——［出版地不详］：［成渝铁路工程局］，1947.——有分段工程司之职责，监造工程人员对于包工应持之态度，工程司通知书之用法，施工时注意要点等内容.——书目来源：重庆图书馆

中国战时交通史 ／龚学遂编.——［出版地不详］：商务印书馆，

1947. ——书目来源：西南大学图书馆、西南政法大学图书馆

1948 年

成渝铁路工程进展概况 /［作者不详］. ——［出版地不详］：［出版者不详］，1948. ——介绍了成渝铁路工程之沿革、民国二十五年测量经过、各项工程设计概要、成渝铁路在经济上的价值等. ——书目来源：重庆图书馆

汉渝公路汽车渡船模型试验报告书 / 郑肇经总编纂；姚琢之，姜国干，俞世煜，蒋彭年，严镜海，李葆鉴. ——南京：中央水利实验处，1948. ——书目来源：浙江大学图书馆、广东省立中山图书馆、天津图书馆

四川綦江船闸模型试验报告书 / 姚琢之，姜国干，俞世煜，蒋彭年，严镜海，李葆鉴. ——南京：中央水利实验处水工报告编辑委员会，1948.5. ——书目来源：重庆图书馆、上海图书馆

四川綦江石溪口花石子滚水坝船闸模型试验报告书 / 姚琢之，姜国干，俞世煜，蒋彭年，严镜海，李葆鉴. ——南京：中央水利实验处水工报告编纂委员会，1948.5. ——书目来源：上海图书馆

四川綦江羊蹄峒盖石峒滚水坝模型试验报告书 / 姚琢之，姜国干，俞世煜，蒋彭年，严镜海，李葆鉴. ——南京：中央水利实验处，1948.5. ——书目来源：上海图书馆

1949 年

驾驶指南 / 民生实业公司编. ——重庆：民生实业公司，1949. ——书目来源：重庆图书馆

西南之公路铁路 / 中国人民解放军西南服务团研究室编. ——［出版地不详］：中国人民解放军西南服务团研究室，1949.8. ——内有西南各重要公路行车情形、西南各重要公路工程概况表、西南各重要公路特殊大桥表、西南各省公路路线表、区公路局组织系统表、区工程管理局及其附属机关主管名册、各省养路工程划分表等. ——书目来源：重庆图书馆

西南之航运空运 / 中国人民解放军西南服务团研究室编. ——［出版地不详］：中国人民解放军西南服务团研究室，1949.8. ——分概况、各水道情况、

有关航运各机关情况、各轮船公司情况、重庆港籍船舶详情表、中国及伪中央航空公司简况、西南重要停用及军用机场等部分. ——书目来源：重庆图书馆

出版时间不详

成渝铁路工程局标砌石拱桥工程说明书 ／［作者不详］. ——［出版项不详］. ——书目来源：重庆市档案馆

成渝铁路工程局标砌石涵洞工程说明书 ／［作者不详］. ——［出版项不详］. ——书目来源：重庆市档案馆

成渝铁路工程局第一总段、第二分段第十四至二十一标土石方工程说明书 ／［作者不详］. ——［出版项不详］. ——书目来源：重庆市档案馆

成渝铁路工程局第一总段、第三分段第二十五至三十标土石方工程说明书 ／［作者不详］. ——［出版项不详］. ——书目来源：重庆市档案馆

成渝铁路工程局第三、四总段标砌石拱桥工程说明书 ／［作者不详］. ——［出版项不详］. ——书目来源：重庆市档案馆

成渝铁路工程局工程包工合同 ／［作者不详］. ——［出版项不详］. ——书目来源：重庆市档案馆

成渝铁路工程局工程承揽单 ／［作者不详］. ——［出版项不详］. ——书目来源：重庆市档案馆

成渝铁路工程局工程承判单 ／［作者不详］. ——［出版项不详］. ——书目来源：重庆市档案馆

成渝铁路工程局工程单价表 ／［作者不详］. ——［出版项不详］. ——书目来源：重庆市档案馆

成渝铁路工程局工务第三、四总段砌石拱桥工程招标章程 ／［作者不详］. ——［出版项不详］. ——书目来源：重庆市档案馆

成渝铁路工程局建造大桥桥台桥墩工程说明书 ／［作者不详］. ——［出版项不详］. ——书目来源：重庆市档案馆

成渝铁路工程局建造第一总段钢筋混凝土桥台工程说明书（总号：0243至0251） ／成渝铁路工程局建造第一总段编. ——［出版项不详］. ——书目来源：重庆图书馆

成渝铁路工程局金家崖王爷庙蜂窝子汤家沱四处隧道工程说明书（总号：0011至0014）/成渝铁路工程局编.——[出版项不详].——内有工程地点、工作范围、图样、规范及章程等内容.——书目来源：重庆图书馆

成渝铁路工程局收发公务无线电报暂行规则/[作者不详].——[出版项不详].——书目来源：重庆市档案馆

成渝铁路工程局隧道工程说明书/[作者不详].——[出版项不详].——书目来源：重庆市档案馆

成渝铁路工程局铜罐驿隧道工程说明书（总号：0015）/成渝铁路工程局编.——[出版项不详].——有工程地点、工作范围、图样、规范及章程等内容.——书目来源：重庆图书馆

承包成渝铁路工程局（段）工程单价表/[作者不详].——[出版项不详].——书目来源：重庆市档案馆

川江航标说明/金月石著.——[出版项不详].——书目来源：北碚区图书馆

船长指南/薄蓝田著.——[出版项不详].——写川江航运.——作者简介：薄蓝田，英国人.——书目来源：《重庆市市中区志》第796页

嘉渠马路路政纪实/[作者不详].——[出版项不详].——书目来源：重庆图书馆、南京图书馆

四川全省各要地水陆程站/[作者不详].——四川：[出版者不详]，[出版时间不详].——内收有：由成都至万县、至重庆，由万县至宜昌、由成都至陕西、至贵州毕节、至松潘等地的陆路路程；由成都至重庆，由万县至夔州、至宜昌、至汉口等地的水路路程.——书目来源：重庆图书馆、南京图书馆

四川省龚滩镇至酉阳县道路工程计划书/熊述嘏计划.——重庆：[出版者不详]，[出版时间不详].——手抄本。计划分概论、交通调查、计划之先决条件、道路的选定、道路之价值等6部分.——书目来源：重庆图书馆

铁道与国防/唐治能.——[出版项不详].——作者简介：唐治能(1911—1962)，字大猷，南川县兴隆乡人.——书目来源：《南川县志》第797页

渝简马路巴县段工程规划大纲 / [作者不详] . —— 重庆：[出版者不详]，[出版时间不详] . —— 1927 年，刘湘设渝简（阳）马路总局于重庆，巴县段工程由渝简马路总局直接督办. —— 书目来源：古籍图书网

渝简马路全线工程办法大纲 / [作者不详] . —— 重庆：[出版者不详]，[出版时间不详] . —— 内分量法、测量、定线、道路横断面、填方挖方、保坎、涵洞、排水沟渠、车站、码头及起卸场、各段衔接办法、路面工程、标志、道数、工程估计、施工手续、工程管理、工程指导等部分，详细论述了修建渝简公路所要涉及到的各方面情况. —— 书目来源：重庆图书馆

◎V 航空、航天

1942 年

滑翔园地合订本　第 1 集 / [作者不详] . —— 北京：中国滑翔机出版社，1942. —— 共 4 辑，由天马、柏实义、李寿同等人所写有关滑翔技术、制造工程、航空学等短文 40 余篇，其中有《滑翔机为何会飞?》《人力飞行》《滑翔与航空工程》《滑翔史话》《北碚滑翔场落成记》等。附青木鸢牵引式滑翔模型制造图. —— 书目来源：黑龙江省图书馆、广东省立中山图书馆

出版时间不详

[米英重慶飛行機標識] / [作者不详] . —— [出版地不详]：[出版社不详]，[194-?] . —— 书目来源：日本国立国会图书馆

◎Z 综合性图书

1925 年

贲园书库目录辑略（一卷） / 张森楷撰 . —— 渭南严式海孝义家塾，1925 刻本. —— 一册. —— 书目来源：中国国家图书馆、北京大学图书馆、北京师范大学图书馆、复旦大学图书馆、吉林大学图书馆、南京大学图书馆、厦门大学

图书馆、港中山大学图书馆、中国人民大学图书馆、华东师范大学图书馆

1930 年

经学概论 / 陈廷杰著 . ——上海：商务印书馆，1930. ——作者简介：陈廷杰（1875—1955），别号幼孳，巴县人 . ——书目来源：重庆图书馆、上海图书馆、广西壮族自治区图书馆

/ 陈廷杰著 . ——上海：商务印书馆，1934. ——书目来源：重庆图书馆、上海图书馆、贵州省图书馆

/ 陈廷杰著 . ——上海：商务印书馆，1935. ——书目来源：重庆图书馆

/ 陈廷杰著 . ——重庆：商务印书馆，[1944] . ——书目来源：重庆图书馆、上海图书馆、南京图书馆

/ 陈廷杰著 . ——重庆：商务印书馆，[1945] . ——书目来源：重庆图书馆

1935 年

重庆大学图书馆图书目录 / 重庆大学图书馆编 . ——重庆：重庆大学图书馆，1935. ——中文图书目录，依王云五"中外图书统一分类法"编排 . ——书目来源：重庆图书馆

四川省立重庆大学图书馆图书目录 / 重庆大学图书馆编 . ——重庆：重庆大学图书馆，1935. ——书目来源：重庆图书馆、南京图书馆

四川省立重庆大学图书馆中文书籍目录 / 重庆大学图书馆编 . ——重庆：重庆大学图书馆，1935. ——分线装、平装书两部分，线装依经、史、子、集、丛书编排，平装依王云五"中外图书统一分类法"编排 . ——书目来源：国家图书馆、浙江图书馆

/ [作者不详] . ——[出版地不详]：[出版者不详]，1935. ——书目来源：上海图书馆

1936 年

中国合作文献目录 / 伍玉璋编 . ——南京：中国合作社，1936. ——书目来源：重庆图书馆、国家图书馆、南京图书馆、四川省图书馆

1938 年

（重庆各图书馆所藏）西南问题联合书目初稿续 / 国立中央图书馆筹备处编．——编者油印，1938．——书目来源：北碚区图书馆

（重庆各图书馆所藏）西南问题期刊联合目录 / 国立中央图书馆筹备处编．——编者油印本，1938．——书目来源：北碚区图书馆

1939 年

重庆各图书馆所藏西南问题联合书目 / 国立中央图书馆筹备处编．——重庆：国立中央图书馆筹备处，1939．——书目来源：国家图书馆

抗战地方史书目 / 国立中央图书馆筹备处编．——[重庆]：国立中央图书馆筹备处，1939.4．——书目来源：北碚区图书馆

抗战地方史书目 军事史书目社会史书目 / 国立中央图书馆筹备处编．——[重庆]：国立中央图书馆筹备处，1939．——书目来源：北碚区图书馆

抗战社会史书目 / 国立中央图书馆筹备处编．——[重庆]：国立中央图书馆筹备处，1939.6．——书目来源：北碚区图书馆

抗战文艺书目抗战史书目补遗 / 国立中央图书馆筹备处编．——[重庆]：国立中央图书馆筹备处，1939．——书目来源：北碚区图书馆

抗战政治史书目 / 国立中央图书馆筹备处编．——[重庆]：国立中央图书馆筹备处，1939.2．——书目来源：北碚区图书馆

孔德图书馆丛书 / 孔德图书馆藏并编；金祖同，李旦丘释文．——[出版地不详]：[出版者不详]，1939．——书目来源：国家图书馆

1940 年

青年百科大纲 / （英）John Pilley 等著；胡焕庸等译述．——上海：大东书局，1940．——书目来源：首都图书馆

宋四大书考 / 郭伯恭著．——长沙：商务印书馆，1940．——研究宋代三大类书（《太平御览》《太平广记》《册府元龟》）及《文苑英华》的编纂、体制、引书、版本．——书目来源：国家图书馆、南京图书馆

中央政治学校图书馆中日文图书书名目录初编 / 汪荫祖编．——[重庆]：

中央政治学校图书馆，1940.——书目来源：重庆图书馆、国家图书馆

中央政治学校图书馆中日文图书书名目录二编：二十八年七月至二十九年六月／中央政治学校图书馆编.——重庆：中央政治学校图书馆，[1940]，油印本.——书目来源：国家图书馆（存目）

1941 年

报刊资料／（日）青木正儿著；隋树森译；徐调孚校.——[出版地不详]：[出版者不详]，1941.1.——书目来源：重庆数字图书馆

经世文综／苏渊雷编.——重庆：黄中出版社，1941.——书目来源：贵州省图书馆

／苏渊雷编.——北碚：黄中出版社印行，1943.9.——上下。1942 年 7 月撰于巴之南泉（今重庆南坪区南山）.——书目来源：北碚区图书馆

／苏渊雷编.——重庆：黄中出版社，1944.——书目来源：重庆图书馆

／苏渊雷编.——重庆：黄中出版社，1945.——书目来源：重庆图书馆

／苏渊雷编.——重庆：黄中出版社，1947.——书目来源：重庆图书馆

／苏渊雷编.——南京：南京旦华书局，1947.——书目来源：国家图书馆、南京图书馆、四川省图书馆

中央政校图书馆分馆中日文书目／[作者不详].——[重庆]：中央政校图书馆，1941，油印本.——书目来源：国家图书馆

1942 年

中国盐书目录／何维凝编著.——[重庆]：财政部财务人员训练所盐务人员训练班，1942.——书目来源：南京图书馆、国家图书馆

1943 年

经济部中央工业试验所重要论文报告一览／经济部中央工业试验所编.——[重庆]：经济部中央工业试验所，1943.——书目来源：国家图书馆

抗战以来图书选目／国立中央图书馆.——重庆：国立中央图书馆，1943.——第 1 辑.——书目来源：重庆图书馆、西南政法大学图书馆

／中央图书馆编.——重庆：中央图书馆，1943.——书目来源：重庆图

书馆

西文新疆书目 / 胡焕庸，童承康编．——重庆：国父实业计划研究会 国立中央大学地理系，1943．——书目来源：国家图书馆

1944 年

重庆各报撷要 1944 / ［作者不详］．——重庆：中央国民党中央执行委员会秘书处，1944．——手写本．——书目来源：国家图书馆

1945 年

重庆各报撷要 1945 / ［作者不详］．——重庆：中央国民党中央执行委员会秘书处，1945．——手写本．——书目来源：国家图书馆

中国战时学术 / 孙本文等著．——重庆：中央文化运动委员会，1945．——抗战七年中的哲学、文学、教育学、社会学、法律学、经济学、心理学、自然科学等方面的发展情况．——书目来源：重庆图书馆

1946 年

天府煤矿公司研究室图书目录 / 天府煤矿公司研究室编．——重庆：天府煤矿公司研究室，1946，油印本．——书目来源：重庆图书馆

1949 年

新名词辞典 / 陶萍天．——上海：春明书店，1949.9．——收：聂荣臻、杨尚昆、张自忠、卢作孚等．——书目来源：重庆工商大学图书馆、成都理工大学图书馆、成都学院图书馆、首都图书馆

出版时间不详

国立中央图书馆在渝善本书目 / ［作者不详］．——［重庆］：［出版者不详］，［1930？—1949？］．——书目来源：国家图书馆

国立中央图书馆在渝中文书目 / ［作者不详］．——［出版地不详］：［出版者不详］，［1930？—1949？］．——书目来源：国家图书馆

国学钩沉 / 张鹿秋著．——张君平手抄本．——书目来源：《江津文史资料选辑》第 12 辑第 121 页

《国训》考证 10 余卷 / 熊国璋 . ——［出版项不详］. ——历时 10 年 . ——书目来源:《万县文史资料 第 1 辑》第 8 页

四库全书书目考 四卷 / 李滋然 . ——［出版项不详］. ——书目来源:《巴蜀人物库》

中国现代戏剧图书目录汇编 / 舒蔚青编 . ——［出版项不详］. ——在北碚国立编译馆编纂完成 . ——书目来源:《北碚文史资料》第 4 辑"抗日战争时期的北碚"第 221 页

后记

记载巴渝历史文化典籍，从未得到系统整理。《巴渝文献总目》的收集整理，是重庆有史以来的第一次，对摸清重庆历史文献的家底，传承重庆历史文脉，有着不可估量的重要作用。这项工作的开展，也切合了习近平总书记在《中共中央关于繁荣发展社会主义文艺的意见》和《中共中央关于制定国民经济和社会发展第十三个五年规划的建议》中关于"构建中华优秀传统文化传承体系，加强文化遗产保护，振兴传统工艺，实施中华典籍整理工程"的讲话。

重庆图书馆近年先后开展了全市古籍与民国文献的普查登记，走访调查了市内各公共图书馆、学校图书馆、博物馆、档案馆及私人收藏家，编撰出版了《重庆市古籍普查目录》《中国抗战大后方历史文献联合目录》，这均为《巴渝文献总目》的成功编撰打下了坚实基础。

自2011年起，重庆图书馆承担了重庆市《巴渝文库》这套大型丛书中《巴渝文献总目》的编撰工作。为做好《巴渝文献总目》资料的收集与编撰，重庆图书馆任竞馆长亲自主持编制大纲及审阅定稿，王志昆制定详细规划及体例，袁佳红负责具体工作的组织落实。

其具体分工为：曾妍、谭小华、袁佳红、陈桂香、袁志鹏、刘威、李腾达、张海艳、谭翠、国晖、张丁、张保强、周兴伟等，负责全部目录的收集整理编撰；杨红友、傅晓岚、景卫红、李冬凌、许彤、周建红等，负责部分目录格式的调整；万华英、唐伯友、王兆辉、许静、熊定富等参加了小部分民国目录的收集工作。钟静、姚敏、周丽娟、林远红参与了民国单篇文献的分类审核。总目编制完成后，一审统稿：袁志鹏、曾妍、张海艳、刘威、谭翠、谭小华、陈桂香。二审统稿：袁佳红、曾妍。三审统稿：王志昆。索引编制：曾妍、谭小

华、张海艳、袁志鹏。

在文献的收录过程中，由于对"在巴渝写"，分歧较大。有专家认为，非巴渝籍人士所写与巴渝文化无关的作品收录进总目，冲淡了巴渝文献的地方特色；也有专家认为，重庆由于抗战时期是国民政府陪都，其特殊性为其他地方所无，如果忽视这一时期文献，难以反映巴渝文献全貌。为此，重庆图书馆参与编撰的人员几易其稿。2014年，《巴渝文库》出版工程成立专家委员会，经过专家委员会的多次磋商讨论，最终决定尽量收录非巴渝籍人士"在巴渝写"的著作和单篇文献，而不是选择性的收录其代表作，才使总目得以顺利完成。

经过图书馆众多同仁六年多的努力，在数十位专家三年多的悉心指导下，《巴渝文献总目》终于定稿。在梳理自上古起、下至重庆解放前的历史文献的基础上，《巴渝文献总目》共收集"籍在巴渝"、"在巴渝写"、"为巴渝写"的著作7212种，单篇文献29479条。

《巴渝文献总目》即将付梓出版，在此，衷心感谢重庆市委市政府、市委宣传部、市文化委员会、重庆出版集团及各界专家学者的大力支持，特别是市文化委员会原主任汪俊、原书记郭翔、王增恂副主任和新闻出版处聂昌红处长的全力推动，使得《巴渝文库》各项工作按部就班开展。

《巴渝文献总目》的编撰，得到市文联原党组书记蓝锡麟先生的积极策划和推动，以黎小龙教授担任组长的《巴渝文库》专家委员会全体专家对全书的收录原则进行了多次讨论并提出了建设性意见，特别是杨恩芳、黎小龙、蓝锡麟、周勇、刘明华、傅德岷、舒大刚、段渝等专家还参与了全部书稿的审阅，并提出详细修改意见，在此表示感谢。其中，特别要感谢刚谢世的原清华大学中文系教授、博士生导师、清华大学古典文献研究中心主任傅璇琮先生，傅先生以一贯精益求精的精神，对《巴渝文献总目》提出不少宝贵意见。再者，四川大学历史文化学院副院长兼古籍所所长、教授、博士生导师、《巴蜀全书》总编舒大刚先生；四川省社会科学院研究员、四川师范大学巴蜀文化研究中心教授、博士生导师，四川省有突出贡献的优秀专家，中国先秦史学会副会长段渝先生，不仅亲自指导《巴渝文献总目》的编撰，而且对编撰细节，提出了许多具体的可操作的建设性意见，在此，特表谢忱！

在《巴渝文献总目》的编撰过程中，得到重庆各行各业重要专家的指导，并进行过三次审稿，他们是：

王本朝、王志昆、朱丕智、刘志平、刘明华、杨清明、杨新涯、李禹阶、李彭元、张凤琦、张荣祥、张颖超、周勇、段渝、黄晓东、龚义龙、常云平、韩云波、舒大刚、蒋登科、傅德岷、道坚、靳明全、蓝勇、蓝锡麟、熊笃、潘洵、薛新力、黎小龙（按姓氏笔画排列）

2016年11—12月，专家分别对书稿终审，其分工为：

曾代伟负责民国卷马克思主义、列宁主义、毛泽东思想、邓小平理论、哲学、宗教、社会科学总论、政治、法律、经济。唐润明负责民国卷军事。李茂康负责民国卷文化、科学、教育、体育、语言、文字。潘洵负责民国卷历史、地理。何兵负责民国卷自然科学总论、数理科学和化学、天文学、地球科学、生物科学、农业科学、工业技术、交通运输、航空、航天、环境科学、安全科学、综合性图书及古代卷科技。蓝锡麟、周晓风负责民国卷文学、艺术。曹文富负责民国卷医药、卫生。黎小龙、马强负责古代卷史志类、哲理类、政经类、语文类、综合类、序跋类、传记类、综合类。熊宪光负责古代卷艺文类、诗词类。徐立负责古代卷碑刻类。

此外，重庆图书馆参与此项编纂工作的各位工作人员，他们以高度负责的精神，在重庆图书馆馆藏文献的基础上，走访并广泛查阅了国家图书馆、南京图书馆、上海图书馆、浙江图书馆、云南省图书馆、云南大学图书馆、广西壮族自治区图书馆、广西壮族自治区桂林图书馆、贵州省图书馆及四川大学图书馆等单位所藏文献，并得到这些单位的支持，在此也一并表示感谢。

巴渝文化，源远流长。虽然我们竭尽所能，但由于各种因素的限制，加上时间紧迫，《巴渝文献总目》尚存在许多不尽如人意的地方。如古籍著述部分，因年代久远，很多都无从查考版本情况，只有书名和著者信息。再如民国文献部分，抗战时期来渝寓居的文人学者，如恒河沙数，我们学识所限，在收录时难免会挂一漏万。域外汉籍也因种种限制未能悉数收录。这些缺憾，只能俟诸来哲了。

编者

2016年12月31日

题名索引

说明：

1. 题名首字按阿拉伯数字、字母、汉字排序，汉字再以音序排。若首字音同，则依第二字的拼音字母次序排列，余依次类推。

2. 朝代（如：乾隆、嘉庆、道光、同治、光绪等）略去，不参加排序。

3. "民国""简明""修订""修正""重修""新""最新""新撰""现代""现代之""现行""最近""最近之""新修""新辑""新撰""增修"在只作为说明性文字时略去，不参加排序。

4. 标点符号（""、《》、（）等），空格排列时略去不计。

5. 首字为年份的题名统一按阿拉伯数字大小排列。

6. 题名相同的，多卷书、丛书正按卷册号排列，不同种图书按页码排列。

7. 同一会议，依题名尽量集中，再按届次、年代排列。

8. 不同版本的，只列该种图书首条及所在页码。

9. 部分题名作了参见用"[ ]"标明（如：首字为年份的题名，删除年份后的题名；不同题名的同种图书）。

二十年度整顿合川教育计划书	308	物量值及其税款统计	226
二十年式八二迫击炮说明书	193	1937年春云短篇小说选集	379
二十四年式马克沁机关枪说明书	197	二十六年四川省棉产调查报告	667
一九三六年之中日关系	59	二十七年四川省棉产调查报告，又名，四川省农业改进所二十七	
中华民国二十五年四川省进出口货			

年四川省棉产调查报告	668
中华民国二十七年度四川省地方普通总概算书	237
一九三八年之中日关系	63
二十八年度重庆青年夏令营训练纪实	86
民国二十八年度四川丝业股份有限公司营业	245
三十年下半期国内经济概况	252
三十年下期重庆市各行庄存放款及口岸汇款业务分析	260
1941年四川田赋征实物经过	252
一九四一年至一九四二年重庆演剧概况摘要	536
三十一年度之重庆工合事业	266
一九四四年的世界	595
一九四四年国共谈判重要文献	134
中华民国三十四年度重庆市政府工作计划	147
民国三十四年度本府各局重要工作进程图	147
中华民国三十五年度重庆市政府工作计划	155
[中华民国三十五年度四川省政府工作计划：行政部分	162]
中华民国三十六年度重庆市政府工作计划	155
中华民国三十六年度重庆市政府工作计划	165
民国三十六年九月余在北欧时所见之北极光	639
一九四七年度西南水利工程概况	693
中华民国三十七年度重庆市政府工作计划	172
中华民国三十八年度重庆市政府工作计划	174
A Naturalist in Western China	540
A Naturalist in Western China with vasculum, camera, and gun	540
Chinese Science. [With illustrations.]	625
Science outpost: Papers of the Sino-British science co-operation office, (British Council scientific office in China) 1942-1946	626

A

阿笃儿夫	432
爱的对话	22
（爱国健儿）革命军	176
爱国自卫战场快览	207
爱情	500
爱情与面包	449
爱乡记	375
爱之火	470
安徽的前线，前线的安徽	500
安魂曲	432

暗流	481
傲霜花	500
奥陶纪气候及当时欧亚与北美大陆相对位置论	637

B

八德论	25
八方风雨	500
八路军的战争经验	191
八路军将领列传	562
八路军军政杂志	568
八年抗战之经过	206
[八二迫击炮说明书	193]
八十一梦	418
八月份支部工作总结报告	190
巴比塞传	370
巴比塞评传	361
巴金短篇小说集·第3集	418
巴金短篇小说选：汉英对照	406
巴山樵唱	418
巴山蜀水	470
巴山随笔	449
巴山闲话：华林最近文存	470
巴蜀朱氏族谱□□卷	553
巴县保训合一干部训练队同学通讯录	64
巴县财务委员会财政报告书	226
巴县参议会第一届第一次大会会议纪录	155
巴县参议会第一届第二三两次大会暨临时大会纪录	155
巴县参议会第二届第1—4次大会纪录	174
巴县大石鼓协力煤矿调查简报（第一号）	294
巴县地方建教工作报告书	312
巴县地方行政干部训练所第二期毕业学员通讯录	176
巴县地方自治讲习所讲录汇刊	46
巴县第七次县行政会议录	49
巴县第八次县行政会议录	50
巴县第九次县行政会议录	50
巴县第十一次县行政会议录	51
巴县二十五年度县地方总预算书	222
巴县二十六年度县地方总预算书	226
巴县（附江北县城）、鱼洞镇图	552
巴县合川南充蓬溪柑桔调查报告	294
巴县建设局农林试验场计划书	663
巴县临时参议会第一次大会记录	121
巴县临时参议会第二次大会记录	122
巴县临时参议会第三次大会会议记录	134
巴县临时参议会第四次大会会议记录	134
巴县牟氏平阳堂续修族谱十卷	552
巴县农林试验场经营计划书	665
巴县全图、巴县县治迁建新址分区	

地形图、巴县新商业区地形图 576	白桑 432
巴县私立人和初级中学报告书 344	白沙井图、武胜图、隆昌县图、南川图 553
巴县西永乡小学校高五班毕业纪念册 315	白莎哀史 450
巴县县立南泉乡村师范学校一览 344	白屋家书 500
巴县县立中学三十周年纪念册 315	白屋家书（吴芳吉与夫人遗札）不分卷 432
巴县县政府颁发县督学须知 308	白屋嘉言 373
巴县县政府二十五年度工作报告 60	白屋嘉言 501
巴县县政府工作报告 176	白屋书牍 406
巴县县政府修正乡镇长副遴选核委暂行办法 122	白屋吴先生诗稿 365
	白屋吴先生诗稿后卷 1卷 366
巴县乡土地理志□□卷 611	百丑图 493
巴县学产图说 巴县学产地租一览表 547	百虎图 533
	百科常识表解 625
巴县学产图说 611	班禅大师全集 16
重修巴县志采访表目不分卷 548	般若波罗密多心经述记一卷 26
巴县志采访册 611	办理选举事务须知 165
（民国）巴县志二十三卷附文征四卷 568	半年来的云阳 56
	半隐园侨蜀诗草 392
巴彦县志不分卷 543	半隐园诗草（不分卷） 381
巴渝春秋 488	半园诗稿 501
巴渝小集 481	半园诗集四卷 501
巴语雅训 357	包得行 385
白部长最近抗战言论选 192	苞桑集 392
白发戴花君莫笑 500	宝贝儿 481
白副参谋总长训词 抗战中敌我战法的演变 199	[宝玉与黛玉：四幕悲剧 470]
	保护色 450

保甲须知	43	北碚管理局三十四年度施政计划	147
保险法概论	122	北碚霍乱防治经过报告	652
保长军训纲要	190	北碚菊科植物志	647
报刊资料	708	北碚民众图书馆馆一周工作预定	327
抱朴子外校笺	26	北碚农村银行报告书　二	217
暴风雨中的细雨	406	北碚农村银行二十年度营业报告书	217
暴日强占东三省之认识	176	北碚农村银行二十三年度营业报告书	221
北碚测量实验区测量报告	638	北碚农村银行营业报告书	226
北碚澄江镇钩虫病防治报告	655	北碚农村银行章程	294
北碚地籍整理业务报告	274	北碚全境图	638
北碚地质志	635	北碚市区建筑规则	683
北碚扶植自耕农示范区纪实	676	北碚所见类似动物疟虫初步报告　中英对照　第7号	653
北碚概况	564	北碚统计总报告　1943年度	37
北碚管理局澄江镇民国三十三年建设计划大纲	135	北碚图书馆志稿七编	589
北碚管理局澄江镇三年建设计划草案	176	北碚图书馆专号九篇	608
北碚管理局工作概况	147	北碚土壤志	668
北碚管理局工作提要报告	172	北碚游览指南	580
北碚管理局临时参议会第三次大会记录	122	北碚游览指南	611
北碚管理局农业改进五年计划大纲	294	北碚之游	560
北碚管理局卅一年度3—7月工作概况	109	北川铁路沿线煤矿区区域地理	637
北碚管理局卅二年度1—6月份工作报告	122	北川县志九卷	581
		北地狼烟：剧本创作选	393
		北地狼烟：四幕抗战剧	393
		北海屠龙记	493
北碚管理局卅三年度施政计划	135	北美回忆录	612

北欧文学	450
北泉丛刊	501
北泉议礼录　六卷	589
北新文选　说合理的意思等	345
北行漫记　红色中国报道	470
奔流集	501
贲园书库目录辑略一卷	705
本草新编	656
最近本党历次大会宣言及重要决议案	86
最近本党历次大会重要决议案	98
本党五届十中全会有关组训工作决议及总裁指示摘要	122
本党五十年来外交奋斗史研讨大纲	122
本党政纲政策及六全大会宣言	147
[本府各局重要工作进程图（民国三十四年度）	147]
本经便读一卷（辑本）	656
本所制革工业之研究与试验	684
本团性质与工作讲评	110
比较宪法	64
璧山县参议会第一届第一次大会会议纪录	155
璧山县参议会第一届第三次大会会议纪录	155
璧山县参议会第一届第五次大会会议纪录	155
璧山县参议会第一届第六次大会会议纪录	165
璧山县参议会第一届第七、八、九次大会暨临时大会会议纪录	172
璧山县二十五年度县地方总预算书	222
璧山县二十六年度县地方总预算书	226
璧山县教育局收支月报册	308
璧山县立民众教育馆二十六年度工作报告书	317
璧山县临时参议会第一次大会议事记录　三十一年九月	110
璧山县平民救济院月报	31
璧山县团务委员会二十三年度团务进行计划大纲	51
璧山县县政公报特刊	50
璧山县职业学校成立特刊	307
边城故事	418
边风录	432
边鼓集	450
边疆述闻	584
边塞英雄谱	488
编剧方法论	418
编整保甲须知	135
鞭	393
变分法	628
变态心理学	19
[辩证法订补	14]

辩证法论丛	11	下	290
辩证唯物论之透视	13	兵工署第二十工厂会计制度 设计 11	284
辩中边论颂释	7		
标准草书	356	兵工署第二十工厂会计制度 设计 12	287
标准草书范本千字文	356		
标准草书与建国	529	兵工署第二十工厂会计制度 设计 13	287
表演艺术论	526		
冰心佳作选集	450	兵工署第二十工厂会计制度 设计 14	287
冰心女士全集	432		
冰心全集	432	兵工署第二十工厂会计制度 设计 15	287
冰心散文	406		
冰心诗集	433	兵工署第二十工厂会计制度 设计 18	287
冰心小说集	406		
冰心著作集	393	兵工署第二十工厂会计制度 设计 20	287
兵工署第十一技工学校同学录	345		
兵工署第二十工厂管理制度（下册）	290	兵工署第二十工厂会计制度 总说明 3	290
兵工署第二十工厂会计制度 设计 3	283	兵工署资源委员会钢铁厂迁建委员会职员须知	294
兵工署第二十工厂会计制度 设计 4	283	兵览	208
		兵书峡	497
兵工署第二十工厂会计制度 设计 5	284	兵役部施政概况	205
		兵役法规汇编	110
兵工署第二十工厂会计制度 设计 6	284	兵役法汇刊	191
		兵役法令表解	110
兵工署第二十工厂会计制度 设计 7	284	兵役浅说	199
		兵役实务	199
兵工署第二十工厂会计制度 设计 9		兵役与工役	192

兵役运动宣传办法大纲	208	财政部贸易委员会工作概况	237
病机临证分析	649	财政部全国财务人员训练所学员手册	294
病中杂咏五十首	501	财政部四川省田赋管理处工作报告	294
波	470	财政部四川烟叶示范场概况	245
波兰侧影	576	财政部四川烟叶示范场三十一年度工作总报告	260
波兰兴亡鉴	576	现行财政税务法规汇编	156
玻璃工厂计划	237	财政厅各项专案报告	110
剥去的面具	419	财政学概论	266
钵水文约 3卷	488	财主的儿女们	471
钵水斋诗	501	采茶女	450
驳覆柯劭忞王树枏等对于总会议决事件之修正案	43	采访十五年	589
驳欧阳渐法相辞典叙 第一、二册	7	采纳美国福利方法用于华西	217
鹁鸽姑娘	471	采芹画集	524
不安定的灵魂	364	采芹近墨	524
不得已集	147	采薇僧集一卷 采薇僧诗草一卷	501
不凋的花	450	采薇僧集一卷 诗草一卷 附赠和诗草一卷	361
不平等条约	44	采薇僧诗草一卷	501
不太平（独幕四川土话剧）	471	彩虹曲	450
不自由的故事 卍字旗下	433	蔡子民先生传略	584
步兵教练手册	203	参观访问印度防治鼠疫的报告	649
C		参观重庆附近各工厂报告	267
财政部对国民参政会第四届第二次大会询问案答复书	155	参检阅四分区工作总结后之指示	193
财政部对国民参政会第五次大会之口头报告	86	参谋本部陆地测量图（4份）、四川省荣昌图	556
财政部及所属普通公务经费类单位会计制度	266		

参谋总长何出席历次重要军事会议训词	191	长江流域的鸟类［2］	644
参议会组织实务	156	长江流域游记	606
参议员选举实务	156	长江漫游日记	548
残碑	373	长江区江湖航线公里里程表	701
残碑　普及本	406	长江三峡水利工程计划	689
残梦：三幕喜剧	450	长江上游江防总司令部部队历史	208
残雾	406	长江上游宜渝段航行指南	700
蚕豆遗传之初步研究报告	673	长眉真人传	501
蚕桑浅说	663	长眉真人专集	494
仓房里的男人	488	长寿付氏族谱□□卷	545
曹氏族谱□□卷	556	长寿旅渝学会暑期宣传队工作报告	317
曹禺戏剧集	501	长寿县临时参议会第一次大会议事记录	110
草莽英雄	482		
草木便方一元集二卷	647	长寿县临时参议会第二次大会会议录	122
草木皆兵　三幕剧	450		
草书概论	531	长寿县临时参议会第一届第四次大会记事录	135
草药歌括	656		
草原故事	419	长寿县西山一带煤矿调查报告	294
草原牧歌	407	（民国）长寿县志十二卷首一卷	550
岑柴诗集	501	（民国）长寿县志十六卷	589
茶客	501	长途	419
察面观行法	656	长渝铁路计划线重庆经济调查	226
忏悔录	451	长渝铁路经济调查总报告书	222
长短句　中国文学流变史稿	363	常德旅渝同乡会捐款清册	294
长恨歌	471	常德鼠疫调查报告书	651
长江	581	常见事物	623
长江流域的鸟类［1］	644	嫦娥应悔偷灵药	501

场产概况	267
超人	451
朝大四川同学录	308
朝鲜地理	595
潮　第一部	419
潮　第二部	451
车床木工	678
车务运载章程原稿	176
撤废领事裁判权问题：太平洋会议后援同志会宣言	176
沉默的果实	471
沉思偶录，又名，自己的认识	26
陈部长讲述第二期抗战情况：汉蒙文本	73
陈独秀的最后见解	175
陈立夫先生抗战言论专刊：汉蒙文本	73
成都平原树木检索表	644
成都市市政年鉴　第1期	44
成都之行	562
成人的童话	451
成渝路区之经济地理与经济建设	279
成渝路区之经济地理与经济建设（第二号）	280
成渝铁路工程进展概况	702
成渝铁路工程局包工章程	696
成渝铁路工程局包工章程	700
成渝铁路工程局标砌石拱桥工程说明书	703
成渝铁路工程局标砌石涵洞工程说明书	703
成渝铁路工程局第三、四总段标砌石拱桥工程说明书	703
成渝铁路工程局第一总段、第二分段第十四至二十一标土石方工程说明书	703
成渝铁路工程局第一总段、第三分段第二十五至三十标土石方工程说明书	703
成渝铁路工程局房屋工程规范书	697
成渝铁路工程局工程包工合同	703
成渝铁路工程局工程承揽单	703
成渝铁路工程局工程承判单	703
成渝铁路工程局工程单价表	703
成渝铁路工程局工程招标章程	700
成渝铁路工程局工务第三、四总段砌石拱桥工程招标章程	703
成渝铁路工程局混凝土工程规范书	697
成渝铁路工程局混凝土工程规范书	700
成渝铁路工程局建造大桥桥台桥墩工程说明书	703
成渝铁路工程局建造第一总段钢筋混凝土桥台工程说明书　总号：0243至0251	703

成渝铁路工程局金家崖王爷庙蜂窝子汤家沱四处隧道工程说明书 总号：0011 至 0014	704
成渝铁路工程局津溪总段第三分段土石方工程承判单	698
成渝铁路工程局收发公务无线电报暂行规则	704
成渝铁路工程局隧道工程规范书	701
成渝铁路工程局隧道工程说明书	704
成渝铁路工程局铁路用地测量规程	697
成渝铁路工程局铜罐驿隧道工程说明书	704
成渝铁路工程局土石方工程规范书	697
成渝铁路工程局土石方工程规范书	697
成渝铁路工程局土石方工程规范书	701
成渝铁路工程局砖石工程规范书	697
成渝铁路工程局砖石工程规范书	701
成渝铁路工程局总工程司训示	701
承包成渝铁路工程局（段）工程单价表	704
城口县政概况（但更生）	600
城口县政概况（周其瑞）	600
城市工作隐蔽政策	110
城市陷落对于民族经济的影响	237
乘客须知	697
程氏家传药性歌	656
程中丞奏稿	612
持久和平问题	135
赤水县临委会议提纲	175
重大概况	342
重逢	433
新重庆	569
新重庆	584
新重庆	606
重慶	576
重慶の悲劇	98
重慶の大空襲：詩集	393
重慶の抗戰力	110
重慶の死相	98
重慶の戰時国債と華僑送金	267
重慶はいつ陷落するか	86
重慶インフレーションの研究	267
重庆八省积谷办事处产业图说	294
重慶爆擊ニ関シテ、支那事変第三年ニ於ル日本海軍作戦．『週報』からの抜粋	600
重庆被服总厂厂报创刊号	284
重慶側の文化機關並に文化人の動靜	305
重庆长寿陈氏族谱二卷	556
重庆长寿江氏族谱一卷	548
重庆出版业对政治协商会议意见书	147

重庆大公职业学校一览	338	录	312
重庆大学图书馆图书目录	706	重庆法政专门学校两周年纪念册	309
重庆大学图书馆中文书籍目录不分卷	312	重庆方言	353
重庆大学校刊	331	重庆防毒法规计划汇编	176
重庆大学一览	310	重庆防空司令部防毒训练班各科讲义	199
重庆大学一览	345	重庆防空演习纪事	191
重庆的悲剧	419	重庆风	471
重庆的喜剧	156	重庆风光	419
重庆电车公司计划草案	294	重庆风景线	482
重庆电力公司营业章程［1938］	231	重庆佛学社佛七课程	3
重庆电力公司营业章程［1945］	280	重庆附近之木本植物	644
重庆电力股份有限公司二十五年度报告书	226	重庆附近之药用植物及其繁殖法	677
重庆电力股份有限公司营业章程	221	新重庆附市内各机关一览表	73
重庆电力股份有限公司月报表：民国三十四年十月	280	重庆各报撷要　1944	709
		重庆各报撷要　1945	709
重庆电力股份有限公司组织规程	290	重庆各机关法团名称	56
重庆电疗院诊疗概要	649	（重庆各图书馆所藏）西南问题联合书目初稿续	707
重庆电信便览	280	（重庆各图书馆所藏）西南问题期刊联合目录	707
重庆电信国内交际夜信电报规章	284		
重庆趸售物价：二十七年九月至十二月	231	重庆各图书馆所藏西南问题联合书目	707
重庆趸售物价指数及趸售物价	238	［重庆工合事业（三十一年度）	266］
重庆趸售物价指数及趸售物价汇编	231	重庆工人家庭生活程度	39
重庆二十四小时：三幕剧	433	重庆工人所得及生活费	260
重庆法政专门学校第四届毕业同学		重庆工商企业名录	294

重庆广益中学校同学录	307	部工作计划实施大纲	176
重庆国粹医馆医药特刊	649	重慶近情	110
重庆划条与现水问题论集	213	重慶经济调查	245
重庆画报	533	重庆救国会	177
重庆获商统费税则	176	（重庆开县）唐氏族谱八卷	548
重庆见闻录	576	重庆抗战力调查日记	122
重庆江合公司损失巅末报告书	294	重慶抗戰力调查日记	122
（重庆江津）夏氏家乘四卷	560	重庆科学针灸研究所概况	649
（重庆江津）周氏家乘十七卷首一卷		重庆客	452
	551	重慶領事館管轄内事情	43
重庆交响乐	488	重庆灵甫接舰专刊	207
重庆郊外市场营造委员会工作报告：		重庆零售物价指数——卅四年一月	
民国二十九年九月至三十年二月		至十二月	284
	682	重庆刘子如毁家助善实录	556
最新重庆街道图［舆图］	576	重庆旅居向导	572
重庆经济调查	227	重庆旅居向导	576
重庆经济调查，长渝计划线经济调		重庆旅行指南	555
查特辑之一	227	重庆轮渡股份有限公司扩充计划	260
重庆经济概况 民国十一年至二十		重庆论	135
年	218	重庆煤矿业及煤焦管制问题：重庆	
重庆经济状况	295	煤业经济研究初步报告	280
重庆警备司令部警备区各市县局出		重庆煤气制造厂计划	688
巡经过报告书	176	重庆棉货市场及市价之研究	274
重庆警备司令部警备区各县（市）		重庆模范市场民生公司总公司火灾	
民众自卫组训实施方案	172	后摄影	231
重庆警备司令部警备区各县市民众		重庆内幕	595
自卫组训手册	166	重庆南川间地质志	632
重庆警察司令部江合碚区联防指挥		重庆旁观者	472

重庆陪都第一届防空节纪念特刊 195	重庆什谭 482
重庆七女性 472	重庆史志 585
重庆奇谭 489	重庆市百货商业同会公会货品分类表 267
重庆奇异录 497	重庆市保甲人员须知 135
（重庆綦江）陈氏聚星谱五卷 590	重庆市保甲须知 60
（重庆）綦江吴氏族谱十卷 544	重庆市保险商业同业公会四川省火险费率规章 280
重庆青年服务营特约讲演集 98	重庆市保险商业同业公会四川省火险费率规章 295
重庆青年服务营训练计划大纲及实施办法 98	重庆市保险商业同业公会运输险费率规章 274
重庆青年夏令营第一期训练纪实 86	重庆市财政概况 292
［重庆青年夏令营训练纪实（二十八年度） 86］	重庆市财政局工作报告［廿八年九月至廿九年二月］ 245
重庆清华同学会名录 345	重庆市财政局土地行政工作报告书［三十年十一月底止］ 252
重庆清华同学录 338	
重庆清华同学名录 338	重庆市参议会第一届第一次大会暨临时大会纪录 156
重庆区专科以上学校联合运动会秩序册 331	重庆市参议会第一届第二次大会纪录［民国三十五年七月至八月］ 156
重庆曲社成立四周年纪念同乐会特刊 529	重庆市参议会第一届第二次大会纪录［民国三十五年十月］ 157
（重庆荣昌）陈氏族谱□□卷 547	重庆市参议会第一届第二次大会暨临时大会纪录 156
重庆瑞华企业股份有限公司玻璃制造厂仪器目录 295	
重庆三三一惨案纪念特刊 第1册 44	重庆市参议会第一届第三次大会纪录［民国三十五年十月］ 157
重庆"三·三一"惨案纪念特刊 551	
重庆沙坪坝小龙坎给水工程初步计划书 687	
重庆商务日报十二周年纪念特刊 306	

重庆市参议会第一届第三次大会纪录［民国三十五年十月至十一月］	157
重庆市参议会第一届第四次大会纪录：［民国三十六年二月至五月］	166
重庆市参议会第一届第四次大会提案原文及决议	166
重庆市参议会第一届第五次大会纪录：［民国三十六年五月至七月］	166
重庆市参议员选举实录	157
重庆市参议员选举实录	166
重庆市川产丝织品业	231
重庆市党部工作报告	147
重庆市党部工作报告	167
重庆市党部工作报告［民国三十年元月份］	98
重庆市党部工作报告［民国三十年四月份］	98
重庆市党部工作报告［民国三十年五月份］	99
重庆市党部工作报告 三十四年度	147
重庆市党部工作概要	177
重庆市党部工作总报告	110
重庆市党部社会服务队简则及暂行工作纲要	177
重庆市党团统一委员会	177
重庆市党政工作人员反共救国手册	175
重庆市地方税捐章则	267
重庆市地政局土地行政工作报告	177
重庆市电工矿业［1938］	231
重庆市电工矿业［1949］	292
重庆市电力公司自来水厂整理处新生活劳动服务团同学录	295
重庆市动员委员会工作报告	177
重庆市动员委员会工作报告：廿九年三月至八月	86
重庆市动员委员会工作报告：廿九年九月至卅年二月	99
重庆市动员委员会工作报告：卅年九月至卅一年二月	111
重庆市都市计划委员会工作报告	167
重庆市趸售物价指数月报	260
重庆市反省院两周年经过报告书	50
重庆市反省院四周年成绩报告表	53
重庆市反省院四周年成绩报告表弁言	53
重庆市妇女团体一览	99
重庆市附近交通详图	699
重庆市概况	564
重庆市各工会调查报告录	46
［重庆市各行庄存放款及口岸汇款业务分析（三十年下期）	260］

重庆市各界抗敌后援会工作概述 60	业会成立大会提要 343
重庆市各界抗敌后援会工作概述 64	重庆市工业会会员名册 重庆市工业会成立大会提要 691
重庆市各界抗敌后援会工作概述 民国廿六年八月起至廿七年八月底止 64	重庆市工业普查报告 687
重庆市各界抗敌后援会收支各界慰劳款物征信录 73	重庆市工资指数 36
重庆市各区区民代表会（主席名册） 177	重庆市国货厂商联合会会员名录 280
重庆市各劝储队劝储工作手册 267	重庆市国货厂商联合会章程暨会员名单 295
重庆市各业概况调查1 煤炭商业 267	重庆市合作金库概况 274
重庆市各业概况调查2 国药商业 268	重庆市合作金库三十四年度业务概况目录 280
重庆市工人服务队总队部奉令协办征雇第二批赴印运输工人报告书 中华民国三十三年一月 274	重庆市合作金库三十五年度业务计划 284
重庆市工商名录 252	重庆市合作金库章则汇编 268
重庆市工商业普查报告——纺织业 274	重庆市合作事业一览 295
重庆市工务局工作报告 廿九年三月至八月 682	重庆市基督教男女青年会服务学生委员会三年来工作报告 11
重庆市工务局工作报告 廿九年九月至三十年二月 682	重庆市建筑规则 683
重庆市工务局工作报告 三十年九月至三十一年二月 685	重庆市江巴各界抗战建国周年纪念大会续收捐款及所有开支清册 64
重庆市工务局统计图表 246	重庆市郊全图［舆图］ 585
重庆市工业会会员名册 重庆市工	重庆市教育概况统计要览 342
	重慶市街圖 569
	重庆市金融贸易 292
	重庆市警察法规汇编 60
	重庆市警察局单行法规汇编 157
	重庆市警察局二十九年度统计年鉴 99

重庆市警察局工作报告	177
重庆市警察局工作报告	177
重庆市警察局工作报告	177
重庆市警察局工作报告：廿九年三月至八月	86
重庆市警察局工作报告：廿九年九月至卅年二月	99
重庆市警察局工作报告：三十年九月至三十一年二月	111
重庆市警察局工作报告：三十六年一月至四月	167
重庆市警察局工作一年概况	172
重庆市警察局念九年度统计年鉴	99
重庆市警察局三十年度统计年鉴	99
重庆市警察局三十年度统计年鉴	111
重庆市警察局三十年度统计年鉴	111
重庆市会计师公会章程	246
重庆市粮食管理委员会工作报告廿九年九月至卅年二月	252
重庆市廖氏捐助教养事业资产保管委员会产业图说	167
重庆市临时参议会第一次大会纪录	74
重庆市临时参议会第二次大会纪录	86
重庆市临时参议会第三次大会纪录	86
重庆市临时参议会第四次大会纪录	99
重庆市临时参议会第五次大会纪录	99
重庆市临时参议会第六次大会纪录	111
重庆市临时参议会第二届第一次大会纪录	123
重庆市临时参议会第二届第二次大会纪录	123
重庆市临时参议会第二届第三次大会纪录	135
重庆市临时参议会第二届第四次大会纪录	135
重庆市临时参议会第二届第五次大会纪录	148
重庆市零售物价指数月报 三十三年八月至十二月	274
重庆市棉花商业同业公会九二火灾本业损失之前因后果	295
重庆市农林水利	231
重庆市农林水利（之五）	292
重庆市票据交换制度	260
重庆市票据交换制度	275
重庆市七种日用品调查初步报告	253
重庆市钱业同业公会章程	295
重庆市青年会第五届征友会纪念册	4
重庆市区街道详图 四川省水陆交通图	612
重庆市三十二年度政务考察报告	178

重庆市三十七年下半年度地方岁入岁出总预算书	290
重庆市三十七年下半年度地方岁入总概算来源别总计表	291
重庆市三十七年下半年度施政纲要	172
重庆市三十八年下半年度地方岁入岁出总概算书	292
重庆市商会三十年度工作报告	260
重庆市商会卅三年度春季会员大会报告材料	275
重庆市商会章程	295
重庆市商会章程草案	295
重庆市商馀互助社社章	295
重庆市社会局职员录	87
重庆市生活费指数	35
重庆市生命统计简编	39
重庆市食盐问答	275
重庆市市场概况调查举例	260
重庆市市立第一小学半年来之经过	314
重庆市市民居住证申请表填写说明	100
重庆市私立孤儿院院务纪要　二十一周年纪念	32
重庆市统计手册	37
重庆市统计提要	35
重庆市统计提要	39
重庆市统计提要	40
重庆市统计提要　1941年度	36
重庆市图书杂志审查处工作报告：三十年九月至三十一年二月	111
重庆市袜业调查	231
重庆市卫生局工作报告　廿九年三月至八月	650
重庆市卫生局工作报告　廿九年九月至卅年二月	651
重庆市文化教育	315
重庆市物价旬报	268
重庆市物价指数 [1942]	261
重庆市物价指数 [1943]	268
重庆市物价指数及其变动：中国统计学社年会论文	253
重庆市物品零售价格比较统计 [民国三十四年]	280
重庆市物品批发价格比较 [民国三十三年下半年]	275
重庆市下水道工程	690
重庆市镶牙业务人员训练班毕业特刊	340
重庆市消防法规	60
重庆市消防联合会干部学校第一期同学录	178
重庆市消费合作社联合社向市合作金库借入中农行转贷紧急贷款国币捌仟万元运用结果报告及	

偿还计划 284
重庆市消费合作社联合社业务报告书 民国三十一年度 261
重庆市消费合作社联合社业务报告书 民国三十二年度 268
重庆市新兵服务社缘起章程 208
重庆市新生有限责任贩卖消费合作社章程 296
重庆市学生健康比赛报告 315
重庆市言论动向报告 112
重庆市一览 560
重庆市银钱大同行便查簿［1947］ 287
重庆市银钱大同行便查簿［1949］ 293
重庆市银钱两业同业公会票据交换所章程 296
重庆市银钱业一览 291
重庆市银行公会联谊部游艺组平剧股组织及推进事项章则 296
重庆市银行钱庄一览 296
重庆市银行业近况 238
重庆市银行业同业公会会员银行营业规程 217
重庆市营建委员会工作报告 682
重庆市邮件投递分区地名一览表 296
重庆市战时民众补习教育推行委员会民众学校专任教员手册 317

重庆市政 135
重庆市政法规 167
重庆市政府三十一年度政绩比较表 123
重庆市政府民国三十二年度施政计划 123
重庆市政府三十二年度政绩比较表 136
重庆市政府三十三年度政绩比较表 148
重庆市政府三十四年度政绩比较表 158
重庆市政府三十五年度政绩比较表 168
重庆市政府三十六年度政绩比较表 173
重庆市政府三十七年下半年度施政纲要 173
重庆市政府法规汇编 74
重庆市政府法规汇编 112
重庆市政府法规汇编 113
重庆市政府法规汇编 第二册 组织及服务（中） 112
重庆市政府法规汇编 第四册 社会类 112
重庆市政府法规汇编 第五册 警察类（上） 第六册 警察类（下） 112

重庆市政府法规汇编　第七册　财政类　112

重庆市政府法规汇编　第八册　工务卫生类　112

重庆市政府工作报告　136

重庆市政府工作报告　148

重庆市政府工作报告　157

重庆市政府工作报告　172

重庆市政府工作报告：三十年一至六月份　100

重庆市政府工作报告：三十一年四至六月份　113

重庆市政府工作报告：三十二年四、五、六月份　123

重庆市政府工作报告：三十二年七至九月份　123

重庆市政府工作报告：三十二年十月至三十三年三月　136

重庆市政府工作报告：三十三年一至三月　136

重庆市政府工作报告：三十三年四至六月　136

重庆市政府工作报告：三十三年七至九月份　136

重庆市政府工作报告：三十四年一至六月份　148

重庆市政府工作报告：三十四年七月至十二月份　148

重庆市政府工作报告：三十五年一至六月份　157

重庆市政府工作报告：三十六年一至六月份　168

重庆市政府工作纲领草案　175

［重庆市政府工作计划（中华民国三十四年度）　147］

［重庆市政府工作计划（中华民国三十五年度）　155］

［重庆市政府工作计划（中华民国三十六年度）　155］

［重庆市政府工作计划（中华民国三十六年度）　165］

［重庆市政府工作计划（中华民国三十七年度）　172］

［重庆市政府工作计划（中华民国三十八年度）　174］

重庆市政府公报　74

重庆市政府核定物价运价工资汇编　268

重庆市政府会计处工作报告［1944］　275

重庆市政府会计处工作报告［1947］　288

重庆市政府会计处工作报告：二十九年九月至卅年二月　253

重庆市政府会计处工作报告：三十二年三月至九月［1943］　275

重庆市政府施政报告	173
重庆市政府实施本市参议会第一届第四次大会决议案经过情形概要	168
重庆市政府实施本市临时参议会第二届第五次大会决议案经过情形概要	148
重庆市政府执行本市参议会第一届一至四次大会决议案概要	168
重庆市政府执行市临时参议会第五次大会决议案情形一览表	178
重庆市政概要	56
重庆市之棉织工业	221
重庆市之药材业	231
重庆市之油业	231
重庆市知识青年志愿从军征集委员会工作总报告	205
重庆市中华基督教青年会十周年纪念专册	4
重庆市中华基督教青年会二十周年纪念册	9
重庆市主要物品限价更动表 三十二年一月至三十四年五月	268
重庆市资金分配情形	269
重庆市自来水厂会计规程	222
重庆税捐总局税务汇刊	296
重庆私语	452
重庆四郊交通名胜便览	581
重庆太平洋大药房同人须知	56
重庆通信箱汇刊	562
重庆通信箱汇刊：第壹集	562
重庆桐油贸易近况研究	232
重庆铜元局局务纪实	296
（重庆万州）里牌溪史氏族谱十卷	543
（重庆万州）牟氏族谱十一卷	590
（重庆万州）史氏支谱正编不分卷	546
（重庆万州）左氏族谱三卷	608
重庆卫戍总司令部辖区各县市局民众组训工作队派遣办法	208
重庆屋檐下，又名，墙	452
重庆屋檐下：六幕话剧	453
重庆屋檐下：舞台本	502
重庆物价特刊	261
重庆物价专刊	261
重庆物价专刊 第二编	280
重慶物語	497
重庆西郊小区域地理研究	576
重庆戏剧电影界致政治协商会议意见书	158
重庆乡土志不分卷	612
重庆消防法规	60
重庆消息	148
重庆小夜曲	453
重庆行辕辖区各省市禁政座谈会纪	

录	168	师的重庆杂谭	600
重庆型：短篇文集	453	重慶戰時經濟論	275
重庆训练	123	重庆战时体制论	113
重庆训练（十一）	208	重庆掌故	612
重庆训练集选辑	74	重庆掌故	612
重庆训练集选辑	74	重慶政府ノ「非常時輸入禁止物品辦法」及ビ「輸出商品ノ外國爲替賣却差額受取辦法」	238
重庆训练集选辑	193		
重庆训练集选辑	195		
重庆训练集选辑（之二）	193	重慶政府ノ産業支配力ニ関スル若干ノ資料	261
重庆训练选集	74		
重庆要览	595	重慶政府の金融？為替政策	261
重庆艺专	311	重慶政府の西南經濟建設狀況	246
重庆艺专校国画参考部古画展览会特刊	308	重慶政府戰時法令集	100
		重庆政府战时经济政策史	232
重庆益志书局	345	重庆政权崩溃	113
重庆益志书局	345	重庆政权的分析	136
［重庆演剧概况摘要（一九四一年至一九四二年）	536］	重慶政権の内幕	124
		重慶政権の内情	136
重庆银行通讯录 第二十六期	232	重慶政権の政情	124
重庆银行通讯录 第二十七期	232	重慶政權財政政策論	275
重庆印度榕橡胶乳浆之周年分析	677	重慶政權農業增産政策調査	276
重庆哟！我把你唱成歌儿写成诗	482	重慶政権施策年表	124
重庆园林风景：［图集］	693	重慶政權下教育施設の概況：未定稿	323
（重庆云阳）冉氏家谱十七卷首一卷末一卷	541	重庆之米价	253
（重庆）云阳涂氏族谱二十卷首一卷	553	重庆指南	556
		重庆指南	564
重庆杂谭，其他题名：一个美国医		重庆指南	577

重庆指南：陪都建立周年纪念特刊	581	楚信文存	37
重庆指南：胜利特刊	600	处女的心	482
重庆指南暨工商行名录	296	处女地	433
重庆指南十周年特刊	606	处世艺术：即生活的艺术	13
重庆至西宁沿途调查概况	612	川、陕、甘、青、康、滇、黔、湘、鄂边区简图、重庆市街道图、东洋历史地图	612
重庆中校旅外同学总会会报	305		
（重庆忠县）忠州秦氏家乘十八卷	556	川北米麦的生产成本	297
重庆砖瓦业概况 陶瓷工业调查报告之一	239	川滇铁路宁冕支线叙昆干线西会支线测勘总报告书	698
重庆总商会职业学校五年概况报告书	305	川东地理考察报告	639
		川东法团联合会议事录	178
重慶最後の日	113	川东共立师范学校一览	310
丑角的世界	489	川东联立师范学校典夔图书馆概况	314
出发之前	393		
出使莫斯科记	124	川东农业调查	666
初等教育	340	川广铁道路线初勘报告 中英文本	696
初级中学国文	350		
初级中学外国地理（上册）	577	川江航标说明	704
现代初中教科书矿物学	305	川江水道与航行	697
初中图画教科书及教学法	536	川江图说集成二卷	695
初中作文教学法	335	川剧钞本花仙剑	502
储蓄整储整付整储支息特种整储整付及过期储蓄五种之记账办法	296	川剧钞本琴挑	502
		川剧钞本贪赌报	502
		川剧钞本无鬼论	502
楚伦文存	453	川剧钞本孝妇羹	502
楚辞论文集	502	川剧内影	502
		川剧选粹	407

川剧杂拾	454		传染病学问答	656
川康滇黔矿产资源概况表	640		船山学案	19
川康工合事业	246		船长指南	704
川康建设问题	253		创蘅歌曲集	537
川康建设视察團报告書	87		创修北碚志缘起	590
川康经济建设计划草案	239		创造的儿童教育	335
川康经济建设计划审查意见书	246		创造宣言	331
川康经济建设计划总摘要	246		创作的经验	370
川康经济建设五年计划大纲草案： 工业矿业	253		春草集	420
			春潮	472
川康兴业股份有限公司章程	297		春寒	454
川康游踪	585		春韭集	434
川康运销概况　上下册	269		春雷	385
川康专号	261		春暖花开	454
川龙蜀虎	502		春暖花开的时候	454
川煤低温蒸馏试验	681		春情曲	502
川缅纪行	419		春天	454
川南记游	601		春天里的秋天	407
川南游记	601		[春云短篇小说选集（1937年）	
川省财政概况与改进计划	239			379]
川西北步行记	606		纯真的爱	502
川西南地质矿产调查报告	634		词品乙　一卷	353
川西南记游	590		慈香小集	375
川湘纪行	590		此次全会应有之检讨与努力	124
川盐实况及增产问题	239		此恨绵绵：[多幕话剧本]	454
川游漫记	556		此间乐	497
川灾概况及其救济经过	60		赐福屡笔记	612
川政建设之检讨与今后应有之努力			从1942年展开的历史场面	199
	87			

737

从重庆到苏联	472	大地龙蛇	394
从地力测定实验结果讨论我国施用		大東亞戦における重慶？インド？	
氮磷钾三种肥料之普及性	676	濠洲	581
从国际形势观察中国抗战前途	64	大红骡子和缺犁耙	503
从华盛顿到重庆	590	大红瓢虫之生活史	643
从军手册	205	大后方的小故事	434
从美国看到世界	75	大后方的一般情况	601
从木画集	537	大后方纱厂一览表	280
从木诗集	503	大后方舆论	137
从日本的"废藩"说到我国的"整		大后方舆论十题	148
军"	190	大家听教授讲演	41
从上海到重庆	454	大江东去	503
从上海到巴蜀	558	大江南线	407
从上海归来	455	大老虎：民间故事	455
从叔本华到尼采	19	大漠英雄：1—6	494
从战斗中壮大的晋察冀边区	569	（乾隆）大宁县志四卷	558
促成宪政与实施训政：团长训词	87	大气温度	633

D

		大气压力	633
答乡村建设批判	253	大气中之光电现象	633
答蝯诗草	371	大时代的小故事	394
打回南京去	65	大时代人物	566
打破敌人建设东亚新秩序的阴谋	75	大同变异记	503
打胜仗的方法	197	大同方剂学	656
大巴山地理考察报告	577	大同生理学	656
大般若波罗蜜多经叙　三卷	11	大同药物学	656
大别山荒僻的一角	393	大同主义之研究	124
大常闸坝竣工纪念册	687	大侠狄龙子	494
大乘教义	26	大侠郭解传	503

大侠剧孟	503	当代史剩	555
大小定风珠的应用	657	当年的粮政和役政	199
大学毕业论文的作法	315	当前的几个实际工作问题	65
大学基本法文文法	354	当前金融之病态与战后金融之复员	
大学科目表	320		297
大学之道：团长训词	8	党德与党纪	87
大战画集	585	党的监察制度与实施	124
大战午城镇	503	党的组织与领导	113
大中大华二闸坝竣工纪念册	685	党国先进抗战言论集	65
大众歌声 第3集	526	党化教育讲义	178
大重庆	612	党务实施上之问题	75
大足石刻概论	612	党务实施上之问题：党务的一般工作问题与组织工作问题	87
大足石刻图征初编	612		
大足县道工程监工手册	687	党务实施上之问题：社会工作部分	
大足县旅渝同学会通讯录	340		87
大足县县政府造呈抗战时期中心工作报告书	61	党务实施之问题：社会组织部分	75
		党务实施上之问题（总论）纲要	75
大足县政府工作报告	56	党务与教育	100
（民国）重修大足县志九卷首一卷		党务与教育	100
	595	党证	434
民国重修大足县志勘误表	612	党政军联席会议提案	75
带枪的人	420	党政训练班第二期人事研讨与演习报告书	75
待旦楼诗词稿	472		
黛玉归天	366	党政训练班训练实纪	87
黛玉葬花	366	党政训练的要旨：党政训练班第二期开学日讲	76
丹凤街	503		
当代名人特写	577	党政制度及其关系	137
当代人物	606	党治与中国	178

739

砀隐集	503
导淮入江水道三河活动坝模型试验报告书	681
导师制问题	320
导演术基础	537
到革命之路	44
到天空去	472
悼张自忠将军诗	394
道教徒的诗人李白及其痛苦	434
稻苞虫防治浅说	671
得心应手	657
德国重整军备及大战中之概况	202
德国的古典精神	434
德国地理	590
德国心理战	16
德育讲义	345
德字棉之试验结果及其推广成绩	675
邓主任论川康建设	254
滴翠轩诗草 四卷	367
滴降佛古体诗	503
狄岱麓的启示	472
狄岱麓与李石曾	601
敌国的疯兵	503
敌后六年之一得	202
敌我战略战术之研究	199
地层：中篇小说	455
地方行政概要	168
地方自治	44
地方自治概要	168
地方自治救国论	43
地方自治实施方案法规汇编	168
地方自治四权行使实习手册	149
地籍整理宣传纲要附问题解答	124
地理救亡	613
地理与国防	197
地球	631
地狱门	497
地质力学之基础与方法	639
最近地质时代以降亚洲地理环境的变迁与中国黄土平原的形成	642
帝国主义的性质之研究	178
第一次全川防空会议纪录	202
第一次中国劳动年鉴	30
第一届国民参政会第三、四次大会决议案继续办理情形报告表	100
第一届国民参政会第五次大会决议案行政院办理情形一览表	100
第一流	408
第一流：续编	408
第一区机器工业同业公会会员工厂出品一览	687
第二次参谋长会议要录：上下	195
第二次欧洲大战史略．第1集	204
第二次世界大战之经验	199
第二次中国教育年鉴1	345

第二届参政会特辑	65	第三届国民参政会第二次大会立法院工作报告	124
第二届国民参政会第一次大会决议案行政院办理情形报告表	101	第三届国民参政会第三次大会考试院工作报告书	137
第二届国民参政会第一次大会考试院施政报告书	101	第三届国民参政会第三次大会行政院工作报告	137
第二届国民参政会第一次大会行政院报告书	101	第三届国民参政会第三次大会行政院工作报告补编	137
第二届国民参政会第二次大会决议案办理情形报告表	113	第四病室	482
第二届国民参政会第二次大会决议案行政院办理情形报告表	137	第四届第一次国民参政会交通部工作报告	148
第二届国民参政会第二次大会立法院工作报告	101	第四届国民参政会第一次大会考试院工作报告书	149
第二期抗战兵役宣传纲要	193	第四届国民参政会第一次大会立法院工作报告	149
第二期抗战补充兵政治工作实施纲领	193	第四届国民参政会第二次大会军事询问之答复	158
第三次全国财政讲汇编	254	第四届国民参政会第二次大会考试院工作报告书	158
第三次全国教育会议报告	317	第四届国民参政会第二次大会立法院工作报告	158
第三届参政会第一次大会教育部工作报告书	113	第四年抗战经过	197
第三届国民参政会第一次大会决议案行政院办理情形报告表	124	第五战区巡礼	381
第三届国民参政会第一次大会考试院报告书	113	第七号风球，一名，法西斯细菌	455
第三届国民参政会第一次大会立法院工作报告	114	第八路军将领抗战回忆录	566
第三届国民参政会第一次大会总裁致闭幕词全文	114	滇中区《矿产提要报告》	639
		滇中区北部二十五万分之一地质图	639

电工仪器及量度	630	东海巴山集	483
电气建国	679	东条吊倭皇	434
电气事业	690	东线血战记	381
电相传真	693	东瀛佛教观察记	3
电信事业	690	东战场上的杨家将：杨森部血战记	
电学理论	630		381
电学原理	629	冬儿姑娘	408
电学原理 教本	627	冬季战役经过及经验教训	195
电影轨范	527	董时进论文及演说词	49
（民国）垫江县乡土志十卷	543	都市防毒概要	195
调查四川垫江南充两县征购实物用		都市相	533
量衡器发生争执情形报告书	297	毒根草	504
调查统计概述	38	读国民政府禁烟条例敦劝民众	
叠岫楼诗草	360	意见书	178
叠韵释例	357	读史平反论	613
丁树诚先生纪行诗□□卷	489	读史随笔	613
定压气体克分子热容量与克分子气		读书指导	331
化热之关系	631	读书指导 2 册	323
东北的黑暗与光明	572	读辛亥四川事变之我感言	566
东北四省旅渝同乡"九一八"十周		独身者	375
年纲念会宣言（汉藏文版）	101	独守丐 第三集	504
东北游记	553	杜甫论	455
东川邮区	281	断末魔の重庆	114
东川邮区办理代办所汇票之邮政代		锻炼	473
办所一览表	221	对军事问题补充报告	209
东川邮区推动储政须知	269	对空军陆战队即降落伞部队之对策	
东川邮政管理局本口组分拣手册	297		195
东方的坦伦堡	386	对空军陆战队之防御	199

对渝共攻势宣传工作报告	114	二万五千里长征	596
［多福多寿多男子	476］	**F**	
多鼠斋杂谈	504	发光的年代	494
多喜和黑牛	473	发挥中国的长处以吸收外国的长处	
多尊者金刚瑜伽甘露宏化初记	4		175
E		发微集	455
俄国文学思潮	434	法国地理	596
峨眉导游	566	法律概论	137
峨眉山之气候	637	法律知识与青年	114
峨眉吟卷	369	法廷証番号253：自1938年（昭和	
峨眉植物图志	645	13年）至1941年（昭和16	
峨嵋七矮：蜀山续集	483	年）間重慶ニ於ケル空襲被害	
峨嵋训练集	76	統計	601
恶魔	420	法廷証番号2593：重慶同志への通	
恶魔及其他	420	電（汪精衛）．「同生共死	
儿童教育	338	（時局参考資料25輯）」抜萃	
儿童声韵通	354		606
儿童卫生歌	653	法文动词论	352
儿童相	533	法文文法	357
儿子去开会去了	420	法西斯细菌	483、［455］
尔雅旧注考证	357	法西斯主义日本的完成及其展望	137
耳鼻喉保健法	654	法相辞典	8
二次世界大战中美国外交政策	114	法学通论	149
二马	386	法学通论	178
二年来之国际反侵略运动中国分会		法学通论 上下卷	42
	88	法制：中央政治学校公务员训练部	
二十四史校勘记 337卷	541	高等科讲义	178
二十九国游记	585	翻砂座谈会录（第一届第一期）	688

反杜林论	1	非常时期的国民参政会	158
反攻胜利	408	肥沃的土地	455
范文澜文心雕龙注举正	379	沸羹集	489
［范筑先	421］	分子之形态与行为 — 分子之"旋转容积"假说	631
方文培教授任教国立四川大学十周年纪念册	607	丰都梁氏家乘□□卷	581
芳草天涯	473	丰都万县视察记	316
防毒歌	209	丰都仙佛传异暨胜迹风景写真	601
防毒口罩	209	丰都县参议会第一届第三次大会纪录	179
防毒面具的使用与保管	209		
防毒木门门幕制造图	685	（民国）重修丰都县省通志采访四卷	547
防护团员服务守则	197		
防空	199	丰都县县政府二十四年春季行政会议特刊	53
防空洞防毒设备	209		
防空洞管理人员防毒必携	200	丰都县县政府职员录	53
防空法规汇刊	76	（民国）丰都县乡土志十四卷	551
防空法令汇编	179	（民国）重修丰都县志十四卷	549
防空广播	191	丰都县租石清理委员会报告书	227
防空讲话	197	丰都宗教习俗调查	5
防空疏散之理论与实施	196	丰饶的原野	473
防空与疏散	193	丰收	504
仿杜威分类法	304	丰子恺绘图	527
仿杜威十进分类法	304	风暴的日子	473
访问印度的感想与对太平洋战局的观察	114	风尘集	380
		风砂之恋	455
访英日记	590	风萧萧	483
飞露	365	风雪夜归人	455
飞跃中的西南建设	239	风雨归舟	420

疯狂	504
烽火梵音	435
烽火集	504
烽遂考	613
冯副委员长抗战言论集	88
冯氏医案	657
冯氏族谱：［重庆忠县］	607
冯玉祥抗战诗歌选	381
冯玉祥先生抗战诗歌集．第三集	408
凤	408
奉节县食货志一卷	609
奉节县县政府职员录	53
（民国）奉节县志稿十五卷	609
奉使俄罗斯日记	56
佛教各宗派源流□□卷	13
佛学历史	4
扶植自耕农保障佃农	288
服务的人生观	9
服务须知第三辑：警察	114
服务与人生	11
俘虏	420
浮士德：四幕名剧	421
桴楼诗稿	504
桴山诗选	504
涪陵北里白氏族谱二卷	548
涪陵经济调查，其他题名，长渝计划线经济调查特辑之二　长渝计划线经济调查特辑	227
涪陵实验小学校、农民教育馆实施报告	309
涪陵县立乡村师范学校实施报告	310
涪陵县立乡村师范学校一览	309
涪陵县临时参议会第二届一次大会会议录	137
涪陵县县政府建设科二十一年度建设报告书	179
（民国）涪陵县续修涪州志二十七卷首一卷附民国纪事一卷	551
涪陵县政府二十年度建设科行政事业报告书	179
涪陵县政府廿年度建设科行政事业报告书	49
涪州石鱼文字所见录二卷	349
涪州自治制研究所讲录	179
福寿镜	504
抚琴悲秋	366
抚吴文牍□□卷	179
腐蚀	409
妇科杂症	657
妇科摘要	657
妇科指南　存四卷	657
妇女与时代：三八节座谈会广播词摘要	114
妇女运动的理论与实践附录1卷	76 577
阜平战我中毒部队所行经验汇集	191

复仇的心	455
复旦大学校友节北碚立校纪念特刊	316
复活	421
复活	435
复活吧，孩子！：独幕儿童剧	409
复兴关附近高地灌溉工程初步计划书	673
复兴关训练集	138
复兴关训练集团长训词	138
复兴面粉股份有限公司章程	254
复兴面粉股份有限公司组织规程	254
复兴中国与政治制度之历史研究	52
复员问题	202
副产品　诗、散文、杂文	473
富贵浮云	456
覆瓿留痕	504
馥记营造厂重庆分厂成立三周年纪念册　民国三十年春	683

G

改良稻种"南特号"试验及推广成绩报告	668
改良炼铁计划书	694
改良四川纸业之初步	694
干部训练概况	205
赶集	386
敢死队	504
感情的野马	435
钢铁厂迁建委员会成立五周年纪念刊	269
钢铁厂迁建委员会职员录	276
皋兰异人传	504
高等物理学	628
高尔基	473
高级会计学	239
高级小学地理　第一、二、三册	585
高级小学自然　第四册	625
高级英文军语会话	356
新辑高兰朗诵诗　第1集	435
新辑高兰朗诵诗　第2集	456
高木偬吉日记	505
高氏族谱□□卷	550
杲仙文集	505
告川省同胞书	76
告革命青年	101
告民众书	193
歌德斐德汶	505
歌德童话	474
歌谣快板集	489
革命建国韵语	456
革命军	45
革命军　驳康有为书	42
革命军　军民必备之书	179
革命军不分卷	179
革命领导权	65
新革命论	43

革命先锋	179	工合特写	246
革命逸史	585	工矿建设参考资料	276
葛斯龙三氏微积分 校订本	630	工人的旗帜	173
各国兵役行政概论	196	工人运动报告	180
各国民法条文比较	47	工人运动底理论与实际	47
各国民法条文比较总则编	53	新工商	269
各国首都战时风景线	394	工商部重庆工业试验所三十七年度工作概况	691
各国外交政策及外交史	124		
各国现代经济学说及组织	269	工商部重庆工业试验所研究专报第九号分子之形态与行为二水分子之聚合	692
各国宪法及其政府	124		
各机关公务员工眷属生产合作推广部一年来工业概况	269		
		工商部重庆工业试验所研究专报第十号由农村副产物制造糠醛产量之比较	692
各省市新运会代表大会纪录及民国二十七年度	65		
		工商部重庆工业试验所研究专报第十二号桐硷制纯硷之研究	692
各县（市）民众自卫队规程	173		
各训练机关送审教材总检讨：民国二十八年至三十年	114	工商部重庆工业试验所研究专报合订本	692
各训练机关送审教材总检讨：民国三十二年度	125	工商管理	276
		工商管理一瞥	269
各业会计制度	261	工业改进论文集	692
给爱花者	421	工业管理	269
给静静的顿河的儿子	456	工业建设问题	685
给少男少女：演讲稿集	498	工运参考资料	173
根本救国论	179	工资理论之发展	218
庚辛坠稿	505	公教通讯（第一期）	24
庚子交涉隅录	557	公民	114
耕罢集	435	公司会计	246
耕罢集 附滇黔寄兴	483		

公司理财	281
公孙龙子	613
公文档案管理法	342
公余医录抄六卷	648
攻渝纪事一卷	613
巩固抗日民主根据地及其各种政策	613
共勉录	180
姑姑	435
孤城落日	456
古城烽火：三幕剧	386
古代用兵杂记	209
古今方歌	657
古今声类损益说	357
古钱	581
古青纪游诗	505
古诗新画	533
古树的花朵，一名，范筑先	421
古陶图说	613
古篆集文	357
故国	421
故乡	489
故乡：短篇小说	505
顾诚同学纪念册	601
顾母王夫人60寿言集14卷	581
顾诵芬堂六秩寿言集 十四卷	581
顾影无如白发何	505
挂红	505
挂剑集	489
关于沉钟社的过去、现在和将来	505
关于河南农工银行李汉珍、李凌阁等舞弊案重庆实验地方法院起诉书，河南农工银行总行稽核王晓凡之报告	281
关于女人	435
关于实地考察地形地理增修地图与编撰兵要地	200
关羽	483
光明与黑影　特髯迦尔曲	456
光绪皇帝三部曲	505
广益中学四四级同学录	335
广源轮：三幕剧	457
归去来兮	436
鬼的谈话	505
鬼恋	436
贵州柑橘之经济地理	675
桂渝郊外	607
郭沫若诗词	505
郭象庄子注是否窃自向秀检讨	9
国宾：亨利·华莱士	138
国策之原理：三民主义之理论与实行	101
国产造纸纤维之显微化学分析	683
国产造纸原料之化学组成	683
国产重要木材之基本比重及计算出之力学抗强	672

国朝全蜀贡举备考（蜀进士题名总录）九卷	613	国故论衡疏证	357
国粹文选	375	国画六法新论	532
国防部监察局钟监察官视察本厂经过	208	最新国际公法	180
国防地理	191	[国内经济概况（三十年下半期）	252]
最新国防地理	204	国际劳工组织与援华运动	88
国防建设与中等教育	332	国际联盟与中国	180
国防讲话	101	国际贸易的理论与实践	297
国防科学运动	200	国际私法新论	138
国防科学运动（第八辑）	197	国际通讯的机构及其作用	318
国防新论	200	国际问题的纵横面	125
国防与矿产	638	国际无产阶级和人民反对法西斯的统一战线：慕尼黑会谈后	76
国防与农业	675	国际现势及战后国际问题	125
国防中药学	657	国际形势	180
国防最高会议对国民参政会第二次大会移送各案之决议一览	66	最近国际形势	76
国风诗集	457	国际形势与中国	88
国父思想体系述要	125	国际形势与中国抗战	88
国父孙中山底历史哲学	13	国际形势与中国外交政策	149
国父遗教类编	115	国家建设原理	158
国共论	101	国家至上	394
国共谈判经过教训及其他	158	国家总动员讲话	115
国共谈判文献辑要	180	国军援缅	436
国共谈判真相	138	国立北京大学重庆同学会同学录[1943]	332
国共谈判真相	180	国立北京大学重庆同学会同学录[1944]	336
[国共谈判重要文献（一九四四年）	134]	国立北平大学工学院旅渝同学会会	

章	346
国立北平大学农学院试验财产清查及估计	346
国立编译馆工作概况	320
国立复旦大学概况 附：茶业研究室	327
国立江苏医学院概览	320
国立四川造纸印刷科职业学校三年来之概况	332
国立同济大学重庆同学会会员录［1944］	336
国立同济大学重庆同学会会员录［1945］	339
国立戏剧学校一览	318
国立中山大学旅川同学会会刊	346
国立中央大学报告	327
国立中央大学法律系师生通讯录	339
国立中央大学复校第一届毕业纪念刊	336
国立中央大学复校第二届毕业纪念刊	339
国立中央大学概况：二十九周年校庆纪念	336
国立中央大学机械工程学系三二级级友通讯录	336
国立中央大学教员名录	327
国立中央大学农学院之良改棉种	668
国立中央大学实验学校国华级毕业纪念刊	323
国立中央大学四川同学会会员通讯录	342
国立中央大学要览	323
国立中央大学一览	327
国立中央大学重庆同学会会员录	346
国立中央工校组织大纲办事总则暨各处室科办事细则	346
国立中央工业职业学校筹备委员会建筑说明书	346
国立中央工业职业学校教育纲要：中华民国二十七年六月	316
国立中央工业职业学校组织大纲、办事总细则、各项规则、各项简则	316
国立中央工业职业学校组织大纲、办事总细则、各项规则、各项简则、附机械工厂各项规则：中华民国二十七年六月	316
国立中央工业职业学校组织大纲及各项规则	346
国立中央工业专科学校、国立中央工业职业学校校友录	341
国立中央工业专科职业学校三十年度第二学期教职员录	327
国立中央工业专科职业学校三十一年度第一学期教职员录	328
国立中央工业专科职业学校一览	323

国立中央图书馆在渝善本书目 709	国民参政会第三次大会记录 77
国立中央图书馆在渝中文书目 709	国民参政会第三次大会蒋议长开会词及休会词 77
国立中央研究院动植物研究所民国三十一年度事业计画 646	国民参政会第四次大会记录 77
国立中央研究院动植物研究所所务报告：民国三十一年一月至十二月 646	国民参政会第四次大会决议案行政院办理情形一览表 88
	国民参政会第四次大会议事日程 77
国立中央研究院工程研究所民国三十一年度工作概要 685	国民参政会第四次大会议事日程.第九次会议 77
国立中央研究院工作报告 324	国民参政会第五次大会 88
国立中央研究院气象研究所三十一年度工作报告 637	国民参政会第五次大会记录 89
国立中央研究院医学研究所筹备处概况：民国三十三年—民国三十七年六月 656	国民参政会第五次大会行政院报告书 89
	国民参政会第二届第一次大会记录 89
国立重庆大学一九四三级毕业同学录 332	国民参政会第二届第一次大会纪录 102
国立重庆师范学校过去现在与未来 332	国民参政会第二届第一次大会决议案实施情形一览 102
国立重庆师范学校校友录 340	国民参政会第二届第一次大会军事委员会军事报告之一部 102
国民政府参军处职员录 139	
国民参政会 66	国民参政会第二届第一次大会提案原文.五（114—148） 102
国民参政会 66	
国民参政会 66	国民参政会第二届第二次大会纪录 115
国民参政会参政员姓名略历一览 66	
国民参政会川康建设视察团报告书 77	国民参政会第三届第一次大会纪录 125
国民参政会第二次大会记录 66	国民参政会第三届第一次大会提案

751

原文．第四册　第一四六号至第二〇五号　125

国民参政会第三届第一次大会提案原文．第五册　180

国民参政会第三届第二次大会纪录　139

国民参政会第三届第二次大会军事委员会军事报告之一部　125

国民参政会第三届第二次大会考试院报告书　125

国民参政会第三届第三次大会纪录　149

国民参政会第三届第三次大会教育部工作报告书　139

国民参政会第三届第三次大会决议案行政院办理情形报告表　149

国民参政会第三届第三次大会提案原文　180

国民参政会第三届第三次大会宪政实施协进会工作报告书　139

国民参政会第四届参政员略历　149

国民参政会第四届第一次大会纪录　158

国民参政会第四届第一次大会教育部工作报告书　149

国民参政会第四届第一次大会决议案行政院办理情形报告表　158

国民参政会第四届第一次大会提案原文　158

国民参政会第四届第一次大会行政院工作报告　149

国民参政会第四届第二次大会财政部口头报告　181

国民参政会第四届第二次大会纪录　159

国民参政会第四届第二次大会决议案行政院办理情形报告表　168

国民参政会第四届第二次大会提案原文　159

国民参政会第四届第二次大会行政院工作报告　149

国民参政会第四届第二次大会休会期间驻会委员会会务报告　168

国民参政会华北慰劳视察团报告书　89

国民参政会华北慰劳视察团报告书节要　77

国民参政会经济动员策进会工作报告　125

国民参政会经济动员策进会工作报告　139

国民参政会经济动员策进会工作报告　150

国民参政会决议案实施情形一览　77

国民参政会历届参政员联谊会捐款姓名清单　181

国民参政会三届二次大会财政部口头报告	125	问题之检讨	297
国民参政会文献汇编	66	国难与青年	54
国民参政会宣言	77	国旗飘扬	382
国民参政会宣言	181	国旗飘在鸦雀尖	436
国民参政会驻会委员会检讨第四届第二次大会建议各案实施情形之报告	169	国庆纪念册	77
		国学钩沉	709
		《国训》考证 10 余卷	710
国民大会代表重庆候选同志介绍专刊	169	国医舌诊学	649
		国以民为本	66
国民教师工作指引 第一集	339	国语标准音注读简捷法	356
国民教育	328	国语科教材教法	346
国民教育法规汇编	324	国语推行重要法令	115
国民教育通论	324	国语文选 第3集 第7版	350
国民教育巡回辅导	324	国债概况	276
国民经济建设运动	246	过年	409
国民经济建设运动	261	**H**	
国民精神总动员特刊	89	孩子的讲演	506
国民精神总动员正解	77	孩子军：剧本	457
国民精神总动员之要义与四维之阐扬	89	海	409
		海滨吹笛人	490
国民军训	198	海军大事记 上下卷	202
国民快读，坚母训女	506	海上墨林4卷，续印增录一卷	543
国民政府参军处职员录	125	海棠香馆诗集 二卷	506
国民政府委员杨沧白先生行状	613	骇痴谲谈二卷	375
国民政府主计处职员录 民国三十年十一月	261	涵泳集	380
		寒夜	490
		韩非	26
国难期中几个重大经济问题及财政		汉奸	409

漢口より重慶へ	557
汉明妃	506
汉南蒙古地理	596
汉唐精神	26
汉译科学大纲	346
汉译世界史纲　上下	546
汉印临存四卷附留耕堂印存一卷	525
汉渝公路汽车渡船模型试验报告书	702
汉园记	375
汉藏教理院立案文件汇编	346
汉藏教理院年刊	4
航空工程与国防	204
好男儿	527
好望号	457
合川地形图、长寿地形图、小沔溪图	553
合川教会简史	13
合川税捐局征收税则	297
合川私立华国中学第十九班同学录	339
合川县救济院成案汇编	54
合川县科学馆概况一览	346
合川县临时参议会首次大会议事记录	115
合川县文献特刊第一期	562
合川县县政府工作报告	57
合川县县政府工作报告	57
合川县政府抗战时期中心工作报告目录	61
（民国）新修合川县志八十三卷	545
合川血债录	89
合志同芳　一册不分卷	328
合州丁氏族谱二卷	554
合作的国际与中国	52
合作金库之辅导与监督	247
合作金库制度之意义与建立	254
合作事业	239
合作文存　上下册	247
合作与经济建设	232
何部长对各区经理会议训词	89
何彩打教	506
何鲁文钞	34
何上将抗战期间军事报告	208
何应钦出席历次兵役会议训词	196
何总长白副总长复十八集团军总司令朱德副总司令彭德怀新四军军长叶挺副军长项英齐代电	196
何总长白副总长致十八集团军总司令朱德副总司令彭德怀新四军军长叶挺皓代电暨复十八集团军总司令朱德副总司令彭德怀新四军军长叶挺副军长项英齐代电	198
何总长对政工人员之重要训示	126
何总长讲话	115

何总长应钦讲抗战第六年之军事	202
何总长应钦言论选集	78
何总长应钦于第一届青年节讲青年从军运动	204
和平建设新中国	159
和平民主的新阶段	150
和平民主建设的新阶段	159
和平民主新阶段的指针	159
和平天使	410
和中共相处两年，又名，新西行漫记	173
河北省二万五千家乡村住户之调查	32
河工学讲义	680
河童	410
河西走廊	586
荷花画谱	537
荷花图	537
鹤林歌集	533
鹤膝风	657
黑暗的重庆统治	613
黑暗的笑声	386
黑孩儿	490
黑龙江省物产志	297
黑龙江通志	614
黑森林	506
黑云暴雨到明霞	436
[黑字二十八	401]
恨海情天	421
横渡	395
轰炸下的南中国	382
红豆山庄吟草初编	371
红花港	506
红楼梦人物论	506
红蔷薇	395
红色中国的挑战	474
红烧清炖集	457
红叶集	421
红缨枪	395
洪宪惨史	545
虹	367
后方	382
后方的重庆	525
后方工业概况统计（1942年）	269
后方工业概况统计：民国三十一年（9页）	270
后方工业概况统计：民国三十一年（177页）	270
后方小唱	410
后方小喜剧	422
后方重要工矿产品第二次统计：民国二十九年至三十二年	276
后方重要工矿产品统计（1941年及1942年）	270
后防集	422
后正气歌	361

呼兰河传	395	华蓥山地质	635
狐群狗党	395	华源织造厂股份有限公司概况	276
胡世合工友纪念册	596	华岳日记	359
湖滨秋色	490	滑翔园地合订本 第1集	705
蝴蝶花馆诗钞	506	化学实验讲义：卷上	628
虎贲万岁	506	化学战	209
［虎啸	428］	化雪夜	376
虎爪山王	490	化雪夜	484
户籍行政	139	画梦录	376
户政问题	126	画中有诗	529
户政问题 编教三十一	139	淮南鸿烈简端记	347
户政问题 教廿六	126	欢喜冤家：上下册	410、［466］
户政问题参考资料	139	还黑石山作	365
沪江大学重庆同学录 三十一年十月	328	还魂草	422
		还我河山	380
花是怎样开的	457	还乡集	369
花影泪	457	还乡记	436
华北的秋	386	还乡日记	395
华北抗战新形势与坚持边区抗战	193	还乡杂记	498
华莱士访华	139	幻术初阶	524
华莱士在华言论集	139	荒	396
华侨革命史话	596	荒谷早春	507
华威先生	506	荒原的声音	474
华岩备志一卷 续志四卷附石林即景一卷	8	黄白丹青	422
		黄鹤楼	457
华岩寺志	26	黄金潮：五幕喜剧	457
华阳国志十二卷	542	黄埔颂	458
华阳人物志十六卷附一卷	554	黄浦江头的夜月	457

黄石公素书解	189	现代货币论	288
惶惑	458	现代货币学	288
恢复铜梁板桥瓷业建议书	297	最新货币学	276
回头岸	507	霍乱症与痧症鉴别及治疗法	657
回头岸金鸡岭	507	**J**	
回忆鲁迅先生	572	击缶集	491
悔园联话	458	饥饿的郭素娥	437
会议法研究	46	机关管理	102
绘画图案——抗战之部	529	机关管理一得	126
惠堂老伯	507	机关组织	126
蟋蛄声集：词集	507	机关组织论	150
婚后	458	机枪原理	679
婚姻法之近代化	47	鸡鸣早看天	475
活	437	积翠湖滨	366
活报　争取抗战胜利　献给抗战二周年	387	基督与我	25
		基于血肉经验对消极防空今后应切实改进及注意诸事项	196
活人秘诀	657	激流中的水花	397
活捉日本鬼：独幕儿童话剧	396	吉普赛的诱惑	475
火	396	急救手册	650
火把	410	疾风	437
火车集	387	疾风集（附欧云集，笳声集）	387
火花	397	棘源草	458
火花	458	集联　1卷	507
火烧的都门	607	集《泰山经石峪》联	376
火雾：诗歌	474	几个月来支持华北抗战的总结与我们今后的任务	191
火线内	362		
火线上的四川健儿	507		
火葬	474	记刘伯承将军	607

记忆与忘却	498
纪念手册	115
纪念张自忠上将殉国部份诗文原稿订存	573
季鸾文存	38
寂寞	459
寄生草	397
寄生草：三幕喜剧	397
寄小读者	410
寄斋杂录	358
寄自火线上的信	437
冀野散曲钞	437
加尔曼	437
加里波的传	573
枷锁与剑	422
家蚕品种改良法	665
家庭农艺	666
家庭幸福	459
家训二卷	26
家用制图学	537
家与国	411
嘉陵江岸	537
嘉陵江流域地理考察报告：上下卷	639
嘉陵江区煤矿业同业公会会志	270
嘉陵江三峡地区与地形和温泉的关系　暂行本	637
嘉陵江三峡实验区总动员训练教材	298
嘉陵江三峡乡村建设实验区概况	232
嘉陵江三峡乡村建设实验区计划书	298
［嘉陵江三峡乡村建设实验区署］抗战时期中心工作报告　民国二十六年至二十七年八月	233
嘉陵江三峡乡村建设实验区署概况	233
嘉陵江三峡乡村建设实验区署工作报告	223
嘉陵江三峡乡村建设实验区署抗战时期中心工作报告	233
嘉陵江三峡乡村建设实验区署三十年度工作计划专号	254
嘉陵江三峡乡村建设实验区署组织规程	298
修正嘉陵江三峡乡村建设实验区署组织规程	57
嘉陵江三峡游览指南	555
嘉陵江三峡游览指南	562
嘉陵江社社刊	325
嘉陵江水道查勘报告	698
嘉陵江下游煤矿视察报告	634
嘉陵江志	602
嘉渠马路路政纪实	704
甲申三百年祭	591
甲午以来中日军事外交大事纪要	102
驾驶指南	702

坚壁清野	475
犍为沫溪炼焦厂考察报告	681
检查重庆市各行庄三十五年度总报告书	288
简师简乡师国文	351
简要统计手册（二）（四川省江津县）	37
简要统计手册（第四期）（四川省江津县）	41
简要统计手册（四川省第三区）	39
简要统计手册（四川省江北县）	37
简要统计手册（四川省江北县）	38
见闻杂记	438
建国教科书初级中学公民	328
建国教科书高级中学平面解析几何学	628
建国历详解	586
建国文选 第1集	387
建国问答二〇四问	150
建国之路	78
建立国家财政经济的基础及推行粮食与土地政策的决心	270
建立乡镇	139
建设川康合作事业五步计划	57
建设四川水利复兴中华民族	694
剑·文艺·人民	507
剑北篇	423
剑光黛影	498

健党与建国	66
江巴璧合特组峡防团务局概况一览	44
江巴璧合特组峡防团务局事业进程一览	44
江巴富泸间地质矿产调查报告	634
江北建设特刊	52
江北建设特刊	557
江北乐碛戴氏宗谱：二卷：[重庆巴县]	569
江北厅陈氏宗谱□□卷	614
（道光）江北厅志八卷卷首一卷	544
（民国）重修江北厅志采访表略□□卷	614
江北县参议会第一届第一次大会纪录	150
江北县参议会第一届第二次大会纪录	159
江北县参议会第一届第三次大会纪录	160
江北县参议会第一届第四次大会纪录	160
江北县参议会第一届第五次大会纪录	169
江北县参议会第一届第六次大会纪录	169
江北县二十五年度县地方总预算书	223

江北县二十六年度县地方总预算书 227

江北县基本国势调查总报告 简编 169

江北县临时参议会第一次大会记录 115

江北县临时参议会第二次大会纪录 140

江北县临时参议会第三次大会记录 140

江北县全图、江北县乡镇划分略图 586

江北县税捐稽征处清理重庆市区县有公学产办事处报告书 291

江北县整编保甲清查户口各级承办人员特应注意事项 181

江北县政府工作报告 57

江北县政刊 67

（民国）江北县志稿十卷 614

江防述略：一卷 189

江合矿业股份有限公司决算报告书 298

江合矿业股份有限公司决算报告书：中华民国卅一、卅二年度 270

江津、璧山、合川县地方建教工作报告书 312

江津涂氏家乘□□卷 614

江津县地方财政汇编 217

江津县地方行政干部训练班各科讲义 116

江津县二十九年九至十二月份粮食管理工作报告书 247

江津县方言志 358

江津县各区乡镇保维持治安实施办法 116

江津县国民教师须知 325

江津县立女子中、小学校一年来之经过 347

江津县立中学校廿五六两班同级录 308

江津县太埂图（2份） 553

江津县县政府抗战时期中心工作报告书 61

江津县行政会议录 181

江津县政府工作报告书 57

江津县政府三十一年度一至八月工作报告 116

（民国）江津县志十六卷首一卷附志存志余二卷 547

江津之柑桔 667

江津之柑桔 677

江上行 475

[江叔海讣告] 561

江苏省立旅川临时中学概况 336

江苏宜兴旅渝同乡会纪念刊 586

江西的月 398

江夏堂重修支谱全部黄氏支谱总集□□卷	555
蒋夫人访美画集	586
蒋夫人美加行纪	591
蒋兼院长在第三届参政会开会词暨加强管制物价方案全文	116
蒋介石先生的思想体系	102
蒋伪合作宁渝合流的内战阴谋	150
蒋委员长八一三四周年告全国国民书	181
蒋委员长对从军学生训话	204
蒋委员长对各国驻渝记者谈话（汉藏文体）	325
蒋委员长告联合国民众书	126
蒋委员长告美国军民书：汉藏文本	116
蒋委员长告全国知识青年从军书	181
蒋委员长九一八十周年告全国国民书	181
蒋委员长抗建言论集（1）（英汉对照）	181
蒋委员长抗战言论集	67
蒋委员长为订立中美中英新约告全国军民书：附国民政府令	126
蒋委员长为日汪密约告全国军民书	89
蒋委员长为日汪密约告全国军民书及告友邦人士书	89
蒋委员长为实施国家总动员法告同胞书	116
蒋委员长新生活运动讲演集	61
蒋委员长在第二届国民参政会在二次大会致开幕词	103
蒋委员长在第三届参政会致闭幕词	116
蒋委员长在第三届参政会致开幕词	116
蒋议长在国民参政会第四次大会关于宪政问题之演辞	181
蒋主席影传	602
交错集	438
交大概况：四十七周年校庆纪念刊	329
交流	336
交流发电机	678
最近之交通	699
最近之交通	700
交通部部辖公路营业里程表	254
交通部长江区航政局绞滩管理委员会成立四周年纪念特刊	262
交通部长江区航政局辖区内现有轮船船名录 第8期	291
交通部长江区航政局中华民国三十一年度统计年报	261
交通部对国民参政会参政员询问案之答复	140

交通部对国民参政会第四届第二次大会各参政员交通询问之答复	160
交通部工作竞赛办事处工作报告：民国三十一年六月至十二月	262
交通部綦江铁路工程处职员通讯录	699
交通部扬子江水道整理委员会第六、七期年报合编：中英文本	214
交通部扬子江水道整理委员会第八期年终报告：中英文本	214
交通部扬子江水道整理委员会第九期年报：中英文本	217
交通部扬子江水道整理委员会第十、十一期年报合编：中英文本	219
交通部职员录	240
交通部职员录	262
交通部职员录	276
交通部重庆电话局电话号码簿	262
交通部重庆电话用户变动增刊	239
交通部重庆电信局电话图书汇编	285
交通警察手册	701
娇喘	484
焦舍岑草	507
角力	365
较场口二一〇事件	614
较场口血案	602
校雠学	336
教导工作点滴	347
教师日记	336
教育部视导人员手册. 第一册	325
教育部特设体育师资训练所校友通讯	342
教育部学术审议委员会工作概况	329
教育部中华教育电影制片厂概况	528
教育法规	126
教育改造的新途径	329
教育论	305
教育通论	309
教育心理学大观	339
教育学大纲	306
教育与建国	89
节约献金救国运动的文件	103
节制资本原论	281
劫后缘	373
结婚的幸福	459
结婚进行曲：五幕剧	423
解放日报评国民党十一中全会及三届二次国民参政会	126
借园诗草	507
巾帼英雄秦良玉	614
今日的将领	569
今日之华南	562
今日之重庆	577
今天	491
今昔集	438

今昔集：诗集	507
今之重庆	577
金佛山移垦区第一期工作概况	668
金刚坡下：小说	423
金黄色的小米	484
金家崖王爷庙蜂窝子汤家沱铜罐驿郑家梁朱杨溪隧道工程补充说明书	697
金匮要略详解	657
金匮直解	658
现代金融论	227
［金声玉振	443］
金氏族谱□□卷	551
金文研究	350
金玉满堂：四幕悲剧	423
金指环	438
锦方选粹集成	658
槿花之歌	534
近百年来中外关系	126
近代金融学说	270
近代伦理思想小史	3
近代社会思想史要	30
近代政治思潮	52
近二十年中国文艺思潮论	387
近来之国际关系与太平洋大战	116
近三年来抗战之检讨及今后敌伪之阴谋与我之对策	196
近世东北国际关系日记	103
近世民主宪政之新动向	160
近世中日国际大事年表	577
进步党本部暨四川支部成立概略书	181
进步与贫困	214
进化论与善种学	642
进化之真象	642
进修的参考附：怎么样为社会做事	116
晋察冀边区印象记	382
晋察冀行	484
缙云集钞一卷	360
缙云乐府一卷	364
缙云山志八篇	581
缙云山志一卷	581
缙云文集四卷	373
禁烟问题	78
经典释文考	357
经济部对第三届国民参政会第一次大会各询问案之答复	103
经济部对于第三届国民参政会第二次大会决议案办理情形报告表	140
经济部工矿调整处第一次全年工作报告：民国二十六年十一月一日至民国二十七年十一月三十日	233
经济部工矿调整处二十八年度上半	

年事业推进状况报告书 240
经济部工矿调整处二十八、九两年度工作计划实施方案表 240
经济部工矿调整处管制工业器材报告：三十二年一月起至七月止 270
经济部工矿调整处管制工业器材报告：三十三年六月止 276
经济部矿冶研究所附设试验厂工作概况 683
经济部矿冶研究所工作概况 681
经济部矿冶研究所燃料专刊 689
经济部矿冶研究所四年来之工作概况 685
经济部农本局概况 262
经济部中央工业试验所八年来概况 281
经济部中央工业试验所工作概况 262
经济部中央工业试验所工作概要 270
经济部中央工业试验所木材试验馆五年来工作概况及成效：二十九年至三十三年 676
经济部中央工业试验所木材试验室报告 一 671
经济部中央工业试验所协助甘宁青三省建设 270
经济部中央工业试验所一览 254
经济部中央工业试验所重要论文报告一览 708
经济部中央农业实验所民国廿四及廿五两年度治虫工作报告 667
经济部中央农业实验所民国二十五年全国蝗患调查报告 668
经济部中央水工试验所概况 683
经济部中央水工试验所水文测验规范 684
经济部重庆工业试验所概况 240
经济部资源委员会工矿产品展览会提要 277
经济部资源委员会四川省政府万县水电厂三周年事业概况 684
经济地理 277
经济概论 215
最近之经济建设 262
经济建设运动之实施方法 240
经济恐慌下的日本 233
经济漫谈 277
经济侵略下之中国 212
经济思想史 298
经济统计学 271
经济学概论 271
新经济学讲话 215
经济学讲义 298
经济学名词：中华民国三十年十一月教育部公布 285
经济学史 215

经济政策参考资料	277	橘天牛之初步研究	671
经论断章读二卷	8	蒟园文集	508
经论继章读　不分卷	9	句践	456
经世文综	708	剧丛　风流老人	498
经学概论	706	聚奎学校史稿	347
荆轲	398	聚兴诚商业银行股份有限公司组织规程	288
荆轲插曲	527		
精刻大藏经	9	聚兴诚商业银行人事规程汇编	291
精刻大藏经目录	22	聚兴诚银行储蓄部会计通告存要	240
精神训练参考资料选辑	320	聚兴诚银行储蓄部特种活期	223
精益中学高七班同学录	337	聚兴诚银行存单存折股票质押转让注册办法	227
竟无孔学——中庸传一卷	23		
竟无内外学	26	聚兴诚银行存放款利息月计办法	223
竟无内学杂著　不分卷	13	聚兴诚银行代办部暂行会计规则及办事手续	223
竟无诗文一卷	411		
竟无小品不分卷	411	聚兴诚银行第八届股东常会记录	215
静静的嘉陵江	508	聚兴诚银行第九届股东常会记录	218
静默的雪山	459	聚兴诚银行第十次营业报告书	219
静园诗草	508	聚兴诚银行董事会告全体同人书	298
九鼎考略	566	聚兴诚银行对外单据之印制分配及保管登记办法	221
九年来之重庆市政特刊	223		
酒场	376	聚兴诚银行各行存储款代理收付办法	223
酒丐：京剧剧本	508		
旧金山会议内幕	150	聚兴诚银行各种放款记账办法	223
旧金山会议实录　上下卷	150	聚兴诚银行股份两合公司第十一次股东常会决议录	223
旧游新感	423		
救亡儿童剧集	382	聚兴诚银行股份两合公司章程	298
就业引论	262	聚兴诚银行股份有限公司第一次营	

业报告书附民国二十六年下期决算各表	227	眷眷草	423
聚兴诚银行股份有限公司民国廿七年全年决算表	233	觉花园全集	3
		掘取未爆炸弹须知	196
聚兴诚银行股份有限公司民国二十九年全年决算表	247	军党号飞机命名典礼专号	198
		军队党政工作之实际与技术	200
聚兴诚银行股份有限公司民国三十年全年决算表	254	军队工作的几个实际问题	209
		军队训练手册表解	202
聚兴诚银行股份有限公司民国三十一年全年决算表	262	军队政训中心工作实施纲要	196
		军队政治工作讲授大纲	201
聚兴诚银行股份有限公司民国三十四年全年决算表	281	军队政治工作之进展	193
		军国民体育常识	332
聚兴诚银行股份有限公司章程	228	军事管理研究	209
聚兴诚银行股份有限公司组织规程	298	军事化的教育	193
		军事计政人员手册	116
聚兴诚银行国外部创始一年来之工作报告	285	军事委员会干部训练团步兵训练笔记	207
聚兴诚银行活页账之印制分配及保管办法	221	军事委员会军训部军官外国语文补习班教育概况	201
聚兴诚银行会计规程	277	军事委员会军训部西南游击干部训练班第五期同学通讯录	191
聚兴诚银行会计通告存要	233	军事委员会军训部业务报告	196
聚兴诚银行七届股东常会记录	214	军事委员会军训部游击干部训练班第一期同学通讯录	209
聚兴诚银行契据所有品、寄存品、代管品之保管办法	222	军事委员会军训部战时教育训令	194
聚兴诚银行人事规程	299	军事委员会军训部中华民国三十三年统计年鉴	205
聚兴诚银行自制电报简码	694	军事委员会战地服务团招待须知	206
聚兴诚银行总渝同人进修会会刊：创刊号	277	军事委员会政治部政工会议总述	194

军事新闻概论	320
军事学术 6	208
军事与国防	204
军事与政治	201
军特十二区党部成立二周年纪念特刊	198
军委会战干团留渝同学通讯录	204
军需独立之要义	201
军训部二十九年度军事教育会议议决案实施检讨表	198
军训部法规	198
军训部服务要览	198
军训部概况	209
军训部西南游击干部训练班第二期人事研讨与演习报告	194
军训部自三十年一月起至三十一年四月止重要业务报告书	201
军政部兵工署第二十一工厂办事须知草案	277
军政部兵工署经济部资源委员会钢铁厂迁建委员会会计制度	299
军政部第六次军事计政会议录	201
军政部第六战区江北各战区军需业务督导团报告书	209
军制与动员：志愿兵役制	89

K

开发华西计划书	299
开发四川省水利计划大纲	689
开发四川资源方案	233
开发西南与抗战建国	240
开发资源与西南新经济建设	240
开县临时参议会第一次大会记录	117
（咸丰）开县志二十七卷首一卷	614
凯歌	411
凯旋的人生 下册 十个成功者的史实	7
看云人手记，又名，密云期风习小纪	459
康蒂妲	438
抗敌画展特刊	525
抗敌将领印象记	382
抗建三年	90
抗日的模范军人	569
抗日画册	525
抗日画刊	537
抗日金钱板 4集	508
抗日名将剪影	570
抗日诗刊	380
抗日血战见闻录	566
抗事新闻记者的基本训练	347
抗戦の首都重慶	573
抗战八年之川康后防	602
抗战八年重庆花絮	602
抗战必胜论	78
抗战长歌	387
抗战初结声中东方学术界之函讨	23

抗战初结声中东方学术界之函讨 25	抗战六年来我国工业技术之进步 685
抗战的经验谈 192	抗战六年来之军事 203
抗战地方史书目 707	抗战社会史书目 707
抗战地方史书目 军事史书目社会史书目 707	抗战诗歌集 388
	抗战时期之四川教育 339
抗战第三年 78	抗战四年 103
抗战第六周年纪念册 586	抗战四年来的文化运动 325
抗战第七周年纪念册 591	抗战特殊忠勇军民题名录 578
抗战第八周年纪念册 602	抗战特殊忠勇军民题名录（第二辑） 586
抗战歌选 第一册 423	
抗战回忆录 614	[抗战文钞 390]
抗战建国大画史 609	抗战文化与青年 347
抗战建国二周年纪念册 78	抗战文选 382
抗战建国纲领浅说 67	抗战文艺概论 388
抗战建国纲领释义 90	抗战文艺书目抗战史书目补遗 707
抗战建国纲领研究 68	抗战五周年中外纪念文献选辑 582
抗战建国纲领研究 90	抗战戏剧概论 388
抗战建国纲领研究（8册） 68	抗战戏曲集 第1辑 388
抗战建国纲领研究 总则篇 90	抗战一周年 68
抗战建国纪念日名言特选 68	抗战以来 103
抗战建国时期之精神与训练 90	抗战以来的财政 263
抗战建国小丛书 68	抗战以来的经济 263
抗战建国与民生哲学 7	抗战以来敌寇对我经济侵略概观 247
抗战将士剪影 第1集 563	抗战以来农林部中央农业实验所植物病虫害系工作概况 第2辑 672
抗战金融论集 285	
抗战剧本批评集 398	
抗战剧本选集 508	抗战以来全国交通概况 247
抗战军人忠烈录 第1辑 609	抗战以来图书选目 708

抗战以来之重庆制革工业	688
抗战以来之经济建设	240
抗战以来中国外交重要文献	127
抗战以来中央工业试验所工作报告	241
抗战以来中央农业实验所植物病虫害系工作概况	669
抗战以来中央农业实验所植物病虫害系工作概况 第2辑	672
抗战英雄传记	587
抗战英雄点将录	596
抗战与妇女	181
抗战与经济	233
抗战与民众运动	68
抗战与文化	318
抗战与戏剧	388
抗战与乡村：我个人在抗战中的主张和努力的经过	90
抗战与消费统制	233
抗战与艺术	389
抗战哲学	11
抗战政治史书目	707
抗战中的民生公司附与死挣扎急待救济的民主公司等三种	241
抗战中的西南民族问题	68
抗战中地上防空部队之战迹 第1辑	196
抗战中社会问题	33
抗战忠勇史画	602
抗战周年纪念册	68
抗戦支那の食糧問題	263
考察四川化学工业报告	679
考察四川农业及乡村经济情形报告	215
考核要旨：党政工作考核之要领与方法	127
现代科学发明谈	626
科学概论	623
科学概论	625
科学化运动	325
现代科学进化史	623
科学名人传	555
科学通论	624
科学与军事	203
科学与科学思想发展史：2册	625
科学原理	622
科学运动文稿	625
科学之新趋势	624
可惜明年花更好	508
刻意集	389
客窗漫画	528
课程编制	332
课外学艺研究	333
空军与防空	190
空袭救济工作报告	78
空中战斗史	206

孔德图书馆丛书	707
孔墨的研究	9
孔墨底批判	23
孔雀胆	423
孔雀女（即沙恭达罗）	475
孔学会成立大会言论辑要	333
孔学会况	333
孔学杂著一卷	12
孔子人格学术与现代各科学派之最高原理	9
孔子衍义	26
恐怖的笑	491
控诉	398
控制四川雨量的三个主因	636
口琴歌曲集	528
苦恨年年压金线	508
苦悶する支那：現代作品の文学史	411
苦雾集，又名，文学研究中之科学精神	424
会计名辞汇译	234
会计学	228
会计学教科书	234
快乐颂	459
狂飙	475
旷野	398
旷野的呼喊	382
矿商须知	45
矿物学	632
昆明通讯	318

L

垃圾箱	508
拉丁文文法	358
腊梅花开	494
来华助战美空军素描	614
来瞿唐先生易注十五卷首一卷末一卷	27
来里尖山太和场易氏族谱□□卷	614
来自红色中国的报告	603
来自中国的惊雷	603
濑溪河水利工程勘测设计报告概要	690
蓝蛱蝶	398
懒樵山人诗抄	508
狼群：三幕剧	491
浪淘沙	412
劳动管制：人力动员与劳动行政	140
劳动立法原理	44
劳动年鉴	43
劳作教育思想之系统的研究	329
老海客告密	508
老李	509
老牛破车	412
老牛破车：创作的经验	399
老舍幽默集	459
老张的哲学	389

老子	19	李秀成之死	475
老子述记 二卷	5	李芋仙传	615
老子现代语解	19	理想的前途：甲集	23
老子章句新编	19	理则学	17
老子章句新释	16	力：1—8	491
老字号	412	力山遗集	370
烙印	438	历朝履霜录	615
雷峰塔：六幕剧新剧	459	历代地名变迁考	615
雷氏族谱□□卷	551	历代名家笔记类选	439
楞严说通十卷	2	历代舆地沿革表	615
冷魂峪	491	历史邦交录	615
冷月葬诗魂	475	历史人物	603
厘定开巫边地县界	578	历史哲学概论	573
离婚	438	立法院川康考察团报告	117
离离草：四幕剧	475	立信会计月报	299
离骚	509	连翘树	509
离骚正义	358	莲花池	509
离巫杂诗	460	联合国歌集	535
犁蜂	664	联合国日	117
蠡屋杂诗	509	联省自治与非法统一之战争	615
礼记箐华 2部	573	廉斋诗草 两卷	509
礼园杂记	615	廉斋随笔	509
李长胜重上前线	382	廉斋文稿	509
李烈钧将军自传	591	廉斋杂著	509
李闻案调查报告	160	练兵要义	192
李闻案调查报告书	160	炼铝专刊	687
李闻被害真相	160	恋歌	424
李闻被杀真相	160	良师兴国的理论与实际	347

梁樵曲本 上、下卷	509		列宁是怎样工作的	1
（民国）梁山县乡土志不分卷	543		列宁文选	1
（民国）梁山县志稿不分卷	615		列宁主义问题	2
（光绪）梁山县志十卷首一卷	558		邻水余氏族谱□□卷	573
梁漱溟教育论文集，原名，梁漱溟先生教育文录	339		林产利用术语释义	669
			林桂清	491
梁漱溟先生近年言论集	175		林四娘	509
梁镇球助军歼敌	439		林学概论	676
粮食	399		林主席二届参政会训词	104
粮食部对第三届国民参政会第二次大会参政员询问案之答复	127		林主席抗战言论集	78
			林主席新生活运动九周年纪念广播词	127
粮食部对第四届国民参政会第一次大会参政员询问案之答复	150			
			林主席中华民国三十二年元旦广播词：汉、蒙、藏文本	127
粮食部四川粮食储运局粮船押运员服务须知	299			
			临标准草书千字文	354
粮政须知	255		临床心得 一卷	658
两父女	509		临画禅宝随录	510
两个野蛮人的恋爱	368		临江小学一览	313
两汉散文选	424		临症病录	658
两面人，又名，天地玄黄	439		临症处方歌括	658
两年来的峡防局	46		临症要览	658
两年来四川驿运工作简报	263		灵枢微言详解	658
两年来之四川中心农事试验场	665		零墨新笺	607
两条路	173		领袖、干部与群众	57
两性卫生学	647		领袖、政府、主义	79
寥寥集	382		领袖与抗战建国	90
廖氏家谱□□卷	615		刘伯承的故事	494
列宁传略	2		刘伯承的故事	498

刘伯承的故事	499
刘邓田等之内乱	615
刘甫澄军长讲演集　第1集	189
刘鸣寂木刻遗作集	526
刘氏族谱□□卷	554
刘校长对第三期同学第一次讲话全文	210
刘袁反攻	615
刘峙讲演集：第十二、十三集	127
刘主席讲演集：第三辑	127
刘子斠注	8
流离集	389
流水飞花	484
流亡国	491
流血纪念章	412
琉璃江旁的琉璃宫	484
琉璃江旁的琉璃宫　三十六梦之一	475
榴园诗稿	510
柳湖侠隐：武侠小说	484
六机匠	510
六经撮要	658
六经定法	658
六经论　一卷	658
六三禁烟节纪念特刊	61
六书评议	358
龙池山馆诗	491
龙凤之战	207
龙虎狗	424
龙山四友	499
龙山堂文集	510
龙溪河水力发电厂工程处工作报告（二十八、二十九、三十年度）	694
龙溪河水力发电工程	687
龙溪河水力工程概述	694
陇西李氏续修族谱：四卷：[巴县]	541
[卢参政诗选	510]
卢冀野诗选二卷（附北征纪程一卷），又名，卢参政诗选	510
卢氏宗谱□□卷	555
卢氏宗谱□□卷	603
芦笛风：一个尘封半个世纪的爱情童话	460
炉边	460
鲁迅正传	582
陆大与陆大学员的使命	198
陆军大学简史	206
陆军大学将官班甲级入学须知	204
陆军大学校欧洲战史讲义	616
陆军大学校十八期、特六期小组讨论总结论	201
陆军大学校学员小组讨论总结论	201
陆军大学校学员小组讨论会参考资料	201

陆军大学校正班第 22 期学员召集办法	207	论二届国民参政会第一次大会	181
陆军大学校正期暨特别班教育计划草案	196	论国民参政会	104
		论衡本性篇疏证	27
陆军各部队机关学校工厂卫生勤务应用表册汇编	204	论抗战戏剧运动	526
		论民主政治	104
陆军机械化学校同学录	337	论民族形式问题	412
陆军忠勇故事集	484	论苏德战争	204
吕览校释	27	论苏德战争及其他	104
吕氏春秋校证	7	论通货流通速率	291
吕四娘刺雍正	366	论语课不分卷附孟子课	7
旅欧日记	361	论战时戏剧宣传	510
旅途游踪：湘·桂·黔·昆·渝线	591	论中国战后建设	299
		罗丹	440
旅途杂记	485	罗兰之歌	510
旅渝东北同乡"九一八"周年纪念大会宣言	573	罗密欧与朱丽叶	510
		罗运炎讲演拾零	175
旅渝向导	566	猡猡标本图说	643
旅渝心声	39	萝茜娜	460
氯化苦熏蒸法须知	672	逻辑指要	17
乱莠集	439	骆驼祥子	399
伦理学纲要	27	M	
伦理学体系：中国道德之路	20	麻疹商榷正续篇	658
轮蹄	439	麻疹治疗纲要	658
论当前民主问题	160	[马克沁机关枪说明书 197]	
论道集：古代儒家辑	13	马克思主义与社会史观	1
论东北问题	90	马莱氏（Mahler）燃烧公式之修正	631
论对发国难财者征收财产税及其它	255	马先尔的新古典经济学	271

马寅初战时经济论文集	281
蛮荒侠隐	371
蛮荒侠隐记	372
满城风雨社会写实中篇小说	460
漫画的描法	529
漫画重庆：四川风光	530
漫画自选集	527
芒硝之分析与提纯	631
毛笔画册1至4册	535
毛诗课　一卷	8
毛泽东在重庆	596
毛主席到了重庆	597
毛主席到重庆	603
毛主席在重庆	603
没用人的一生	440
没有防毒器材的防毒方法	210
没有花的春天	485
梅毒治疗学	658
煤矿	640
美国地理	597
美国经济地理	255
美国人眼中的重庆（附我们的盟邦中国）	140
美国人眼中之重庆	140
美国现代的经济改革	213
美国现今的经济革命	213
美国总统号	440
美人心	373
新美学	25
寐爽轩一夕谈	182
朦胧的期待	510
孟禄教育调查讨论录	347
孟子改制述要□□卷	27
孟子会笺	20
梦	460
梦雨集，又名，文艺批评与文艺教育	476
米谷生产成本调查及川粮管理问题	248
米國の重慶援助の全貌	104
[米英重慶飛行機標識]	705
秘密谷	412
[密云期风习小纪	459]
密支那风云：四幕剧	476
密宗道次第广论五卷	5
蜜蜂与蚕儿	461
棉之不孕籽研究	673
勉仁文学院院刊第一期	344
面子问题	412
苗家月	461
民兵训练问答	210
民法妇权	182
民法物权	52
民法要义（1—2册）	127
民法债总论	48
民法总则	46

民国六年间之重庆金融市场	212
民国名人图鉴	563
民国县制史	174
民间相	534
民生公司编辑股工作附改进方案等三种	241
民生公司消息（1939.5至1940.4）	241
民生公司主干会议纪录及通函　民生公司杂集	241
民生机器厂概述附抗战第六年之民生机器厂	263
民生机器厂建造七号至十六号新船经过概述	263
民生炼油厂	263
民生实业公司第十七周年纪念日所盼望于各界指导的（附各航线轮船停泊码头及售票地点表，各航线客票价目表）	263
民生实业公司概况	299
民生实业公司十一周年纪念刊	228
民生实业公司十一周年纪念刊	228
民生实业公司文书规程草案	241
民生实业股份有限公司常年股东大会决议录　第十五届常年股东大会决议录	248
民生实业股份有限公司民国二十二年决算报告书	219
民生实业股份有限公司二十六年度各部营业概况	228
民生实业股份有限公司民国二十六年第十二届决算报告书	235
民生实业股份有限公司二十八年概况	241
民生实业股份有限公司三十年度概况	264
民生实业股份有限公司三十一年度概况	271
民生实业股份有限公司民国三十七年第廿三届决算报告书	293
民生实业股份有限公司概况	235
民生实业股份有限公司给假规程	299
民生实业股份有限公司决算报告书合订本	223
民生实业股份有限公司会计规程	229
民生实业股份有限公司会计规程	281
民生哲学精义	20
民生哲学引义，一名，天人四论，新哲学体系	14
民生哲学与民生主义	90
民生主义之综合研究	91
民俗艺术考古论集	530
民意机关解释法规汇编	169
民营厂矿内迁纪略：我国工业总动员之序幕	264
民众动员问题	79

民众教育	333	"民族形式"商兑	400
民众与抗战	182	"民族形式"讨论集	413
民众运动篇	69	民族野心	69
民众组训	140	民族英雄张自忠将军	573
民众组训基本训练教材	140	民族与卫生	655
民主的海洋	476	民族战争与文艺性格	476
民主的理论与实践	151	民族哲学大纲	8
民主世界	510	民族正气	461
民主与独裁	128	民族至上论	69
民主与团结	151	岷江峡谷	510
民主政治与教育	318	闽籍陈氏族谱□□卷	541
新民族观：上册	40	名理新论，一名，辩证法订补	14
［民族光荣	392］	名医述要	659
民族健康之医学基础	653	明末民族艺人传	570
民族抗战英雄传	597	明清戏曲史	537
民族气节论	20	明治维新与昭和维新	461
民族圣哲之伟大与四川禹迹之检讨		模范散文选注	372
	578	摩登伽女	510
民族诗歌续论	461	漠南蒙古地理	597
民族诗坛．第一辑	383	墨黛	510
民族诗坛第二卷第二辑	383	墨子校注十卷附录四卷	20
民族诗坛．第四卷．第六辑（总第十九辑）	425	默僧自述	603
民族诗选	400	某傻子的一生	400
民族素质之改造	18	母教	24
民族文化建立论	36	母亲的肖像	491
民族文化论纲	36	木材草类碱法蒸煮及漂白之研究	686
民族文学论	461	木材技术丛编　一	671

木材力学抗强在纤维饱和度下调整之方法	672	南北泉唱和集	511
木材力学试验指导	669	南昌暴动始末记	182
木材试验室概况	672	南川地质旅行指南	638
木材之力学试验	669	南川金佛山垦殖计划书	235
木刻的技法	527	南川旅蓉同乡会会刊	552
木刻联展纪念册	534	南川农田水利查勘报告	687
木兰从军	425	南川綦江地质	635
木林之密度及比重 青杠比重之初步试验	671	南川县金佛山垦殖计划书	229
木林之收缩 青杠收缩之研究	671	南川县金佛山垦殖计划书	235
木林之水分青杠含水量之分布	671	南川县全图	616
新目录学的一角落	333	（民国）重修南川县志十四卷首一卷	554
目前国内外形势与参政会第四次大会的成绩	69	南江先生文稿	462
目前四川兵役述要	205	南京呢还是重庆	182
沐园泉拓	573	南京与重庆	597
沐园四十泉拓 1卷	578	南京怎样解放的	610
牧笛	462	南开大学经济研究所一览	321
募寒衣	413	南开英文选读	354
N		南开英文选读．第二册	356
拿破仑的生活	591	南欧地理	597
内地工作的经验	61	南泉导游	597、[610]
内经句解 十余章	659	南泉导游不分卷	597
内院杂刊	8	南泉纪，又名，南泉导游	610
内院杂著	14	南泉夏令营别记	91
娜娜	499	南泉与北碚	567
南北曲溯源	537	南山化蝶	511
		南山在生长着	425
		南洋与东南洋群岛志略	592

南游杂诗	364	农村的歌	377
难民船	400	农村合作	216
闹钟	511	农村社会学导言	33
泥盆纪气候及当时诸大陆相对位置论	638	最近之农林建设	264
泥土的歌	440	农林建设：中央训练团党政训练班讲演录	264
年青的 RC	462	最近之农林建设：中央训练团党政训练班讲演录	277
碾煤机	462	农林种子学	666
廿四年四川省学生集中训练总队训练管理规则	344	农民歌	363
廿四史批注	616	农民经验调查录	669
念石斋诗	376	农民夜校教材	306
念阳徐公定蜀记一卷	616	农民运动报告	182
聂荣臻大战孙连仲	494	农业	217
宁波旅渝同乡会会刊	582	农业讲义	222
宁渝一家	161	农业经济学	218
牛鼻子三讲	528	农艺科事业计划大纲	677
牛的故事	425	农运与农训	140
牛郎织女	511	奴隶的花果	440
牛马走	511	怒吼罢，中国！	371
牛全德与红萝卜	425	女兵冰莹	574
牛天赐传	425	女共产党员	499
农本局业务报告：二十八年	248	女杰	413
农本局业务报告：二十八年三月份	241	女人女人，一名，多福多寿多男子	476
农本局业务报告：二十九年	248	女诗人薛涛	616
农产促进委员会特约设立手纺织训练所简章	241	女侠夜明珠	494
		女英雄秦良玉	616

女优之死	441
疟疾三字经	659

O

欧航琐记	380
欧美各国宪法史	48
欧美礼俗	582
欧美名著节本 上、下	362
欧美小说名著精华	462
欧那尼	491
欧行观感录	561
欧阳渐记叙 一卷	27
欧阳竟无大师纪念刊：1871—1943	18
欧战论	79
欧洲外交透视	104
欧洲文学发达史	370
欧洲文学发达史	373
欧洲文学发展史	499
欧洲问题的关键在哪里	182
偶像	511

P

潘氏谱牒□□卷	554
盘阿集	511
叛逆者之歌	476
彷徨	511
炮火中流亡记	383
陪都慈云寺僧侣救护队纪念刊	23
陪都党政军各机关联谊社人员姓名录	598
陪都辅助抗战军人家属委员会章则汇辑	190
陪都赋大战杂诗合刻	476
陪都各界追悼戴雨农先生专辑	616
陪都工商年鉴	281
陪都暨迁建区各机关公务员工眷属生产合作推广须知	264
陪都嘉陵江大桥修建筹款计画书	692
陪都见闻	170
陪都建设计划初步草案提要	694
陪都教育文化建设五年计划案	347
陪都救济事业经费筹募委员会征信录及三十二年度冬令救济工作报告	141
陪都民食供应处职员录	574
陪都鸟瞰	582
陪都青年馆半年工作简报	151
陪都十年建设计划草案	690
陪都童子军纪念旬特辑	203
陪都文化界人士对政治协商会议之意见	161
陪都限价手册	271
陪都要览	578
陪都中等以上学校联合运动大会秩序册	337
培风楼诗	441
彭水概况	574

彭水概况	574
彭水教育源流概况	333
彭水田赋财政概况	271
蓬江时草	511
批评精神	426
甓盦诗录四卷	363
漂泊西南天地间	495
贫血集	462
频遭空袭的战时首都	413
平凡的夜话	462
平湖旅渝同乡调查录	587
平教事业在抗战建国中的芹献	69
平民千字课	307
平民千字课夜校教材	307
平蜀记一卷	544
平蜀纪事一卷	616
评国民党参政会	182
评国民党十一中全会及三届二次国民参政会	128
评蒋介石在国民参政会之演说	141
评中国共产党	45
屏障陪都的綦江	104
破山明禅师语录二十一卷附年谱一卷	4
菩提道次第广论 24卷	5
菩提道次第修法 2卷	5
蒲剑集	425
普及现代生活教育之路及其方案	340

普通矿物化学的简单鉴定法	640
普通生物学	643
普通冶金学	688
普通植物学	646

Q

七君子抗战文集	616
七年来之训练工作	151
七人之狱	563
七序山房医案 10卷	659
妻孥	511
期待着明天	511
祁阳伍氏族谱□□卷	617
奇女行	477
奇象上中下	631
奇冤录	373
綦江工程概要	681
綦江流域煤田调查报告	640
綦江铁矿矿产品成本计算说明	248
綦江铁矿志	634
綦江、铜梁、荣昌县地方建教工作报告书	54
綦江图1935（2份）綦江工区图1941年（1份）四川省綦江县图1945年（1份）	558
綦江县的物力	299
（綦江县）全县水利建设规划图	680
（光绪）綦江县续志四卷	542
綦江县政府抗战时期中心工作报告	

书	57
綦渝公路线路图：测绘图	696
起程的人	477
气候学	635
气象年报	632
气象学	640
契约法论	48
憩园	463
迁川工厂联合出品展览会纪念册	264
迁川工厂联合会第八届年会特刊	281
迁川工厂联合会第九届会员大会出席代表名册	299
迁川工厂联合会第七届年会特刊	277
迁川工厂联合会章程	277
迁都重庆	174
前尘琐记	617
前农林总长宋教仁被刺案内应夔丞家搜获函电文件检查报告	42
前夕	413
前夜	400
潜山血	511
黔川滇旅行记	563
黔滇川旅行记	563
（民国）黔江县县政概况	617
〔墙	452〕
抢救华北	61
乔婉娜	463
谯氏族谱□□卷	551
秦淮世家	511
秦良玉	390
秦良玉	401
秦良玉	414
秦良玉	592
秦良玉	607
秦始皇帝	592
秦氏医通 8 卷	648
秦太保良玉纪念刊	564
青草堂杂志	512
青城十九侠	377
青春的祝福	477
青峨游记	578
青海纪游	512
青海志略	587
青门十四侠	495
青木关实验民众教育馆一年来实验事业记	329
青年百科大纲	707
青年歌曲集	532
青年近卫军	512
青年军的诞生	206
青年军第九军第二〇一师同学通讯录	210
青年期心理学	18
青年团工作根本要旨	128
青年往何处去	69
青年夏令营别记	141

青年与抗战	182	屈原研究	426
青年远征军的诞生	206	趋庭随笔	372
青年远征军陆军二〇二师通讯录	210	渠县志	617
青年中国	401	趣味的化学实验法	627
青铜时代	14	全国各重要市县工资指数　民国三十二年七月	271
清稗类钞	544		
清查巴县教育局账目报告书	306	全国机关公团名录	61
清代传记丛刊　清代画史增编	617	全国金融机构分布一览	282
清风明月	463	全国空袭状况之检讨	194
清洁规矩运动推行办法	61	全国新生活运动	62
清末的薄命诗人	592	全国行政区划及土地面积统计补编	582
清末至民国军阀割据时期四川金融紊乱情况	299	全国驿运概况	277
情盲	463	全国知识青年志愿从军指导委员会征集概况	206
晴云山房文集十六卷书牍一卷补遗二卷	512	全国专科以上学校要览．上册	329
请重庆看罗马	587	全力准备大反攻	207
庆祝国民政府还都纪念册	603	全面抗战：街头宣传剧	383
琼崖志略	607	全面抗战的认识	567
邱氏族谱不分卷	617	全面战争与全面战术	194
邱氏族谱一卷	592	全民总动员，又名，黑字二十八	401
秋收起义宣言	183	全蜀艺文志六十四卷首一卷	360
求爱	485	权能划分及均权政制	141
求真药性四百味	659	泉友录	617
曲选	463	拳谱□□卷	347
屈原	441	群经大义□□卷	27
屈原插曲	528	群经纲纪考　十六卷	27
屈原思想及其他	426	群生论	45

群众魔术	537

R

燃烧的荒土	512
冉溪诗稿	512
《人表校勘记》二书例言	617
人间生活画集	534
人间味	414
人鉴心相篇	617
人民解放军将领印象记	609
人民英烈　李公朴　闻一多先生遇刺纪实	603
人生佛教	23
人生基础哲学　增订本	20
人生漫画	532
人生兴趣	18
人生之新认识	12
人体画典	534
人物山水画册	524
人性的恢复	441
人与文学	442
人质	442
壬寅汇稿	512
刃锋木刻集	532
任钧诗选	485
任氏传染病学	654
日本兵上吊	390
日本大陆政策	62
日本当前之危机	442
日本地理研究	587
日本地志	598
日本对华的宣传政策	91
日本国情讲话	79
日本间谍	390
日本明治维新史纲	91
日本人来了	512
日本刑法改正案评论	48
日本盐原化石植物群及日本海底寒水凝结物的时代与地质学上的意义	641
日记　23卷	512
日寇开发华北的阴谋	70
日日夜夜	512
日苏条约的分析	104
日用珠算	628
日用珠算学习法	627
荣昌高桥泸县瓦厂间水力勘查纪实	684
荣昌工合旗下的手工业	248
荣昌隆昌重修吕氏世谱不分卷	554
荣昌县政府抗战时期中心工作报告书	62
荣昌县猪鬃概况调查	255
荣誉军人	442
蓉灌纪行	592
如此江山　上下册	463
如此江州　第一集	368

如此中美特种技术合作所——蒋美特务重庆大屠杀之血录 175	
如何建设新军 194	
如何解决 141	
如何解决 141	
如何抗敌 70	
如何认识总理 70	
如何做妇女运动 104	
入秦草（不分卷） 426	
入蜀稿五卷附录一卷国声集一卷 492	
入蜀杂咏一卷 383	
入狱偶成 513	
瑞霭庐诗集 513	
若是有了灵魂 477	
弱岁诗19首 513	

S

塞上风云 390
三S立体几何学 630
三别小说集 513
三国志音义 617
三民主义讲演集 105
三民主义教育 318
三民主义浅说 43
三民主义青年团 79
三民主义青年团重庆青年劳动服务营筹备特刊 91
三民主义青年团重庆支团工作报告书 183
三民主义青年团第一次全国代表大会代表手册 128
三民主义青年团第一次全国代表大会提案汇录 第三册 128
三民主义青年团第一届中央干事会第一次全体会议决议案汇录 183
三民主义青年团第一届中央干事会第二次全体会议纪录 141
三民主义青年团第一届中央干事会第二次全体会议提案汇录 第一册 141
三民主义青年团第一届中央干事会第三次全体会议纪录 151
三民主义青年团第一届中央干事会工作报告：三十二年四月至三十三年二月 141
三民主义青年团第一届中央干事监察会工作报告：三十三年四月至三十四年三月 151
三民主义青年团第一届中央监察会工作报告：三十二年五月至三十三年二月 142
三民主义青年团二周年纪念特刊 91
三民主义青年团七年来团务工作总报告：民国二十七年七月至三十三年十二月 151
三民主义青年团团史资料第一辑初稿 上编 161

三民主义青年团之任务及工作实施 91	
三民主义青年团之使命及团务概况 91	
三民主义青年团中央常务干事会工作报告 91	
三民主义青年团中央干事会二十九年度工作计划 92	
三民主义青年团中央干事会工作报告 79	
三民主义青年团中央团部工作报告 105	
三民主义青年团中央团部会议手册 152	
三民主义思想体系之认识 152	
三民主义新中国 152	
三民主义与人口政策 31	
三年来之建教合作 325	
三年来之抗战经过 197	
三年来之西南公路［1938］ 698	
三年来之西南公路 699	
三人会议商谈经过概要 161	
三省山内风土杂识一卷 617	
三圣经 358	
三十六梦 477	
三十年来之中国工程　中国工程师学会三十周年纪念刊 689	
三十年来之中国造纸工业 264	

三四一	383
三峡游览指南	567
三兄弟	401
桑螟	664
色楞格河的少女	477
沙磁区学术讲演会讲学录．第一辑	35
沙磁区学术讲演会讲演集．第一辑	35
沙坪坝消费合作社三周年纪念特刊	271
沙坪集，又名，抗战文钞	390
沙坪集：戏本	391
莎士比亚初阶	513
山城	426
山城的雾季	485
山城故事	463
山城散曲	477
山城诗帖	401
山城雾	495
山城杂记	492
山窗小品	477
山窝里的晚会	513
山下	426
山野	495
山野的故事	513
杉木柏木碱法蒸煮之研究	684
陕北民歌选	499

善后救济总署重庆难民疏送站工作总报告	161	社会部北碚儿童福利实验区工作概况	70
善后救济总署干什么？怎样干？	152	社会部北碚儿童福利实验区三年来工作概况	161
伤寒串解三字经	659	社会部北碚儿童福利实验区统计报表．第二号	170
伤寒简释	659		
伤寒金匮条释	651	社会部北碚儿童福利实验区业务统计汇编	170
伤寒经口诀	659		
伤寒六经辨证歌括	659	社会部合作事业管理局工作概况：[1941年]	255
伤寒论详解	659		
伤寒选注	659	社会部合作事业管理局工作概况：[1943年]	272
伤寒直解	659		
上古音韵表稿	356	社会部重庆第一育幼院院况	183
上海から巴蜀へ	558	社会部重庆社会服务处服务五年	152
上海工人生活程度的一个研究	31	社会部重庆社会服务处章则辑要	117
上海、天津两租界に於ける重慶政府及び列国の文化活動	321	社会部重庆实验救济院概况	170
		社会部重庆实验救济院现行章则汇编	161
上下古今谈　上下册　又名，无量数世界变相	463	社会部重庆市空袭服务临时保健院工作报告	651
尚友集　拙斋诗谈	442		
烧村	495	社会部重庆游民训练所三年工作概况	653
少年诗歌	464		
少年游	464	社会部重庆职业介绍所业务说明书	152
少年杂作	513		
设计讲话	10	社会大学	341
设立党政高级训练班的意义	128	社会调查方法	30
社会部北碚儿童福利实验区儿童情绪研究报告	170	社会调查与统计第二号北碚社会概况调查	37
社会部北碚儿童福利实验区概况	152		

社会发展史简明教程	617	生死观	10
社会法规辑要 第三辑：工运法规		生死恋	426
	128	生物学与人类的进步	642
社会教育机关训导实施法	337	生物制品学讲义	646
社会教育之改进	321	生育并通	660
社会进化与生物进化	643	生之胜利	495
社会救济法规辑要	170	生之原理	21
社会史简明教程	574	声价	464
现代社会事业	38	声音	426
社会所得变迁函数的分析 马克思		声韵学	358
的再生产学说的一推进	291	胜利带来了一切	485
社会行政概论	105	胜利进行曲	478
社会学名词	40	省县公营事业	291
社会正义论	54	省县公职候选人考试法	142
社会主义史	42	省政问题	70
社会主义哲学史要	45	省组织法论	170
申报儿童节纪念册	347	圣诞欢歌	478
申氏族谱□□卷	583	圣诞节之夜	513
审计学教科书	235	圣教入川记	361
审判日	442	新师范教育论文集	341
生长在战斗中	401	师范教育讨论集	329
生活费指数编制法	31	师范教育讨论集 第2辑	333
生命表编制法	32	师范学校及乡村师范学校小学教材	
生命的秋天	478	及教学法 上下册	329
生命现象：上下	642	师范学校教科教育行政	329
生日茶会及其他	442	诗歌新论	427
生日游百花山诗 一卷	366	诗魂冷月	485
生死场	383	诗经说文解字	358

诗论	363	时事文献选集	161
诗论	513	实庵自传	567
诗文 6 卷	513	实施本党农工政策之我见	282
诗余	513	实施社会救济法的初步实验工作	
施盖二氏解析几何原理	629	社会部重庆实验救济院的使命	
施堂词论	513	和现状	142
狮吼龙啸	8	实施新县制与卫生建设	653
湿度	633	实验物理学小史	629
十力语要　卷2	12	实业计划铁路篇	241
十年来之欧洲	574	实业计划综合研究各论	272
十年诗选	464	实业计划综合研究总论	272
十批判书	15	实用理则学八讲	17
十四绝赠演员诸友	514	实用中国小儿科学	655
十五年来之交通概况	701	拾荒	464
什么叫帝国主义	183	食料与人口	214
什么是不平等条约	183	新食谱　第一册　重庆日常膳食种	
什么是列宁主义	80	类数量成分表	684
石城山人年谱	617	史记通论	548
石城山人诗集	514	史记新校注	618
石城山人文集	514	世本堂诗集二卷	360
石桥垯李氏族谱：[重庆鸣凤堂]		世界大戰卜重慶政權	105
	552	世界地理	579
石头城外	514	世界佛学苑汉藏教理院开学纪念特	
石砫黔江及其邻区地质	641	刊	4
石砫县全图	583	世界佛学苑汉藏教理院特刊	21
时病辑览	660	世界佛学院建设计划书	27
时代画报	514	世界各国志（上中下）	548
时论丛刊　第1辑	80	世界古代史	618

世界经济地理	241		手工制造锅炉	684
世界经济统计	248		手枪和黄牛	514
世界空军军备	197		守拙斋诗文集	514
世界民主政治的新趋势	161		受难者的短曲	495
世界名人传（上中下）	548		受训心声录	464
世界史纲	550		书法概论	358
世界通史	610		书学	354
世界往哪里去	62		书学史	358
世界新形势与中日问题	117		叔本华生平及其学说	15
世界学典	575		疏散喜剧	464
世界学典中文版：中国各省市地人志说明书	598		暑期学生农村服务报告	70
			蜀笔谱□□卷	538
世界语中文大辞典：下册	356		蜀碧四卷	544
世态画集	532		蜀道	561
世苑汉藏教理院普通科第二届毕业同学录	10		蜀道难	514
			蜀道难	592
事變後第三週年ニ於ケル重慶側政治論說	92		蜀道散记	587
			蜀都碎事四卷艺文补遗二卷	514
事务管理	117		蜀方言二卷	349
事业管理与职业修养	10		蜀龟鉴：张献忠祸蜀记	607
视察四川省各县新县制及重庆市地方自治报告书	54		蜀鉴十卷附札记一卷	541
			蜀锦袍传奇	538
试办宣统三年四川岁出入预算比较表	299		蜀军军政府设置地方司令官施行细则	183
誓雪五三国耻	92		蜀乱一卷	618
收获期	383		蜀南三种	414
手抄本诗集	514		蜀难叙略一卷	545
新手工教材及授法	537		蜀破镜三卷	543

蜀山剑侠后传	499	谁先到了重庆	442
蜀山剑侠新传	492	谁征服了谁	499
蜀山剑侠传	485	水彩画教本	525
蜀山剑侠传前传	514	水车学	678
蜀诗人微	515	水稻品种间杂交着粒率之研究	676
蜀十五家词十五种十七卷	515	水浒人物论赞	465
蜀石经四种	349	水浒外传	492
蜀西北纪行	465	水浒新传	515
蜀燹死事者略传□□卷	618	水晶戒方	367
蜀辛二卷	542	水力	680
蜀行漫记	485	水力学	679
蜀雅二十卷	515	水沫集	427
蜀游草	485	水乡吟	427
蜀游纪略	561	水云诗社吟草（第一集）	391
蜀游心影	366	水肿病治疗体会	660
蜀游杂感	515	说仁说义	12
蜀中广记一百八卷	558	说文部首集解十五篇	358
蜀中名胜记三十卷	515	说文古籀补	359
蜀中先烈备征录	546	说文解字笺	359
曙光集	514	说苑校证20卷	618
树人十年：树人学校十周年纪念册		说苑校注一卷	359
	343	司法行政部在部服务职员录	70
树严精舍焚稿	515	司法院战时工作概况	70
数理经济学大纲	222	司法院最近工作概况	80
数学难题解	627	私立潼光中学同学录拾班毕业	342
率真集	535	私立志诚技工训练班报告书	329
双丝网	415	思痛录	618
双尾蝎	391	斯人记	465

四八被难烈士纪念册	604	四川长寿龙溪河水力发电厂拦河坝模型试验报告书	682
四本堂文集二卷外集二卷附录一卷诗集二卷	360	四川长寿龙溪河水力发电厂拦河坝模型试验报告书	692
四川巴县地方法院二十三年度工作摘要报告书	54	四川长寿桃花溪水电厂暗渠及引水管水流情形之探讨	692
四川巴县地方法院一年来工作摘要报告书	183	四川长寿县剪岗坝油苗简报	693
四川巴县地方自治讲习所办理经过之报告	47	四川成都金堂合川南充蓬溪柑橘视察记	235
四川巴县石油沟綦江新盛场间油田地质报告	640	四川重庆附近地质构造及石油	632
四川巴县县立初级中学卅周年纪念册	314	四川重庆各法团机关李石两代表请愿纪录	45
四川白蜡之生产与运销	255	四川重庆中西德育社年终成绩之报告	29
四川北碚管理局三十五年度统计总报告	170	四川筹办纺织厂计划书	300
四川北碚管理局三十六年度统计总报告	40	四川导游	558
四川边区各民族之人口数字	35	四川的孩子	492
四川财政大事记	299	四川的驿运	272
四川财政汇编	300	四川等六省及重庆市三十三年度政务考察报告总评	142
四川财政录	213	四川底问题	48
最近四川财政论	235	四川地方银行重庆总行开幕纪念册	219
四川蚕丝产销调查报告	277	四川地理	567
四川蚕丝业	285	四川地理	618
四川蚕业改进史	289	四川地理表解	575
四川长寿龙溪河水力发电厂拦河坝模型试验	681	四川地理志	618
		四川地质调查报告书	633

四川第十三次劝业会报告书	219	四川嘉定峨眉鱼类之调查	643
四川东南边区酉秀黔彭石五县垦殖调查报告书	235	四川嘉陵江三峡地质志	632
		四川嘉陵江下游鱼类之调查	643
四川东南山地区之经济地理与经济建设	278	四川嘉陵三峡地质志 第1卷 第2号	633
四川方志简编不分卷	592	四川建设协进会会章	300
四川防区时代的财政税收	300	四川建设之检讨与今后应有之努力	92
四川概况	610	四川建设之路	248
四川柑橘调查	667		
四川哥老会改善之商榷	34	四川江北郭家沱虹吸溢道模型试验报告书	693
四川各县瓷器瓷土调查报告	618	四川教育杂志	304
四川各县历代沿革表不分卷	618	四川金融	249
四川工厂调查录	264	四川金融	249
四川工矿业调查	278	四川金融风潮略史	300
四川公路局报告	700	四川金融风潮史略	218
四川公路局报告	700	四川禁烟汇报	34
四川公路局各行车时刻里程及客货运价目表	224	四川经济参考资料	242
		四川经济地图集	285
四川公路游览指南	564	四川经济地图集说明	285
四川公墓制度实施刍议	575	四川经济概况通讯调查手册	272
四川古代史	609	四川经济简易统计	236
四川古代文化史	341	四川经济建设	278
四川国民党史	183	四川经济建设提要	300
四川国医学院概况	655	四川经济建设之当前问题	282
四川旱荒特辑	666		
四川合作事业概览	255	四川经济考察团考察报告 第1篇	242
四川后方国防基本建设大纲	210		
四川急待改良及兴办之生产事业	300	四川经济考察团考察报告 第2编	

农林	249
四川经济考察团考察报告 第4编 金融	242
四川军事史	210
四川郡县志十二卷	559
四川考察报告书	222
四川矿产勘查纪实	633
四川历代地理沿革表	619
四川历史	583
四川历史表解	583
四川粮食储运局运输处工作报告：三十年十月一日至十二月三十一日	265
四川粮食问题	255
四川两季谷之试验研究与示范推广	673
四川林业之动向	673
四川留日同乡会年刊	347
四川隆圣企业股份有限公司创立周年纪念特刊	289
四川陆上交通规划书	696
四川旅沪同乡会会刊	554
四川旅平同学会通讯	342
四川煤炭分析续报	681
四川煤炭化验第一次报告	680
四川煤炭之分析	681
四川美术协会	528
四川棉产资料	677
四川棉业之希望	673
四川鸣禽之研究	644
四川内战详纪	189
四川南部古蔺琪县间地质矿产	641
四川农场经营	256
四川农村教育服务车促进会青美号服务车概况报告书	347
四川农村经济	224
四川农村物价指数［1942］	265
四川农村物价指数［1944］	278
四川农村物价指数［1940］	249
四川平民教育促进会江津实验区概况	342
四川綦江船闸模型试验报告书	699
四川綦江船闸模型试验报告书	702
四川綦江石溪口花石子滚水坝船闸模型试验报告书	702
四川綦江县续志 4卷	619
四川綦江羊蹄峒盖石峒滚水坝模型试验报告书	702
四川綦江之土布业	682
四川气候志	640
四川全省防空司令部工作报告［1943］	203
四川全省防空司令部工作报告［1944］	205
四川全省各要地水陆程站	704
四川人	36

四川人的大梦其醒	183
四川儒林文苑传	619
四川儒林文苑传□□卷	362
四川三区乡村建设之实验	256
四川社教概况：廿五年至廿七年	318
四川省	555
四川省巴县社训总队在营模范队训练须知	210
四川省保甲概况	80
四川省北碚管理局民国三十二年度统计总报告	153
四川省财政改制后省县财政收支预计说明书	300
四川省财政概况	224
四川省财政概况	293
四川省财政近年概况	249
四川省参议会第一届第二次大会暨第一次临时大会会议纪录	162
四川省仓储概况	256
四川省成渝两市自贡井乐山与内江经济状况概要	249
四川省大足县图 1941 年　大足图 1934 年	557
[四川省地方普通总概算书（中华民国二十七年度）	237]
四川省地方税局两年来职工训练概况	229
四川省地政概况	265
四川省地政局业务报告	265
四川省地质调查所矿产专报　第1号	635
四川省第一期各县旧制度器调查折合表	619
四川省第二次劝业会报告书	300
四川省第三区各县征工修筑塘堰各项规则及注意事项（附各种格式）	677
四川省第三区开发东西山物产初步调查报告	224
四川省第三区行政督察区三十年度中心工作方案及补充章则	105
四川省第三区行政督察专员公署第二次行政会议汇编	57
四川省第三区行政督察专员公署工作报告	52
四川省第三区行政督察专员沈鹏巡视辖区各县区视察报告书	58
四川省第三区行政督察专员巡视辖区各县视察报告书	54
四川省第三区壮丁队干部训练班通讯录	58
四川省第三区壮丁干部训练班官佐通讯录	183
四川省第三行政督察区建教联席会议提案［建设类］	184
四川省第三行政督察区建教联席会	

议提案［教育类］ 184

四川省第三行政督察区区政概况统
计图表 71

四川省第六次行政会议财政中心工
作提示 285

四川省第十区新县制实施及其工作
概况 92

四川省第十行政督察区三十五年秋
季运动会会刊 162

四川省第十二区壮丁队干部训练班
第一期毕业同学录 58

四川省电工矿业 293

四川省二十四年度契正税暨附加收
入概算表 222

四川省二十四年度义务教育实施报
告 341

四川省二十五年度县地方预算汇编
54

四川省二十五年至二十六年旱灾视
察报告 667

四川省二十六年度县地方预算汇编
58

四川省二十六市县二十七市场粮食
市况调查 第九号 236

四川省二十七年度各县地方预算汇
编 71

四川省二十七市县粮食市况调查报
告 第九号 236

四川省二十八年度各县地方预算汇
编 80

四川省二十九年度捐献军粮委员会
工作总报告书 117

四川省二十九年度民政统计 105

四川省概况 570

四川省概况 610

四川省各县区乡镇略图 570

四川省各县实施新县制整编保甲清
查户口法规汇编 92

四川省各县市国民教育调查及统计
329

四川省各县市国民教育实施概况
民国二十九年八月至三十年七
月 325

四川省各县市局临时参议会首次大
会决议案之检讨 128

四川省各县县政府经收处征课会计
制度 256

四川省各县新县等厘定之经过 575

四川省各县应领粮票数目统计表 300

四川省龚滩镇至酉阳县道路工程计
划书 704

四川省国民教育实施概况：民国二
十九年八月至三十年三月 325

四川省国民教育实施概况：民国二
十九年八月至三十年七月 325

四川省合作金融年鉴1938 236

四川省合作金融年鉴1937	229	四川省教育经费川东南收支处二十二年度七、十一、十二月份收支概况	311
四川省合作金融年鉴：民国二十六年度	236	四川省教育经费川东南收支处收支概况［1933］	310
四川省合作金融年鉴：民国二十七年度	236	四川省教育经费川东南收支处收支概况［1934］	311
四川省合作金融年鉴：民国二十八年度	242	四川省教育经费川东南收支处收支概况［1935］	312
四川省会公安局工作年报	52	四川省教育厅廿九年度施政计划	321
四川省会公私立已未立案各级学校调查概况表	309	四川省教育行政报告书	348
四川省货币流通情形调查统计	229	四川省金融贸易	293
四川省集训第二总队通讯录	184	四川省进出口货物量值及其税款统计	229
四川省家畜保育所近况概述	666	四川省禁烟善后法令汇编	105
四川省建设厅二十年七八九三个月行政计划纲要	184	四川省禁烟善后计划大纲草案：四川省禁烟实施办法大纲	34
四川省建设统计年鉴	35	四川省禁烟实施办法大纲	35
四川省建设统计年鉴	35	四川省禁烟总局实施档案计划	33
四川省建设统计提要	33	四川省经济建设纲要	249
四川省建设统计提要	34	四川省经济建设基金临时保管委员会工作总报告	286
四川省建设统计提要	40	四川省经济建设计划	282
四川省江北县保训合一干部训练总队训练须知	210	四川省经济建设三年计划草案：大纲	250
四川省江北县临时参议会第一次大会会议纪录	117	四川省警察训练所工作概况	117
四川省江北县在营模范队讲义	210	四川省警政概况	92
四川省江津县图	598	［四川省进出口货物量值及其税款统	
四川省教育会议纪要·第一辑	343		
四川省教育近况	348		

计（中华民国二十五年）	226]
四川省救济概况	105
四川省军管区司令部卅二年度业务概况	211
四川省开县临时参议会第一届第四次大会记录	142
四川省抗战时期中心工作	190
四川省雷马峨屏调查记	559
四川省历史乡土教材不分卷	583
四川省立重庆大学二十八年度下学期理工商暨体统专科课程及授课时间一览	321
四川省立重庆大学各院系科课程一览	321
四川省立重庆大学图书馆图书目录	706
四川省立重庆大学图书馆中文书籍目录	706
四川省立重庆大学一览	313
四川省立重庆大学一览	314
四川省立重庆高级工业职业学校一览	314
四川省立重庆高级商业学概况纪要	315
四川省立重庆中学高十四班毕业同学录	348
四川省立第二女子师范学校一览	313
四川省立第四师范学校一览	310
四川省立教育学院交通区组学生暑期农村服务团报告书	348
四川省立教育学院农事试验场售品目录	315
四川省立万县师范学校同学录	315
四川省临时参议会第二次大会议案录	92
四川省临时参议会第二次会议纪录	128
四川省临时参议会第一届实录	128
四川省临时参议会第二届第一次大会纪录	184
四川省临时参议会第二届第二次大会纪录	142
四川省临时参议会第二届第三次大会纪录	184
四川省轮船运价章程	242
四川省贸易经济事情	212
四川省煤矿概况	636
四川省民国二十八年度各县地方预算汇编	242
四川省民国二十八年度省地方总概算书	242
四川省民国三十年度省地方总概算书（汇编）	256
四川省民国三十一年度省地方总预算书	265
四川省民国三十三年度各县市地方	

总预算书汇编：上、下册 278
[四川省棉产调查报告（二十六年） 667]
[四川省棉产调查报告，又名，四川省农业改进所二十七年四川省棉产调查报告（二十七年） 668]
四川省民政厅人事财物文书档案管理办法 92
四川省民政统计 80
四川省民众教育馆一览 330
四川省内务统计报告书 30
四川省内务统计报告书 41
四川省廿四年度田赋正税暨附加收入概算表 300
四川省廿五年度县地方预算汇编 300
四川省农村合作委员会工作计划及其进行概况 [1936] 224
四川省农村合作委员会工作计划及其进行概况 [1946] 286
四川省农村经济调查总报告 256
四川省农村物价 256
四川省农村物价统计表 272
四川省农地减租实施办法 301
四川省农情报告 676
[四川省农业改进所二十七年四川省棉产调查报告 668]
[四川省农业改进所二十七年四川省棉产调查报告（二十七年） 668]
四川省农业改进所病虫防治督导团三十一年年报 674
四川省农业改进所病虫防治督导团三十二年年报 675
四川省农业改进所重庆森林事务所二十七年度工作报告 667
四川省农业改进所二十八年度施政报告主要事绩作业细目 670
四川省农业改进所二十八年度四川棉作推广 670
四川省农业改进所概况 668
四川省农业改进所甘蔗试验场浅说 678
四川省农业改进所廿八年蚕业推广报告 670
四川省农业改进所施政报告 668
四川省农业金融 257
四川省农业金融 四川省农村经济调查报告 第4号 216
四川省农业统计资料索引 673
四川省农业统计资料索引：第三号 674
四川省农业统计资料索引：第六、七号 675
四川省农业统计资料索引：第九号 676

四川省普通公务会计制度 250

四川省普通公务会计制度：四川省训练团讲义 250

四川省普通公务会计制度实例 301

四川省三十年度编查保甲户口纪要 118

四川省三十年度禁政概况 118

四川省三十一年度田赋征购实物实施方案草案 257

四川省三十二年度普通岁出单位预算书 272

四川省三十五年度民政部门工作计划之指示 162

四川省三十八年度田赋征借实物实施办法：细则 293

四川省生产统计：民国二十六年至三十七年九月 第四期 291

四川省石油调查报告 日文 683

四川省实施国民教育办法要览 321

四川省实施国民教育办法要览：第二辑 322

四川省实施国民教育办法要览：第三辑 326

四川省实施国民教育办法要览（第四辑） 330

四川省实施国民教育办法要览：第六辑 337

四川省实施国民教育办法要览·四川省政府教育办法要览 337

四川省实施县各级组织纲要三年计划大纲 106

四川省实施县各级组织纲要三年计划大纲四川省实施县各级组织纲要第二期中心工作计划、四川省政府实施县各级组织岗要辅导会议规程 118

四川省输出贸易统计 301

四川省水稻品种检定调查初步报告：上中篇 670

四川省水利局概况 682

四川省水利局民国二十八的年度施政纲要 682

四川省水利之进展 686

四川省水上警察局长警服务须知 184

四川省体育设施 322

四川省田赋管理处工作报告 301

四川省调整县政府机构人事法规辑要 162

四川省调整县政府机构人事法规辑要：民国廿九年十一月起至三十年五月止 106

四川省铁矿概略 636

四川省铜梁县参议会第一届第二、三次大会会议纪录 184

四川省铜梁县参议会第一届第六、七次大会会议纪录 184

四川省铜梁县临时参议会成立暨第一次大会会议记录	185
四川省铜梁县临时参议会第一届第一二三次大会会议记录	118
四川省统计年鉴	40
四川省统计年鉴：1—7 册	41
四川省统计提要	33
四川省统计提要	40
四川省土地行政概况	250
四川省土地整理业务概况	257
四川省万县云阳奉节巫山四县长江南岸地质矿产	635
四川省物价与生活费指数简报	272
四川省物价与生活费指数简报	278
四川省物价与生活费指数简报：一九四二年七月—十二月	272
四川省县市会计制度：总会计、简易单位会计	257
四川省县市临时参议会参议员手册	118
四川省县市临时参议会第一届参议员名录	118
四川省现行财政章令汇刊	71
四川省现行法规汇编	93
四川省现行法规汇编	106
四川省现行法规汇编 第六册：保安、计政、地政及其他	118
修订四川省现行户政法规汇编	142
四川省新教育视导制之实际	326
四川省新生活运动总报告［1935］	54
四川省新生活运动总报告［1936］	58
四川省行政督察专员会议录	185
四川省叙南六县及永宁一带地质矿产调查简报	634
四川省选县户口普查方案	36
四川省一瞥	548
四川省银行工作报告	301
四川省银行经济研究处工作计划	301
四川省营业税局法令汇编	80
四川省营业税局通告	224
四川省营业税征收章程	224
四川省永川县简要统计手册	39
四川省永川县简要统计手册	40
四川省永川县政府二十六年七月起二十七年八月止抗战时期中心工作报告	62
四川省永川县政府抗战时期中心工作报告	71
四川省油菜推广实施计划：农业专刊第一号	668
四川省栽桑在自然界之探讨	673
四川省战时增加粮食生产方案	678
四川省征购粮食法令辑要	106
四川省征购实物收储业务讲习大纲	301

四川省征收营业税例案辑览 229	四川省政府地政局工作报告 170
修正四川省整理县市财政方案：第一辑 257	四川省政府各机关收支程序 301
四川省政府二十九年度施政计划民政部份总纲 93	[四川省政府工作计划：行政部分（中华民国三十五年度） 162]
四川省政府三十年度施政计划 106	四川省政府建设厅普通公务会计制度 301
四川省政府三十年度施政计划：民政部分 106	四川省政府建设厅施政报告：二十八年十月至二十九年十月止 93
四川省政府三十年施政计划分期进度表：教育部分 106	四川省政府建设厅特派矿区测绘队简章 641
四川省政府三十一年度施政计划 118	四川省政府建设厅驻渝办事处工作报告 62
四川省政府三十二年度施政计划 128	四川省政府民政概况 80
四川省政府三十三年度工作计划 142	四川省政府民政厅联合在川各大学考察县政总报告 80
四川省政府三十四年度工作计划 142	四川省政府派送教育部民众教育干部人员讲习班学员陈述四川省失学民众补习教育情形报告书 348
四川省政府三十五年度工作计划，又名：中华民国三十五年度四川省政府工作计划：行政部分 162	
四川省政府三十七年下半年度工作计划 174	四川省政府清理债务委员会总报告书 80
四川省政府财政施政报告概要 185	四川省政府施政报告 106
四川省政府财政厅施政报告：二十七年六月至二十八年六月 243	四川省政府施政报告 118
四川省政府财政厅施政报告：二十八年七月至十二月 250	四川省政府施政报告：自三十三年六月起至三十三年十一月止 143
四川省政府财政厅施政报告概要：民国二十七年六月至二十八年七月 243	四川省政府施政纲要暨二十九年度施政计划 80
	四川省政府施政纲要暨二十九年度

施政计划	93
四川省政府统计处三十一年度普通政务工作计划	118
四川省政府委员会会议纪录	185
四川省政府委员会会议纪录：4辑	71
四川省政府委员会会议纪录：5辑	71
四川省政府委员会会议纪录：9、10（上下）、11、12辑	93
四川省政府训练团第三区训练班第一期职、教、学员通讯录	93
四川省之柑橘	669
四川省之公债	219
四川省之棉织工业	694
四川省之山货	220
四川省之糖	220
四川省之桐油	224
四川省之桐油	229
四川省之夏布	225
四川省之畜牧兽医事业	674
四川省之药材	220
四川省之猪鬃	282
四川省之主要物产	225
四川省之自然环境	636
四川省中等学校第一届至第十一届会考统计	326
四川省中等以上学校校长主任会谈辑要	348
四川省重要市县生活费指数月报[民国三十一年十二月]	36
四川省主要粮食之运销	257
四川省主要农村物品价格表	265
四川省综览	561
四川省租佃制度	257
四川省最近职业教育计划汇编	34
四川实施义务教育大纲	348
四川食粮作物的改进与增产	674
四川史地	568
四川史地表解	579
四川史志	588
四川手工纸业调查报告	686
四川鼠患及肃清方法	651
四川水利初步计划	681
四川水泥股份有限公司成立十周年纪念册	289
四川丝业公司成立经过	257
四川丝业公司扩充计划	282
四川丝业股份有限公司第十一次董监联席会议纪录	286
四川丝业股份有限公司会计规程	282
[四川丝业股份有限公司营业（民国二十八年度）	245]
四川司法	162
四川司法：自民国三十三年度至三十五年度止	170
四川糖业之改进方策	265
四川陶氏族谱五卷	555

四川田赋概况	257	四川驿运	273
［四川田赋征实物经过（1941年） 252］		四川预防旱灾办法	670
		四川月报	302
四川通省团练干部传习所同学录	185	四川榨菜	678
四川通志	619	四川榨油厂卅二年度工作简报	273
四川通志	619	四川蔗糖产销调查	258
（民国）四川通志□□卷	619	四川征购粮食办法概论	258
四川同乡京官录	550	四川之肥料	672
四川桐树与桐油之研究	258	四川之金融恐怖与刘湘东下	220
四川桐油贸易概述	230	四川之行	557
四川桐油之生产与运销	265	四川植棉浅说	669
四川土地陈报概要	215	四川植棉浅说	674
四川土地陈报纪要	266	四川中心工业试验所年刊	222
四川西南部二十种林木之生长研究	678	四川中心农事试验场农业化学部事业计划大纲	664
四川乡村建设学院实验简易乡村师范学校概况	312	四川中心农事试验场农业化学科事业计划大纲	665
四川乡村建设学院一览	313	四川中心农事试验场农艺部事业计划大纲	664
四川小麦之调查试验与研究	673	四川中心农事试验场农艺科事业计划大纲	678
四川新地志	604		
四川畜产	671	四川中心农事试验场畜产科事业计划大纲	678
四川烟草调查	670		
四川盐工概况	118	四川中心农事试验场畜牧部事业计划大纲	664
四川盐业考察报告	243		
四川盐政史 12卷	217	四川中心农事试验场园艺部事业计划大纲	664
四川盐政史图册 四卷	301		
四川谚语	353	四川中心农事试验场园艺科事业计	
四川驿运	258		

划大纲	664	大雅	579
四川主要食粮作物生产成本	258	宋平子评传	579
四川专号	680	宋平子文钞	465
四川宗教哲学研究社成立大会特刊	27	宋氏家族	579
		宋四大书考	707
四川租佃问题	279	宋元学案	21
四库全书书目考 四卷	710	送礼	427
四联总处农贷小组委员会第二十四次会议议程：三十六年二月六日	289	叟岩诗草	492
		苏德战争研究	211
		苏俄文学理论	401
四联总处四川省农贷视察团报告书	266	苏联的民主	81
		苏联的演剧	524
四年来抗战英雄事迹	579	苏联地理	598
四年来之陪都妇女福利社	162	苏联儿童戏剧	391
四年来之中央文化运动委员会	340	苏联工农红军的步兵战斗条令	208
四女杰	515	苏联工农业管理	282
四权行使法论	162	苏联共产党（布）党章：共产国际的支部	81
四十年前之小故事	443		
最近四十五年来四川省进出口贸易统计	225	苏联共产党（布）党章的修改	81
		苏联共产党（布）历史简明教程	2
四世同堂	485	苏联归来	129
四字儿童启蒙教材	348	苏联纪行	570
松花馆文集	515	苏联建国史	583
松雪道人书般若心经	23	苏联经济地理	250
松语山舍诗稿	478	苏联经济政策及社会政策	215
宋代文学史	478	苏联抗战文艺丛书	515
宋故四川安抚制置副使知重庆府彭忠烈公事辑 黑鞑事略作者彭		苏联文学的变革	466
		苏联要求什么	153

苏联主要政党研究	129	太虚大师文选	18
苏轼词论	516	太虚大师宜游记	3
苏武	427	泰谷尔与佛化新青年	2
苏职工农红军的步兵战斗条令 第1部：战士、班、排的动作	203	弹劾酉阳县知事马图而上省行政公署民政长书	185
素问微言详解	660	汤头歌括用药法	660
宿店	486	唐代诗学	374
粟作育种法之研究	665	唐代文化之东渐与日本文明的开发	619
绥西移垦记	672		
岁寒图	478	唐代文学史	466
孙邈变通	660	唐诗宋词选	443
孙哲生先生抗建七讲	107	唐诗研究	374
孙哲生先生最近讲演集	62	唐宋词三百首	516
孙哲生先生最近言论集	93	棠棣之花	427
孙子浅说补解	194	涛流剩草	516
缩小省区草案	598	逃难	516
缩小省区辖境与命名之商榷	588	桃花巷	516
所谓国际二大阵线	71	桃李春风，又名，金声玉振	443

T

		陶瓷职业概况	273
台湾半月记	552	陶行知	610
台湾与琉球	598	陶行知教育论文选辑	341
太极操、板凳操、八段锦全编	315	陶行知先生纪念集	604
太平洋战争与世界战局	107	陶渊明集	516
太史公书称史记考	570	特写陪都	466
太虚大师川东演说集 附诗录	28	特约演讲录	143
太虚大师纪念集	25	踢踏舞	532
太虚大师讲录	5	题跋 1卷	516
太虚大师文选	16	题白莲	516

体育革命	310	铁道与国防	704
天长集	443	铁路疯	428
天地玄黄	[439]、492	铁券	185
天方夜谭	428	铁狮子胡同的哀歌	500
天风海水楼诗文集	516	铁血诗词社社刊 渝字第1号	384
天府矿厂建造洗炼设备概况	694	铁血英雄温朝钟	538
天府煤矿概况	686	铁血鸳鸯	374
天府煤矿公司研究室图书目录	709	铁盐鞣革初步研究报告	684
天府煤矿股份有限公司三十六年度总经理业务报告	290	铁云藏龟零拾	351
		铁云藏龟零拾 一卷	351
天府煤矿股份有限公司职员录	292	铁云藏龟零拾附考释不分卷	351
天府煤矿总经理业务报告（三十五年度）	286	铁云藏龟拾零	352
		停战文献	162
天府煤矿总经理业务报告（三十七年度）	292	通货新论	279
		通鉴校勘记 14卷，附《胡注质疑》一卷	619
天国春秋	443	通考序笺	559
天国春秋	443	通史人表 269卷	620
天河配，又名，欢喜冤家	466	通俗文艺五讲	391
天蓝色的信封 苏联爱国战争诗集	428	通信兵训练笔记	207
		（民国）铜梁县地理志八卷	593
天年医社丛稿	660	铜梁县县政府工作报告书	58
天人四论，一名，新哲学体系	[14]、21	铜梁县政府抗战时期中心工作报告书	63
天山飞侠	444	（民国）新修铜梁县志十一卷	610
天上人间 四幕剧	[410]、466	童年的故事	478
天下乌鸦一般黑	516	童子军必携	185
天下一家	129	童子军起源史	55
田赋讲义	230		

童子军营地工程	49	**W**	
新撰童子军中级训练	58	蛙病十年	516
潼南县经纬度商榷书二卷	551	瓦特小时计	630
潼南县临时参议会第三次大会纪录	130	瓦特小时记	689
		歪毛儿	415
（民国）潼南县志六卷首一卷	542	[外国记者眼中的重庆	143]
统计表中之上海	32	外国人眼中的重庆,一名,外国记者眼中的重庆	143
统计论丛	32	外国史大纲	608
统一与抗战	71	外国史纲要	555
痛苦的十字	466	外国文学名著讲读	517
偷生	478	外汇统制与贸易管理	250
透视绘图法	588	外汇问题与贸易问题	251
新图案之基础	538	外交部留部职员名册	71
图画常识	348	外交与国际政治	81
图画工艺教学法	538	外史讲义	593
图画教育	538	丸药提要	660
图书馆	326	晚风夕阳里	466
简明图书馆编目法	307	晚节渐于诗律细	517
图书室管理法	326	婉容词	517
涂物术	538	万国宫词	517
屠狗记	516	万汇同归	660
兔和狼的故事	466	万里孤侠	495
团结抗战！反对内战！	93	万世师表	467
团结与民主	81	万县的一日	517
团长最近对于党务之指示	94	万县地方法院成立经过及十九年度处务概略	47
团长最近对于教育之指示	322	万县公立图书馆概要	307
蜕变	401	万县国民兵团第六期模范队同学录	211

万县合作事业视察报告	236	王老虎，又名，虎啸	428
万县教育一览	313	王老太火葬日本兵	517
万县经济调查，其他题名，长渝计划线经济调查特辑之三　长渝计划线经济调查特辑	230	王若飞　叶挺　黄齐生　秦邦宪　邓发　李绍华诸先生事略	620
万县经济概况	286	王三槐反达州	517
万县临时参议会第一届第三次大会纪录	185	王氏族谱一卷	547
万县临时参议会第二次大会议事纪录	185	王氏族谱一卷	552
		王云五小辞典	353
万县临时参议会第三次大会议事纪录	186	王云五小字汇	352
		王云五新词典	355
万县临时参议会第四次大会议事纪录	186	往事	402
		为对日抗战告出川将士书	63
万县社会军事训练总队第一队学科讲义	192	为和平民主而战	163
		为了献金救国给爱国朋友的十四封信	153
（民国）万县图志四堡采访稿	620	为陪都血案争取人权联合特刊	163
（民国）万县乡土志九卷	549	为胜利而歌	444
（民国）万县志二十三卷	561	为亚洲而战	579
（民国）再续万县志稿□□卷	620	为祖国而歌	428
（同治）增修万县志三十六卷首一卷	549	唯识学探源	23
		现代唯物论	6
		唯物论与经验批判论	1
万云奉巫四县长江北岸地质矿产调查	641	维他命	428
		伟大的二·二二青年爱国运动目录	163
卐字旗下	517		
汪案纪要	186	伟大的民族战争	583
汪精卫现行记	402	伟大的母教	444
王大牛传	608	伟大的新中国	81

委员长交管四川善后建设专款收支总报告	302	[文学研究中之科学精神	424]
委员长行营职员军训班同学录	190	文艺论文集	428
卫生行政	653	文艺论战	467
卫生行政问题	654	文艺漫笔	429
未爆炸弹处理	201	[文艺批评与文艺教育	476]
未爆炸弹处理	205	文艺史学与文艺科学	444
未名集	517	文艺写作讲话	467
魏晋清谈思想初论	24	文艺新论	444
温病方歌	660	文章学十讲初稿	355
温病评要	660	蜗牛居士全集　艺人小志	402
温病提要	660	蜗牛在荆棘上	486
温病提要歌括	660	我的重庆政权观	186
瘟病歌诀	661	我的读书生活	588
瘟病鼠疫问题解决	647	我的佛教改进运动略史	12
文德铭诗集	517	我的旅伴	486
文化建设新论	337	我的青年时代	495
文化教育与青年	333	我的青年时期	575
文化学及其在科学体系中的位置	344	我的生活	588
文集二卷	517	我的诗生活	444
文明国	532	我的自学小史	604
文坛史料	467	我底竖琴	467
文天祥年述	570	我对于抗战的意见	71
文选理学权舆续补	28	我国盐业所用钢绳及试造之研究	686
文学底基础知识	415	我教你描画	530
文学批评的新动向	444	我教你演戏	532
文学修养的基础	380	我们的版图	564
		我们的壁报	445
		我们的抗战领袖	71

我们的领袖	588	吴上将军殉国记	604
我们的祖国	107	吴氏族谱□□卷	553
我们断然有救	72	吴玉章同志革命故事	610
我们对于"快干硬干实干"应有体验	81	吾国吾民与佛教	9
我们对于五五宪草的意见	94	吾土吾民	493
我们七个人	445	五霸考	575
我们所需要的文艺政策	518	五年来工作概况及成效：二十九年至三十三年	282
我们为何而奋斗	130	五年来之柑橘害虫防治工作	673
我们唯一的路线	143	五权宪法草案精义	94
我们怎样打退敌人	192	五权宪法草案精义	94
我去过的西藏	6	五权宪法之思想与制度	94
沃土	493	"五卅"惨案	548
呜咽的云烟	518	五十六年痛史	538
巫山县县政府所属各科会职员录	55	五十年来出版趋势	337
（嘉庆）巫山县志不分卷	620	五十年来的世界	153
巫溪经济地理	290	五十年来的中国	598
巫溪县县政府及各机关职员录	186	五四运动与现阶段青年运动	81
［无量数世界变相	463］	五五宪草有关文献	163
无情女	445	五月	72
无锡旅川同乡会纪念刊	598	武当七女	500
无弦琴	429	武当异人传	486
吴白屋先生家书	518	武隆临时参议会第一届第三次大会会议纪录	143
吴白屋先生精华录三卷	415		
吴白屋先生遗书	372	武隆设治局临时参议会大会会议录：第一届第一至三次	130
吴芳吉评传	579		
吴芳吉婉容词笺证	402	武隆设治局临时参议会第一次大会议事记录	130
吴佩孚图川	620		

武训传	604	西南公路史料	700
武训传	620	西南国防论	189
物的分析	2	西南和平法会特刊	4
物价志	302	西南交通要览	698
物理学名词	628	西南经济地理	283
物质之新观念　上下	629	西南经济地理纲要	273
物资管理课目纲要	258	西南经济建设计划大纲草案	243
［雾重庆	393］	西南经济建设论	243
雾都	495	西南经济建设论	243
雾里重庆	486	西南经济建设研究	251

X

		西南经济建设研究所工作讨论会纪录　第一集	258
汐之螺	369		
西北剪影	588	西南经济建设研究所缘起及组织章程	243
西北远征记	391		
西伯利亚地理	598	西南联大语体文示范	356
西瓜栽培法	667	西南旅行杂写	381
西瓜栽培法	677	西南麻织厂股份有限公司章程	251
西归	429	西南漫游记　上	559
西红柿与小锄头	445	西南美术史概况	538
西康地质调查旅行记	636	西南民族问题	107
西康省地质调查报告	641	［西南水利工程概况（一九四七年度）	693］
西里龙氏镇孟氏亚圣宗谱□□卷	541		
西流集	445	西南行散记	445
西南边胞社会概况	575	西南盐务概况	293
西南边地同胞社会概况	580	西南印象	620
西南兵要地志	203	西南之电信	293
西南工厂概况表	302	西南之公路铁路	702
西南工业建设方案	243	西南之航运空运	702

西南之邮政	293	峡防局廿二年种痘报告书	648
西沤全集十卷外集八卷	361	峡江滩险志三卷附勘误表	546
西山诗文集	518	峡区民国二十九年度户口普查专刊	
西文新疆书目	709		35
西溪夜话录	661	峡区事业纪要［1933］	556
西谿壬午词稿	446	峡区事业纪要［1935］	560
西厢记笺证	495	先秦诸子的若干问题	28
西洋史	620	先秦诸子思想概要	25
西洋外交史	186	先秦诸子文选	24
西游记	367	暹罗问题专集	153
现代西藏	6	闲情	446
西藏民族政教史 6卷	10	显微镜下之醒狮派	363
希望	486	县各级民意机关之建立	163
媳妇的命运	478	县各级组织纲要及四川省实施上注	
喜酒	429	意事项	94
戏的念词与诗的朗诵	530	县卫生行政	652
戏剧本质论	402	县政实际问题研究	143
戏剧春秋	530	《县志采访表》1册	620
戏剧导演的初步知识	531	县自治法论	171
戏剧导演基础	526	县自治提要	174
戏剧的方法和表演	526	现代史料 第三集	557
戏剧的民族形式问题	446	现代外国语教授法刍议	350
戏剧与人生	532	现阶段的建国论	153
细菌实验教程	646	现阶段的青年运动	72
细菌学历代发明考	661	现阶段的中日问题	58
细菌学实验操作技术（未完成稿）		宪兵司令部暨驻渝团队宪兵学校各	
	647	级主官及重要职员录	205
侠丐木尊者	518	宪法新论	130

宪法与教育	143		湘芷庵诗集　一卷	518
宪政实施问题	143		详辨天雄地黄论	661
宪政实施与党的任务	130		详注中学民族文选	402
宪政言论选集	95		想	518
宪政要义	130		向江南进军画刊	611
宪政运动参考材料	82		向氏宗谱□□卷	545
宪政运动论文选集	95		向氏族谱□□卷	545
献机专刊	198		向祖国	429
乡愁	496		巷战之夜：抗战长篇小说	429
乡村建设	218		消磨髀肉青毡破	518
［乡村建设参考资料索引	237］		萧红散文	403
乡村建设大意	225		潇湘淑女，又名，忠义千秋	468
乡村建设概要	217		小白马	478
乡村建设纲领	302		小车词	518
乡村建设理论，又名，中国民族之前途	230		小城故事	415
			小儿诸症	661
乡村建设理论提纲　初编	230		小飞行师	468
乡村建设实验	236		小夫妻	415
乡村抗战宣传资料	72		小马灯	518
乡风与市风	468		小朋友幻术	524
乡镇自治	119		小坡的生日	430
乡镇自治提要	171		小坡的生日：文艺创作	430
相关算法大意	631		小人物狂想曲	479
香湖诗草	368		小人小事	446
香宋师赐和及见赠诗	360		小疏小令二卷	468
湘北三次大捷	429		小说的创作与鉴赏	446
湘川道上	429		小学教育大纲	326
湘绮楼说诗	518		小学教育考察记	310

小学美术教典	538	新女性	430
小学识字课本	352	新人的故事	447
小学实际问题	322	新人生观	15
小学体育教材教法	343	新社会民治主义	186
小意思集	415	新生活的实施	143
小雨点	365	新生活劳动服务团组织大纲	82
小园赋	518	新生活问答	63
写在冬天：中篇小说	518	新生活运动八周年纪念陪都新运模范区周年纪念纪念手册	119
谢冰心代表选	415		
心经读　一卷	16	新生活运动标语汇编	63
心理建设与县政建设	119	新生活运动标帜	59
心理与测验	10	新生活运动促进总会伤兵之友社六年来工作简报　自二十九年二月至三十四年十二月三十一日	
心狱	468		
心直的人	518		164
新标准故事丛刊　秦良玉	487	新生活运动促进总会伤兵之友社总社工作报告　二十九年度	95
新从军日记	384		
新都花絮	487	新生活运动促进总会伤兵之友社总社七年来工作简报　自二十九年二月至三十五年十二月三十一日	
新都见闻录	575		
新都县制：六编	552		
新绘沿海长江险要图	620		171
新疆见闻	608	新生活运动促进总会伤兵之友总社四年来工作总报告	131
新疆诗文集粹	416		
新疆研究	580		
新疆之气候	588	新生活运动辑要	59
新疆志略	593	新生活运动六周年纪念伤兵之友扩大征求社员各队社费征信录	95
新狂飚时代	446		
新劳动态度的模范	174	新生活运动手册	55
新名词辞典	709	新生活运动总报告	55

815

新诗话	496
新时代的黎明	468
新世界	225
新唯识论 3卷（存2卷）	16
新闻摄影	348
[新西行漫记	173]
新县制下的国民教育	322
新新游记	547
新型街头剧集	391
新型律评议	519
新型文艺教程	403
新盐法的起草经过及其内容说明	49
新眼界	608
新英国与新世界之建设计划	131
新运妇女生产事业 松溉的妇女生产事业	95
新运十年	143
新运总会盟军之友社重庆分社基本社友通讯录	144
新运总会陪都新运模范区周年纪念特刊	119
新增八反歌	661
[新哲学体系	21]
新中国的成长	487
新中华日报社评五卷	519
信	479
兴办女子职业教育，提高妇女地位，以促进文明	305
星的颂歌	430
星火集	479
星火集续编	469
星群	479
刑	403
刑法总论	186
行川必要图考不分卷	549
行易知难学说语要	10
行吟的歌	496
行政统计（四川省第十二区）	40
行政要领	119
行政院关于国民参政会第二次大会决议各案办理情形报告表	82
行政院关于国民参政会第三次大会决议各案办理情形报告表	82
行知诗歌集	493
行知诗歌选	496
《形胜险要图》若干卷	620
杏儿山尽忠	430
杏花春雨江南	447
幸福家庭	519
幸福天堂：儿童话剧	479
性的故事	374
性三品派之人性论	28
性善情恶源之人性论	28
性心理	21
兄弟	469
熊家婆	369

秀山公牍　5卷	620	血的教训	72
绣馀草	364	血战湘阴城	447
徐悲鸿选画范　人物	526	埙篪前集□□卷埙篪后集□□卷	374
徐光启	593	寻找理论根据的人	519
许书馀义尊闻记	621	巡视各县报告	46
蓄电池	694	训诂学要略	359
宣传工作要领	95	训练概况	119
玄奘	593	训练实纪　党政训练班	95
选举诉讼释义	186	训育原理与实施	334
薛涛诗	369	Y	
学生课外作业大纲	333	鸭嘴涝	447
学生暑期农村服务手册	316	牙齿保健法	654
学生相	334	崖山恨	447
学生新画宝	534	雅兰亭的圣诞老人	487
学生营养卫生问题	653	雅舍小品	519
学生运动之改造	314	亚格曼农王	487
学术史□□卷	28	亚洲最后第四纪冰期及气候变迁之	
学术演讲集	12	原因	636
学习的理论与实践	322	烟雾	496
学校军训问题	326	烟霞了人集	519
学校卫生教育	650	延安归来	403
学校文书处理与档案管理	334	延安归来，又名，延安五日记	487
学庸教授纲要	10	延安一月	469
新学制常识教科书　第1—8册	306	言子选辑	355
学制改革论	318	言子选辑，一名，幽默话谜	353
雪	403	研悦斋甲戌诗存一卷附录乙亥诗稿	
雪堂诗四卷	362	春夏吟草十二首	374
雪霄	519	盐碱试验室概况	685

817

盐与新盐法	222	杨高等顾问六十华诞训词	604
眼睛的保健	655	杨家将及其考证	589
演剧初程	416	杨鲁承先生遗作六种	519
演剧六讲	538	杨氏族谱（潼南弘农族）	551
演剧手册	526	杨市长言论选集	171
演员自我修养	531	养复园诗集	430
谚语集成	519	遥远的城	416
焰	487	药性捷诀论	661
滟滪囊五卷	593	药性新编便记	661
扬州恨	367	[曜麓书稿	621]
扬子江航业	698	耀麓类稿，又名，曜麓书稿	621
扬子江技术委员会第四期年终报告 679		冶城话旧	469
		野草	519
扬子江技术委员会第五期年终报告 679		野玫瑰	430
		野战部队毒气情报搜索要领	211
扬子江、滦河、白河干支流堵口复堤工程 691		野战外科	655
		业务管理	39
扬子江三峡一瞥（Glimpses of the Yangtze Gorges） 696		业务管理总论	39
		叶雍画集	539
扬子江水利委员会十年来之工作概况 688		夜	392
		夜：五幕剧	416
扬子江小南海滩模型试验报告书	693	夜奔	416
扬子江宜昌至重庆航道船长手册（Handbook for the Guidance of Shipmasters on the Ichang–Chungking Section of the Yangtze River） 695		夜奔：四幕剧	469
		夜歌	479
		夜间相	469
		夜哨班	520
		夜雾	431
杨闇公日记	519	一般图案法	539

一蝉吟草	520	医学教授法	661
一得集	72	医学精存	662
一二·一民主运动纪念集	605	医学入门二卷	648
一二两军之内争	621	医学信心录	662
一个家庭的戏剧	404	医学要义（修订本）	662
一个美国人看旧中国	611	医学杂俎	662
一个美国医师的重庆杂谭，其他题名：重庆杂谭	487	医政漫谈	652
		医踪回首	662
一颗星	520	噫吁集	520
一庐梅花百咏不分卷	362	宜昌到重庆	557
一年来的北碚民众教育	313	宜昌到重庆	621
一年来的云阳汇刊	56	宜渝道上	570
一年来国际关系的回顾与前瞻	107	乙酉丛书	631
一年来教育部重要工作概况	319	"以不变应万变"的抗战原理	96
一天的工作	479	以扬子江为中心	213
一筒炮台烟	447	以乙醇为溶剂测定植物油裂化产品碘价试验	691
一夕殷勤	520		
一桩惨淡经营的事业：民生实业公司	225	以乙醇为溶剂测定植物油裂化产品碘价之试验	691
一桩事业的几个要求	226	艺术科学论	370
伊凡·伊里奇之死	469	新艺术论	531
伊斯兰教义与党员守则	18	艺术学习法及其他	532
伊斯兰教志略 一册	21	艺术与人生	533
医方便览歌括 3卷	661	艺术哲学	536
医家要记	661	亦庄亦谐	520
医括总诀	661	异平同入考	359
医囊捲缩	661	异行传	593
医学便记三字经	661	异行传 第2集 厚黑教主传	608

佚文1卷	621	英雄的故事	416
呓叟刻印	539	英译四川谚语	352
呓叟印余	539	英译婉容词	447
易华堂医案	648	莺莺：五幕七场古装历史悲喜剧	479
易通	22	婴儿哺育法	648
悒歌	536	樱花晚宴	405
益部谈资三卷	621	鹰爪李三及其他	431
益州书画录	534	营业税法施行细则	289
意大利建国三杰传	575	影剧人百态：大后方卅位影剧人的生活实录	529
阴阳辨证	662		
音乐初阶	531	影响木材力学性质诸因子	670
殷契摭佚	352	雍颐堂文集	520
殷契摭佚续篇	350	永川公牍 10卷	621
引擎使用法 引擎专科 汽车驾驶法 汽车专科	696	永川县仓储概况	236
		永川县地方建教工作报告书	313
隐园诗文集	520	永川县建设概况	236
印度的发现	621	永川县教育概况	316
高级印度古代史	621	永川县教育概况	317
印度之佛教	18	永川县念七年整理保甲概况	72
应用方剂学	662	永川县塾师训练班讲义	317
应用会议法	46	永川县图1930年（3份）永川县全图1936年（2份）四川省永川县图1948年（1份）	553
应用色彩学	539		
应用数题新解	627		
英国地理	599	永川县县政府概况	605
英国议会访华团资料	119	永川县县政概况	605
英汉陆海空军军语字典	204	永川县义务征工整理成渝公路工作汇编	226
英美合作与日美战争	107		
英美闲吟	493	永川县政府施政报告：民国三十四	

年七月至十月	153	有限责任重庆市各级学校师生员工消费合作社章程	279
永川县政府施政报告：民国三十四年十月至三十五年二月	153	酉秀黔彭垦调查报告	33
永川遇匪记　1卷	545	酉秀黔彭垦调查报告	41
永远结不成的果实	487	酉秀黔彭石垦殖调查报告	33
用折光率测定汽油内芳香族烃之含量	693	幼苗集	528
[幽默话谜	353]	幼年	431
尤三姐剑会	367	幼稚教育大纲	330
由农村副产物制造糠醛产量之比较试验	693	渝北邓氏崇孝堂续修族谱：十二集：[重庆渝北]	551
由珊瑚化石成长率推测更新统前后期太平洋西	635	渝工	693
由文学革命到革文学的命	431	渝国共摩擦资料	186
新油画法及其批判	539	渝简马路巴县区段工程规划大纲	705
油桐、乌桕、白杨、麻栎造林浅说	674	渝简马路全线工程办法大纲	705
油桐栽培法	663	渝江师管区三十三年度临时兵役会议工作报告书	205
油桐栽培法	663	渝江师管区司令部工作报告	211
游峨眉山	557	渝柳线川黔段经济调查总报告书	302
游击队	520	渝行内部办事细则	302
游击战术纲要	195	渝行内部办事细则	302
游历俄罗斯边圉杂记	621	渝训纪实	144
游泸草前集一卷后集一卷	469	渝训片影	131
游子吟正续集	520	渝院道训　六卷	28
有进无退	479	渝院道训汇编	9
有限责任重庆市各级学校师生员工消费合作	302	渝院道训汇编　甲申集	24
		渝院道训汇编　七卷	28
		渝院道训汇编　戊寅集至癸未集	24
		[余在北欧时所见之北极光（民国三	

十六年九月）	639]	月上柳梢	480
鱼儿坳	416	乐府诗选	432
与川军作战要点	211	乐歌	539
与人合作	520	乐章习诵	480
与谁争岁月	520	岳飞	405
雨打梨花	480	岳飞传	521
雨后山房联集	520	跃动的夜	430
雨景	431	云海争奇记	488
语体诗歌史话	480	云南金平蒙自一带十万分之一地质图	640
语体文范	349	云南矿产志略 初稿	641
育才学校手册	337	云南四川踏查记	575
育才学校小手册	337	云阳程氏家乘四卷	543
郁达夫琐记	521	云阳县立中学校同学录	317
郁雷，一名，宝玉与黛玉：四幕悲剧	470	云阳县图志	621
预算法令	244	云阳县志四十四卷首一卷	560
预言	487	民国云阳志 42 卷	622
毓秀山庄诗文集	521	**Z**	
鬻儿记	480	杂感录	364
鸳鸯剑	480	杂文的艺术与修养	447
元曲概说	493	再厉集	384
元人杂剧序说	417	在重庆雾中	40
远东中心美日关系的观察	82	在重慶日本領事館管内狀況	43
远方	447	在阪道上	364
远客	521	在公寓里	521
月光下	488	在黑暗中	368
月亮下落	521	在混乱里面	480
月令章句疏证叙录	599		

在火线上的四川健儿	72	曾氏族谱□□卷	568
在沙风中挺进	521	增补时方歌	662
在特鲁厄尔前	392	增订军队训练手册	202
在铁炼中	500	沾泥飞絮	521
在战斗的中国	481	战尘集	384
在支外人設立學校概観・重慶宣昌間の交通・上海に於ける醬油製造法	305	战地服务工作与经验	33
		战地政治经济	96
		战斗的素绘	448
藏文读本初稿	10	战后都市计划导论	685
藏要经叙　不分卷	11	战后国际币制论	279
早安呵，市街	521	战后新世界	550
造林学	677	战后中国究应如何建设	286
怎样变政易俗	154	现代之战略战术	190
怎样读历史	593	战袍缘	447
怎样发动民众自卫组织	73	战时财政	258
怎样干：中国革命问题批判	49	战时财政金融	244
怎样建设革命文学	368	战时财政新论	258
怎样教育人民	343	战时重庆风光	521
怎样练习写作	337	战时重庆市之糖业	244
怎样实施新县制	171	战时的英国	580
怎样写小说	481	战时地方卫生行政概要	650
怎样欣赏艺术	533	战时儿童保育会四川分会第二保育院四周年	334
怎样阅读文艺作品	379		
怎样自我学习	340	战时各国宣传方策	334
怎样自学音乐	535	战时工业问题	302
怎样组织民众	73	战时国民军事组训整备纲领	192
曾涤生立达要旨	18	战时交通	251
曾涤生之自我教育	16	战时教育	322

战时教育方针	319	战时演剧论	525
战时教育回忆	344	战时演剧政策	527
战时教育救济	319	战时医药	650
战时节约	244	战时英国	144
战时经济建设	259	战时征补兵员实施办法	201
战时经济论文集	283	战时政治制度	73
战时经济问题	251	战时中国报业	337
战时经济问题续集	259	战时中国大后方纺织染整工厂一览	
战时经济问题研究	237	表	266
战时旧型戏剧论	405	战时中国之科学	626
战时军民营养问题	654	战时中小学科学教育之改进	317
战时（抗事）新闻记者的基本训练		战时重要法令汇编	144
	322	战术教育法 第1编	190
战时粮食政策与粮食管制	303	战术教育之指导研究法图表解	190
战时陪都	589	战友	481
战时青年	119	战争的插曲	144
战时日本问题十讲	96	战争毒气病的病历与治疗	650
战时诗歌选	521	战争颂	481
战时首都合作事业从业员名单	283	战争小说集	374
战时外交问题	186	战争与条约	144
战时文化建设概论	330	湛蓝的海	493
战时文化论	319	张伯苓先生七旬寿辰纪念册	599
战时我国火柴工业及火柴专卖概况		张部长训词集	203
中国制磷工业史概要	283	张朝墉诗集六卷	521
战时物价特辑	266	张兼理主席对于四川省各县市局临	
战时西南经济问题	273	时参议会首次大会决议案之检	
战时相	535	讨	131
战时学生漫画用重庆言子抗日	539	张居正年谱	575

张列五先生手札	521	哲学大纲	12
张骞通西域	432	哲学译文集	96
张上将纪念集无卷数	580	哲学与教育对于青年的关系	13
张上将自忠纪念集	609	哲学与唯物辩证法	5
张氏族谱□□卷	543	现代哲学之趋势	3
张氏族谱：四卷：［重庆巴县］	548	浙江省旅渝同乡浙灾筹振会汇拨本省振款收支征信录	605
张氏族谱：一卷：［重庆永川］	552	真理之神	24
张巡	405	真实之歌　荒野断抒　上	448
张自忠	417	真现实论	11
《张自忠》话剧	405	振济委员会工作概况：民国二十九年三月	96
张自忠的故事	496	振务委员会中央国医馆设立中医救护医院工作报告书	662
张自忠将军纪念集	622		
张自忠将军传略	576	振振堂四种八卷（文稿二卷诗稿二卷联稿二卷联稿续二卷）	364
张自忠将军自传．自述记录稿	571		
章炳麟　邹蓉　流血革命	186	赈籴刍荛	371
章炳麟造并篆额、于右任书邹容墓表	622	征购粮食手册	259
		征集概况	206
章太炎教育今语	304	征轮侠影	497
长子	417	征途	384
朝话	6	蒸馏塔塔面积计算公式之拟定及蒸馏塔内计算蒸气速度之修正	693
招隐居传奇二卷附火坑莲一卷	364		
昭君出塞	522	蒸汽莫理耳图解	688
赵母买枪打游记	384	［整顿合川教育计划书	308］
赵尧生师近赐诗画册	526	整理綦江工程概要	682
赵玉玲本记	522	整理四川财政方案	222
赵子曰	448	正气歌本事	536
哲龙诗文集	522		
哲学辞典	5		

正义的怒吼　重庆市"二·二二"学生爱国游行	164
郑和	599
郑氏家乘□□卷	554
政党概论	50
政府与中共代表会谈纪要，英文题名，Summary of the conversations between the Chinese government and the representatives of the Chinese communi	154
政见商榷会宣言书	41
政论存稿	50
政协文献	164
新政协重要人物志	611
政训工作之理论与实际	55
政治报告	186
政治建设论	120
政治科学概论	47
政治协商会议	164
政治协商会议文献	164
政治协商会议之检讨	164
政治学概论	186
政治学原理	144
现代政治与中国	96
支那大陆横断——游蜀杂俎	541
支那经济通说	547
支那全图　重要物产记载	547
支那省别全志　四川卷	580
知非闲吟	522
直觉与表现辩	28
直流发电机	679
直属重庆市执行委员会廿九年五六七三月工作报告	96
植树节专刊	672
植树浅说	663
植物病虫问题解答汇录　2　浙江省昆虫局特刊	664
纸醉金迷　社会长篇	500
指数公式总论	31
志留纪气候及当时诸大陆相对位置论	638
志颜遗著	522
治川纲要	622
治螟指导手册	672
治下河水论一卷	696
治藏刍言	187
中部支那经济调查	212
中大之门	322
中大指南	337
中等教育制度与设施	326
中等学校音乐教科书　6册	309
中风临症效方选注	662
中工指南	341
中共内幕　第1种　中国共产党的九十二个主要人物志	605

中共问题商谈之经过	154
中共问题重要文献	107
中共与二届参政会．毛泽东等不出席事件汇编	107
中国八年抗战大画史	622
中国边区报告	187
中国兵役行政概论	206
中国博物馆一览	314
中国大学生日记	373
中国当代名人传	609
中国档案管理新论	344
中国的故乡	522
中国的建设问题和人才的训练	52
中国的建设问题与人的训练	55
中国的前途	120
新中国的曙光	164
中国的运河	700
中国的战歌	448
中国地理研究所成立三年来之概况	589
中国地理研究所的六年和将来	605
中国地理研究所三十一年度工作计划暨同年上半期工作概况简报	583
中国地质学会概况	636
中国电影事业的新路线	322
中国法西斯派的阴谋与我们斗争的任务	164
中国纺织厂区位变迁史	303
中国分省地图	599
中国风	522
中国佛教青年之前途	25
中国妇女慰劳总会专刊	132
中国改造论	42
中国工程师学会重庆分会会员通讯录	684
中国工程师学会大渡口分会工程讨论（第2集）	688
中国工程师学会四川考察团报告	694
中国工程师学会四川考察团石油组考察四川石油之报告	680
中国工商要览	292
中国工业合作协会川康区办事处工作报告 自民国二十八年一月二十三日至同年六月底止	244
中国工业合作协会工作概况	244
中国工业合作协会工作概况	259
中国工业合作协会荣昌事务所一年来工作报告及今后工作计划	251
中国工业合作协会万县事务所工作报告	251
中国工业化的轮廓	688
中国共产党外交理论的分析	108
中国共产党中央委员会为抗战六周年纪念宣言	132
中国古代思想学说史	22

中国古代医史	662
中国古陶图说	622
中国国民党重庆市第一次全市代表大会法规	187
中国国民党重庆市第二次代表大会法规	165
中国国民党重庆市第二次代表大会法规	187
中国国民党党史概要草案：上辑	96
中国国民党党史概要讲演汇辑	96
中国国民党党史纪要：第一辑	82
中国国民党的新阶段	97
中国国民党教育政策	326
中国国民党历代重要决议	82
中国国民党六全大会军队党员初选代表名单	187
中国国民党宣言集	97
中国国民党政纲及抗战建国纲领之实施	108
中国国民党政纲政策及决议	108
中国国民党中央战时工作干部训练团四周年纪念特刊	120
中国国民党中央政治学校大事记	323
中国国民党中央政治学校教职员一览	319
中国国民党中央政治学校三十一年度毕业生听训、分发实录	330
中国国民党中央直属重庆市执行委员会工作报告　民国二十九年□月至十月	97
中国航空建设协会四川省分会工作报告	251
中国航空建设协会总会工作报告	237
中国航空建设协会总会收款报告	303
中国航业　川江航运专号	303
中国合会之研究	221
中国合作社法论	55
中国合作文献目录	706
中国后方各省工业统计	695
中国画论体系	533
中国画论体系及其批评	533
中国话剧运动史	539
中国婚姻法论	49
中国继承法论	50
新中国教科书初级中学国文　甲篇	355
新中国教科书高级中学平面解析几何学　第2册	630
中国教育改革问题	326
中国教育改革之途径	338
中国教育全书纂例初稿	319
中国教育学会对于今后三年教育建设之建议——重庆中国教育学术团体第二届	330
中国今日之西南建设问题	244
中国近代政治思潮论	154

中国近世史	594	中国六十年	529
中国近世思想学说史	22	中国裸子植物志	646
中国经济的分析	216	中国美术史简要	539
中国经济的现状与对策	273	中国密室	488
中国经济地理	259	中国棉业问题	251
中国经济建设概论	273	中国民法继承论	59
中国经济建设论丛	273	中国民法论	187
中国经济建设与农村工业化问题	279	中国民法亲属论	59
中国经济建设之路	273	中国民法债编总论	55
中国经济史讲义	303	中国民法总编	187
中国科学社重庆社友会社员录	32	中国民法总论	50
中国科学社第十八次年会纪事录	624	中国民生建设实验院创立旨趣	251
中国科学社民国八年西湖年会记事录	305	中国民生建设实验院概览	273
中国科学社社员分股名录	311	中国民主同盟发起成立之经过略记：1940～1941	165
中国科学史举隅	626	中国民族文学史	448
中国矿冶工程学会会员录	686	[中国民族之前途	230]
中国矿业纪要	638	中国木本植物属志	646
中国矿业纪要　重庆北碚：民国二十四年至三十一年（第七次）	638	中国木材用途之初步记载　一　木材之干燥	672
		中国农村金融	303
中国矿业纪要　西南区：民国二十四年至二十九年（第六次）	637	中国农村问题文献索引，又名，乡村建设参考资料索引	237
中国历史讲话	571	中国农业金融机关论	216
中国历史通论	589	中国农业金融论	303
中国粮食地理	674	中国农业金融制度及其实施论	216
中国林产实验馆计划书草案	670	中国农业政策	252
中国林业建设	675	中国女英雄画史	528

中国七大典籍纂修考	338
中国气候资料	635
中国青年之路	19
中国全国工业协会重庆市分会会员名录	695
中国全国工业协会重庆市分会章程草案	187
中国人口论	29
中国人口移植史	188
中国人性论史纲	28
中国儒家民主学案	28
中国社会教育概述	330
中国社会史	39
中国社会史教程	584
现代中国社会问题	36
中国社会问题	34
现代中国诗选	448
中国诗艺	417
中国十年来之油脂工业	273
中国史纲	594
中国史学概要	594
中国史学之进化	608
新中国手册	132
中国思想史	28
中国思想通史	25
中国天主教史论丛	22
中国铁道建设	283
简明中国通史	599
中国童子军初级课程：最新训练标准童子军课本	53
中国童子军初级训练	59
中国童子军史	56
中国童子军中级训练	56
中国童子军组织法规．第一辑	165
中国土地问题概述	289
中国土地政策	244
现代中国外交史	97
中国围棋会重庆分会丛书 1、2册	344
中国文法革新论丛	355
中国文化复兴论：中国文化之过去，现在与将来	319
中国文化要义	344
中国文学概论	448
中国文学概说	384
中国文学流变史	368
中国文学史	522
中国文学史大纲	522
中国文学体例谈	369
中国文艺思想	392
中国文字的溯源及其改革的方案	359
中国问题文献	165
中国西部博物馆概况	343
中国西部科学院概况	311
中国西部科学院工作报告	624
中国西部科学院工作报告	624

中国西部科学院理化研究所煤炭分析总报告	632	中国预防医学研究所论文 第三、四、五号合刊	653
中国西部科学院廿年度报告书	309	中国预防医学研究所论文（第6号）自家血球吞食作用之初步实验报告	653
中国西部科学院农林研究所二十二年度报告	665	中国战时服务委员会工作报告	132
中国西南林区交通用材勘查总报告	675	中国战时交通史	701
中国现代戏剧图书目录汇编	710	中国战时教育	323
中国宪法史纲要	51	中国战时物价与生产	303
新中国宪法研究	165	中国战时学术	709
中国宪政论	154	中国战时应采的财政政策	304
中国新诗．第一集，时间与旗	497	中国战时资源问题	237
中国新文字的新文法	359	中国哲学史纲要	9
中国新型师范学校	341	中国政府	145
中国刑法总论	176	中国政府会计制度	259
中国需要真正民主政治	132	中国政制概要	132
中国畜牧事业之一瞥	664	中国政治之路	145
中国盐书目录	708	中国政治制度史	133
中国医史	662	中国之地质工作	641
中国医学精华	655	中国之国际贸易	245
中国银行重庆分行职员录	286	中国之经济地位统计图	216
中国与日本：论中日历史之发展	568	中国之路	120
中国与战后世界	144	中国之命运	145
中国预防医学研究所论文（第1号）国产药物雄黄灭菌效力研究	652	中国之新金融政策	245
		中国之行	622
中国预防医学研究所论文（二）北碚钩虫病初步报告	652	中国之友威尔基先生	584
		中国知行学说简史	335
		中国庄子哲学	29

中国资源问题	638
中国组曲	524
中华慈幼协会二十八、九年度工作年报合刊	188
中华慈幼协会会务概述	154
中华大辞典	359
中华地理图志二卷	540
中华儿女	481
中华复兴十讲	145
中华民国建国史	589
中华民国开国前革命史	594
中华民国民法物权精义	49
中华民国宪法草案教育专章的商榷	188
中华民国新地图	552
中华新韵	353
中华新韵不分卷	357
中华医学会第六届大会手册	654
中华自然科学社概况	624
中建电机制造厂重庆分厂电气器材出品一览表	684
中论	188
中美农业技术合作团关于北碚扶植自耕农示范区视察报告	678
中美英苏宪政运动的教训	145
中农廿八小麦之改良经过	669
［中日关系（一九三六年）	59］
［中日关系（一九三八年）	63］
中日关系的另一角	522
中日国际编年史详目　近代部分	97
中日货币战	245
中日问题读本	63
中日战争与国际关系	63
中日战争之策略与战略问题	83
中日战争之策略与战略问题报告大纲	83
中山大辞典"一"字长编	351
中山文化教育馆十周年工作概况	335
中史讲义	594
中苏关系	154
中苏关系与我国抗战前途	83
中外儿女英雄传	522
中外木刻集	533
中外图书统一分类法	338
中西对照恒星图	642
中西文化与文化复兴	335
中西哲学思想之比较研究集	19
中心学校、国民学校精神训练参考资料选辑	323
中心训练参考资料	133
中兴鼓吹	385
中兴鼓吹：英汉对照	470
中兴鼓吹抄	448
中训团第五军官总队官佐通讯录	211
中训团业务演习选录	211
中央大学之回顾与前瞻	327

中央党史史料编纂委员会实施行政三联制报告	133
中央党政军提高行政效能及行政三联制总检讨会议第二次会议记录	97
中央党政军提高行政效能及行政三联制总检讨会议决议案	97
中央党政军提高行政效能决议案	154
中央地质调查所概况·二十五周年纪念	637
中央地质调查所土壤研究室十五年来工作总报：民国十九年至三十四年	639
中央革命勋绩审查委员会概况：民国二十七年十二月	73
中央工校	323
中央工业试验所木材试验室计划纲要	671
中央工专概况	344
中央广播事业管理处职员录	340
中央国医馆医务人员训练班讲义	654
中央国医馆医务人员训练班同学录	663
中央警官学校毕业同学录	171
中央警官学校成立五周年纪念特刊	108
中央警官学校二、三、四周年纪念合刊：中华民国二十六年九月至二十九年八月	108
中央警官学校六、七、八周年纪念合刊	154
中央警官学校改组成立九周年纪念特刊：民国三十三年九月至三十四年八月	154
中央警官学校概况	188
中央警官学校讲义捕绳术	188
中央警官学校警犬学	171
中央警官学校警犬学	188
中央警校甲（乙）级警官训练班第一期同学录	172
中央陆军军官学校第十六期学生第二总队野营演习计划	195
中央陆军军官学校念九年度第八次教育会议记录	211
中央陆军军官学校战时教育计划	211
中央水利实验处第一第二两水利查勘队三十二年度查勘报告书	688
中央水利实验处概况	687
中央水利实验处河工实验区计划书	687
中央卫生实验院概况	656
中央文化驿站总管理处实施行及三联制报告书	73
中央信托局同人录　民国三十一年	266
中央信托局同人录　民国三十二年	274

中央信托局同人录 民国三十三年 279

中央信托局同人录 民国三十六年十二月 289

中央信托局重庆印刷厂成立三周年纪念手册 279

中央训练团党政高级班第一、二、三期毕业同学名册 188

中央训练团党政高级训练班第一期教职学员通讯录 133

中央训练团党政高级训练班第一期小组讨论总结论 133

中央训练团党政高级训练班第二期集体讨论总结论 145

中央训练团党政高级训练班第二期教育实施计划 133

中央训练团党政高级训练班第三期同学录 188

中央训练团党政训练班毕业通讯学员组织及督导办法 146

中央训练团党政训练班毕业学员通讯须知 109

中央训练团党政训练班毕业学员之组织与督察要领 146

中央训练团党政训练班第四期人事演习讲评 83

中央训练团党政训练班第六期工作讨论述评 97

中央训练团党政训练班第七期经理演习计划 97

中央训练团党政训练班第十六期经理演习讲话纲要 108

中央训练团党政训练班第十六期社会工作人员训练班第二期职教学员通讯录 108

中央训练团党政训练班第十七期调查演习计划、讲话 109

中央训练团党政训练班第十九期经理演习计划、讲话纲要、题目及说明、参考材料 120

中央训练团党政训练班第二十四期教职学员通讯录 133

中央训练团党政训练班第二十五期教职学员通讯录 133

中央训练团党政训练班第二十八期教职学员通讯录 134

中央训练团党政训练班第二十九期教职学员通讯录 146

中央训练团党政训练班第三十期教职学员通讯录 146

中央训练团党政训练班第三十一期党政军人事管理人员训练班第八期教职学员通讯录 146

中央训练团党政训练班第三十一期教职学员通讯录 146

中央训练团党政训练班调查演习书

面讲评 97	佐通讯手册 212
中央训练团党政训练班工作讨论会讨论题目 121	中央训练团讲词选录 109
	中央训练团讲词选录增篇 121
中央训练团党政训练班工作讨论结论 97	中央训练团教育委员会各组工作要领 146
中央训练团党政训练班工作讨论资料选录：财政经济 134	中央训练团小组讨论资料选录 109
	中央训练团业务演习选录 109
中央训练团党政训练班工作讨论资料选录：党务行政 121	中央训练团重庆分团地方行政人员自传 108
中央训练团党政训练班工作讨论资料选录：教育 134	中央训练团重庆分团第二军官总队部官长通讯录 207
中央训练团党政训练班工作讨论资料选录增编 134	中央训练团重庆分团交通管理人员训练班第一期同学录 207
中央训练团党政训练班课业测验讲评 146	中央训练委员会工作报告 86
中央训练团党政训练班小组会议讨论总结论 83	中央训练委员会实施行政三联制报告 134
中央训练团党政训练班学员手册 73	中央训练委员会训练团分团训练实施计划纲要 86
中央训练团党政训练班训练实施计划 85	中央训练委员会训练团三年调训计划：民国二十八年八月一日 85
中央训练团、党政训练班训育讲评 121	中央研究院三十一年度工作考察总评报告 335
中央训练团党政训练班一至卅一期学员分析统计表 146	中央要人抗战言论集 73
中央训练团党政训练班职教学员总名册 第一辑 121	中央银行重庆分行财政部训令、代电等函件 304
中央训练团第三军官总队通讯录 211	中央银行重庆分行三十六年度检查总报告书 289
中央训练团第二十八军官总队部官	中央银行重庆分行三十七年度检查

835

总报告书	292
中央银行同人录	279
中央在渝各机关月半联谊会参加各单位通讯录	188
中央在渝各机关月半联谊会会员通讯录	174
中央造纸厂：重庆工厂纪念册	286
中央战时工作干部训练团四周年纪念特刊：1938年—1942年	121
中央政校图书馆分馆中日文书目	708
中央政治学校毕业同学录	343
中央政治学校大学部第八期同学毕业纪念刊	320
中央政治学校大学部第十一期毕业纪念册	340
中央政治学校概况	330
中央政治学校高等科第二期同学录	327
中央政治学校教职员录	338
中央政治学校廿七年度新生入学训练集	317
中央政治学校人事行政人员训练班四期工作总报告	330
中央政治学校同学会会员录	331
中央政治学校图书馆中日文图书书名目录初编	707
中央政治学校图书馆中日文图书书名目录二编：二十八年七月至二十九年六月	708
中央政治学校新闻学系卅一年级级史	331
中央政治学校研究部概况	331
中央执行委员会第五届第十一次全体会议社会部工作报告	121
中药歌括	663
中药三易歌	663
[中药性类概说	649]
中医骨科学	663
中医经验处方精华	655
中医与科学，又名，中药性类概说	649
中印公路是怎样打通的	481
中印历史关系史略	584
中庸传	11
中原豪侠传：武侠小说	470
中正学校概况	352
忠县乡土志	611
重修忠县志始末	596
[忠义千秋	468]
（道光）忠州直隶州志八卷首一卷	555
钟	448
钟楼怪人	497
钟山外国地理　上册	600
钟氏族谱□□卷	622
种棉浅说	663

种棉浅说	663
仲景脉学法案	654
众神	470
周恩来同志答复新华社记者问	146
周礼古学考十一卷	558
周文钦选集	522
周易疏校后记	29
朱董事长告湟川、河西、黔江三中学学生书	327
朱乐之诗文选	523
珠算撮要	630
珠算讲义	627
珠算教材	629
珠算教材提要	629
诸葛亮新论	600
竹盦诗录　6卷	523
竹材之物理性质及力学性质初步试验报告：附西文摘要	676
竹院吟　二卷　20首	523
竺可桢先生六旬寿辰纪念专刊	640
注音符号概说	355
注音符号歌	356
注音符号作用之辩正	356
专爱集	449
专科以上学校行政人员手册	327
专题讲演辑要	147
转形期	417
转形期底经济理论	218
转形期演剧纪程	432
篆隶决嫌录	359
庄稼佬歌	365
庄子校证	6
庄子新释（上册）	25
壮志凌云	481
卓文君	523
卓娅与舒拉的故事	523
资本帝国主义与中国	188
资本主义的前途	63
资源委员会川滇黔事业概况	304
资源委员会答覆参政员询问案	188
资源委员会资渝钢铁厂职员通信录	287
资治通鉴	622
子恺近作漫画集	528
子恺近作散文集	417
子恺漫画全集	535
子恺漫画选　彩色版	535
子午线	405
姊妹行	449
字帖	539
字溪集十一卷附录一卷	375
[自己的认识	26]
自警琐记	523
自勉斋随笔	493
自卫队，又名，民族光荣	392
自畏居士诗文存	523

自怡室唱和集	523	足迹——四川大旅行记	622
自治箴言	189	族范志	622
综合英语课本	352	祖狄：四幕史剧	470
总长何检阅重庆第一期国防工事纪要	198	祖国的黎明	481
		祖国在呼唤	449
总建筑师	449	祖国之恋：电影小说	449
总理行谊	571	醉梦图	405
邹容	605	醉吟集	523
邹容传	606	左氏兵谋兵法	212
走	417	左氏续修谱五卷	549
租税各论	53	作家生活自述（特辑）	470
租押顶房	449	做人、做事及其他	331

著者索引

说明：

1. 著者首字按英文字母、汉字排序，汉字再以拼音字母次序排列。若首字音同，则依第二字的拼音字母次序排列，余依次类推。

2. 朝代（如：明、清），国别（如：英、美、日）不参加排序。

3. 空格、标点符号，排列时略去不计。

4. 同一著者，有多条在同一页的，合并为一个页码，并按页码号顺序列出。

5. 著者署名为笔名的，有本名的用本名，另对笔名作参见。

6. 著者不详的，不编入索引。

（美）A. S. Gale 629	（英）John Pilley 707
（苏）A. 罗斯金 473	（英）Joseph Needham 625、626
（美）Bobbitt J. F. 332	（美）M. 哥尔德（Michael Gold） 462
C. B. Purdom 131	
（英）C. G. Darwin 629	（苏）M. 筛特林（М. Е. Салтыков－Щедрин） 466
（美）C. T. Chase 629	
Ernest Henry Wilson 540	（苏）M. 瓦希列夫斯喀亚 434
（英）G. 斯坦因 474	（德）M. 亚伯拉罕（Abraham） 630
（英）H. G. Wells 546	N. G. Gee 644
H. H. Davis 397	（美）O. J. Bush 630、689

（美）P. F. Smith	630	巴县财务委员会	226
S. M.	429	巴县参议会秘书室	155
（英）Stanley Houghton	498	巴县地方法院	183
W. A. Granville	630	巴县建设局	663
W. R. Longley	630	巴县临时参议会秘书室	
リリ－oアベッグ	576		121、122、134
A		巴县私立人和初级中学校董会	344
（美）埃德加·斯诺	579	巴县文献委员会	611
（美）埃尔茂·拉西	442	巴县县立中学	315
（美）埃米莉·哈恩	579	巴县县政府	60、122、308
（美）霭理斯	21	白崇禧	192、194、199
艾青	398、410、513	白家驹	638
艾伟	339	白景丰	190
艾芜	454、473、475、478、481、	白眉初	618
	486、489、495、496	白润齐	548
（苏）爱伦堡	392	（美）白修德	603
爱泼斯坦	596	（古希腊）柏拉图	22
（希腊）爱斯古里斯	487	柏林根（Burlingame）	643
B		（英）班纳科克	643
（日）八幡关太郎	592	（英）班威廉·克兰尔	173
巴金	396、403、404、406、407、	（苏）包哥廷	420
	408、409、416、418、419、	包文同	91、141
	422、424、433、446、463、	（美）鲍尔多	140
	482、485、490、501	（美）鲍曼（Isaiah）	550
（美）巴齐尔	482	北碚地籍整理办事处	124、274、638
巴人	387、432	北碚管理局	109、116、122、135、
巴县保训合一干部训练队	64		140、153、580
巴县保长训练班	190	北碚管理局地方行政干部训练所	147

840

北碚管理局统计室	37	璧山县团务委员会	51
北碚管理局卫生院	652	边振方	17
北碚国立复旦大学	327	卞之琳	375
北碚国立江苏医学院	320	卞宗孟	142
北碚汉藏教理院	10	冰心	114、326、328、393、402、406、408、410、415、432、433、435、446、450、451
北碚嘉陵江三峡乡村建设实验区署	114		
北碚农村银行	217、221、226	兵工署第十一技工学校	345
北碚图书馆	327	兵工署翻砂座谈会	688
北碚图书馆修志委员会	589	兵役部	205
北碚修志委员会	590	秉志	548、550、631、642
北碚月刊社	233、683	薄蓝田	704
北京重庆中校旅外同学总会	305	（英）布拉格（W. H. Bragg）	626
北京新闻协会	419	（美）布士沃斯（Bosworth）	526
（伪）北京新闻协会	113	C	
北鸥	486	财政部	266
（美）贝西尔（George C. Basil M. D.）	487、600	财政部贸易委员会	237
		财政部四川财政特派员公署	224
（美）比安士铎（Gregory Bienstock）	282	财政部四川省田赋管理处	106、301、257
必力	472	财政部四川省土地陈报办事处	266
毕业生指导部	330	财政部四川烟叶示范场	245、260
毕业指导部	343	财政部盐务总局	275
毕云程	262	蔡忱毅	525
碧野	440、447、455、473、485、493、503、511、513	蔡天石	80
		蔡旭	673
璧山县参议会秘书室	155	蔡仪	25、531
璧山县临时参议会	110	蔡元培	97

参政会	149
曹孚	18
曹靖华	419、428、434、515
曹聚仁	381、382、407
曹敏	200
曹辛	424
（明）曹学佺	515、558
曹禺	401、510
曹中枢	170
曹钟瑜	256
草明	491
岑吟士（Jennings）	642
岑颖	591
昌溪	507
长凤社	207
长寿县临时参议会	110、122、135
长渝铁路经济调查队	222
常隆庆	559、632、633
（晋）常璩	542
常任侠	383、417、425、448、490、522、530
朝阳大学四川同学会	308
车耀先	210
（释）尘空	581
陈白尘	402、409、422、423、434、478、519
陈柏清	315
陈邦材	165
陈邦贤	493
陈豹隐	78、233、254、258、272
陈炳元	196
陈伯宣	665
陈彩章	266
陈长蘅	29、31、32、49、91、94、126、139、213、222、233、285、297、642
陈宸	374
陈诚	73、196
陈澄之	577
陈崇桂	25
陈大齐	17
陈丹墀	505
陈德甫	596、611
陈德音	590
陈独秀	64、69、71、72、175、352、519、567
陈独真	196
陈方洁	643、664、671、673、677
陈古松	520
陈顾远	122
陈国常	374
陈果夫	23、126、150、326、338、415、533、652、653
陈衡哲	365
（清）陈湖逸士	613
陈华葵	676

陈建民	550
陈节坚	19
陈介生	247
陈景星	360
陈敬先	274
陈觉玄	12
陈开泗	162
陈宽	374
陈夔飏	556
（清）陈昆	614
（清）陈烺	538
陈礼江	321、333、337
陈鲤庭	527
陈立夫	21、73、75、81、91、114、319、322、325
陈良	120
陈孟仁	512
陈铭枢	72、96、182
（清）陈念祖	648、656
陈清初	16、18、458
陈铨	15、19、398、430、438、444、445、457、458、475、511、532
陈让卿	665
（清）陈汝燮	371
陈三立	615
陈绍禹	69
陈盛清	114
陈瘦竹	385、427、438、464、477、491
陈树人	384、449
陈溯东	541
陈廷杰	604、706
陈廷清	541
陈万聪	664
陈万里	590
陈望道	355、401
陈文贵	649、651
陈文杰	382
陈希孟	104
陈习删	552、595、612
（明）陈骧瀚	375
（清）陈祥裔	514
陈翔鹤	364、375、431、442、502、505、513、518、519、521
陈晓钟	285
陈孝威	78
陈兴亚	561
陈惺吾	547
陈训怒	550
陈燕士	185
陈一	116
陈仪	119、127
（清）陈骃光	371
陈永龄	638
陈友琴	556
陈禹平	672
陈玉书	660

陈玉祥	82
陈泽霈	362
陈兆耕	671
陈正谟	248
陈正祥	240、586、587、588、598
陈之迈	145、323
陈志宪	495、513、516、559
陈志学	294
陈忠良	543
陈主任	128
陈筑山	41
陈子展	466、478
成善楷	468
成善谋	693、694
成惕轩	20
成渝铁路工程局	697、700、704
成渝铁路工程局建造第一总段	703
成桢	348
程昌祺	189、347、375
程道南	310
程德全	41、179、557、612
程德泽	543
程其恒	337
程其芝 [参见：程琪芝]	
程琪芝	656、661
程潜	430
程绍行	235
程天放	143
程演生	56
程瀛章	550
程仲清	320
重大松光社	342
重庆保险商业同业公会	274
重庆北碚进步英华周刊社	181
重庆北碚经济部中央地质调查所	637
重庆北碚实验区署	229
重庆大公职业学校	338
重庆大会晚报	148
重庆大学	345
重庆大学秘书处	313
重庆大学图书馆	312、706
重庆第一育幼院	183
重庆电力公司	280
重庆电力股份有限公司	226
重庆电力股份有限公司会计科	280
重庆电疗院	649
重庆防空部	176
重庆防空司令部	191
重庆防空司令部第四处	195、209、210
重庆防空司令部设备委员会	193
重庆佛学社念佛会	3
重庆各界抗敌后援会	60、64
重庆工人联合出版社	596
重庆广益中学校	307
重庆郊外市场营造委员会	682

重庆经济部矿冶研究所	687
重庆经济部中央水工试验所	681
重庆警备司令部	166
重庆空袭救济委员会联合办事处	78
重庆轮渡股份有限公司	260
重庆民生公司	228、229、241
重庆陪都第一届防空纪念大会筹备委员会	195
重庆青年劳动服务营	98
重庆曲社	529
重庆商馀互助社	213
重庆社会局	87
重庆师范学校	332
重庆实验救济院	170
重庆市保险商业同业公会	280
重庆市财政局	267
重庆市参议会	347
重庆市参议会秘书处	156、157、166
重庆市党部	142、177
重庆市动员委员会	86、99、111、177
重庆市反省院	53
重庆市防空洞管理处	200
重庆市防空司令部宣传委员会	191
重庆市各界抗敌后援会慰劳组	73
重庆市各界追悼杨虎城将军暨被验证烈士筹备委员会	175
重庆市工人服务队总队部	274
重庆市工务局	682、685
重庆市工业会筹备会	343、691
重庆市工业生产合作社联合社	266
重庆市公教同学会	24
重庆市合作金库	268、274
重庆市基督教男女青年会服务学生委员会	11
重庆市江巴各界五月抗敌宣传大会	525
重庆市教育局统计室	342
重庆市警察局	60、86、99、111、167、177、701
重庆市警察局编辑委员会	172
重庆市警察局总务科统计段	99
重庆市粮食管理委员会	252
重庆市廖氏捐助教养事业资产保管委员会	167
重庆市临时参议会秘书处	74、86、99、111、123、135、148
重庆市钱业同业公会	295
重庆市沙坪坝消费合作社	271
重庆市商会	260、275
重庆市商会组训科	271
重庆市社会局	170、274、295
重庆市生命统计联合办事处	39
重庆市市立第一小学	314
重庆市市政府	274
重庆市私立孤儿院	32

重庆市卫生局	650、651
重庆市消费合作社联合社	261、268
重庆市银行业同业公会	217
重庆市营建委员会	682
重庆市战时民众补习教育推行委员会	317
重庆市政府	36、37、123、136、148、155、157、167、172、173、178、244、260、268、687
重庆市政府参事室	74、112、113
重庆市政府会计处	253、275、288
重庆市政府秘书处	74、123、136、148、155、158、165、168、172、173、174、223、560
重庆市政府统计处	35、39、40、147
重庆市知识青年志愿从军征集委员会	205
重庆市中华基督教青年会	4、9
重庆私立临江小学	313
重庆太平洋大药房	56
重庆铜元局	296
重庆卫戍总司令部	100、127
重庆戏剧电影界	158
重庆信托两合公司	556
重庆行辕民事处	640
重庆育才学校戏剧组	409
重庆职业介绍所	152
重庆中国银行	218、219、220、221、225、557
重庆中心站	336
重庆自养美道会	556
重庆总商会职业学校	305
重庆·国民参政会·川康建设期成会	87
宠松舟	258
筹备委员会	331
初予	464
褚葆真	653
川东法团联合会	178
川东共立师范学校	310
川东联立师范学校典夔图书馆总务股	314
川康经济建设委员会秘书处	249、253
川康兴业股份有限公司	297
春云月刊编辑部	379
慈忍室主人	4
崔昌政	253
（日）村田孜郎	573

D

达德赖·尼柯尔斯	493
（日）大東亜省総務局	136
大风	569
大公报馆	150、481
大同出版公司文化资料供应室	605
大学印书局	147
大足县筑路委员会	687

戴传贤	23	邓士英	44
戴公亮	538	邓树勋	577
戴季陶	105	邓文俊	667、677
戴礼堂	209、212、613、615、620	邓锡侯	602
（清）戴纶喆	362、542	邓胥功	188、304、306、309
戴树和	601	邓益光	701
（美）戴维斯（J. E. Davies）	124	邓玉书	639、640、641
戴锡畴	361	第一届中央干事会第二次全体会议	141
戴旭初	68		
戴易东	363、548	第一区机器工业同业公会	687
戴益生	656、657、659、661、662	（英）迭更司	478
戴正诚	569、614	丁福保	581
戴子仁	515、619	丁坚	174
丹丕尔·惠商	625	（清）丁树诚	489、554
但更生	600	丁骍	588
但懋辛	183	丁文江	696
党军社	123	丁翔熊	402
砀童才	296	丁趾祥	276
导淮委员会綦江水道工程局	685	丁晫超	618
（日）稻叶岩吉	547	（日）东亚同文会支那省别全志刊行会	580
（清）德玉	8		
邓步矩	551	（日）东亚同文书院	305、622
邓初民	104、151、161、574、584、617	（日）东则正	212
		（日）東京日日新聞東亜部	581
（清）邓迪	8	（日）東亜研究所	124、275、276
邓晋康	254	（日）東亜研究所第三部	124、263
邓少琴	300、566、585、588	董必武	601
邓实	538	董翰良	188

董镜桂	466		218、262、288、291
董南庭	640	樊克恩	676
董时进	32、49、214、215、216、	（日）饭田藤次	267
	217、218、222、233、252、346、	范崇实	282
	675	范纪曼	369
董同和	356	范泉	485
董小五	597	（清）范泰衡	549
读书出版社	611	范祥善	306
独立出版社		范晓六	55、56、185
	65、68、78、97、243、245	范予遂	66
杜呈祥	605、606	方兵孙	230
杜春晏	684	方豪	22、593、608
杜国庠	25、28	方敬	380、426、431、450、
杜焕章	549		459、469、478、489、
杜若诚	305、632		495、496、497、498
杜若之	566、567	方令孺	448、479
杜召棠	520	方文培	644、645
端木蕻良	434、487	方文培教授任教国立四川大学十周	
段绳武	620、672	年纪念筹备会	607
段子燮	628	方显廷	243
E		方殷	462
恩格斯	1	方仲颖	54
（日）儿岛献吉郎	448	防空学校	76、196
F		防空总监部民防处	201
（美）法拉哥	16	（美）斐德烈舒曼	104
（释）法尊	5、6、7、10	废止内战大同盟会总会	189
樊凤林	107	费青	41
樊弘	30、41、43、44、173、214、	（美）费正清	622

丰都可一照相馆	601
丰都县政府	53
丰都县租石清理委员会	227
丰子恺	334、336、348、417、423、474、528、529、530、531、532、533、534、535
冯臣诩	607
冯承泽	503、517、522、620
冯登庸	656、657、658、659、661
冯谷如	249
冯汉骥	12
冯简	639
冯均逸	46、344
冯明章	21
冯石竹	485
（宋）冯时行	360、364、373
冯天铭	676
冯文洛	356
冯雪峰	479
冯玉祥	11、79、88、103、150、153、197、387、388、408、521、569、576、577、578、588、590、592、601
冯泽芳	668
（清）冯镇峦	512
冯治培	607
冯子韬	400、410
冯自由	585、594、596
弗里契	373、499
弗里切	370
涪陵实验小学校	309
涪陵县立乡村师范学校	309
涪陵县临时参议会	137
（美）福尔曼	187、470
（释）福善	18
（清）福珠朗阿	544
复兴面粉股份有限公司	254
傅葆琛	12
傅抱石	527、533、570、575
傅达森	550
傅琴心	24
傅润华	281、292、369、524、537、602、609、616、622
傅双旡	35、578
傅天齐	622
傅养恬	23
傅益水	678
傅振伦	342、594、597
（清）傅作楫	362
馥记营造厂重庆分厂	683

G

干部讲习班	91
甘祠森	225、227、297、298、301、380、481、520
甘绩镛	110、185、239、243、250、252、299、300

（英）冈瑟·斯坦因	487
（日）冈田朝太郎	48
（日）冈泽秀虎	401
高德超	253
（美）高尔德（Randall Gould）	577
（苏）高尔基	416、419、440、442、460
高国经	677
高兰	435、456、462
高梅芳	652
（日）高木偬吉	505
高乃同	584
（日）高山庆一	548
（清）高翥映	27
高显鉴	316
高飏	511
高梓	532
戈宝权	76
戈福鼎	256、258
戈福祥	685
戈茅	407、427、473
（美）哥尔德（M. J. Golden）	678
（德）歌德	421、464、474
（美）格兰姆·贝克	611
葛绥成	557
葛向荣	175、313
葛一虹	153、336、391、395、417、420、468、473、513、525、527
工商部重庆工业试验所	691、692
公路运输总局业务组	254
公论社	237
龚秉权	568
龚秉枢	358
龚谨	638
龚世熠	505、515
龚煦春	559、619
龚学遂	701
（日）古川慈良	576
（法）古洛东（OourcIon）	361
（日）谷水真澄	135
谷正纲	87
顾鹤皋	694
顾颉刚	592
顾培枬	192
顾一樵 [参见：顾毓琇]	
顾翊群	279
顾毓瑔	262、241、270、684
顾毓琇	10、200、272、319、344、386、398、405、427、459、507、527、581、589
顾毓珍	273
顾元皞	658
顾岳中	323
顾准	259
关文栋	254
管相桓	676

广东省银行经济研究室	297
桂中枢	472
郭伯恭	707
郭汉鸣	279
郭鸿厚	595
郭朗溪	610
郭林	346、347
郭莽西	388
郭敏学	236
郭沫若	9、14、15、23、340、400、423、425、426、427、438、444、470、488、489、492、514、528、570、591、603
郭楠	640
郭汝瑰	616
郭文珍	501、520、622
郭益进	667
郭又生	649
郭元梁	678
（宋）郭允蹈	541
国防部联合勤务总司令部兵工署第二十工厂	283、284、287、290
国风诗社	457
（日）国富信一	633
国际出版社	154
国际反侵略运动大会中国分会	88
国立北京大学重庆同学会	332、336
国立北平大学工学院旅渝同学会	346
国立编译馆	40、320、628
国立重庆大学校刊编辑委员会	331
国立重庆师范学校	339
国立第二中学	325
国立四川造纸印刷科职业学校	332
国立同济大学重庆同学会	336
国立戏剧学校	318
国立中山大学旅川同学会	346
国立中央大学	323、327
国立中央大学地质学系	633
国立中央大学法律系	339
国立中央大学三十四届学生自治会学艺部	336
国立中央工校基督教青年会	341
国立中央工校校友总会	341
国立中央工业职业学校	316、346
国立中央工业职业学校筹备委员会	346
国立中央工业专科职业学校	328
国立中央工业专科职业学校出版委员会	323
国立中央工业专科职业学校校长室	327
国立中央图书馆	708
国立中央图书馆筹备处	707
国立中央研究院	324、335
国立中央研究院气象研究所	640
国民参政会川康建设视察团	77

国民参政会华北慰劳视察团　　89

国民参政会经济建设策进会秘书处
　　　　　　125、139、150

国民参政会历届参政员联谊会　181

国民参政会秘书处　66、77、88、89、
　　102、113、115、125、139、149、
　　　　258、159、168、169、180

国民出版社　　　　　　　　239

国民革命军第十八集团军八路军军
　　政杂志社　　　　　　568

国民革命军第二十一军部　　663

国民革命军第二十一军政治训练部
　　　　　　　　　　　　46

国民经济研究所
　　　　　231、244、250、251

国民政府军事委员会　　　　201

国民政府军事委员会军令部　195

国民政府军事委员会政治部　192、
　　193、194、196、201、578、586

国民政府主计处统计局
　　　　　　　169、253、260

（美）国斯坦贝克　　　　　521

H

哈安姆（A. Heim）　　　　632

（美）哈里森·福尔曼　　　603

哈列生　　　　　　　　　　513

海军总司令部　　　　　　　202

（清）（释）海明禅师述　　　4

海涅　　　　　　　　　　　369

海天出版社　　　　　　　　557

海啸　　　　　　　　　　　387

海胥倍因　　　　　　　　　368

（荷）海哲曼斯（Herman Heijermans）
　　　　　　　　　　　　457

寒松　　　　　　　　　　　322

韩儒倬　　　　　　　　　　685

（英）韩森　　　　　　　　140

韩侍桁　　　　　　　　　　144

韩永龄　　　　　　　　　　497

汉藏教理院　　　　　　　4、21

汉藏教理院同学会　　　　　25

航空委员会防空总监部　194、685

郝家骏　　　　　　　　　　203

郝景盛　　　646、675、676、677

合川各界筹献合川号飞机征募委员
　　会　　　　　　　　　198

合川私立华国中学第十九班　339

合川县科学馆　　　　　　　346

合作学院　　　　　　　　　44

何北衡　　　　　　　　　　694

何炳松　　　　　　　　　　550

何光霁　　　　　　　　　　372

何靖麻　　　　　　　　　　562

何戡黎　　　　　　　　312、317

何吏衡　　　　　　　　　　256

何鲁	34、628、629、630
何南陔	256
何其芳	375、389、395、436、469、479、487、498、499、610
何任清	149
何容	391
何维凝	84、708
何应钦	78、89、115、126、190、191、192、197、198、201、202、206、208
（明）何宇度	621
何玉昆	582
（日）河田嗣郎	45
贺昌群	24、26、613、619
贺国光	197
贺耀组	147、282、595
贺衷寒	72、81、96、140、193
（美）赫伯特·O. 雅德利	488、516
赫尔岑	404
洪宝林	330
洪蒙	491
洪深	385、397、405、408、420、422、445、475、476、514、526、530、531
洪式闾	652、653、655
洪盈	686
侯德封	636、641
侯光炯	668
侯鸿鉴	559
侯外庐	19、22、25、28
胡昌炽	235
胡长清	46、47、48、49、50、52、53、55、59、176
胡次威	46、70、119、139、156、162、165、168、169、170、171、174、187、230、250、291
胡定安	652、653、655
胡风	412、413、428、429、442、458、459、476、480、507
（美）胡佛（H. C. Hoover）	135
胡光慈	655
胡国华	256
胡鹤如	547
胡焕庸	12、191、197、204、241、248、250、255、259、277、564、567、577、579、588、590、595、596、597、598、599、600、635、637、707、709
胡竟良	675
胡霖	38
胡率尔	614
胡南先	562
胡齐畏	340
胡庆生	304
胡秋原	21、79、90、101、107、126、149、319、335、461、573

胡去非	193、456	黄德毅	309
胡绍轩	388	黄各谦	31
胡绳	40	黄光辉	549
胡叔潜	299	黄国璋	589
胡庶华	237	黄鸿初	402
胡危舟	423	黄辉	680
胡曦英	449	黄季陆	70、567
胡先骕	515	黄建华	460
胡小石	358、462、522	黄静洲	550
胡协寅	375	黄克明	584
胡一贯	20	黄墨涵	213、573
胡宇光	53、54、215、222	黄埔出版社	74
胡仲实	299	黄仁宇	481
胡子昂	300、673	黄尚毅	581
沪江大学重庆同学会	328	黄维特	381
花信风	596	黄文山	344
华北军政大学教育部	208	黄炎培	12、103、126、145、392、
华林	470		403、414、432、443、487、
华兴鼐	673		560、561
还珠楼主［参见：李寿民］		黄尧	525、527、528、530、539
黄保初	560	黄叶雍	533、539
黄宾虹	538	黄一杰	555
黄彬文	693	（清）黄钰	656
黄伯易	663	黄元彬	272
黄承勋	175	黄远清	291
黄澄	453	黄云鹏［参见：黄墨涵］	
黄次书	607	（清）黄云衢	544
黄达夫	49	黄镇球	195、196、201

黄致中	658
黄子裳	562
黄宗江	482
惠晋	92
霍布浩士	54

J

（美）吉卜生（H. Gibson）	135
（日）吉田东佑	136、186
计荣森	636
纪玄冰	25
技术处调查科	255
季米特洛夫	76
季士浩	283
冀鲁豫日报时事编辑室	207
冀汸	430
迦梨陀娑	475
（美）嘉惠尔（T. N. Carver）	213
嘉陵江区煤矿业同业公会	270
嘉陵江区三峡乡村建设实验区北碚月刊社	567
嘉陵江三峡实验区	298
嘉陵江三峡乡村建设实验区北碚月刊社	232
嘉陵江三峡乡村建设实验区署	233、562
嘉陵江三峡乡村建设实验区署月刊室	254
（美）贾安娜	603
（元）贾著	538
简伯村	149
翦伯赞	594
江巴璧合四县特组峡防团务局	556、560
江北建设科	557
江北县临时参议会	115、140
江北县县政府建设科	52
江北县政府秘书室	67
江北县志局	614
（哈萨克）江布尔（Джамбул, Джабаев）	456
江昌绪	224、225
江定仙	478
江合矿业股份有限公司	270、298
江恒源	318
江鸿	319
江津县立中学校	308
江津县政府	247、259
江人	413
江上鸥	529
江石江	513、516
江树成	548
江苏省立旅川临时中学	336
（伪）江苏省宣传处	182
江苏医学院附设公共卫生事务所	652
江苏宜兴旅渝同乡会	586
江涛	183

江应梁	68	交通部长江区航政局绞滩管理委员会	262
江庸	43、176、186、359、360、364、366、372、380、485、526、552、561	交通部长江区航政局统计室	261、291
姜国干	673、692、693、702	交通部重庆电话局	239、262、280
姜琦	7	交通部重庆电信局工务处	285
姜庆湘	285	交通部工作竞赛办事处	262
姜书阁	322	交通部公路总局西南公路工务局	700
蒋灿	524	交通部汉口航政局运输股	242
蒋导江	688	交通部綦江铁路工程处	699
蒋复璁	326	交通部人事司	262
蒋焕文	584	交通部人事司典职科	240
蒋卉	66、68	交通部西南公路管理处	699
蒋坚忍	96	交通部扬子江水道整理委员会	214、217、219
蒋介石	8、13、69、74、76、87、89、92、102、114、116、124、128、145、146、181、193、270	交通部驿运总管理处	277
		交通大学	329
蒋君章	273、283	胶东新华书店	150、159
蒋默掀	85	焦菊隐	432、453、499
蒋乃镛	266	（清）焦懋熙	558
蒋彭年	692、693、702	焦启源	258
蒋少煦	358	焦易堂署	663
蒋恕诚	267	教务组	133
蒋廷黻	152	教育部	113
蒋用宏	606	教育部	115、126、139、149、317、319、320、325、327、329、348、669
蒋中正［参见：蒋介石］			
交通部	140、148、160、247、276		
交通部长江区航政局	701	教育部第三巡回戏剧教育队	318

教育部国民教育司	324	（日）近藤万太郎	666
教育部国语推行委员会	353	晋绥分局城工部	610
教育部教育年鉴纂委员会	345	靳克勤	534
教育部社教司	650	靳以	397、413、416、470、471
教育部特设体育师资训练所校友会重庆分会	342	经济部	261、268、698
		经济部采金局	261
教育部中等教育司	326、329、333	经济部重庆工业试验所	693
教育部中华教育电影制片	528	经济部工矿调查处	233、240、270、276、634
教育通讯社	320、322	经济部矿冶研究所	681、683、685
教育通讯周刊社	10、89	经济部统计处	269、270、276
教育委员会	85	经济部中央地质调查所	638
教育委员会教务组	146	经济部中央工业试验所	254、270、281、282、708
教育委员会教育组	98、121	经济部中央工业试验所木材试验室	671、671
教育委员会训导组	85	经济部中央农业实验所	667、669
（日）芥川龙之介	400、410	经济部中央农业试验所稻作系	668
金宝善	650、653、654	经济部中央实验所	237
金公亮	439	经济部中央水工试验所	682、683、684、699
金光同	551	经济部资源委员会	277
金满成	505、508、522	精益中学高七班	337
金擎宇	699	聚兴诚商业银行股份有限公司	288
金树榕	500、501、505、508、513、517、518、520、522	聚兴诚银行	219、298、694
金锡如	688	聚兴诚银行股份有限公司	233、247、254、262、281
金耀华	638	瞿和开	504
金月石	704		
金仲华	595		
金祖同	707		
津人	337		

（日）军令部	569
军令部第一厅第一处	198
军事委员会办公厅	102、125
军事委员会军训部	194、196
军事委员会全国知识青年志愿从军编练总监部	205、206
军事委员会战地服务团	206
军事委员会政治部	103、507
军事委员会政治部第三厅	206
军委会战干团	204
军委会政治部一厅	193
军训部	198、201
军训部步兵监	198
军训部干部训练班	209
军训部总务厅	198
军政部	158
军政部兵工署第二十一兵工厂	193、197
军政部兵役署役政司宣查科	110
军政部会计处	116

K

开县临时参议会	117、142
凯丰	80、81
（法）康斯当	432
考试院	113、149、158
考试院秘书处	125、137
柯庚	471
柯璜	9、20
柯仲生	574
科学针灸研究所	649
克主大师	5
孔德图书馆	707
孔繁霖	484
孔健民	27、28、658、662
孔乐三	364
孔令伟	591
孔祥鹅	362、548、631、642
孔祥熙	86、89、244、258、263、333
孔学会	333
孔雪雄	266
（苏）库普林	521

L

（明）来知德	27
（俄）莱蒙托夫	420
赖以庄	515
郎承诜	549、617
劳达夫	596
老白	590
老舍	383、386、387、389、391、394、399、405、406、412、415、417、423、425、428、430、434、436、438、442、443、447、448、458、459、462、470、474、478、483、485、500、504、510
老向	413、455、506、507

雷殷	84	李凡丞	308
雷震	158	李方力	609
冷雪樵	43、49、53、55、56、58、59、165、185、696	李凤鸣	474
黎东方	589	（清）李馥荣	593
黎锦熙	357	李光华	307、365
黎立容	248	李广田	375
黎煜明	684	李何林	387
李葆鉴	692、693、702	李珩	625
李冰若	482	李红 [参见：李寿民]	
李炳灵	543	李华飞	150、232、237、238
李伯钊	387、499	李寰	178、416、580
李长之	424、426、430、434、444、450、474、476、533、576	李璜	128、130
李承三	599、605、636、637、641	李辉英	495
李初梨	368	李慧可	103
李春舫	426	李霁野	498、507
李春蓉	541	（清）李稷勋	363
李春昱	635、638、641	李建明	90、335
李次华	307	李建荣	552
李大中	366、367、373、374、380、421	李劼人	460
		李俊卿	661
		李奎安	45
		李兰	380
李旦丘 [参见：李亚农]		李乐元	632、680、681、681
李殿臣	632	李立三	1、2
（清）李调元	515	李烈钧	591
李鼎禧	182、550	李麟士	507、513、516、543、614
李杜	572	李凌	535
李尔康	265	李鲁子	595

李明瀚	139	李文煦	627、629、630
李鸣皋	683	李闻二烈士纪念委员会	603
李培坤	631	李袭封	47
李清悚	329、478	李先闻	665
李庆成	592	李贤诚	634
李庆华	454	李咸熙	317
李泉生	98	李星学	638
李绍宜	665	（清）李惺	361
李慎馀	502	李旭	164
李声扬	575	李雪琴	615、620、621
李士钊	535	李亚农	350、351、352、707
李守尧	285	李彦师	651
李寿民	371、372、377、439、444、483、484、485、486、488、490、491、492、493、494、495、497、498、499、500、501、503、504、506、508、509、510、511、514、518、520、521、522、523	李源泉	27、28
		（英）李约瑟 [参见：Joseph Needham]	
		李岳南	462、477、480
		李跃曾	635
		李湛阳	615
		李肇甫	592
李顺卿	644	（清）李肇奎	614
李斯琪	232	李植	357、358、359
李四光	639	李至刚	618
李陶	636、641	李志纯	225
李梯云	516	李重人	491、662
李忝生	444	李滋然	27、357、361、501、558、710
李廷梁	118		
李庭恺	42	李紫翔	695
李葳	456	里尔克	438
李巍	344	力扬	467

历史文献社	162、164	列躬射	450
立波	382	列宁	1
立法院	101、114、124、149、158	林超	289
立法院川康考察团	117	林和成	269
立华	164	林焕平	391
（日）栗生武天	47	林纪东	137
联合征信所重庆分所	291	林继庸	264
联勤总部重庆被服总厂	208	林如斯	419、521
联益社总务组	598	林森	65、66、73、78、104、127
联政宣传部	161	林思进	554
梁炳轩	581	林颂河	30
梁纯夫	124	林畏之	492
梁鸿	206	林无双	419、521
梁焕然	657	林英	394
梁露仙	659、661	林语堂	527
梁启超	550、575	林园镐	684
梁庆椿	270	林苑文	22
梁实秋	519、527	林振翰	545
梁漱溟	6、70、90、160、165、175、225、230、253、302、339、344、604	林中奇	567
		林祖涵	180
		凌君逸	9
梁思成	550	刘百川	12
梁希	676	刘炳藜	125
梁乙真	448、587	刘伯承	182、191、192、200、203、208、209、210
梁永泰	534		
梁中铭	602	刘博昆	85
梁宗岱	28、438、440、460、505	刘残音	562
粮食部四川粮食储运局	299	刘承烈	551

刘大钧	682	刘慎旃	310、315
刘丹梧	633	刘声元	26、546
（清）刘道开	2	刘盛亚	421、431、433、450、460、464、492、497、517
刘笃菴	105		
（清）刘家谟	525	刘世楷	627、628、631、632、640
刘辅宸	519	刘世善	135
刘光炎	107、116、125、322、347	刘体乾	349
刘航琛	222	刘铁华	533
刘鸿奎	502	刘为章	199
刘季刚	504、510	刘贤才	659
刘季友	329	刘湘	63、127、189、190、210
刘家驹	16	刘选青	663
刘建康	626	刘雪庵	309、524、528
刘君锡	511、589	刘延涛	531
刘克隽	178	刘言明	209、211、693
刘昆水	283	刘燕谋	44
刘亮忱	192	刘扬	368
刘孟伉	358、359、503、505、512、539、561	刘乙青	561
		刘玉声	488
刘鸣寂	526	刘泽嘉	26、492、517、519、547
刘念渠	382、383、384、390、393、398、405、416、432、479	刘展绪	616
		刘兆吉	335
刘启瑞	355	刘肇龙	678、679
刘琼	84	刘贞安	560、621、622
刘仁	70、110	刘峙	127、194
（清）刘善述	554、647	刘子如	547
刘绍武	231	刘宗涛	243、698
（清）刘绍熙	648	流沙	477

柳定生	583	陆军大学	196、201、204、206、207
柳克述	83	陆军机械化学校	337
柳琅声	554	陆曼炎	338
柳乃夫［参见：赵宗麟］		陆培文	668
柳倩	444	陆世鸿	19
柳叔堪	7、566	陆思红	73、569
柳亚子	615	陆瑜	664
柳阴	533	逯旭初	517
龙舜臣	616	（日）鹿地亘	137、401、437、442、445、461、476、497
娄中藩	519		
露沙	472	路翎	437、471、477、485、486、500、512
卢冀野	383、385、400、425、437、448、461、463、468、469、470、480、510、537、579、608		
		吕奉轩	554
		吕炯	636
卢澜康	512、523	吕平登	224
卢前［参见：卢冀野］		吕振羽	599
卢骚	451	吕子方	642
卢万谷	555	旅渝暹罗华侨互助社	153
卢永镛	603	（日）绿川英子	406、481、518
卢有玳	335	罗保辉	657
卢子英	562	罗伯昭	573、578、617
卢作孚	39、48、52、55、217、218、225、226、228、276、286、299、553、627、643	罗超凡	614
		罗烽	381、395、399
		罗广文	72、192
鲁军	479	罗国均	568
鲁迅文艺学院	499	罗家伦	15、33、40、69、81、318、327、333、347、387、435、436、437、483
陆尔逊	13		
陆贯一	680、683		

（清）罗缙绅	549		343、347、654、655
罗经猷	561	马赛尔·郭儿	456
罗竟忠	690	马廷英	635、636、637、638、641、642
罗钧台	524	马星野	337
罗烈	53、56、59	马以愚	602
（法）罗曼·罗兰（Romain Rolland）	491	马寅初	245、255、271、279、281、283、302
罗冕	688	马宗融	460、461、464、472、488
罗民友	659、660、661、662、663	（德）玛尔霍兹	444
罗迺予	407	麦青	610
罗苹荪	262	麦塔	222
罗淑	416	（比）麦特林克	463
（苏）罗斯金	473	麦新	526
（英）罗素	2	満鉄上海事務所調査室	261
罗荪	429、459	毛起鵕	11
罗文谟	128	毛松友	348
罗希成	308	毛子猷	507、609
罗莘田	592	茅盾	161、337、367、387、409、421、428、438、446、467、473、479
罗运炎	175	眉孙	525
罗正远	632、633、641	梅际郇	27、208、357、359、376、513
罗志如	32	（法）梅礼美	471
罗宗文	312	（苏）梅里珂夫斯基夫人	502
M		（法）梅里美	437
马伯猷	583	梅仲协	127、138
马耳	421、437、442、449、459、463、487、500、521		
马衡	12		
马客谈	338、339、340、341、		

蒙藏委员会编译室	89、101、114、126、127、204、325
孟波	526
孟光宇	279
孟广厚	84
孟庆	541
孟容师	159
孟天祯	266
（法）米尔博	488
（日）米内山庸夫	575
秘书处	117
勉仁文学院院刊编辑委员会	344
民生公司	223、235
民生实业公司	241、263、700、702
民生实业公司十一周年纪念刊编辑委员会	228
民生实业股份有限公司	219、281、293、299、697
闵昌术	552
闵君雄	199
缪崇群	423
（法）莫洛亚	13
莫钟骥	670
牟凤章	590
牟楷之	552
牟永瓒	552
牧子	492
穆木天	420
穆青	173
穆守志	518

N

南川金佛山垦殖委员会筹备会	235
南川旅蓉同乡会	552
南开大学经济研究所	188、297、303、321
南开中学	354、356
南满州铁道株式会社	105、261
南泉青年会	597
（日）难波	199
男士［参见：冰心］	
（日）内田佐和吉	557
内政部	135
内政部统计处	582
尼赫鲁	621
聂开阳	44
聂荣臻	190、191、193、195、199、202
聂叔香	248
聂述文	547
宁波旅渝同乡会	582
宁达蕴	2、3
宁一先	96
牛岛俊作	104
牛锡光	700
农本局统计室	241
农本局研究室	248、248

农产促进委员会　　　　　241

农林部中央农业实验所　669、672

农民教育馆　　　　　　　309

O

欧阳渐　　　7、8、9、11、12、13、
　　　　　14、16、23、26、27、353、411

欧阳竟无　　［参见：欧阳渐］

欧阳蘋　　　　　　　　216、257

欧阳山　　　　　　　　412、417

（清）欧阳直　　　　　　　618

欧阳梓川　　　　　　　　　138

P

潘伯鹰　　　　　　　　　　469

潘大道　　　3、42、45、188、363

潘大逵　　　48、51、52、186、370

潘公展　　　68、69、71、73、79、
　　　　　94、95、96、143、153、
　　　　　　　　　263、333、598

潘鸿声　　　　　　　　256、257

潘克家　　　　　　　　　　554

潘力山　　　　　　　　　　370

（清）潘清荫　　　　　　　360

潘星南　　　　　　　　　　581

潘序伦　　　228、234、235、239、
　　　　　　　246、259、261、299

潘钟祥　　　　　　　　　　635

潘左　　　　　　　　　　　523

庞石帚　　　　　　　　　　357

陪都慈云寺僧侣救护队总队部　23

陪都辅助抗战军人家属委员会　190

陪都嘉陵江大桥修建筹备处　692

陪都建设计划委员会　　　　690

陪都救济事业经费筹募委员会　141

（美）裴济（L. Page）　627、629

彭昌南　　　　　　　　　　540

彭光钦　　　46、631、642、643、
　　　　　　　　　691、692、693

彭国庆　　　　　　　　　　635

彭国彦　　　　　　　　　　 85

彭聚星　　　　　　　　　　546

彭荣仁　　　　　　　　　　135

彭汝尊　　　　　　　　　　539

彭善承　　　　　　　　　　575

彭水县政府　　　　　　　　574

彭云友　　　　　　　　　　518

（清）彭遵泗　　　　　　　544

蓬子　　　　　　　　　　　449

平汉铁路管理局经济调查组
　　　　　　226、227、230、245

（日）平林初之辅　　　30、622

卜允新　　　　　　　　　　352

蒲玉溪　　　　　　　　　　657

蒲梓完　　　　　　　　593、594

（俄）普式庚　　　　　　　424

Q

漆南薰　　　44、178、183、188、212

漆琪生	182、269、297、298、303	青年军人丛书编辑委员会	206
齐麦曼（Zimmermann）	203	清华大学	338
綦江工程局	682	邱甸成	657
綦江铁矿会计课	248	邱汉平	170
綦江县政府	54	邱明扬	649
迁川工厂联合出品展览会	264	邱乔	592
迁川工厂联合会	277、281	邱作圣	592
前军事委员会	207	（日）秋田兼吉	552
前军事委员会全国知识青年志愿从军编练总监部	207	秋阳	69
（日）前田林外	393	区庆洪	687
（清）钱保塘	349	屈武	83、204
钱崇澍	647	全国合作社物品供销处	275、280
钱德安	509	全国合作社物品供销处各机关工务员工眷属生产合作推广部	264
钱端升	64	全国节约建国储蓄劝储委员会重庆市分会	267
钱基博	349	全国经济委员会	222
钱江春	623	全国经济委员会公路处	633
（明）钱谦益	616	全国知识青年志愿从军编练总监部	207
钱少华	354		
钱士	487	全民抗战社	82
黔江县政府	617	**R**	
谯国全	551	冉广逵	541
秦淮月	367	冉开元［参见：冉樵子］	
秦孔旭	556	（梁山）冉樵子	502、509
秦良翰	648	冉学峰	656、657、658、662
秦枒	542	冉雪峰	647
秦肃三	522、622	冉永函	507
（日）青木正儿	384、417、708		

任白涛	91、318
任邦哲	684
任弼时	191
任鸿隽	2、305、306、345、346、362、505、546、548、550、555、617、622、623、625、626、631、632、642、678
任绩	641
任建蜀	104
任觉五	149
任钧	393、410、430、434、444、464、481、485、494、496
任敏华	257
任筱庄	568
任应秋	649、654
日本大使館（在中華民國）	267
日本帝国大使館（在南京）	110
日本总领事馆（在重庆）	43、212
日本総領事館（在上海）	323
荣昌县政府	54
阮国梁	699
瑞华企业公司玻璃制造厂	295

S

萨空了	607
萨孟武	115、124、130、144
赛披汉（V. Sapieha）	576
（美）赛珍珠（Pearl S. Buck）	343
（日）三岛助治	98
三民主义青年团重庆支团合川分团国立二中区队	89
三民主义青年团第一次全国代表大会	128
三民主义青年团第一届中央干事会	141、183
三民主义青年团第一届中央监察会	142
三民主义青年团陪都青年馆	151
三民主义青年团中央常务干事会	91
三民主义青年团中央干事会	79、92
三民主义青年团中央团部	86、91、105、128、161
三十三年度重庆青年夏令营	532
三通书局	410
（日）三宅貞夫	110
（匈）森诃（E. Sinko）	500
沙磁区学术讲演会干事会	35
沙里格曼	53
沙鸥	371、376、377、484、491、493、495、561
沙千里	68、73、94、144、563
沙沱布里昂	368、374
沙雁	422、478
（日）山川均	218
（英）山缪尔·康奈尔·蒲兰田（Samuel Cornell Plant）	695、696

善后救济总署重庆难民疏送站	161
伤兵之友社	164
伤兵之友社总社	95、171
商承祚	354
上海日本大使馆特别调查班	272
上海杂志联谊会	163
（日）上冢司	213
邵从燊	681
邵力子	129、145
邵荃麟	429、462、486
邵象伊	652
邵祖平	441
佘雪曼	358、402、502、516
社会部	121
社会部重庆社会服务处	117、152、576
社会部重庆实验救济院	161
社会部重庆市空袭服务临时保健院	651
社会部合作事业管理局	255、264、272
社会部统计处	35、36、37、39、271
社会部征集组	186
社会大学同学会	341
社会调查所	216
申广渊	583
（日）神田正雄	558、561
沈浮	423、433、479
沈鸿烈	264、277
沈骥良	658、660、662
沈钧儒	382、616
沈奎	362、548、631、642
沈骊英	669
沈懋德	633、640
沈鹏	71、72、143、226、236、317
沈起予	361、362、365、368、370、371、373、374、376、379、380、400、406、441、445、451、476、491、499、536、614
沈镕	350
沈士麟	679
沈士秋	525
沈叔羊	532
沈蔚德	391
（清）沈荀蔚	545
沈志远	96、273
沈子善	119、328
沈宗翰	672
沈祖荣	304、307
生产合作推广部	269
生活社	245
省水利局	690
盛叔清	617
盛先良	697
师哲	1、2
施复亮	6、30、47、215、218、

	277、301	史一如	26
施怀仁	643	史玉如	26
施纪云	551	史子年	561
施建生	243	室铁平	122
施仁夫	276	寿春园	81
施愚	176	（美）舒尔茨（Schultze）	630
施雨苍	561	舒杰	313
（日）石滨知行	113	舒君实	592
石荣廷	45	舒强	396、409
石体元	301	舒群	434
石溪	607	舒蔚青	539、710
时论丛刊社	80、163	舒芜	489
时事研究会	141	舒新城	366
时燮平	597、610	舒宗侨	585、586
实业部地质调查所	633	树人学校出版委员会	343
史旦尼斯拉夫斯基	531	司达克·杨（S. Young）	526
史道源	282	司法行政部	70
史东山	449、502	司法院	70、80
（美）史笃威	472	司马淦	655
史封铨	546	司马訏	452、472、489
史痕	583	私立志诚技工训练班	329
史良	73	思汉子	185
（美）史沫特莱	448	（英）斯宾塞（Spencer）	305
史念海	700	斯大林	2
史尚宽	178	（英）斯隆	81
（捷克）史提芬·海姆（Stefan Heym）	442	（英）斯特勒澈（J. Stracher）	75
		（瑞典）斯特林堡	449
史锡永	543、546	四川巴县县立初级中学	314

四川地方银行重庆总行	219	四川省第三行政督察区建教联席会议	184
四川第十三次劝业会	219	四川省第十二区壮丁队干部训练班	58
四川公路局	564、700	四川省动员委员会资源组	233
四川公路局车务处	224	四川省二十九年度捐献军粮委员会	117
四川公路总局工务处	696	四川省防空司令部	203、205
四川国医学院	655	四川省国民军事训练委员会	210
四川会馆	564	四川省合作金库	229、236、242
四川建设协进会	300	四川省合作事业管理处	255
四川教育司	348	四川省会公安局工作报告委员会	52
四川经济建设委员会	282	四川省集训第二总队通讯录	184
四川粮食储运局运输处	265	四川省家畜保育所	666
四川留日同乡会	347	四川省教育经费川东南收支处	310、311、312
四川隆圣企业股份有限公司秘书室	289	四川省教育厅	325、339、348
四川旅沪同乡会出版委员会	554	四川省禁烟督办公署	34
四川旅平同学会	342	四川省禁烟委员会	34、61
四川美术协会	528	四川省经济建设基金临时保管委员会	286
四川农业改进所统计室	676	四川省警察训练所	117
四川平民教育促进会江津实验区	342	四川省立重庆大学	314
四川省长公署政务厅内务科	30、41	四川省立重庆大学抗战后援会宣传组	72
四川省地方税局	226	四川省立重庆高级工业职业学校	314
四川省地方税局第三科统计股	229	四川省立第二女子师范学校	313
四川省地方税局职工训练委员会	229	四川省立第四师范学校校长办公室	310
四川省地政局	265		
四川省第二次劝业会	300		
四川省第三区开发东西山筹备委员会	224		
四川省第三区壮丁队干部训练班	58		

四川省立教育科学馆	326		250
四川省立教育学院	208	四川省盐业工会筹备委员会	118
四川省粮食调整委员会	667	四川省驿运管理处	258、263
四川省粮食管理委员会	236	四川省银行经济调查室	236
四川省临时参议会		四川省银行经济研究室	258
	92、128、142、162、184	四川省营业税局	224、229、289
四川省棉作试验场	667	四川省政府	33、92、93、106、118、
四川省民政厅	80		128、142、143、162、174、222、
四川省民政厅秘书室	92		237、250、257、301、570、670
四川省农村合作委员会	224、286	四川省政府财政厅	71、106、156、
四川省农业改进所			242、285
	265、668、670、674	四川省政府财政厅金融统计组	229
四川省农业改进所病虫防治督导团		四川省政府财政厅秘书室	71
	674、675	四川省政府地政局	170
四川省农业改进所重庆森林事务所		四川省政府建设厅	35、93、301、
	667		634、667、678
四川省农业改进所稻麦改良场	673	四川省政府建设厅建设丛书编辑委员会	258
四川省农业改进所棉作试验场	674	四川省政府建设厅秘书室编审股	
四川省农业改进所统计室	249、265、		272、273、672、673、686
	278、673、674、675、676	四川省政府建设厅秘书室统计股	
四川省农业所	678		33、34、40
四川省生产计划委员会	250	四川省政府建设厅驻渝办事处	
四川省水利局	682		62、231、238
四川省图书杂志审查处	118	四川省政府教育厅	12、34、318、
四川省新生活运动促进会	54、58		321、322、325、326、330、
四川省行政督察专员会议	185		337、341、343
四川省选县户口普查委员会	36	四川省政府教育厅第三科	325
四川省训练团	34、35、89、249、		

四川省政府禁烟善后督理处	105、118	四川榨油厂	273
四川省政府会计处	54、58、242、244、256、265、272、278、301	四川政府建设厅秘书室编审股	673
		四川中心工业试验所	222
		四川中心农事试验场	664、665、678
四川省政府粮政局	255	四川中心农事试验场园艺部	664
四川省政府秘书处法制室	93、106、118	四川中心农事试验场园艺科	664
四川省政府秘书处秘书室纪录股	71、93、185	四联总务秘书处	260
		松江省职工代表筹委会	173
		宋人杰	189
四川省政府民政厅	60、105、106、118、570	宋述樵	84
		（清）宋煊	544
四川省政府民政厅第四科	106、142	宋育仁	619
四川省田赋管理处	257	宋之的	392、393、398、401、403、411、415、417、449、454、526、530
四川省政府清理债务委员会	80		
四川省政府社会处	128		
四川省政府统计处	33、40、272、278、291、636	宋仲堪	34
		苏灿瑶	398
		苏季常	606
四川省政府县市财政整理处	257	苏孟守	635、636、684
四川省政府训练团第三区训练班	93	苏南新华书店	498
四川实业厅驻渝办事处	45	苏渊雷	14、21、22、36、351、465、476、488、501、579、593、708
四川水泥股份有限公司	289		
四川丝业股份有限公司	245、286	苏兆祥	170
四川田赋粮食管理处	293	隋树森	384、392、405、417、448、481、493、708
四川潼南县临时参议会	130		
四川乡村建设学院	313	孙本文	34、36、105、709
四川乡村建设学院实验简易乡村师范学校	312	孙炳炎	84
四川银行经济研究处	272	（清）孙錤	543

873

孙镜清	640	汤汉清	255
孙科	35、62、83、88、93、107、120、125、130、143、144、152、154	汤化培	550
		汤约生	281、292
		唐萃芳	178、182、519
孙明善	635	唐鼎元	492
（清）孙桐生	613	唐耕禄	313
孙望	448	唐君毅	19
孙为霆	418	唐瑞五	223
孙文郁	265	唐式遵	75
孙学悟	679	唐燿	669、670、671、672、675、676
孙倬章	42、43、44、45、49、186、216	唐毅	99、111
孙哲生 [参见：孙科]		唐幼峰	252、353、369、454、555、572、576、585
索开	474		
T		唐治能	704
台静农	434	韬奋	75、94、384
台灣拓殖株式會社	92	陶剑青	195
太行群众书店	489	陶闿士	369
（释）太虚	3、5、7、8、11、12、13、23、26、27、28、511	陶孟和	30、214、216
		陶萍天	709
（法）泰勒（Hippolyte Adolphe Taine）	536	陶启金	555
		陶希圣	13、39、68、117
谭次仲	649	陶香九	364
谭道文	508、660、661	陶行知	318、331、335、337、340、341、347、485、493、496
谭定图	187、520、613		
谭世良	505	陶行知先生纪念委员会	604
谭以大	508	陶雄	481
谭正璧	414	陶元甘	592

陶宗钧	555	屠格涅夫	472
特列恰可夫	371	屠鸿远	672
（日）藤井健治郎	3	屠义方	198
天府矿业股份有限公司	686	团结报社	207
天府煤矿公司研究室	709	（俄）托尔斯泰，Tolstoy, Lev 431、435、459、469	
天府煤矿股份有限公司	290、292		
田楚侨	508	拓荒	569

W

田汉	388、420	（日）外村史郎	370
田焕南	509	（日）外務省調査部	261
田嘉毂	277	（日）外務省通商局	43
田乃剑	9	万从木	380、503、525、537、539
田禽	532	万迪鹤	373、410、455、477、517
田世英	356	万籁声	131
田涛	393、396、405、419、425、429、451、455、484、486、487、491、493、494	万松	523
		万县地方法院	47
田仲济	403、446、447、455、469	万县公立图书馆	307
		万县师范学校	315
铁道部财务司调查科查	302	万县水泥厂	684
铁道部成渝铁路工程局	697	万县政府教育科	313
铁弦	392、428	汪代玺	658
铜梁板桥实验乡村建设委员会	297	汪宏声	482、487
铜梁县政府	54	汪精卫	383
童承康	709	汪刃锋	532
童蒙圣	66	汪镕三	139
涂敦鑫	676	汪少伦	8、20、120、334
涂凤书	514、553、617	汪树棠	334
涂绍宇	232	汪天行	269
涂贤辅	312		

汪荫祖	707	王闿运	518
汪永泽	419	王昆仑	506
汪子美	445、466、468	王利器	357
王安镇	542	王林	207
王冰洋	428、429、430、432、434、436、439、447、501、503、504、507、508、509、511、514、521	王麟	581
		王梦鸥	456、458
		王幕陶	10
王秉诚	368、612	王培祺	673
王昌谟	362、548、623、631、642	王培源	653
王朝均	635	王平陵	386、395、416、420、427、428、441、445、446、456、463、466、468、472、473、481、484、490、593
王成敬	278、279、280、282、606		
王承天	596		
王大章	509		
王岱	543	王琦	534
王澹如	234	王千秋	156
王鼎鼐	157、166	王清彬	30
王东原	209、326	王社松	503
（明）王端淑	380	（元）王实甫	495
王敦行	355	王世杰	64、76、154
王风	460	王树勋	30
王冠青	84	王铁崖	144
王恒源	640	王万恩	471
王华齐	547	王文萱	12
王简	518、523	王希成	644
王建光	575、580	王锡圭	57
王建中	545	王晓青	640
王鉴清	551	王星拱	12
王觉源	198	王星棋	199

王岫卢	550	（释）惟贤	25
王旭夫	190	卫惠林	5
王亚平	395、420、427、450、455、474、478、479、487	卫聚贤	456、459、581、589
		味橄	449
王延超	266	魏建功	357
王业	290	魏少申	243
王荫槐	552	魏应鹏	10
王莹	444	温晋城	20、194
王用宾	381、392	温钦荣	640
（清）王玉鲸	549	温天时	691、693
王云五	39、97、117、144、269、282、306、331、333、337、338、351、352、353、355、590、629、633	文德铭	353、411、460、504、517、523
		文化工作委员会	536
		（明）文震孟	616
王芸生	69、600	闻亦有	97
王泽民	612	翁达藻	576
王之平	124	翁大草	445
王植槐	552	翁文灏	69、240、246、259、262、263、273、276、277、279、305、584、625、632、685、688
王仲武	261、280		
王卓成	547		
王祖雄	655	无名氏	607
王缵绪	375	无锡旅川同乡会	598
危雨皋	371	吴宾鸿	309
（美）威尔基	129	吴炳坤	549
（英）韦尔斯	550	吴昌绪	544
韦麟书	554	吴承洛	689
韦圣祥	189、512	吴传钧	674
唯明	139	吴大钧	38、585、625

吴大猷	308
吴狄周	63
吴芳吉	347、365、366、372、373、406、432、442、447、509、513、517、518
吴福桢	668
吴光杰	202、203、204、332、582
吴光耀	620、621
吴汉骥	506
吴华甫	683
吴济生	573、575
吴甲原	532
吴景超	261、273
吴景洲	465
吴敬恒	97、186、463
吴俊升	17
吴茂荪	85
吴宓	357、358、372、500、501、517、518、522、618
吴偶逸祖父与父亲	659、660、662
吴契宁	424
吴石	576
吴受彤	217
吴铁城	137
吴铁翼	450
吴廷桀	544
吴苇	462
吴味经	280
吴学信	330
吴学周	625
吴研因	326、330
吴英荃	289
（清）吴友篪	555
吴有荣	686
吴虞	515
吴毓江	20、613
吴藻溪	271、625
吴致华	609
吴稚晖	356、443、571
吴组缃	447、496
吴祖光	455、457、469、511
伍德声	618
伍玉璋	52、55、57、216、303、706
武隆临时参议会	143
武隆设治局临时参议会	130

X

西蒙	488
（苏）西蒙夫	512
西南导报社	244、698
西南经济调查合作委员会	242、249
西南经济建设研究所	239、243、246、258、261
西南联大文学院	356
西南麻织厂股份有限公司	251
西南游击干训班	194
西藏善慧	5

西藏宗喀巴	5
奚汝霖	551
席与增	677
峡防局	555
峡防特务学生队	648
夏贯中	467
夏鸿儒	560
夏璜	542
夏江秋	663、680、694、696
夏开儒	241
夏舒雁	462、477
夏衍	340、401、419、420、421、427、435、440、450、455、466、473、475、483、529、530
（清）夏应治	560
（清）夏禹沅	560
鲜炽贤	589
宪兵司令部人事科	205
宪政实施协进会秘书处	139
向楚	568
向达	550
向家睦	545
向理润	85、201
向林冰	9
向群	165
向尚	381
向天培	175
向愚	382
向宗鲁	28、29、336、347、359、577、599、618、621
项英	192
消极防空处	205
（英）萧伯纳	438
萧崇素	382
萧楚女	363
萧而化	423、528
萧红	382、383、395、403、426、434、506、509、510、516、572
萧鸿雁	286
萧林	425
萧明新	102
萧仁源	201
萧潇	515
萧孝嵘	16
萧有钧	635
萧忠国	165
（日）小池毅	122
（日）小田英雄	576
小云	494
肖湘	516
肖亦五	428
谢冰莹	381、384
谢冠生	178
谢家驹	520
谢家荣	693
谢家声	251、672

谢霖	222	行政院秘书处	
谢六逸	316		88、89、100、101、124、
谢仁钊	114		137、149、158
谢台臣	341	行政院新闻局	
谢唯真	1、2		66、288、689、690、691
谢仙庄	506	熊国霖	563
新华日报馆	65、107、164	熊国璋	26、345、561、622、710
新华社	141	熊季光	627、628、665
新华书店	148	熊克武	183
新华书店编辑部	164	（清）熊履青	555
新生活运动八周年纪念大会暨陪都新运模范区周年纪念大会	115	熊十力	12、16、571
		熊述嘏	704
新生活运动八周年纪念陪都新运模范区周年纪念大会	119	熊思成	520
		熊永先	641
新生活运动促进总会	55、59、61、62、63、65、67、70、72、82、143、316	熊子容	332
		徐悲鸿	525、526
		徐昌霖	435、442、445、452、453、457、462、464、466、468、475、476、498、502
新生活运动促进总会伤兵之友总社	95、131		
		徐崇林	680、688
（日）新生命月刊社	136	徐德瑞	251
新运妇女指导委员会松溉纺织实验区	95	徐调孚	708
		徐恩曾	109
新运总会陪都新运模范区	119	徐放	477
新中国报社	132	徐活萤	365
興亞院華中連絡部	100、305	徐近之	493、510、512
（日）興亞院政務部	238、246、321	徐珂	544
行政院	82、100、101、137、149、172、173	徐良仲	312

徐灵渊	306	许仲岳	509
徐曼英	630	许宗岱	671
（明）徐如珂	613	（伪）宣传部	114
徐汝梅	391	薛鸿志	329
徐少垣	660	薛建吾	429
徐守桢	623	薛绍铭	563
徐思平	205、206	薛天沛	534
徐廷荃	239	薛正清	383
徐蔚南	454	雪峰	448、468
徐文珊	586	**Y**	
徐贤恭	626	（美）亚丹姆斯（N. I. Adams）	627、629
徐訏	434、436、445、449、451、455、457、469、475、483、491	严鸿瑶	12、624
徐旭生	69	严华龙	581
徐则陵	550	严镜海	692、693、702
徐仲年	350、352、354、389、390、391、414、417、432、456、471、480	严灵峰	19
		严谦六	18
		（清）严如煜	617
徐佐夏	394	言心哲	33、38、237、315
许崇灏	21、132、584、587、592、593、596、597、607	盐谷温	493
		阎庆甲	610
许辑五	585	（清）阎源清	558
许饯侬	235	颜实甫	5、26、29、361、510、580、613、622
许恪士	69		
许师慎	49	颜武	163
许仕廉	236	晏碧如	44
许晚成	602	晏阳初	69
许孝炎	84	燕义权	13

扬子江技术委员会	679		200、202、204、331
扬子江水利委员会	688	杨觉农	9
（宋）阳枋	375	杨钧衡	581
阳翰笙	390、400、401、439、443、475、482、534	杨开渠	666
		杨克毅	637、639
杨闇公	180、182、186、519	杨梦竹	196
杨宝珊	695	杨明照	6、7、8、9、26、379、566、570、575
杨本泉	504、521		
杨博泉	640	杨培芳	212
杨粲三	604	杨启高	52、369、374、548
杨昌溪	72、381	杨谦受	657、658、659、660、661
杨承厚	275	杨纫章	576
杨绰庵	147	杨汝熊	324
杨村彬	390、505	杨森	171、175
杨德存	513	杨尚昆	613
（清）杨德坤	609	（明）杨慎	360
杨登华	635	杨士钦	27、28
杨定纶	294	杨世才	353、564、606
杨公达	47、50、180、186	杨天全	119
杨光才	551	杨蔚	274
杨桂和	262	杨西孟	31、216、221、291
杨吉甫	44	杨宪益	441、443、478、509、511、516、519、607、622
杨继曾	688		
杨家骆	24、61、97、102、103、319、359、472、475、477、484、487、501、563、575、577、598、601	杨晓波	301
		杨学优	306
		杨瑶夫	589
		杨逸	543
杨杰	101、115、124、129、199、	杨荫浏	478

杨幼炯	94、120、141、152、153、154、158、160、583		79、90、96、114、319、328、585、625
杨玉清	19、79、145、330	叶以群	401、415、447、448、449
杨裕勋	510、521、537	叶育之	36、154、579、583、625
杨肇燫	627、629、630、631、689	叶毓铭	677
杨之华	467	一丁	175
杨钟健	608	伊科微支（Ickowicz）	370
姚奔	421、422、466	（日）伊藤松雄	113
姚锦云	523、656、660	伊佐托夫	380
（清）姚觐元	349	以群	416
姚开元	644	（日）刈屋久太郎	275
姚苏凤	452	佚名	538
姚雪垠	425、433、454	（挪）易卜生	449
姚亚影	412	易华堂	648、657、660、662
姚琢之	692、693、702	易君左	69、470、585
姚子和	84	易显珣	614
叶楚伧	1、75、77、82、108、114、350、351、355、424、432、439、443、453	益坚	666
		毅生	165
		殷钟麒（殷仲麒）	33、334
叶传骥	188	尹良莹	289
叶创蘅	536、537、539	尹赞勋	638
叶红才	676	（清）（释）印绶	4
叶君健［参见：马耳］		（释）印顺	9、10、18、23
叶零	529	印维廉	85
叶懋	666	（清）（释）印正	4
叶南	580	应德闳	42
叶谦吉	247、254	应廉耕	257
叶溯中	37、65、66、68、78、	应尚能	527

英格拉门	215	郁文哉	473
英国文化委员会	626	喻传鉴	599
永川县政府	39、40、153、317、605	袁金书	87
（日）永田广志	6	袁俊	415、418、440、442、456、457、463、467、493
尤兢	508		
邮政储金汇业局	261、280	袁应麟	585
有限责任重庆市各级学校师生员工消费合作社	279、302	袁友仁	255
		袁著	250
有逸记谱	387	袁宗泽	165
于达准	677	约莱士	402
于伶	447、468、530	（美）约斯腾（J. Joesten）	153
于毅夫	90	岳巍	207
于右任	90、354、356、529、575、588、622	云白	164
		云阳县立中学校	317
于再先生纪念委员会	605	云阳县政府秘书室	56
（清）余鸿观	618	恽介生	124
余家菊	11	**Z**	
余介石	628、629、630	在上海日本大使馆特别调查班	124
余井塘	75	在上海日本总领事馆特别调查班	98
余树棠	510、549、551	臧克家	421、429、435、436、438、439、440、444、464、476、478、481、505、509、510、513、518
余铁英	343		
俞丐麟	694		
俞启葆	668	臧云远	459、460、461
俞世煜	692、693、702	曾国杰	609
俞淑芬	532	曾鸿	680
（法）雨果	491	曾吉芝	178、183、376、513、516
育才学校绘画组	528	曾纪瑞［参见：曾吉芝］	
育才学院学生	211	曾纪桐	279

曾熔浦	276	张谔	527
曾省	651	张而慈	692
曾时中	657	张发锐	260
曾世英	696	张国瑞	240
曾祥熙	300	（清）张海鹏	544
（清）曾秀翘	609	张寒青	566
曾养甫	700	张恨水	384、410、412、418、429、
曾翼璋	206		463、465、466、470、477、497、
曾昭抡	12		499、500、503、504、506、511、
曾照庭	308		514、515、516、520、522
曾中生	211	张鸿飞	528
曾资生	133	张厚基	308
（日）增田米治	232	张华庭	358
（苏）扎米雅金	428	张煌	457、470
詹行煦	87	张季鸾	38
张安国	329	张继	96、124
张博和	667、677	张嘉璈	251、283、699
张采芹	524	张静怀	308
张长源	548	张九如	84、147
张朝墉	297、501、521	张君俊	18
张创	204	张俊祥	537
张春霖	643	张克林	575、618
张从吾	225	张澜	12、132
张达善	625	张乐天	658、663
张达尊	344	张力田	265
张大国	537	张厉生	10、108
张道藩	325、337、467、518	张梁任	255
张德成	502	张凌高	217

张龄	84	张维滨	543
张鹿秋	358、709	张维藩	573
张伦官	687	张文澜	574
张茂春	514	张锡畴	1、2、359、512、523
张孟闻	626	张锡君	662
张默君	114	张香山	607
张默生	16、19、24、25、26、593、603、604、608	张肖梅	229、239、242
		张心若	4
张培爵	521	张学坤	548
（清）张鹏翮	189、696	张学仁	522
（清）张鹏翼	360	张延凤	247
张其昀	550、600	张永惠	264、683、684、686
张祈年	264	张友渔	154
张契渠	495	张兆理	18
张潜华	107	张政烺	579
（清）张琴	549	张政明	151
张群	96、108、128、131	张志慈	552
张人俊	690	张治中	91、101、110、203、458
张若谷	577	张忠绒	12
张森楷	361、541、545、613、615、616、617、618、619、620、705	张宗弼	682
		张佐周	593、610
张上将自忠传记编纂委员会	609	章炳麟	304、622
（清）张慎仪	349	章辑五	12、165
张树霖	612	章继南	273
张思道	517	章柳泉	152、320、323、324、326、329
张天翼	506		
张天泽	304	章泯	386、392、402、416、504、510、526、531
张徒吾	241		

章士钊	17、426、469	赵尧生［参见：赵熙］	
章太炎	42	赵铁琳	562
章文才	669	赵永余	231、682
章益	69、332	（清）赵增荣	613
（清）章械	361	赵昭泰	144
章元善	232、236、239、247	赵正平	680
（日）沼馆一郎	114	赵治昌	536、537、538、539
赵超构	334、469	赵宗麟	33、61、62、63、65、73、182、209
赵峰樵	654		
赵鸿基	673	浙江省振济会	605
赵焕亭	614	郑璧成	558
赵纪彬	25、335	郑宾于	363、368
赵君豪	620	郑伯豪	84
赵宽久	459	郑德坤	341
赵敏恒	589	郑福楠	267
赵铭彝	368、508、524	郑鹤声	589、594、599
赵念非	186	郑慧贞	401、487
赵清阁	387、388、408、409、413、418、426、428、437、443、454、457、463、468、475、480、483、484、485	郑君里	526、531、538
		郑励俭	604
		郑梁	685
		郑士伟	570
赵授承	174	郑涛	199
赵松森	679	郑贤书	545
赵为楣	646	郑献征	690
赵慰祖	49、696	郑孝齐	260
赵熙	375、526	郑学稼	91、104、271、431、462、466、568、573、574、575、582、591
赵循伯	229、295、300、302、447、461、471、536、557、621、694		

郑倚虹	457	中国国民党重庆市执行委员会	147、165
郑兆松	644	中国国民党四川省执行委员会宣传处	278
郑肇经	702	中国国民党战时工作干部训练团	120
郑震宇	84	中国国民党中央党执行委员会训练委员会	87
郑止善	678		
郑紫曜	357		
支那内学院蜀院	18、22		
志刚	104	中国国民党中央宣传部	95、587
中大四川同学会第二届理事会	342	中国国民党中央政治学校	319、330
中共重庆市委党史工作委员会	177	中国国民党中央执行委员会宣传部	67、68、75、77、78、117、203、579、582、586、591、602
中共代表团	604		
中共华中五地委宣传部	158		
中国边疆学会	596	中国国民党中央执行委员会训练委员会	74、109、114、119、121、125、134、151
中国博物馆协会	314		
中国地理研究所	577		
中国地理研究所地理杂志社	608	中国国民党中央直属重庆市执行委员会	97、98、99、110、147
中国地政学会	244		
中国妇女慰劳自卫抗战将士总会	132	中国航空建设协会四川省分会	251
中国工程师学会	684、689、694	中国航空建设协会总会	237、303
中国工业合作协会重庆事务所	266	中国航业学会	303
中国工业合作协会川康区办事处	246	中国经济学社	251、259
中国工业合作协会荣昌事务所	248、251	中国经济研究所	283
		中国科学社	311、624
中国工业合作协会万县事务所	246、251	中国科学社第十八届年会	32
		中国矿冶工程学会	686
中国工业经济研究所	268、278、280、685	中国历史研究社	56
		中国民生建设实验院	273
中国国民党重庆市党部	169	中国民生建设实验院筹备处	251

中国农民银行经济研究处	284	（日）中山樵夫	411
中国人民解放军第二野战军政治部	611	中山文化教育馆	335
		中苏文化协会	336
中国人民解放军西南服务团	293	中西德育社	29
中国人民解放军西南服务团研究室	293、610、702	中央大学秘书处	336、339
		中央大学三民主义青年团中央直属第四分团	322
中国书学研究会	354		
中国童子军重庆市理事会	203	中央党史史料编纂委员会	133
中国围棋会	344	中央地质调查所	637、639
中国文化服务社	163	中央干事会秘书处	141、151
中国文化建设协会	71	中央革命勋绩审查委员会	73
中国西部博物馆	343	中央各军事学校毕业生调查处	352
中国西部科学院	263、309、311、624	中央工业试验所木材试验室	671、672
中国西部科学院农林研究所	665	中央广播事业管理处人事室	340
中国西部科学院生物研究所	643	中央建教合作委员会	325
中国西南实业协会	264	中央警官学校编审处	154
中国新诗社	497	中央警官学校编译股	108
中国银行重庆分行	220	中央警官学校审处	154
中国预防医学研究所编辑部	653	中央警官学校正科十七期同学录筹备委员会	171
中国战时服务委员会	132		
中华编译馆	81	中央陆军军官学校	193、195
中华儿童教育社	339	中央陆军军官学校教育处	199
中华妇女福利社	162	中央农业实验所	673
中华平民教育促进会	616	中央农业实验所四川工作站	670
中华医学会	654	中央水利实验处	687
中建电机制造厂重庆分厂	684	中央图书馆	708
中央农业实验所四川工作站	670	中央团部	151、152

中央卫生实验院　　　　　　　656
中央文化驿站总管理处　　　　 73
中央文化运动委员会　　205、340
中央信托局人事处
　　　　　　　266、274、279、289
中央宣传部文化运动委员会　　325
中央训练团　　8、73、83、84、85、
　　　　87、94、95、97、98、108、
　　　　120、133、134、145、146、
　　　　　　　　　154、188、322
中央训练团办公厅人事组　　　146
中央训练团兵役干部训练班　　110
中央训练团党政高级训练班
39、126、129、133、139、269、276
中央训练团党政训练班毕业学员通
　　讯处　　　　　　　　　　146
中央训练团复兴关训练集编纂委员
　　会　　　　　　　　　　　138
中央训练团教育委员会　　　　146
中央训练团军法人员训练班　　143
中央训练委员会　　　85、86、134
中央银行重庆分行　　　　　　288
中央银行重庆分行检查课 289、292
中央银行金融机构业务检查处 282
中央银行经济研究处
　　　　　252、253、260、267、268
中央政治学校　　44、327、330、338
中央政治学校大学部　　 320、340

中央政治学校人事行政人员训练班
　　　　　　　　　　　　　　330
中央政治学校同学会　　　　　331
中央政治学校图书馆　　　　　708
中央政治学校新闻学系　　　　331
中央政治学校研究部　　　　　331
中央执行委员会秘书处　　　　 86
中央组织部
　　　　　100、104、116、122、181
中央组织部边疆语文编译委员会 116
中央组织部党员训练处　　　　100
（日）中野狐山　　　　　　　541
中原新华书店　　　　　　　　499
钟崇敏　　　　　　258、277、686
钟复光　　6、30、47、215、218、643
钟功甫　　　　　　　　　　　637
（清）钟云舫　　　　　　　　364
钟稚琚　　　　　　359、617、621
周保忠　　　　　　　　　　　572
周本一　　　　　　　　　　　648
周恩来　　83、88、104、134、141、
　　　　146、150、158、159、180、620
周而复　　　　　　　　　　　484
周梵公　　　　　　　　　　　622
周佛海　　　　　　　　　　　 68
周辅成　　　　　　　　　　5、12
周傅儒　　　　　　　　 548、555
周鲠生　　　　　　　　　　　363

周谷城	131、608、610	（清）周玉峰	347
周光荣	676	周育民	548、631
周光午	372、402、415、432、510	周泽昭	647、648、650、655
周建人	642	周至柔	197
（清）周敬承	353、508、551	周中一	135
周静安	592	周子游	
周均时	628		25、179、508、518、520、609
周俊元	570、578	朱丹	597
周开庆	50、54、55、57、58、59、63、102、163、176、178、180、314、366、500、562、588	朱德	159、191、192、566
		朱芳淮	1、3
		朱苕煌	5、8
周立三	285	朱国璋	281
周茂柏	263	朱厚锟	362、548、631、642
周其瑞	600	朱家骅	75、87、104、113、130、140、198、203、327
周牵中	653		
周善培	566	朱建邦	698
周绍信	551	朱建新	432
周树人	370	朱剑农	281
周铁汉	384	朱经农	550
周文波	13	朱觉方	239
周文钦	304、306、522	朱君毅	302
周文郁	305、333	朱雷	485
周肖鸥	13	朱契	495
周新民	160	朱世镛	560
周修榆	133	朱寿麟	265
周绪德	646、647	朱寿仁	277
周彦	435	朱枢	150
周永林	675	朱彤	470

朱学范	88	（释）宗镜	8
朱迅	501、517	（清）宗山	538
（清）朱言诗	558	宗由	393
朱义康	446、523	总务厅	205
朱玉仑	687、689	邹荻帆	422
朱元懋	114、328	邹法鲁	343
（清）朱云焕	360	邹济	359、621
朱泽淮	1、3	邹鲁	82、423、585
朱之洪	183、546、568	（清）邹容	42、45、176、179、185、186、618
朱智贤	317	邹韬奋	10、81、95、397、514
朱子爽	326	邹增祜	516
朱子镛	506	邹趾痕	657、658、659、660
（日）竹田复	392	祖国社	127、573
竺可桢	550	（法）左拉	376、460
注册组	321	（苏）左琴柯	468
祝春海	656、659、663	左权	203、208
祝平	215、257、265	左自任	608
（日）椎名一雄	86	佐临	482
资源委员会	304	（日）佐藤清胜	190
资源委员会龙溪河水力发电厂工程处	687	（美）佐治（H. George）	214
宗教哲学研究社	27		